Erstes Buch
Allmähliche Beerdigung eines Vaters

1. Kapitel

Die Ausfahrt hat einen guten Grund

Im Süden das Erzgebirge, im Osten die polnische Grenze, die immer näher heranrückt, im Norden eine langweilige, zähe Niederung, die fortwährend ihren Namen wechselt, und im Westen endlich das thüringische Vorland, schon wieder an die nächste Grenze angelehnt, eine ebensowenig vorhandene Öffnung. Ich bin ein im Käfig geborener Untertan kleinstädtischer Industrien, margarinedurchsetzt, malzkaffeegewohnt und bleichgesichtig. Marx imponierte mir schon, weil er in London wohnte. Auf Karl May war ich stolz, er kam aus unserer Gegend und spann einen so herrlichen amerikanischen Faden. Obwohl ich Richard Wagners Musik nicht mag, verweise ich nicht ohne Stolz auf die Tatsache, daß er ein Sachse ist, ebenso wie Nietzsche, der in Röcken bei Lützen geboren wurde und ein schweres Augenleiden hatte, ähnlich dem Iren James Joyce. Warum ist noch niemand auf die Idee gekommen, in Nietzsches Philosophie die sächsische Wunschlandschaft aufzusuchen wie im Ulysses Dublin angesiedelt ist? Vielleicht ist der Übermensch nichts anderes als der Sachse, der endlich Hochdeutsch sprechen möchte und es ebensowenig kann, wie der Mensch sich zu Gott zu erheben vermag. Nietzsche starb exakt im Jahr 1900, obwohl er wahnsinnig war und gut in unser Jahrhundert gepaßt hätte. Er liegt in Röcken begraben, von Leipzig mühelos zu erreichen.

Ferner: Auch Fichte, Johann Gottlieb ist ein Sachse; genau weiß ich es nicht, denn im Lexikon steht, er sei zu Rammenau in der Oberlausitz geboren, und wer will heutzutage schon immer richtig informiert sein, zu welchem Land welches Land gehört und zu welchem Zeitpunkt welcher Ort gerade von diesen oder jenen Landsleuten, Freunden, Feinden, Verbündeten oder Genossen besiedelt ist? Auf alle Fälle hungerte sich Fichte durch seine Leipziger Studentenzeit mehr schlecht als recht hindurch, und das finde ich sehr sympathisch, schließlich ging es nach ihm noch vielen minderen Geistern so, und auch ich schob meinen Kohldampf durch die sächsischen Gassen. Fichte starb in Berlin. Wie die meisten Sachsen war er über die Grenzen unseres Landes geraten und hatte den Großteil seines Lebens als Emigrant verbracht. Er liegt in Berlin begraben; Richard Wagner liegt in Bayreuth begraben, weshalb die Wagnerianer aller Länder noch heute alljährlich ins Oberfränkische pilgern;

Lessing endlich, der in Kamenz geboren wurde, liegt in Braunschweig vergraben und vergessen, an der Seite des ebenfalls vergessenen weisen Nathan.
Wir brechen die sächsische Weltgeschichte hier ab und kehren zurück zu meinen Eltern, welche ich nicht liebte, an die ich aber mit einer gewissen Dankbarkeit zurückdenke, weil mein Vater mir seinen Jähzorn vererbte und meine Mutter eine melancholische Anreicherung der Seele. Wer weiß, ohne meines Vaters Jähzorn hätte ich es im Leben vielleicht gar zu etwas gebracht, wäre Ingenieur geworden, Beamter oder Offizier. Vor diesem Unglück schützte mich die Tatsache, daß ich in bestimmten Abständen über die Stränge schlug, einen Vorgesetzten ohrfeigte oder wenigstens mit harten Gegenständen nach ihm warf. So blieb ich immer im Umkreis meiner persönlichen Freiheit, zwar oft von Hunger und Polizei bedroht, doch ungebunden. Die Melancholie meiner Mutter – sie hatte ein gutes Herz und einen dicken Hals – senkte sich als ewige Unruhe in meine Brust, so wie der Uhrmacher seinen Werken ein Schwingrad mitgibt, welches freilich des aufgezogenen Federwerks bedarf, während meine Unruhe das Rätsel des Perpetuum mobile für sich hinreichend gelöst hat. Was gehört zum Schriftsteller wie das Rad unters Auto? Die Unzufriedenheit. Sie ist das erste Rad. Dann die Krankheit des Traums. Sie ist das zweite Rad. Dann die Unfähigkeit, Unrecht als Recht hinzunehmen. Dies ist das dritte Rad. Endlich als viertes Rad: der Bilder- und Wortzwang. Wie ein Verrückter von tausend Ängsten ist der Autor immerzu von tausend schwirrenden, gurrenden, dröhnenden Worten und zehntausend lockenden, brennenden, stinkenden, blinkenden Bildern umgeben.
Ich vergaß das Reserverad. Aber vielleicht hat jeder Autor sein ganz spezielles, privates Reserverad. Meines ist gebaut aus dem Jähzorn meines Vaters und der Melancholie meiner Mutter. Die melancholische Phantasie kommt vom Kropf her, das läßt sich nicht beschönigen; aber lieber ein dicker Hals und ein gutes Wort als ein schlechtes Wort und ein dünner Hals. Außerdem soll schon Homer einen dicken Hals gehabt haben, und, wohlgemerkt, Homer stach man die Augen aus, den Kropf aber ließ man ihm, denn darin lagen seine Gesänge.
Was meinen Vater angeht, so starb er ganz plötzlich. Aber kein Vater stirbt plötzlich genug. Er hatte daheim keine Arbeit gefunden und robotete fernab in der Provinz. Braunkohlentagebau, ein Riesenwerk für synthetisches Zeug, das aus Kohle gemacht wird.

Vergegenwärtigungen: Punkt fünf Uhr schrillte der Wecker, und der Mann warf die Zudecke in weitem Schwung von sich. Er war gewohnt, schnell aufzustehen. Er suchte mit gebogenen

Zehen nach den Pantoffeln unterm Bett und sprang auf. Ein kalter Schmerz zog ihm durch die Brust, und er mußte sich schnell auf den Bettrand zurücksetzen. »Verdammt!« murmelte der Mann.

Es war noch dunkel, ein matter Schimmer fiel durchs Fenster. Der Mann tastete nach der Schnur und zog; grelles, klares Licht blendete auf. Vorsichtig geworden, verschnaufte der Mann, erhob sich langsam. Der Schmerz war vergangen, wie er gekommen war, plötzlich und unverständlich.

Die ersten drei Schritte blieben leise tastend – der Schmerz kam nicht wieder. Der Mann holte tief Luft und horchte in sich hinein, es war nichts. Die Beine wurden fester, der Tritt lauter, der Mann stapfte zur Waschnische; er trat gern stark auf, es gefiel ihm, wenn das Geschirr klirrte. Das kalte Wasser rann prickelnd über den muskulösen Oberkörper, die Haut glänzte im Licht der grellen Lampe. Unvorsichtig warf der Mann beide Arme hoch, als wollte er ein Gewicht stemmen, da blitzte der kalte Schmerz wieder nahe am Herzen vorbei.

»Verdammt!« murmelte der Mann.

Ich werde zum Doktor gehen, dachte er und faßte mit der harten, hornbelegten rechten Hand an die braungekörnte feste Brustwarze, unter der das Herz schlug. Tastend trocknete er sich ab und kroch ins Hemd. Das Licht warf lange, zuckende Schatten an die Wand.

Ich werde gleich morgen zum Doktor gehen, dachte der Mann, als er die in Zeitungspapier eingewickelte Wurst vom Tisch nahm. Er griff unter den Tisch und zog eine abgeschabte Lederaktentasche hervor. Sie mußte ehemals braun gewesen sein, jetzt hatte sie keine Farbe mehr. Er schob behutsam die Blutwurst hinein. Am Abend nach der Schicht würde er gleich nach Hause fahren. Es war heute Mittwoch, er fuhr zweimal die Woche, Mittwoch und Sonnabend, die fünfzig Kilometer nach Hause. Die anderen Abende verbrachte er hier in Böhlen.

Er knipste das Licht hinter sich aus und stapfte die Treppe hinunter. Es war noch immer recht duster, als er vor die Tür trat, nur der Schimmer im Osten hatte sich verbreitert. Es roch nicht sehr stark, der nächste Abzug war erst in einer Stunde.

Der Mann bog in die Hauptstraße ein, die in heftigen Windungen zum Osttor führte. Er warf die Zigarette in den Schlamm, der sich zu beiden Seiten der Straße aufstaute. Am Abend würde er gleich zum Bahnhof gehen und heimfahren. Er befühlte die Aktentasche, die Wurst wölbte sich gegen seine Hand. Die Frau hatte es ihm eingeschärft. »Bring wieder diese Blutwurst mit!« hatte sie gesagt. Es war eine Wurst, von der es die doppelte Menge auf die Marken gab. Er würde die Wurst mitbringen, er hatte sie gestern nach der Schicht eingekauft.

Eigentlich kann ich heute sehr zufrieden sein, dachte der Mann, während er zum Osttor ging. Ich fühle mich ruhig und wohl wie seit langem nicht. Und heute abend bin ich bei der Frau. Da war wieder der Schmerz. Er kam und ging und war ein kalter Schmerz. Es wird doch nichts Ernstes sein? dachte der Mann und horchte dem Schmerz nach. Er würde morgen bestimmt zum Doktor gehen. Er könnte auch heute schon gehen. Aber morgen paßte es besser. Heute wollte er den Turm fertig schweißen. Er würde morgen gleich gehen.

Er traf keine Bekannten auf der Straße, obwohl er nicht allein zum Osttor ging. Er dachte: Heute bin ich ganz allein hier. Er zog die Schultern ein und preßte die Aktentasche fester an die rechte Seite. Er ging, als sei er ein wenig ängstlich. Er war zweiundfünfzig Jahre alt, groß und kräftig gebaut, jähzornig und erst seit kurzem ruhig und zuweilen fast gütig; er sah aus farblos grauen Augen die Straße hinunter zum Osttor und wußte nicht, daß er dort sterben würde. Er lief die letzten Schritte seines Lebens ab, wie eine Uhr abläuft, die stehenbleibt, wenn ihre Kraft erlahmt ist. Er ging wie jeden Morgen zum Osttor und dachte, er werde am Abend bei der Frau sein, und sie werde sich über die Blutwurst freuen, weil es so viel war auf die Marken; er ging auf das Osttor zu wie die anderen, es waren Tausende, die die Straße entlangliefen, aber er war der einzige, der heute nicht arbeiten würde, von all denen die da gingen.

Oben am Tor hatten sie ein Transparent angebracht.

VORWÄRTS ZU NOCH GRÖSSEREN ERFOLGEN! stand da geschrieben in einer weißen unordentlichen Schrift. Er las es nicht, denn keiner las es mehr, aber es stand da, und auch ein Scheinwerfer zielte darauf, daß man es bei Dunkelheit lesen könne. Als er den Ausweis herausfingerte, wurde ihm wieder kalt in der Gegend des Herzens. Oder sollte ich heute zum Doktor gehen? dachte er und hielt den Leinwandausweis hin zur Kontrolle. Noch immer spürte er nur den kalten Schmerz und nicht das Ende. Jetzt, eine Sekunde bevor es soweit war. Er glaubte, ein kühler Lufthauch streiche ihm übers Gesicht. Hätte er in den Spiegel gesehen, wäre er erschrocken. Aber er hatte keinen Spiegel bei sich; der Werkspolizist hatte auch keinen, und außerdem blickte er nur auf die hingehaltenen Ausweise. Da waren neue und alte, noch unversehrte und abgegriffene, und man mußte sie genau ansehen. Der Werkspolizist hatte keine Zeit, den Männern in die Gesichter zu blikken, und so sah er nicht das Gesicht des Mannes, als er starb. Der Polizist fluchte, als der Mann ihm vor die Füße fiel. Als ob sie nicht am Sonntag saufen könnten! dachte er und schleifte den Mann beiseite. Er beugte sich über den Mund des Mannes und stellte fest, es roch eigentlich nicht so. Die Pupille unter

dem Lid lag wie ein Loch im Auge. Er kann auch ohnmächtig sein, dachte der Polizist. In den Händen des Mannes stak ein verknüllter Leinwandausweis.
Der Arzt war ärgerlich, als er so frühzeitig ans Osttor gerufen wurde. Der Arzt wußte nicht, daß der Mann ihn am nächsten Tag als Patient hatte aufsuchen wollen, er wußte auch nicht, daß der Mann gerade noch gedacht hatte: Vielleicht sollte ich doch heute zum Doktor gehen... Der Arzt stellte Herzschlag fest und war müde, denn letzte Nacht hatte er Stunden bei einer Geburt zugebracht. Unvernünftig von dem Mann, dachte der Arzt, als ob es nicht bessere Plätze und Zeiten gäbe.
Er ordnete die Überführung in die Pathologie an. Dort sollten sie die Leiche aufmachen und nachsehen. Damit nicht hinterher die Angehörigen kämen und Ansprüche stellten. Es war kein Unfall, es war nur ein Herzschlag; aber besser, die schnitten ihn auf und stellten es objektiv fest.
Der Arzt ging fort, und den toten Mann trugen sie in einen Lagerraum. Sonst wurden hier die Säcke für den Kalk gestapelt. In der Ecke lagen noch einige. Nach einer Stunde kam ein Polizist und leerte die Taschen des Toten. Das würden die Angehörigen bekommen. Ein paar Zigaretten, eine Taschenuhr, ein vernickeltes Feuerzeug, ein Zollstock, drei Mark sechsundachtzig Kleingeld, eine Fahrkarte und eine abgeschabte Lederaktentasche.
In der Dienststelle schrieben sie alles auf. Den Schein würden die Angehörigen quittieren. Sie würden zwei Scheine erhalten, den Totenschein für den toten Mann und den zweiten Schein für das, was dem toten Mann gehörte. An letzter Stelle auf dem zweiten Schein stand geschrieben:
BLUTWURST — 750 GRAMM.
Sie hatten genau nachgewogen.
Ihre Gesichter glänzten lustig hinter den Scheiben. Die Sonnenstrahlen beleuchteten die beiden Männer im Führerhaus. Ich war etwas zu früh gekommen und ihnen ein Stück die Straße entgegengegangen. Sie erzählten sich etwas und hätten mich beinahe übersehen, denn sie konnten nicht wissen, daß ich schon hier an der Straße zum Friedhof stand. Der Beifahrer stieß den Fahrer an, der erschrocken bremste. Ich hatte es genau beobachten können, so hell und deutlich waren sie zu sehen. Der schwarze Wagen stand mitten auf der Asphaltstraße. Der Beifahrer öffnete die Tür, und der Fahrer fragte, ob ich nach vorn kommen oder mich auf die zweite Sitzreihe setzen wolle. Der Fahrer hieß Herr Mittag und war bis vor einem halben Jahr Kartenstellenmann gewesen. Er ließ es sich nicht anmerken. Er fragte mich bescheiden und höflich und zeigte, genauso wie der Beifahrer, das Gesicht des berufsmäßigen Klageweibes. Ich hätte mich nicht gewundert, wenn sie von

Beileid gesprochen hätten, aber sie sagten nichts dergleichen und fragten nur, wo ich einsteigen wolle. Ich wäre eigentlich gern zu ihnen nach vorn gegangen, aber dann dachte ich, es sei ihnen vielleicht unangenehm, und so setzte ich mich auf das zweite Polster. Hinter mir war eine Öffnung, und man konnte in den Innenraum sehen, wo der Sarg stand. Der Wagen hatte an den Seiten kleine Fenster, durch die das Licht hereindrang, so daß der Sarg hellbraun aufschimmerte und an den Verzierungen auf dem Deckel glitzerte. Ich warf nur einen kurzen Blick hinter mich und setzte mich dann ganz rechts an die Tür. Wir fuhren los. Als wir eine Weile gefahren waren, kam uns am Straßenrand ein Mann entgegen. Der Mann sah den Wagen und erschrak und blickte schnell zur Seite. Der Fahrer, Herr Mittag, und sein Beifahrer sprachen miteinander, aber sie lachten nicht mehr. Ich konnte nicht verstehen, was sie sagten, denn zwischen ihnen und mir war eine dicke Glasscheibe.

Auf den Feldern kam die Saat aus der Erde, in den Glasscheiben brach sich die Sonne. Ich schloß die Augen, und wenn ich sie öffnete, kitzelte es in der Nase, und ich mußte niesen. Wir brauchten zwei Stunden, und wenn wir durch Ortschaften fuhren, erschraken die Leute oder wandten schnell den Blick ab. Ich war erst betroffen davon, doch bald machte es Spaß. Der Beifahrer sah sich einige Male traurig nach mir um, und dann nickte er mir zu. Ich nickte zurück und mußte lachen, denn eine Frau sah den Wagen, ließ ihre Tasche fallen und rannte zur Seite in ein Haus. Herr Mittag, der Fahrer, zuckte die Schultern und drehte sich ebenfalls halb zu mir um. Ich überlegte, wie ich wohl reagiert hätte, wenn ich dem Wagen begegnet wäre. Am Werk angelangt, fanden wir nicht gleich den richtigen Eingang, und ich schlug vor, zunächst zum Zimmer zu fahren. Sie waren sofort einverstanden. Das Zimmer lag in einer schönen Straße, nur ganz dicht an der Eisenbahn. Die Wirtin sagte, was mache das schon, das Werk werfe soviel Schmutz und Ruß aus, da komme es auf die Eisenbahn auch nicht an. Ich sagte, das könne schon sein, es sei nur wegen des Lärms. Der Lärm, sagte die Frau, daran sind wir gewöhnt, das hören wir gar nicht mehr. Und dann sagte sie, sie hätte es gar nicht glauben wollen, der Herr Zwerenz sei ein so großer und starker Mann gewesen, man habe ihr erzählt, der Herr Zwerenz habe im Werk ganz allein eine Sauerstoffflasche getragen, und nun sei er tot, einfach tot. Immerhin, krank gewesen sei der Herr Zwerenz letztens manchmal. Aber wer denkt da gleich ans Sterben? Sie sind gewiß vom Amt, sagte die Frau und sah mich prüfend an. Ich sagte erst nichts und packte die Sachen ein. Es waren nicht viele Sachen, die ich mitnehmen mußte.

»Er war ein fleißiger Mensch«, sagte die Frau. »Sie glauben gar nicht, was für ein fleißiger Mensch. Und er ist zweimal in der Woche regelmäßig nach Hause gefahren, jetzt hat er noch die Wurst gekauft auf die billigen Marken, und da hat er zu mir gesagt: Jetzt, wenn ich heimkomme, wird sich meine Frau freuen, ich habe wieder viel Wurst mit.«
»Ja«, sagte ich, »da haben Sie recht, das ist schon so.«
»Von welchem Amt sind Sie denn?« fragte die Frau.
Ich wickelte die Pantoffeln in Zeitungspapier, und sie half, denn ich stellte mich ungeschickt dabei an. Sie war eine stattliche Frau und nicht alt. Ich bedankte mich für ihre Hilfe, sie lächelte, und als ich alles in der Hand hielt, denn es war nicht viel und nur das Allernotwendigste, was man so zum Leben braucht, da sagte ich:
»Nein, ich bin nicht vom Amt, ich bin sein Sohn!«
»Oh«, sagte die Frau, und dann sagte sie nichts.
Du bist also sein Sohn, sagte ihr Blick. Ja, sagte mein Blick zu ihr, ich bin sein Sohn, der Sohn eines Arbeiters, und nichts weiter.
Ihr Blick, auf mir ruhend, war recht gefällig. Es ist was anzufangen mit ihm, sagte der Blick. Ich dachte: Es ist was anzufangen mit ihr. Ich dachte: Er hat was angefangen mit ihr. Und sie hat was angefangen mit ihm.

Wenn einer in einer Arbeiterfamilie »das Licht der Welt erblickt«, sind die Aussichten, etwas anderes als Arbeiter zu werden, nicht sonderlich groß. Man wächst auf und denkt gar nicht daran, sich zu verändern. Aus Arbeiterfamilien kommen wieder Arbeiter, die heiraten und Familien gründen und neue Arbeiter in die Welt setzen. So ist es, so ist es immer gewesen, so wird es immer bleiben. Arbeiter wollen nichts anderes sein als Arbeiter.
Ich gehe die üblichen acht Jahre zur Volksschule und dann in die Kupferschmiedelehre. Im ersten Jahr verdiene ich drei Mark pro Woche, im zweiten Jahr schon vier, im dritten sogar sechs. Überstunden werden nicht bezahlt. Statt dessen Prügel.
Niemand glaubt, daß ich einmal Schriftsteller werde. Ich selbst auch nicht. In unserem Bekanntenkreis gibt es keinen Schriftsteller. An Büchern besitzt unsere Familie zwei, sie liegen im Kleiderschrank zuunterst, zugedeckt mit alten Hemden und Unterhosen. Irgendwann kommen die zwei Bücher abhanden. Ich suche danach, sie sind verschwunden. Niemand erinnert sich daran, was für Bücher es gewesen sind.
Für Bildung hat man was übrig bei uns daheim. Man liest den ›General-Anzeiger‹ oder das billigere ›Tageblatt‹, manchmal, wenn das Geld zu knapp ist, auch gar keine Zeitung. Oder

man hält eine Zeitung für zwei, drei und vier Familien im Haus, das Blatt wandert stundenweise und bald unkenntlich zerfleddert reihum, das führt zu Streitereien, wenn eine Familie länger liest als die zugestandenen sechzig Minuten.
Ich stamme aus einer verstunkenen Arbeiterstadt, die hat einen besonders verhauenen Arbeitervorort, den »Berg«.
Mein Sport besteht darin, auf dem Heimweg von Schule und Werkstatt mit dem Fahrrad die stetig ansteigende Straße hochzutreten, nicht abzusteigen, nicht aufzugeben. So trainiere ich Lunge, Herz und Muskeln für große Zeiten.
Einige wenige Häuser auf dem Berg unterscheiden sich von den anderen Bruchbuden. Einfamilienhäuser mit Bürgerfamilien. Wer nicht Bescheid weiß, sieht es am Morgen.
Jedes Einfamilienhaus hat seinen kleinen, schmucken Vorgarten. Am Gartentor hängt ein Einzelbriefkasten mit Namensschild. Am Morgen klemmt im Briefkastenschlitz die Zeitung, meist der bürgerliche ›General-Anzeiger‹. Die Familien bewohnen hier nicht nur ein Haus allein, sie bekommen auch eine Zeitung nur für sich allein. Da staunen wir.
Manchmal träume ich von den Zeitungen im Briefkastenschlitz der schönen, schmucken Häuser.
In diesen Häusern gibt es junge, hübsche Töchter. Sie sind unerreichbar für uns. Eine Welt, so fremd wie der versprochene Himmel. Ich erinnere keins der Puppengesichter. Ich stelle mich vor den hohen Spiegel im Schlafzimmer, lasse die Hose herunter und denke an eines der Bürgermädchen. Das bloße Drandenken läßt es geschehen.

In Rotterdam tritt ein junger Schwarzer auf. Seine Darbietung lockt Publikum aus allen Ländern an. Besonders die Damen begeistern sich. Der Neger tritt nackt, die Augen geschlossen, auf die Bühne.
Jemand schneidet mit Messern durch den Raum. Alle bluten. Im Krieg, wenn Granaten die Leiber zerfetzen, im erstarrten Augenblick nach dem Lärm der Detonationen, bevor noch der Schmerz einsetzt, tritt, für einen kurzen Moment, Lebensstarre ein. Alles stockt. Das Blut kommt frei, wird gleich in Fontänen hochschnellen, hat nicht wirklich begonnen, die Gefäße zu verlassen. Ihm ist seine aus der Veränderung folgende Befreiung noch nicht aufgegangen. Der Schock stockt die Zeit.
Die schwarze, glänzende Haut im Scheinwerferlicht. Man hat Öl eingerieben. Die Blicke und die Stille. Der starre Körper. Die geschlossenen Augen.
Durch nichts als seine Vorstellung und Willenskraft gelangt das Glied des Schwarzen zur prächtigsten Erektion. Oder es ist, weil er weiß, alle starren gespannt und verzückt darauf. Unter dem Aufprall der Blicke schwillt das Glied des Mannes.

Ohne die geringste physische Bewegung, ohne jede äußere Hilfe, allein durch innere Energien ejakuliert der Schwarze. Das ist ein Signal. Es geschieht, was nicht geschehen darf und immer geschieht und jeder wünscht, daß es geschehe. Die Zuschauer, vom Blitz der Erregung getroffen, fallen zueinander und ineinander und schießen zusammen zum Kollektiv begeisterter Freude. Der schwarze Mann, der das kann und wagt, kann und wagt es für sie alle. In diesem Moment zweifelt keiner der Männer daran, und den Frauen stößt das glänzende Glied in den eigenen Schoß, um dort anzuwachsen. Die abenteuerlichsten, verschwiegensten Träume werden wahr. Die Darbietungen eines einzelnen, die den Rahmen des Gewöhnlichen und Normalen sprengen, sind Kunst. Begeistert applaudieren die Gäste dem Ereignis. Man weiß nicht, was nachhaltiger wirkt, die äußere Ruhe, mit der der begnadete Virtuose seine Vorstellung gibt, oder die inneren Möglichkeiten, die sein Können andeutet. In der Tat, die brutale, sensationelle Öffentlichkeit dieser Ejakulation steht im krassen Gegensatz zu ihrer geheimen immateriellen Dimension. Wer kann, was dieser Schwarze kann, der mag gänzlich auf die Hilfe anderer verzichten – weder Frau noch Freund, nicht einmal eine erbarmende Hand werden benötigt.
Die Welt als Wille und Vorstellung genügt für das physische Ereignis. Dies eben, die Polarität des Ganzen, macht den Vorgang zum atemberaubenden, vielversprechenden Erlebnis. Neue ungeahnte Möglichkeiten deuten sich an. Wild gestikulierend, dürstend hascht das hohe Publikum auf den vorderen Plätzen nach der ersehnten Köstlichkeit. Ekstatische Ausbrüche, Schweiß und Applaus und herber Negergeruch. Ist es geschehen, hebt der Künstler die Augenlider. Sein Blick ist, was nicht verstanden wird von den Begeisterten.
Ich weiß, woran der Mann denkt, während er sich vorführt.

Meist sind die Eltern zerstritten, und Mama verweigert sich ihrem Mann. Am Abend, wenn ich im Bett liege, erzittert das Haus unter ihren elefantischen Tritten. Er flucht, sie keucht und stößt mit vor Empörung und hysterischer Bösartigkeit überschlagender Stimme ihre idiotisch gerechten Vorwürfe hervor. Manchmal hat er seine Frau schon auf dem Rücken liegen und fordert: »Mach die Beine breit! Los, mach die Beine breit!«
Sie antwortet mit Gelächter: »Sonst willst du nichts von mir, was? Nur zur Schweinerei soll ich da sein, nein!«
Ich bin jetzt ganz auf seiten der Mutter. Diese ohnmächtige Wut, wenn er sie dann nimmt. Diese Enttäuschung und Eifersucht, wenn sie mitten im Kampf nachgibt und voller Erregung mittut.

Streiten sie nicht, finden ihre Umarmungen in den Betten statt. Ich schlafe im gleichen Zimmer. Kinder, sind sie unwissend, erschrecken zu Tode, erleben sie, wie ihre Eltern plötzlich ineinanderstoßen. Ich fühle mich verraten, ausgesetzt, elend hintergangen. Dieser Gram, daß die Mutter so was tut. Ich versuche mich in der Liebe und betrachte das nächtliche Geschling und Gestöhn mit Gelassenheit. Kämpfen sie nebenan im Wohnzimmer, packt mich die Angst. Die Eltern verlangen Respektierung. Sie überzeugen dich von einem Bild und machen es mit ihren häßlichen Handlungen und erbärmlichen Lebensweisen zugleich wieder kaputt.

Wovon träumen Greise? Fang eine Nacht lang Träume, die vom Altersheim in den Himmel steigen — was findest du? Angst der Kindheit, Träume von Schlägen und Bösartigkeiten, die die Eltern einander und den Kindern zufügen. Die Greise kehren im Hinüberdämmern zum Tod in die frühen Lebensjahre zurück, die grausamste Intensität des Schmerzes ist die erste und letzte Erfahrung.

Als Lehrling unter Arbeitern leben, das ist: auf der untersten Sprosse der Leiter stehen, am wenigsten Rechte haben, am härtesten hergenommen werden, wehrlos sein. Immer einstecken und einstecken. Entweder geht einer dran drauf, wird stumpf und korrupt und kriminell, was erwünscht ist, oder er lernt sich seiner Haut zu wehren, was unerwünscht ist.

Den Kampf im Wohnzimmer verwinde ich nie. Das Keuchen, Trampeln und Schimpfen ist eine Demütigung, die die Eltern einander zufügen. Ich will mich durch Zuhören nicht länger beleidigen und ziehe in die Bodenkammer, wo es im Winter lausig kalt ist und der Wind durch die Dachziegel pfeift. Kälte kommt Rationalität zugute. Unter welchen Umständen haben sie mich gezeugt, in der eintönigen Umschlingung im knarrenden Bett oder im Zweikampf, beides berührt gleich unangenehm. Es ist etwas zwischen den Eltern und mir, das sich nicht beilegen läßt.

Wir erörtern in den Schulpausen das Elend der Eltern. Es ergibt sich, wir haben die gleichen Erfahrungen gemacht. Nur die Kinder bessergestellter Eltern haben keine Ahnung, wovon wir sprechen.

Sie schlafen in separaten Kinderzimmern.

Anfangs, als ich die leise Liebe im Doppelbett noch nicht mitbekommen hatte und nur, von den Lauten aufgeweckt, das Drama im Wohnzimmer als Ohrenzeuge miterlebte, meinte ich, sie schlügen sich. Dann dachte ich, das sei diese Liebe eben, das komische Ding: Vater und Mutter schlügen aufeinander ein, aber das Schlagen sei nicht schon die Hauptsache.

In früher Jugend ist Liebe das glatte Gegenteil von Haß, Schlagen, Krieg. Älter geworden, beginnt man zu zweifeln.

Bösartigkeit und Feindschaft sind die allein wahre, wirkliche und tatsächliche Liebe der Menschen. Sie wollen einander beschädigen, verletzen und verschlingen, mit Haut und Haar.
Die kindliche Empfindsamkeit, die der Erwachsene beibehält, wird zur kindischen Empfindsamkeit. Dennoch verlieren wir sie nicht, wehren aber, darauf angesprochen, empört ab. Wir – kindisch und empfindsam? Nein! Wir, zutiefst beleidigt? In Eifersucht ausbrechend wie ein labiles Kind? Niemals. Nein, wir nicht. Wir sind hart geworden in unzähligen Lebensschlachten. Wir sind welterfahren genug, Schicksalsschläge gelassen hinzunehmen. Wir stecken die kleinen Widrigkeiten des Alltags ungerührt ein.
Wir eitlen Lügner. Wie groß, weitherzig und von Güte durchtränkt müßte ein Sozialismus sein, der allen Platz genug einräumte, uns aufnähme, ohne zu erschrecken, ohne das Opfer der Kasteiung und Reduktion zu verlangen.
Ich habe bei Funktionären so viel Borniertheit und Unverständnis, bei Intellektuellen so viel schamlose Eitelkeit und ein solches Unmaß von Egoismus gesehen, daß ich manchmal fürchte, der Sozialismus habe keine Chance mehr.
Aber was bliebe eigentlich von der Welt, wenn man den Sozialismus abrechnete von ihr? Es bliebe der Vater.
Der Vater. Er ist groß und finster. Er riecht stark und bitter, hustet, raucht, hat viele Geheimnisse. Wenn er freundlich lacht, wird er am unheimlichsten. Wenn er flucht und droht, wird er kleiner, sehr einfach und überschaubar. Man kann ihn jetzt verstehen. Oft hat er zu tun, weilt außerhalb der Wohnung, des Hauses, der Straße. Man atmet auf. Abends sein schwerer Tritt auf der Treppe, seine massige dunkle Gestalt, die das Zimmer ausfüllt. Wenn der Vater daheim ist, läßt die Wohnung keinen Platz übrig. Der Vater trägt dunkle Kleidung und knarrendes Schuhwerk. Er spricht laut und ist von scharfen, harten Linien umgeben. Der Vater immer ein Grund zum Fürchten, zum Mißtrauen, Unbehagen. Manchmal beugt er sich von hoch oben herab zum Kinde. Aus der Nähe wirkt der Vater noch größer und unheimlicher, riecht noch bitterer, hat alle Geheimnisse in Besitz außer dem einen und einzigen: Er wird früher sterben. Dies zu fühlen und, später, zu wissen, macht Jugend erträglich.

Gewisse Szenen wiederholen sich in meinem Gedächtnis, dem Eitergeschwür. Mach die Beine breit! Los, mach die Beine breit! Seine Stimme ist ganz dunkel vor Wut und doch angefüllt vom Glücksgefühl der Gerechtigkeit bis zum Bersten. Er verlangt nichts Unbilliges, will nichts als sein Recht, will seinen Besitz besitzen, sein Glück genießen, sie darf sich ihm nicht verweigern, das ist sein Reich, dahin darf keiner sonst,

er aber darf, und wenn sie sich sperrt, sperrt sie sich gegen die ganze Welt und deren Moral und Sittlichkeit. Das genießt er, das bringt ihn um so köstlicher hoch, Rausch potenziert durch Recht, er darf diesen Klumpen Fleisch umwerfen, drangsalieren, vergewaltigen, er darf, darf. Wie schön ist diese unwirtliche Welt, wenn man etwas tun darf, was gemeinhin niemand darf. Leg dich hin, Alte! Er säbelt sie um, seine machtvolle Gewaltsamkeit lodert, ein heißes Feuer, das ihn anfüllt, ausfüllt, bersten läßt; was ihn im Genuß bestärkt, mindert den ihren nicht, heizt ihren ebenso an, wenn sie nun weiß, sie verweigert, was nicht verweigert werden darf, sie unterläßt, was sie zu unterlassen kein Recht hat, er kann sie zwingen, kann sie strafen, kann sie nehmen, indem sie's verweigert und weiß, sie darf's nicht, heizt es sie auf, wie glühende Kohle fährt's ihr durch Kopf und Bauch und Brust und die Schenkel runter und den Rücken hinauf und hinab, sie trotzt dem, dem nicht zu trotzen ist; sie schmecken Blut auf den Lippen, ihre Stimmen fallen aus den Worten heraus, kippen ins Leere. Das Keuchen, das ich höre, ist das der Wut, das die Lust vervielfacht. Nie wieder ist Ficken so schön wie jetzt, da es ein wütendes Umwerfen, Stoßen, Bedrängen, ein kreischendes Verfluchen, Verlangen, Verbrunsten und Verbrennen ist, sie vergessen die Zweizimmerwohnung, die elende Straße, das verdammte Kaff, die beschissene Welt ihrer Herkunft und täglichen Arbeit und Früh-aufsteh-Rennerei, vergessen, daß sie sich kennen und seit Jahren an den grauen, gedehnten Langeweileabenden, in den Müdigkeitsnächten aus keinem anderen Grund als diesem ineinanderfallen, sich auszuleeren, anzuspucken, vollzurotzen. Etwas ist ihnen geblieben von dieser Welt, sich aneinander zu reiben und wie — das steht frei, steht zu, steht offen, sie bekommen gekrümmte harte Hände, denken sie nur daran, und schon arrangiert die Szene sich, er, sein Recht sich erprügelnd, sie in trotzigen Verkrampfungen, und endlich die elende, die große, die leidenschaftlich-schmerzliche Lust der Aufgabe, wenn er, der Verhaßte, Armselige, Bösartige, Elende mit seinen stämmigen Beinen und schwieligen Fäusten ihre Schenkel auseinanderreißt, seinen stinkenden, harten, heißen Schwanz ihr einzutreiben, diesen Schmerzensspieß, den sie so verabscheut, daß sie ihn immerzu fühlen möchte, weil es ihr berauschend ankommt und sie zur berauschten Bewußtlosigkeit drängt, ist sie niedergeworfen, wehrlos, in ungewollt-geilen Zuckungen sich krümmend.
Er wußte, er schenkte Glück, wenn er Schmerz schenkte.

Der Vater zog mich, geduldig lächelnd, voller Milde, fast gütig hinters Haus zu den mit Stroh ausgelegten Holzställen. Er sperrte eine Tür auf, packte die dicke Häsin am Genick und setzte sie vor uns auf den Boden, wo sie gleich vertrauensvoll zu mümmeln anfing.

Der Vater zog ein Stück Schnur aus der Hosentasche, band der Häsin mit wenigen sicheren Bewegungen die Hinterläufe, riß das Tier hinten hoch, daß es lang runterhing und schlug ihm mit der harten Handkante ins Genick. Der schmählich quäkende Ton und die Starre der Häsin gingen ineinander über und drangen in mein Herz.

Der Vater hing das Opfer an den Schlachternagel im Holzbalken und schnitt ihm die Kehle durch, aus der es quellrot aufleuchtete, und schon begann er, sehr sorgfältig zu Werke gehend, der Häsin das Fell über die Ohren zu ziehen, das man für 2,20 Mark verkaufen konnte.

Als der Vater sah, daß ich bleich gegen die Mauer gelehnt stand, reichte er mir Schnur und Messer und befahl, es ihm gleichzutun. Ich hielt das nützliche Marterwerkzeug in Händen, die Hasen blinzelten arglos durch den Türdraht.

Es raschelte im Stroh.

Ausmisten will ich gern, sagte ich, Schlachten kann ich nicht.

Der Vater entriegelte die nächste Tür und setzte Mutzemann, den Rammler, vor meine Füße. Mutzemann ist zu fett, sagte der Vater ärgerlich. Mutzemann gehört mir, sagte ich. Nun mach schon, er ist längst schlachtreif, sagte der Vater, und Mutzemann beschnupperte meine Schuhe. Ich beugte mich nieder, packte sein Genick und schwang den Rammler zurück in seinen Stall.

Der Vater nahm ihn gleich wieder heraus, gab ihm einen Schlag hinter die Ohren und senkte das Messer in seinen Hals. Mir drang es vom Magen her gegen die Kehle und war nicht zurückzuhalten. Meine Lippen riß es auseinander, über das sterbende Tier und Vaters schlachtende Hände erbrach ich mich. Niemand sollte seine Zähne in Mutzemanns Fleisch schlagen, Papa prügelte Mutzemanns Blut und mein Erbrochenes an mir ab, langte mit seinen Prankenhänden über mich hin und schlug auf mich ein, aber es schmerzte nicht, vor lauter Übelkeit hatte ich die Welt der abgestochenen Tiere erreicht; ich lag fühllos am Boden. Der allmächtige gütige Vater, der mich zurückschickte in die Vergangenheit, zurückverwandelte in die Bewußtlosigkeit dessen, was ich in ihm und an ihm und von ihm fort gewesen war: SPERMA. Leben ohne zu wissen, zu fühlen, zu spüren, Schmerzlosigkeit in Bewegung, Energie, gänzlich ohne die Fähigkeit zu leiden. Der Vater, der aus seiner Flüssigkeit unter leidenschaftlichen Zuckungen Menschen zu machen versteht, darf er nicht aus gleicher Leidenschaft lebendiges in totes Fleisch zurückverwandeln und die Tiere in das, was sie sind: Nahrung? Die Güte des Vaters, die auf der Messerspitze ruht und die Kehle des lebendigen

Fleisches öffnet, Tod bringend, damit wir leben können. Der Vater. In die Tasche langend, eine Schnur hervorholend, dem Sohn die Beine bindend, ihn hoch an den Schlachternagel hängend, bricht die Kehle ihm auf. Diese gütige Fühllosigkeit, Abwesenheit von Schmerz, während das Fell über die Ohren gezogen wird und die Nerven bloßliegen im Strom roten Blutes. Dieser Vater arbeitete gelassen an den fünf Pfund nützlichen Fleisches, das der sachgerechten Zerteilung unterlag, als ich das Bewußtsein wieder erlangte und mich am Boden liegend vorfand. Steh auf, sagte der Vater freundlich und nicht ohne Verständnis, morgen am Sonntag wird dir der Braten schon schmecken!

Ich machte mit dem Ellbogen die Tür auf und stieg die Treppe hinunter, und da stand auch schon Herr Mittag, der Fahrer. Er nahm mir das kleine Päckchen ab. Wir liefen durch den schmalen Hausflur, und die Frau kam von oben die Treppe heruntergelaufen. Wir gingen aber weiter und hinaus in den Wagen, der Beifahrer öffnete die Tür, und als ich mich umsah, standen in den Fenstern der Häuser Gesichter, die leer und weiß waren. Die Wirtin, die nun einen neuen Untermieter bekommen würde, kam an den Wagen und faßte mich am Ärmel und sagte: »Wirklich, ich bin nicht so, und wenn Sie der Sohn sind, bitte, es ist noch eine ganze Woche bis zum Monatsletzten, und er hat die Miete bezahlt für den ganzen Monat.«

»Schon gut«, sagte ich.

»Nein«, sagte sie, »wirklich, ich bin nicht so, und es tut mir furchtbar leid, wo er doch ein so großer und starker Mann war und niemand daran dachte. Ich will nicht daran verdienen, und ich habe schon mein Auskommen. Ich habe mich doch immer mit dem Herrn Zwerenz verstanden, und er war auch sehr zufrieden mit mir, und einmal hat er sogar gesagt: ›Ja, wenn ich nicht schon verheiratet wäre und einen großen Sohn hätte, da würde ich ganz bestimmt noch Sie heiraten.‹«

»So«, sagte ich, »das hat er gesagt?«

»Ja, das hat er gesagt und dabei gelacht, wie er das gesagt hat mit dem Heiraten.«

»Und das mit dem großen Sohn«, sagte ich, »das hat er auch wirklich so gesagt?«

»Ja, das hat er so gesagt, und ich will kein Geld an ihm verdienen, wenn es zu Unrecht verdient ist. Und ich will nur sagen ... ich will nur sagen, also ... es tut mir so furchtbar leid, weil er doch ...«

»Ja«, sage ich, und Herr Mittag, der Fahrer des Leichenwagens, drückt auf den Starter. Die Frau sagt noch etwas und hebt die Hand dabei, in der sie den Geldschein hält, aber der Wagen fährt an, und sie sagt noch immer etwas und hebt die

Hand mit dem Schein und winkt dann. Ich werfe die Tür zu und sehe aus dem Fenster. Die Frau bleibt zurück und wird kleiner. Die schöne Straße wird kleiner. Der Beifahrer dreht sich um und sagt:
»Das Geld hätten Sie ruhig nehmen sollen, ich hätte das Geld an Ihrer Stelle wirklich genommen, wo doch Ihr Herr Vater tot ist und dadurch zuviel Miete bezahlt hat.«
Der Beifahrer ist sehr zufrieden mit sich. Sein Sinn für Sparsamkeit hat sich ausdrücken können. Es hat keinen Zweck, auf seine vernünftigen Worte zu antworten. Im Grunde weiß ich selbst nicht genau, weshalb ich das Geld nicht genommen habe. Es widerstrebte mir einfach, den Schein einzustecken. Mir war, als würde ich es einem Toten wegnehmen. Eine Spur von, na, nennen wir es Pietät, mag mich davon abgehalten haben. Eine Dankbarkeit, die dem Toten nicht mehr zugute käme und die ich, ohne darüber weiter nachzudenken, als Geste seiner Wirtin gegenüber angewandt hatte.
Damals, ich besuchte die letzte Klasse der Volksschule, als die Berufswahl fällig gewesen war, hatte er gesagt:
»Du kannst in die Fabrik gehen und gleich Geld verdienen. Du kannst eine Lehre antreten und die Lehrjahre hindurch wenig Geld heimbringen. Es wird uns verdammt schwerfallen, auf Geld zu verzichten. Für dich ist's aber besser, du erlernst einen richtigen Beruf. Von da aus kannst du dich dann weiter hochboxen.«
Damals, als er das gesagt hatte, dämmerte mir, daß er was beabsichtigte; er hatte was vor mit dem Sohn.

Zwischen die Bleche gezwängt, in Tarnung gegangen, verbringe ich die Stunden. Der Feind ist gemeldet. Ich erspähe den Elenden, als er das Wohnhaus verläßt und Richtung Kontor taumelt. Dreimal drei Schläge mit dem Hammer – , ich schlage Alarm, damit die Herren Arbeiter wissen, er kommt bald. Der Feind Gustav Krause. Man haßt und fürchtet ihn und gibt sich, schreitet er die Reihen der Maschinen und Schraubstöcke ab, untertänigst. Die Arbeiter fährt der Meister grob an; geschlagen werden von ihm die Lehrlinge.
Manchmal bleibt der berühmte Kupferschmiedemeister tagelang unsichtbar. Er ist auf Schnapsreise! freuen sich die Männer.
Kommt er heim, ist höchste Vorsicht geboten.
Zuerst schläft er seinen Rausch aus. Dann wird die Frau versohlt, deren Geschrei signalisiert die baldige Ankunft des Feindes in der Werkstatt.
Ich stehe auf Wache und habe die Arbeiter zu warnen. Jetzt wütet der gute Mann im Kontor. Dort sitzt der schmerbäuchige Schwiegersohn auf dem Drehstuhl und läßt alles bleich

über sich ergehen. Aber ich bitte dich, Gustav! Schwiegerpapa! Die Kontormädchen werden nach draußen geschickt, blicken verstört, lehnen rücklings gegen die Hauswand. Plötzlich fahren sie hysterisch zusammen. Achtung, der Feind! Ich renne zur Werkstatt. Die proletarischen Hasenfüße geben sich den Anschein bemühtesten Fleißes. Ich reiße die Tür auf, das versoffene Vorbild nimmt mich gar nicht wahr, torkelt, noch immer voll bis oben hin, zum Schmiedefeuer und schlägt im Höllenschein mit der Faust auf den Amboß. Jetzt streichelt er die Vorschlaghämmer. Die mag er besonders. Die sollen ihn noch grüßen. Salut du Hund!

»He – ihr Arschlöcher!« flötet Gustav Krause, Kupferschmiedemeister, Kaiserlicher Feldwebel, Schützenkönig, Unternehmer von altem Schrot und Korn, Stahlhelmkamerad. Lehrlingsausbilder.

Ach, wie wir ihn lieben! Die Liebesleidenschaft frißt uns auf. Die guten, die besten Gefühle wühlen in uns. Am liebsten träte ein jeder zum Amboß und umarmte den Alten. Umarmte –? Was sage ich, vor lauter Zuneigung und Liebesraserei möchten wir ihn alle abküssen. Ein zarter Kuß auf des Meisters nackten Arsch, was könnte Schöneres es geben? Vorher ein Schlag mit dem Hammer. Davon träumen alle. Ihre zärtlichen Blicke zur Reihe der mächtigen riesigen schweren Vorschlaghämmer. Ihre süßen liebestollen Gedanken und Sehnsüchte. Man will einander nur Gutes tun. Ach diese schönen Erlebnisse und Erfahrungen, die man im zartesten Jugendalter empfängt. Im Juni werde ich vierzehn, da habe ich schon ein Vierteljahr lang Erfahrungen machen können in der Welt der Arbeit. Der Meister, diese durch und durch ehrliche Natur, verpaßt gern eine Tracht Prügel. Was ist ehrlicher als eine Anzahl prasselnder Schläge? Sonnabends sitzt ihm die Hand am lockersten. An diesen Sklaventagen wird die riesige Werkstatt gereinigt. Die Tortur beginnt wie allmorgendlich dreiviertel sieben, endet aber nicht mittags viertel vor zwei, wenn die Gesellen heimgehen. Gegen elf taucht gewöhnlich der Alte auf, sucht, ganz preußischer Unteroffizier, nach Staub. In einer Werkstatt, wo zwischen zwanzig und fünfzig Männer arbeiten, kann die gründliche Reinigung zur lebenslangen Aufgabe werden. Der Meister sorgt dafür, daß wir sonnabends einen Vorgeschmack dessen erhalten, was Lebenslängliche im Zuchthaus erwartet. Die Stunden dehnen und vermehren sich. Wir dürfen, welch hohes Glück, ewig schuften, kriechen auf dem Bauche unter den Bohrmaschinen und Drehbänken hindurch und klauben mit den Fingern Stahlspäne aus den Bodenritzen, wobei der Meister uns auf die Finger tritt und vor Vergnügen kreischt, schreit einer auf. Wir lernen den Schrei unterdrücken.

Der erste Sonnabend im dritten Lehrjahr. Der Meister langt unter die schwere Richtplatte und bringt eine Handvoll Elektrodenstummel hervor, die er mir genußvoll, unter einem Schwall von Flüchen, entgegenhält. Die Schweinsäuglein hinter dem Kneifer blinzeln tückisch und suffentzündet. Die Kupfernase brennt dicht vor meinen Augen. Ich sehe mich vorsichtig um, kein Mensch ist da, nur der Alte und ich. Zeit für die Liebe. Die Szene, die sich jetzt abspielt, habe ich in Gedanken oft vor mir gesehen, ich drehe mich so, daß der Meister mit dem Rücken zur Richtplatte zu stehen kommt. Er hält mir immer noch die verfluchten Elektrodenenden hin und wartet offensichtlich auf Antwort, die ihm Gelegenheit bieten soll, zuzuschlagen. Den Gefallen tu ich ihm nicht, mache einen Schritt nach vorn, was ihn veranlaßt, verdutzt etwas zurückzutreten. Er steht jetzt dicht an der Richtplatte, die ihm bis in die Kniekehlen reicht. Ich brauche nur die Hand auszustrekken und ihm einen leichten Stoß zu versetzen, schon liegt er mit dem Rücken auf der schweren eisernen Fläche. Ich nehme den Vorschlaghammer mit beiden Händen und hole aus.

Es gibt Schläge, die transportieren dich im Triumph über ganze Welten weg. Wie leicht man zum Mörder werden kann. Wie kinderleicht. Später überlegte ich mir, ob ich ihn wirklich hatte umbringen wollen. Wenn es in Mördern während der Tat wie in mir aussieht, sind sie unschuldig.

Ich hätte ihn schon einmal umbringen können, ganz am Anfang.

Man nimmt an, man werde etwas lernen in den Lehrjahren. Das dauert seine Zeit, bis einer kapiert, alles was er zu lernen hat, ist das Stillehalten, wenn die anderen ihm zusetzen.

In einer der hundert Fabriken, Wasserpumpenreparatur, das Ding hat Wasser aus dem Industriebrunnen hochzuholen. Ich schiebe die Bohlen vom Brunnen. Ein Holz bleibt querüber als Steg liegen. Wir stehen am Rand und blicken in die Tiefe. Der Wasserspiegel liegt weit unten, ich sehe ihn nicht. Meister und Geselle bereden irgendwelche Dinge, die ich nicht verstehe. Man hat stets so dreinzublicken, als begreife man alles. Die klugen Lehrmeister meinen, man habe unbedingt Bescheid zu wissen, und fassen es als Beleidigung auf, will man von ihnen was erklärt haben. Ich kriege bald mit, woher der Wind weht in diesen Werkstätten. Vor allen Dingen darf man nie untätig dastehen, das gilt als Verbrechen. Also immer Bewegung. Wir bewegen uns auf dem Brunnenrand im gleichen Takt. Der Meister stellt den rechten Fuß vor, auf das Bohlenholz zu treten, im gleichen Moment bücke ich mich und ziehe, mir den Anschein der Beschäftigung, des immer fleißigen Arbeiters zu geben, den Holzsteg weg. Der Fuß des Meisters trifft ins Leere. Der rechte Arm des Taumelnden haut mir vor die Brust,

der linke Arm gerät dem Gesellen in die Hände; der zu Tode erschrockene Mann rettet seinen tödlich bedrohten Arbeitgeber vor dem Sturz in die Tiefe.
Von Stund an schwebt der Meister für mich in irrer, taumelnder Gestik über schwindelnder Brunnentiefe, und immer und immer frage ich mich wieder, was er wohl gefühlt und gedacht haben mag in dieser Situation und ob er auch dabei nichts anderes gewesen sei als der, der er immer war, wenn er mit uns zusammentraf, eine unnahbare Gestalt von teuflischer Härte und Schlechtigkeit, ein Rüpelknochen und Lumpenhund, wie ich ihn noch nirgendwo kennengelernt hatte und von dem ich nie geglaubt hätte, daß es ihn überhaupt gibt.
In schwebender Todesstellung überm Brunnen halte ich ihn fest; hoffe, der Schreck werde ihm kalt in die Knochen fahren und sein lausiges Herz erweichen. Es tut unheimlich gut, diese Gestalt ohne alle Macht und Sicherheit vor sich zu sehen, ich schicke den Mann, sobald er die Unerträglichkeit seines normalen Benehmens bis zur Unerträglichkeit ganz besonderer Tobsuchtsanfälle steigert, flugs zum Brunnenabgrund, jetzt kann er wüten und wüsten, wie es ihm beliebt, die Vorstellung geschieht eigens für mich, er wirft die Arme, sucht stokkend nach Halt, auf Hilfe angewiesen, und ist, wird sie verweigert, schon nicht mehr ganz von dieser Welt. Man braucht ihm jetzt nicht einmal mehr einen Stoß zu versetzen, und alles vollzieht sich nach den Naturgesetzen der Schwerkraft und biologischen Organisation.
Bald erreiche ich eine Fertigkeit, die den Bedränger ganz nach Belieben oben abstürzen oder unten ankommen und aufschlagen läßt; wann immer ich will, ist der Mann eine Leiche.
Der Beinahe-Unfall setzt meine Fantasie ungeheuer in Bewegung. Nein, ich bin zu feig oder zu klug, einen Mord zu begehen, gleichzeitig aber nicht feige genug, als daß ich mir nicht vorstelle, der Unfall sei gelungen. Wochen und Monate hindurch sehe ich den Alten in die Tiefe stürzen und stürze ihn selbst hinunter. Der Geselle auf der anderen Seite braucht nur einen Schritt weiter wegzustehen — der seltsame Meister, wenn er mir auf die Hände tritt, mich auf den Rücken schlägt und seine unflätigen Schimpfreden losläßt, merkt denn dieser Mann gar nicht, daß er längst mit zerschmetterten Gliedern in der Tiefe des Fabrikbrunnens liegt? Die Luft in seiner Nähe — ich ziehe sie erschaudernd ein — riecht nach Verwesung, das ist kein Irrtum, nein. Die Untergebenen trauen sich nicht, dem Alten seinen Tod mitzuteilen. Oder sie sind zu taktvoll oder fürchten, am Freitagabend keinen Wochenlohn mehr ausbezahlt zu bekommen. Ich mit meinen lächerlichen drei, vier Mark brauche diese Rücksicht nicht zu üben, ich muß ihm beibringen, wie es mit ihm steht.

Mit dem schweren Vorschlaghammer ziele ich genau auf den seltsam zitternden wabbernden Kopf. Eigentlich will ich, bedenkt man's genau, den Mann gar nicht erschlagen, denn er ist ja längst tot und soll nur endlich nicht mehr vorhanden sein. Das gehört sich eben so. Diese Sache ist endlich in Ordnung zu bringen. In den Wunschträumen steckt die gleiche Sehnsucht wie in der Tat. Es gibt Scheusale, von denen sich zu befreien der Mensch die Macht hat, oder er bietet sich selbst als Opfer an.

Zugleich enthält die Bewegung meiner Arme mit dem schwingenden Hammer eine Aufforderung an den Gegner. Es ist klar, wenn er jetzt Worte fände oder eine Geste oder wenn wenigstens sein Gesicht einen menschlichen Ausdruck, einen fernen Schimmer von Verständnis bekäme, wäre der Schlag noch ungeschehen zu machen. Wer weiß, was alles in diesem Energiebündel, in den Knochen an zurückgewiesener Liebe und betrogener Freundlichkeit, an Friedfertigkeit und gutem Willen steckt, wer weiß das und wer will das wissen — muß *er* es aber nicht in diesem Augenblick, der sein letzter sein kann, wahrnehmen oder spüren?

Darf ein Erwachsener derart durch und durch erstarrt sein, daß er selbst jetzt, da der tödliche Hammer über ihm steht, nichts als dummen Haß und unbedingte Feindschaft zeigt? Zittert er nicht um sein Leben, so daß ihn endlich die Todesangst ein Zeichen geben läßt, es braucht ja keine ausdrückliche Bitte zu sein, kein Winseln um Gnade ist verlangt, nur der Schimmer einer rührenden Regung, die vermuten läßt, der Mann sei kein Amboß, der den Schlag hart und unbewegt, ein stummes Eisenstück, erwartet.

Nichts von alldem geschieht. Nur die von mir kommende, aus dem Inneren herausdrängende Korrektur. Gewissensbisse? Dem Proleten wird das Gewissen weggebissen. Mann, o Mann. Es ist der Täter untauglich für den Mörderschlag.

Wir haben gelernt, mit dem Vorschlaghammer perfekt umzugehen und setzen den Schlag genau und hart. Mit beiden Händen hoch ausholen. Wir schlagen im Takt reihum, drei vier Mann halten drauf. Als ich den Hammer auf Gustav Krauses Schädel sausen lasse, ist eine fremde Gewalt in mir, die im letzten Moment die Arme wegzieht, die Kraft umlenkt, Eisen schmettert auf Eisen, von der Richtplatte stieben Funken, etwas sprüht mir ins Gesicht, von der Wucht des Schlages und der verwischenden unwillentlichen letzten Korrektur mitgerissen falle ich vornüber, der Hammer, dicht neben dem Kopf des Alten auftreffend, streift im Zurückfedern seitlich seine Stirn und ritzt die Schwarte. Danach geschieht eine Ewigkeit gar nichts. Als ich mich wiederfinde, sehe ich, wie der Alte sich unbeholfen aufrappelt, seine Brille aufzusetzen sucht, es nicht

schafft, weil das Gestell sich verbogen hat; endlich stapft er zur Tür, wortlos.
Ich renne wie ich bin los, werfe mich aufs Fahrrad, rase heim, erwarte den Sonntag über die Polizei. Sie kommt nicht. Am Montag erscheint der Meister nicht in der Werkstatt. Es heißt, er sei krank. Wochenlang läßt er sich nicht sehen. Anscheinend verrät er niemandem was von dem Vorfall. Ich schweige auch. Monate später ist der Alte gestorben.

Die Nacht nach dem Tod des Gustav Krause: Ich erwache davon, daß ich mich bis zur völligen Bewegungslosigkeit in die Bettdecke gewickelt habe. Es ist das erstemal, daß ich die Befreiung empfinde, die der Tod eines Feindes schenkt, und in mir ist keine Feindschaft, kein Haß und nicht die geringste Angst oder Schuld, ich empfinde den Tod des Mannes, den ich hatte umbringen wollen, als eine Wohltat, und mein Gefühl von Dankbarkeit gleicht in nichts jener von Bösartigkeit angefüllten Heuchelei, die man Trauer nennt. Es ist gut so, daß dieser Mensch nicht mehr lebt, und weil es gut ist, empfinde ich brüderliche Sympathie für den Mann, den ich nun nicht mehr zu bekämpfen brauche.
Mag sein, wir sind angefüllt von schrecklichen Träumen, die sich zu überraschenden Taten verdichten können, doch ebenso enthält unser Leib eine Energie, die nur freigesetzt werden muß, um Güte zu entfalten. Mich überraschen ihre Zeichen meist in ganz besonderen Situationen, bei langen Bahnfahrten oder Flügen, in den Minuten und Stunden nächtlicher Schlaflosigkeit, wenn der wache Geist sich zur höchsten Sensibilität und Klarheit bringt, nach einem durchrüttelnden, den Leib in rasenden Aufruhr versetzenden Akt erkenne ich, was wir sein könnten, wären wir nicht Verhinderte.
Angespannt ist auch mein äußeres Wahrnehmen, der geringste Laut läßt mich mitschwingen, die kleinste Berührung mündet in rasenden Schmerz, die Gedanken dröhnen, es ist, als hätten sich alle Vorgänge vervielfacht, um nicht im geringsten mißachtet und vernachlässigt zu werden. Das Bedürfnis nach Aufnahme und Anerkenntnis ihrer Existenz hat die geringfügigsten Gegenstände und Vorgänge überkommen. Ich selbst erfahre mich als majestätische Wirklichkeit von unübersehbaren Ausmaßen und unermeßlichem Inneren. Nichts ist, dem ein Unrecht geschehen soll. Die Sympathie mit den Dingen wirkt überwältigend. Wir befinden uns in einer Situation, die jede Kleinigkeit und Ungerechtigkeit ausschließt; wir stehen bereit, uns zu opfern.

Gustav Krause . . . Nein, ich mache den krummen Hund nicht krummer und nicht besser, nenne seine heilige Bösartigkeit

beim Namen, ihm ist weihnachtlich ums schräge Herz, hat er sich die Situation geschaffen, die ihn ins Recht setzt. Die große Freude in seinen Augen wird meine Verbündete, sie lullt ihn ein, macht ihn arglos, ganz blank läuft er in die Falle, die ich aufstelle, seine eigene Lust ergibt den Speck.
Meine Hand drauf, der Hammer saust nieder, da begreift der Mann noch nicht, was geschieht, so dumm, dumpf und wehrlos kann die eitle Freude jemanden machen.
Der Schock kommt erst danach, als es vorbei ist und er sich zwar schon außer Gefahr, doch um so deutlicher als hilflos, gedemütigt und besiegt erkennt. Sein späterer Tod ist die Folge der Vorstellung, die mein Schlag ihm einpflanzt.
Diese Vorstellung wächst in ihm, höhlt ihn innerlich aus, besiegt ihn gänzlich. Es gibt Handlungen, die entmachten einen Menschen, daß er zu Asche zerfällt. Ein Mensch kann umgebracht werden, obwohl er den äußeren Tatumständen nach gar nicht umgebracht worden ist.
Ich habe mehr als zwei Jahre warten müssen. In meiner Erinnerung ist wenig geblieben von den zwei vorangegangenen Jahren. Ihr Abschluß, das Fest des kurzen Moments, in dem ich über den Peiniger gebeugt stehe, weitausholend mit dem Vorschlaghammer, dieser große Augenblick ist mir im Gedächtnis haftengeblieben, als wäre alles eben erst geschehen.
Freilich kommt mir das nur wie ein Fest vor. Man soll seine Morde nicht leichtfertig begehen, auch nicht seine vorgestellten. Die Arbeiter, als sie am Montag danach hörten, dem Meister ginge es nicht gut, grinsten sich erleichtert zu. Ich grinste nicht. Wenn sie gewußt hätten, was vorgefallen war, hätten sie mir eine Tracht Prügel verpaßt. Und dabei ebenso gegrinst.

Montagmorgen. Das Maul will platzen. Ich besorge mir einen Reparaturauftrag für die Textilfabrik Geldner. Jeden Montagmorgen Mädchentreff auf dem Klo; sie tauschen dort ihre Wochenenderfahrungen aus. An die Hinterwand gedrückt hören wir, was drinnen an Innigkeiten gesprochen wird.
»Ich hatte einen Artisten von Krone. Er brachte mich heim, es sah erst langweilig aus, dann machte er seine Sache ganz gut –«
»So ein Artist muß doch besser sein, der hat jeden Tag Training –«
»Ich glaub, er ist vom Trapez. Anfangs gab er sich nicht viel Mühe, dann wollte er nicht aufhören –«

Sie reden ohne Umschweife vom Ficken. Schlechte Ficker kommen schlecht weg bei ihnen, gute Ficker gut. Zwischendurch wird dieser oder jener gelobt oder getadelt, weil er ausgezeichnet oder saumäßig tanzt.

Die Mädchen zwischen vierzehn und zwanzig. Wer einen festen Freund hat, kommt selten zum montäglichen Morgen-Klo-Treff, bleibt bald ganz weg. Die anderen schweinigeln im Ton schwärmerischen Sachverstands. Manchmal wird das Glied eines Jungen beschrieben mit Worten, die nicht sonderlich genau sind und doch in ihren unexakten Albernheiten genug verraten.

Ich begreife, sie sind aus dem gleichen Stoff gemacht wie wir auch. Standardrede der Mädchen: Wenn ich die ganze Woche an der Maschine robote, will ich am Wochenende wenigstens ein tüchtiges Ding reinkriegen.

Die Gespräche, denen wir lauschen, sind durchweg, was die feine Gesellschaft ordinär nennt. Für uns sind sie interessant, abenteuerlich und erregend. Mit gespitzten Ohren in ferne Welten lauschen. Das Belauern von Vater und Mutter im Ehebett, das Entziffern der Erwachsenenwelt, in der die wahnsinnigsten Dinge passieren, von denen sie einen ängstlich auszuschließen suchen. Die Mädchen und jungen Frauen geben den Blick frei. Später, bei Diskussionen über moderne Literatur, Ästhetik, Sexualität, erinnere ich Szenen in Geldners Klo, wo die Mädchen ihre schmalen Ärsche mit Fetzen von Zeitungspapier wischen, sich grazil schütteln, den letzten hängenden Urintropfen loszuwerden. Trifft man eins der Mädchen draußen, wenn es vom Klo an seine Maschine in der Fabrikhalle zurückeilt, sieht man ein gehetztes, eiliges Wesen, kein Gedanke an Geilheit.

Die liegt tief verschlossen, sorglich weggepackt und versteckt, kommt in den kurzen Minuten hervor, Kennzeichen, Signal derer, die am frühen Morgen an die Spinnmaschine, den Webstuhl oder irgendein anderes Zeitraub-und-Menschenentkräftungsgerät müssen. Hinter der Wand versteckt wächst der Hosenkerl in Länge und Breite.

Etwas in mir gehorcht fremden Kräften. Seele voll Inbrunst, Schwanz voll Blut. Ein pulsierender dröhnender Leib. Wir werden kämpfen müssen. Elektrisierende Wellen durchlaufen die Muskulatur. Tanzrhythmen brechen auf. Die Hände, ans Krümmen gewöhnt, krampfen um imaginäre Hämmer zusammen. Man wird irgend etwas lieben oder hassen, streicheln oder biegen und brechen müssen. Eine Tür wird geöffnet, der kalte Luftzug trifft ins erhitzte Blut. Ich begreife, die Vergangenheit stößt ihre Nebel ab, nichts sollen wir sehen und nichts erkennen, das wäre gefährlich. Ich begreife die Macht der Industrien, der wir unterworfen sind. Wie weitreichend die Folgen, wie kurz die Spanne zu den lieblichen, nackten Ärschen der geschwätzigen Mädchen. Das Licht heiliger Erkenntnisse beleuchtet den Raum, die Messer der Chirurgen, die ihre Arbeit beginnen, blitzen. Wir leben in einer Welt voller Krebsgeschwüre. Ein Haufen angegangener Brüste, Därme, vereiterter Eierstöcke und Muttermünder. Illuminationen von Innereien. Mein Inneres erbricht sich, ich produziere Sympathie, keine Trauer, keinen Schreck. Die Liebe der Erkenntnis ist in der Kälte der Beobachtung begründet. Das Auge bleibt kalt und registriert, das steife Glied zeigt die Stärke der Zuneigung an. Draußen versinkt die Welt in ihren breiigen Konturen. Man zieht eine graue beschädigte Sonne auf, von weitschweifigen Angeboten umgeben. Im Nachbrüten komme ich darauf, daß wir eine Jugend durchlaufen, in der verboten ist zu lieben. Indem ich die Strafe durchschaue und begreife, verwerfe ich sie und nähere mich den Gegenständen des Abfalls, des Ekels und Abscheus, deren Schicksal ich teile. Ich stecke die Hände in die Taschen, wo sie sich wie von selbst ballen, sauge die Luft ein, und das Gefühl der Freude weitet meine Brust. Hier in diesen Sälen und Hallen existieren keine Väter, keine Mütter, keine Schwestern und Brüder. Hier in diesen unterirdischen Schönheiten erlebt die Welt ihre Auferstehung aus den Maschinen, die die ewige Hoffnungslosigkeit vergolden. Muttermund Maschine. Mein Blick, auf die Weiberärsche prallend, kehrt zurück ins Innere. Nur die von Leichen übersäten Großschlachtfelder erreichen das Unmaß gleicher Eindringlichkeit. Ich bin von der Außenwelt überwältigt und satt bis ans Ende aller Tage. Ich werde viele Sprachen lernen müssen, der Schönheit und dem Entsetzen Ausdruck geben zu können.

Es gibt Zeiten, da reden die Mädchen kaum. Manchmal singen sie mit leiser Stimme die verkitschten Lieder ihrer Tanzbodenwelt, was uns ziemlich enttäuscht und niederschlägt. Heute ergeht's mir oft so mit der Literatur. Wenn ich den niederen oder auch höheren Kitsch der bourgeoisen Kultur sehe, sackt mir gleich der Blutdruck weg, die Stimmung sinkt auf Null. In den idiotischen Liedern der Fabrikmädchen ist eine Botschaft enthalten. Irgendwie ähnelt der Gesang den alten Volksweisen der Vor-Kitsch-Zeiten; die Mädchen putzen sich den Hintern ab, die Dirigierpose macht den Gesang verständlich und ehrlich, wie ihre Gespräche verständlich und ehrlich sind. Die Welt der Verstellung, die Welt der Unterwerfung unter Vorarbeiter, Meister, Fabrikant, endet an der Klotür. Innerhalb des Abtritts herrscht die seltene und allzu kleine verstunkene, beschissene Freiheit, die man wahrnehmen muß in den kurzen Augenblicken, die einem bleiben – wer zu oft oder zu lange verweilt, wird zur Rechenschaft gezogen; Produktivität verträgt sich mit langen Scheißzeiten nicht. Was gesund ist und förderlich wäre dem Organismus, das wird, da unter Lohn, sei es Zeit- oder Stück-Lohn stehend, zur unduldbaren Disziplinlosigkeit. Die Mädchen verlieren keine Zeit, hocken nieder, summen, singen, reden, rascheln mit Papier, kichern, fluchen, furzen, sagen »Ficken ... Arschbacken ... Scheißdreck ... Nummern ... Scheißkerl ... Heiraten ... Kinderkriegen ... Blutung ... Pariser ... Tripper ... Rückzieher ...« nennen Vor- und Nachnamen, erwähnen Örtlichkeiten, beschreiben neue Stellungen, besondere Freuden, Niederträchtigkeiten, sagen »Wiedersehn« – »Bis später« – »Dann auf Mittag« – und ziehen röckeraschelnd, absatzklappernd davon.

Die Mädchen und jungen Frauen, die wir auf Geldners Abort belauschen, sind die anständigsten, liebenswertesten Wesen, die es gibt. Versäume keine Gelegenheit, zu dem Material zu werden, von dem sie erzählen am Montagmorgen. Ja, es sind ganz irre Hungerleiderzeiten, Armeleutejahre, Ausbeutefabriken, es ist eine ausnehmend häßliche Industriegegend mit Rauchschwaden am Himmel und Tuberkel-Kolonien in den Lungen, ist die nationalsozialistische Scheiße, das Gemisch von Führerbefiehl und Kapital wir folgen dir, von Arbeitsfront, Konzentrationslager, Wehrmachtsbericht, Arbeitsdienst, Heldengedenktag, Feldgottesdienst, ist Montagmorgen, Mädchenröckeheben, Eile am frühen Vormittag, Morgenwind, Morgendämmerung, Gelächter und Lächeln, Gekicher, Abtreibungsangst, Sexualwut, Sexualtollwut. In diesen ordinären Minuten erheben sich die Objekte für einige Momente zur Höhe des Subjekts, zur Wirkung und Wirklichkeit des Menschen – für mich offenbart sich die Schönheit des Ordinären, die Ästhetik der unverstellten Beiläufigkeit, die die ärgsten Schocks ganz leicht und locker serviert.

Ich lerne den Taumel, den süßen Rausch kennen, der von den Ohren bis zu den Lenden, von den Hoden bis in die letzten Gehirnwindungen dringt, das exorbitante Glück der Geilheit, die zugleich besoffen und nüchtern macht, die Verabredung von Logik und Fantasie zur Hochzeit; wir wichsen, an die dünnen Wände geschmiegt, die Szenerie durch ein Loch beobachtend. Mag sein, sie wissen von unserer Gegenwart.

Die bleichen, traurigen Gesichter der Frauen und Mädchen. Wenn sie dort vor uns sitzen, sind ihre Mienen anders. Anders sind die Gesichter, wenn man den Frauen nach der Fabrikarbeit auf der Straße begegnet und an den kurzen Abenden wochentags (kurze Abende: Man geht frühzeitig zu Bett, steht am Morgen um fünf auf, die Fabriken rufen mit Fabriksirenentönen).

Die Umarmungen von Fabrikmädchen sind kurz und heftig, alles spielt sich in rigoroser Eile ab. Sie haben keine Zeit zu verlieren, altern atemlos. Mit dreißig innen doppelt so alt.

Geh durch die riesigen, nach Öl riechenden Arbeitssäle, ringsum die Maschinen surrend und klappernd, die Weibermassen dem Mehrwert zugesichert, in Technik verstrickt.

Der Mann von Frauenaugen verschlungen. Nackt läufst du durch den Arbeitssaal. Sie ficken dich mit den Augen; sie bringen dich um. In den Gesichtern Bosheit, Aufsässigkeit, Mordlust. Jeder Mann ein Vorgesetzter. Sie wissen, was ihnen, den Schwanzlosen, zu tun bleibt, auf den Rücken legen, den Hintern kugeln, die Beine strecken, Schenkel spreizen; man macht's bereitwillig, immer lieber und immer schneller, tötet den Fremdling, umarmt ihn giftig, die Gurgel ihm zudrückend. Wenn einer allein durch die Säle geht. Fragt mal, weshalb sie sich nicht zusammentun und gemeinsam vorgehen. Sie tun sich nicht zusammen, nur wenn du eine bestiegen hast und merkst, wie sie sich nimmt, was du glaubst, daß du es dir nimmst, ahnst du, in ihrer eiligen Lustwut ist ein Stück mörderischer Revolution enthalten. Die ganz Jungen vögeln mit Liebe, jedenfalls erwarten sie Liebe vom Leben. Je älter sie werden, desto weniger Liebe erwarten sie. Ihr Ficken ist Notwehr. Ihre Gefälligkeit Verzicht. Ihre Obszönität das Rebellentum der bereits besiegten Kreatur, die ihrer Niederlage in kurzen Aufschwüngen widerspricht.

Zeit in den Fabriken. Begreife, was dich von Brüderlichkeit und Literatur trennt. Unüberbrückbare Distanzen. Worte und Sätze: nichts als das Stigma der Fremdheit.

In diesen Fabriken, den Vorhöfen der Hölle, wird der Tod fabriziert, sein graues Uniformtuch, die Fahnen, Geschosse, Folterwerkzeuge, Preislisten, Gebrauchsanweisungen, Disziplinarordnungen. Die Hölle hat ihre eigene Ästhethik. Mit jedem ordinären Wort, jeder insubordinativen Handlung, mit jedem Fick wird die schillernde Architektur dieser Ordnung durchbrochen, der Gehorsam aufgekündigt.

Der Gedanke, einmal gefaßt, wuchert fort, vergrößert, vervielfältigt sich, verleiht den Möglichkeiten des Widerstands die Dimension, die ihnen fehlt: die der Wirklichkeit, man muß nur Mut und Geist und Saft genug haben, es gilt, den breiten, doppeltürigen Fabriktoren, diesen heißen Fotzen einen mächtigen, gierigen Schwanz dazwischenzuschieben und das gesamte Vorhöllendienstleistungspersonal, diese Vorarbeiter, Meister und Besitzer im Urstrom des Spermas zu ersäufen.

Ich erhalte in diesen grauen häßlichen, von Schmutz und Niedrigkeit starrenden und stinkenden Fabrikhallen einen ersten Eindruck und frühen Begriff von Schönheit, und das verdanke ich den scheißenden, schwätzenden, fluchenden, urinierenden Weibern, den schamlosen Mädchen von Geldner & Co. Die Armut, die Niedertracht, die Schäbigkeit von Existenzen, die das ansammeln, ihren Reichtum daraus zu ziehen, verlangen nach immer neuen, immer anderen Kampfesarten. Welch glanzvolles Beieinander von Schößen und Brüsten in Werkshallen; die Vorhölle fesselt an zuckende Stahlgestänge und

Rollkarren, macht lahm und alt und mürrisch, entnimmt Blut, saugt Saft aus. Die Weiber, über die langen Fabrikschornsteine gespießt, laufen leer.
Durch die Fabrikhallen und Fabriksäle gehend, schieben die Meister den Weibern die fertigen Granaten ins Loch, wo sie das hungrige Fleisch brennen, endlich dumpf explodieren. Ich sehe die Männer, von den Schlachtfeldern ankommend, in die Fabriken marschieren, wo sie von Frauen und Mädchen mit eben fertiggestellten Gewehren und Pistolen niedergemäht werden; das Fleisch packen andere in Dosen ab. Ich beobachte, wie graues Pulver aus den Mäulern und Mösen der Weiber rinnt und Flammen hervorschießen, höre dumpfe Detonationen, das Geprassel von Maschinengewehrfeuer. Weibliche Scharfschützenfacharbeiter schießen reihenweise ankommenden Männern die Schwänze ab. Mit glasartigem Klirren springen die Glieder vom Leib, ein schneller Messerschnitt, der Hodensack wandert in die Verwertungsmaschinerie. STILLGESTANDEN donnert die Stimme des allmächtigen Hauptfeldwebels, des Herrn über Fabrikhallen und Schlachtfelder, des Hauptverwerters allen Fleisches und aller Knochen und Sehnen und Haare und Häute. Es ist so, daß uns mit den Jahren im Laufe des Lebens das Gesicht zur verbergenden Maske erstarrt. Da kommt es darauf an, das wirkliche, lebendige Gesicht unter den Ablagerungen hervorzulocken. Nein, unser wahres Antlitz sieht anders aus als die vom Blick in den Spiegel erfaßte Chimäre. Gesichter sind die Friedhöfe ihrer Träger. Die Auferstehung verlangt die Konfession der Erinnerung. Decke deine Vergangenheit schonunglos auf, öffne dein Herz, dein Schädelfach, dringe ein in die Kerker der Sinne und Sinnlichkeiten, winde dich heraus ans Licht und zwischen die Lippen und Schenkel der anderen, die dich kennenlernen möchten, sahne dich ab, wringe dich aus bis auf den letzten Gedanken, die letzte Emotion, Lüge, Wahrheit, den letzten Tropfen, die allerletzte Begehrlichkeit.
Helene, der ich nachsetze, sie vor dem Eingang zur Haupthalle einholend. Ich weiß, du hast keine Zeit, und erwischen dürfen sie uns auch nicht. Helene, die aus Gummi zu sein scheint. Auf ihr liegend, federnd, das wird immer gummiartig-federnder, wo man sie eindrückt, sammelt sich innen Luft zum Gegendruck, man wird zurückgeworfen. Helene, so eng, dem eindringenden Finger stellen sich anonyme feste Kämpfer entgegen. Ich will, daß du mir zuhörst, Helene, mir platzt das Maul, ich hab dem Alten eins übern Schädel gezogen. Ja, mit dem Hammer.
Ins Lager hinterm Kesselhaus für ne schnelle Nummer. Das erstemal, daß er wegbleibt. Solange ich ihn kenne, ist er pünktlich erschienen. Kurz bevor es soweit ist, sehe ich sein

Gesicht. Überall, im Traum und beim Vögeln ist er dabei. Was bleibt anders, als ihm einen Schlag zu verpassen? Helene fiebert schnell. Man braucht ihr nur die Röcke anzuheben, schon beginnt sie zu zittern und sich freizuschieben. Küß mich. Hm. Mach schnell. Sie will den Schlüpfer anbehalten, fahr zur Seite rein, sie hebt den Zwickel ab, der Stoff dehnt sich, sie ist frei, doch hält sie nicht lange fest, beginnt zu keuchen, vergißt festzuhalten, man hat Wulste zwischen sich und ihr. Zieh aus das Ding. Zwei kleine Schritte im Stand, ich wühle den Trikotfetzen in die Tasche.
Ich hab ihm einen verpaßt, Helene. Nein, er ist nicht tot, er wird sich hüten. Vielleicht krepiert er dran. Jedenfalls hab ich ihm eins verpaßt. Es kommt mir, irgendwo Stimmen, Lagerarbeiterinnen, Helenes Atem röchelnd, ihre schlagenden Schenkel, unter ihrer Bluse steifendes Brustfleisch, die surrenden Spinnmaschinen drüben im Hauptbau, Schritte, ein Rollkarren, der vorbeigezogen wird, und nirgendwo der Schatten von dem, der eins abgekriegt hat. Der bleibt weg.
Aus weitaufgerissenen Augen in weitaufgerissene Augen blickend. Pastellgemälde, fleischfarbene Formen, Galerien weißer Zahnreihen, die Zungenfahne züngelnd, die zitternde Stimme, der braungelackte Haarbogen über dem Lid, ich bohre eine Bombe an, ich gehe mit dir, wenn du mir entgegenkommst, in einer Kette von Explosionen werden wir die Stadt zerstören und das Land in Brand setzen. Ich hab ihm eins verpaßt, nie ist die Liebe näher, ihr Atem heißer. Die Landschaft verändert sich. Die Nacht der Erbärmlichkeit umgemünzt in Nächte des Erbarmens. Kein einziger guter Gedanke soll verlorengehen. Zündet ein Feuer an. Helenes Arschbacken in meinen gewölbten Händen, hier ist eine Visitenkarte abzulegen, man soll uns erkennen und die Botschaft unserer Blaublütigkeit vernehmen. Viele Frauen beginnen, bevor es ihnen kommt, mit den Zähnen zu mahlen, als kauten sie zu hart geratene Koteletts. Die Bewegungen der Schamlippen übertragen sich, nichts ist, das keine Liebesbetätigung haben soll. Helene, die unentwegt fikkende Fabriksklavin. Ich gehe an der Rückseite des Hauses vorbei, in dem sie wohnt. Ihre winkende Hand aus dem Fenster. Es ist niemand anwesend, die Familie in der Stadt, wir wollen es im Stehen machen, sie steigt auf die Fußbank, beugt sich vor, ich werde nie wachsen, ich ficke zuviel, bleibe klein, sagt sie, dafür bin ich fester als alle anderen, hier fühl mal.
Die Schönheit eines festen Leibes überdauert die Zeit in der Erinnerung. Eine Frau stirbt erst, sind alle ihre Männer gestorben. Das fand meist bei Dunkelheit statt, hinter hölzernen Gartenzäunen, auf Gras, unter Bäumen, im Gebüsch. Vor der Massenhaftigkeit des Kraftwagens. Im Vorspiel zum Kriege die Vorspiele der Lust. Erwachen der Liebe: Wo den Weibern

Röcke und den Männern Hosen sitzen, beginnen die nackten Ärsche zu leuchten wie glühende Sterne am Firmament. Die Tiere. Keine Worte. Das Menschliche: Es zu benennen, die Geilheit der Namen. Genauigkeiten der Geilheit. Die bürgerlichen Weiber ziehen sich dazu aus, lassen sich Zeit, haben welche, sind weniger heftig, dafür schön und wohlriechend, kenntnisreich, raffinierter, gelassener, nicht so schnell, nur kommen sie nicht rasch, nicht oft. Die Arbeiterinnen, immer auf Abruf, sind Eile gewöhnt, verlangen keine Umschweife, stehen auf Handfestes, gehen gleich aufs Ganze, wo die Bürgerlichen zögernd verzögern.
Ich verdanke Helene viel. Ich verehre sie. Stückweise, in eisernen Rationen fällt mir ein, weshalb. Du trägst nie all dein Glück im Sack und nie alle deine Kenntnisse im Kopf. Deine Hoden wollen Liebkosungen spüren. Wenige Mädchen verstehen, richtig anzuklopfen. Wenn ich Helene verlasse, bin ich satt und müde und wundervoll leicht. Ein Luftballon, so schwebe ich über der irdischen Landschaft. Helenes Tugend ist die, daß sie einen daran teilhaben läßt. Ihre Brüste sind die reine Moral, ihre Möse ist die materialisierte Lehre von der unbefleckten Empfängnis. Das Sperma entringt sich einem wie der Heilige Geist, man ist glücklich und verschenkt ihn in zärtlicher Demut. Manchmal schenken wir den Heiligen Geist so oft hin und her, daß wir blaue Flecken davontragen. Verschweigen wir also, wo bei Proletariern der Sitz der Seele zu finden ist. Zwanzig Jahre später hat Helene drei Kinder und einen Stöpsel zwischen den Beinen. Du denkst, du stehst vor einer Kuh, so sprachlos ist ihr Blick, so zerflossen ihre Statur, so stumm ihr Geist. Die Beine dick von gesunkenem Blut, die Haut fahl, der Alte, der sie selten genug kachelt, robotet fleißig in der Fabrik. Sie erinnert sich an nichts. Transformation in einen Haufen Unglück. Herr, was sind deine Städte einsam und finster. Ich hak mir den Mond vom Himmel und leuchte in die Wunde. Sie haben der Frau den Bügel eines riesigen eisernen Vorhängeschlosses durch die Schamlippen gezogen. Sie verwandeln die Liebe in eine Bedürfnisanstalt. Vierzehn Tage jährlich gestehen die Verwaltungsdirektoren Ferien vom Verschluß zu. Sie schreiben der Gesellschaft ihre Geschichte vor. Die Menschen sind Schreibfehler. Man wird sie durchstreichen. Mir vorzustellen, wie diese Frau früher in der blühenden Gestalt eines Mädchens den Schwanz verzauberte. In den kalten Wintern fiel Zucker vom Himmel, niemand verlangt Unsterblichkeit, wenn er sie hat. Der Stumpfsinn ist eine Form, den keine Gesellschaft ihren Mitgliedern vorschreiben sollte. Geh mal ein halbes Leben lang in die Tretmühle und verlasse sie unverstümmelt. An den Freitagabenden ist die Stadt voll mit Männern, die nicht heimkehren, und voll

Frauen, die warten. Das Tier in den Gullys unter der Stadt beginnt zu röhren. Die Männer tragen ihren Lohn in die Kneipe. Die Mädchen und Eheweiber, die mitverdienen, haben ihr Geld abzuliefern. Die Frauen rechnen, die Mädchen suchen sich einen Sonnabendnacht-Mann. Es wird von vorn und hinten gekachelt, man hat sich auf die nächste Woche einzurichten. Paß auf, du! Nimm dich in acht, ja!? Sie wüten in Nischen, Büschen und Gärten, klettern über Hintertreppen, nutzen Tanzpausen und Heimwege. Vögeln wir die Töchter, die Mütter zu finden.
Jahrhundert um Jahrhundert wird gnadenlos durch die Schlünde der Hölle gejagt. Keines kommt davon. Sie reden von Humanität und machen aus Menschen Marmelade. Helene, wie ich sie kenne, zaubert einen Schwanz steif und fröhlich. Pfirsichhaut und Gummibusen. Am Abend summe ich zu ihrem Gedenken die Internationale aus dem Fenster.
Helene durch den Fabriksaal schreitend, die Maschinen riechen nach Samen. Meine Hände sind schwarz von Öl und Schmutz und aufgerissen, ich versehe Helenes Brüste mit dem Abdruck meiner zehn Finger. Wenn sie sie als Gebärmaschine benutzen, sollen sie sehen, daß einer sein Siegel aufgedrückt hat. Ich bin im fünften Jahrzehnt, noch immer kehren meine Träume in die Kindheit zurück. Ich komme nicht los von dem Verdacht, daß gleich zu Beginn etwas grundsätzlich falsch gemacht wird mit uns. Wir werden einen Gelehrten erfinden müssen, der uns lehrt, das zu wissen, was wir wissen. Ich erwache und blicke Gustav Krause ins Gesicht. Mein Rücken auf dem Tisch der großen Bohrmaschine. Gustav Krause beginnt mir Löcher in den Leib zu bohren. Ringelnd heben die Späne ab. Das Gerät nicht heißlaufen zu lassen rinnt Bohrwasser zu. Du hast geglaubt, mir davonrennen zu können, murmelt der Meister, nein, uns entkommt keiner.

Aus der Crimmitschauer Chronik: Es ist so, daß aus der einen anbetungswürdigen Jungfrau deren Tausende wurden, und wer ein Christ ist, der gehe hin in die Fabriken meiner Heimat und bete an, die er findet.
Die an die Maschinen gefesselt stehen und in billigem, schiefgetretenem Schuhwerk. Die den Hunger kennen, die Kälte und die schäbigen Winkelzüge der Tanzabendgespräche. Die von Meistern kommandiert und von Besitzern besessen werden.
Deren Haar lang ist und aufgetürmt bis in den Himmel. Deren Beine in die Erde reichen und deren Füße in primitiven, aber lackierten Särgen stecken, denen das Kreuz aufgenagelt ist, das sie nichts angeht.
Es ist so, daß jeden Morgen, der anbricht, tausend anbetungswürdige Jungfrauen aufbrechen und das Kind in der Krippe

aufsuchen, die in der Fabrikhalle steht. Und wer auf sich hält, rümpft die Nase, weil es nach Schweiß riecht, nach Blutungen, schlechten Seifen und Parfüms.

Es ist so, daß jeden Feierabend die Fabriksirenen zu dröhnen beginnen und die Tausende anbetungswürdiger Jungfrauen vor ihren Maschinen und Eisenmenschen in die Knie sinken zu innigen Frömmigkeiten und Gebeten.

In diesen Städten, wo Lärm ist und Gelächter und die angesammelte Intelligenz von Rechenmaschinen, wo die Freude keine Worte findet und die Lust keine fünf Minuten.

Alle Herrlichkeit der Produktion und Schöpfung. In den Fabriken dauert sie an die Ewigkeit. Die Meister und Besitzer, die die Reihen der anbetungswürdigen Mädchen und Frauen abschreiten und vor einer jeden ihren Kniefall tun, wie die Heiligkeit der Schöpfung es fordert.

Diese Größe der Kirchtürme!

Diese Schönheit der Ratten vom Fluß und in den feuchten Kellern!

Diese Demut der Architektur: Fabrikmauern lang und grau und bar jeglicher Zierde, ganz schlichte Funktion der Anmaßung von Mehrwert und die Ausrufezeichen hoher geschwärzter Schornsteine darüber.

Die Kompanie der Fenster, zu ewiger Gleichheit und Armut erstarrt im erblindeten Scheibenglas. Als die Schlösser zu Fabrikgebäuden emanierten, besannen die Spinnen sich ihrer königlichen Aufgaben, verzierten die Schmucklosigkeit der Fabrikmauern mit weißlichen Gespinsten, wo Ruß sich ansetzt: Fabrik-Barock.

Die Tausende anbetungswürdiger Mädchen und Frauen in den Gemäuern mit dem Haar bis zum Himmel und dem Gebein in die Erde, das Heer der Spinnen und Meister und Besitzer und Aktionäre, das Getürm der Schornsteine und Kirchen, aus den Tiefen der Erinnerung hole ich das Bild der Jugend, und es ist makellos genau, Bildnis der Heiligkeit und der Wohltäter.

Manche Winter, wenn sie vom Erzgebirge herüberkamen, waren hart. Der tiefe gefrorene Schnee am Morgen trug vieler Füße Blutspuren. Die Tausende Heiliger Jungfrauen, die am frühesten Morgen durch den Schnee gingen. Und da es dunkel war, glaubten sie bluten zu dürfen.

Niemand will wahrhaben. Alle Welt weiß. Arbeiter sind eine völlig unbekannte Klasse. Tief unter der Klasse der Arbeiter die Klasse der Arbeiterinnen. Unbekannter als die Wirklichkeit ferner Milchstraßensysteme. Arbeiter sind gefürchtet. Manchmal schafft es einer von ihnen, ein Maxim Gorki oder Andersen Nexö, manchmal beginnt einer von ihnen zu schreiben. Die staunende Welt der Gebildeten erfährt vom Leben in der Unterwelt. Keine Arbeiterin gelangt aus dem Gefängnis ihrer Klasse heraus. Arbeiterinnen bilden die Unterklasse der Unterklasse. Das Proletariat des Proletariats. Die Sklaven der Sklaven. Sie können sich nur Kinder und Haustiere halten.

Arbeiterinnen sind immer unbekannt, immer läufig. Du kannst sie jederzeit mit einem Wort zum Weinen bringen und dazu, den Rock zu heben, die Schenkel zu spreizen. Ein Mann, der sich der Arbeiterin nähert, öffnet ihr das Himmelreich, Mensch!

Drei Kirchen hat die Stadt. Drei Kirchen mit Türmen. Zwei haben Doppeltürme, macht zusammen fünf. In jedem Turm ist eine Arbeiterin eingeschlossen, die hat die Hände erhoben zum Beten, und wenn sie ihren Weinkrampf kriegt, schlägt ihre Stirn vornüber gegen die Glocken, dann beginnt es laut zu dröhnen.

Es läutet, sagen die Familienväter in den Bürgerwohnungen, und ein langer Zug frommer Bürger zieht aus den Häusern heraus und unter die Röcke der Turmfrauen. Dort fallen alle Kirchgänger auf die Knie und blicken fromm in die Höhe.

2. Kapitel

Die großen Künste des Mißtrauens, der Beleidigung und Niederlagen

Wir fuhren an ein großes Eisengittertor. Davor lag ein kleiner runder Platz, umschlossen von zwerghaften, häßlichen Häusern. Es war jetzt Mittagszeit und Schichtwechsel. Arbeiter gingen müde und grau vorüber. Ich war im Wagen sitzen geblieben. Sie kamen auf mich zu wie ein unordentliches, marodes Regiment ein halbes Jahr nach der Desertion. Sie kamen auf den schwarzen Wagen zu, und es sah aus, als wollten sie über ihn hinweg oder durch ihn hindurch laufen. Erst kurz davor verlangsamten sie den Schritt und merkten, es war kein gewöhnlicher Wagen, der da stand. Sie machten ohne Aufhebens einen Bogen und gingen knapp, aber sicher daran vorbei. Sie waren still und hielten die Köpfe gesenkt wie ein richtiger Trauerzug. Nur die Schuhe polterten auf den Pflastersteinen, denn es waren viele Holzsohlen und Holzschuhe darunter. Da die Scheiben hochgekurbelt waren, hörte ich die Geräusche nur gedämpft. Dennoch meinte ich, den Schweiß zu riechen und die Kohlendämpfe, aber ich sagte mir, daß es wohl Einbildung sei.
Herr Mittag und der Beifahrer erschienen und sagten, wir müßten zur Polizei fahren.
Eine riesengroße, moosgrüne Kuckucksuhr, die ein sehr lautes Gangwerk hatte, hing im Dienstzimmer der Polizei an der Wand. Als ich eintrat, schlug sie eine volle Stunde, und der Kuckuck schnellte heraus. Es war aber nur noch ein halber Kuckuck, denn man hatte ihm das Hinterteil abgespalten. Er sagte auch nicht mehr richtig Kuckuck-Kuckuck, seine Stimme war nicht in Ordnung, und was er da vorbrachte, war ein klägliches Kack-kack-kack-kack.
Ein schweigsamer Oberwachtmeister legte mehrere Scheine vor, die unterschrieben werden mußten. Dann übergab er die Aktentasche. Es war die abgeschabte Lederaktentasche, mit der der Vater immer losgezogen war. Ich langte hinein und fühlte das Päckchen mit der Wurst. Ich erhielt auch die anderen Sachen, eine Taschenuhr, die immer vorlief, ein vernickeltes Feuerzeug, das ich nie bei dem Alten gesehen hatte, dreimarksechsundachtzig Kleingeld, eine Fahrkarte, ein Bündel Kleider. Die Hosen waren an den Knien schmutzig und aufgerissen. Ich wickelte sie zusammen, sorgfältig, daß die Knie nach innen zu liegen kamen.

Der Oberwachtmeister war sehr schweigsam, er sagte kaum ein Wort und sah nur aufmerksam zu, wie ich die Sachen verstaute. Wir waren fertig, und ich blickte den Polizisten an, der dastand und nichts sagte und dann die Achseln zuckte.
»Das ist alles?« fragte ich.
Der Oberwachtmeister sah ganz mürrisch aus. Der halbierte Kuckuck schnellte aus seinem moosgrünen Haus und machte ein paar klägliche Schreiversuche.
»Das ist alles«, tropfte der schweigsame Oberwachtmeister hinterher. Eine Tür öffnete sich, und eine grauhaarige Polizistin erschien. Sie sagte dem Oberwachtmeister etwas ins Ohr. »Ach ja«, machte der unwillig und ging hinaus in den angrenzenden Raum. Er brachte ein Paar hohe, abgeschürfte Arbeitsschuhe mit Gummisohlen, aus Autoreifen geschnitten. Ich erkannte die Schuhe sofort, denn ich hatte sie dem Alten selbst hergerichtet und besohlt.
»Diese Schuhe gehören noch dazu«, sagte der Oberwachtmeister.
Ich sagte, wir seien mit dem Leichenwagen da und wollten die Leiche gleich mitnehmen. Der Oberwachtmeister blickte mich staunend an und ging ans Fenster. Lange sah er hinaus auf die Straße, wo der schwarze Wagen stand.
Als er einige Zeit hinausgeschaut hatte, sagte ich zu ihm: »Wissen Sie, wo die Leiche ist?«
Der Oberwachtmeister schüttelte den Kopf, wandte sich langsam um und sagte:
»Wo die Leiche ist, das weiß ich auch nicht.«
»Aber jemand muß doch wissen, wohin sie gekommen ist.«
»Ja, das wird schon jemand wissen.«
»Gut«, sagte ich, »aber vielleicht können Sie mir wenigstens sagen, wer das wissen müßte?«
Der Oberwachtmeister sah ungeheuer verdrießlich aus, er klappte den Mund auf, daß man seine gerillten Zähne sah. Nachdem er das mehrfach wiederholt hatte, sagte er kopfschüttelnd: »Das kann ich auch nicht wissen.«
Ich dachte, es ist das beste, wenn du gehst, und ich wollte mich schon umwenden, da kam mir ein Gedanke.
»Aber so rufen Sie doch mal an«, sagte ich zu dem Oberwachtmeister, der auch sofort nach dem Telefonhörer griff. Als er mit dem Zeigefinger in die Zahlen fuhr, stutzte er und nahm den Zeigefinger zurück in die vorgestreckte Hand. »Natürlich kann ich anrufen«, sagte er dazu, »aber wissen Sie denn, wo?«
»Es muß doch logischerweise eine Stelle geben, die für solche Fälle zuständig ist.«
Der Oberwachtmeister überlegte und schüttelte mürrisch den Kopf. »Ich weiß nicht«, sagte er langsam. Und dann fragte er:

»Sie wissen auch nicht so eine Stelle, bei der ich anrufen könnte?«
»Meinethalben beim Zentralkomitee«, entfuhr es mir. Ich drehte mich um, riß, die Sachen in Händen, die Tür auf und ging hinaus. Auf dem Bürgersteig vor der Polizeidienststelle standen ein paar Kinder und betrachteten still den Wagen. Ich stieg ein, der Fahrer schob die Scheibe zur Seite und fragte, wohin wir nun fahren müßten.
Ich packte die Sachen neben mich auf die Bank. Als ich die Hände frei hatte, sagte ich zum Fahrer: »Am liebsten möchte ich mir jetzt eine Tüte Bonbons kaufen!«
Der Fahrer nickte begütigend und schob die Scheibe wieder zu. Jetzt wißt ihr genau Bescheid, dachte ich und zog mir den rechten Schuh aus, der an der großen Zehe drückte. Der Fahrer unterhielt sich halblaut mit dem Beifahrer, aber ich konnte nicht verstehen, was sie sagten. Der Wagen blieb vor dem Polizeigebäude stehen. Ich bemerkte, wie der unbehilfliche Oberwachtmeister einige Male ans Fenster trat und zum Wagen herübersah. Da kannst du lange warten, dachte ich, wenn du glaubst, ich geb' dir die Aussicht frei, da bist du schief gewikkelt. Wir stehen hier Wache vor deinem Laden, und wenn du dich nicht kümmerst, wird noch dein Minister erfahren, welche Blüte hier auf seiner Dienststelle sitzt.
Es verging eine ganze Weile. Die Kinder, die auf dem Bürgersteig gestanden und wohl einen Sarg erwartet hatten, gingen enttäuscht weiter; der Beifahrer ließ den Kopf nach vorn sinken und schlief ein. Schließlich schob der Fahrer wieder die Scheibe zur Seite und fragte, wohin es denn jetzt gehe.
»Ich weiß nicht«, sagte ich, »mein Vater ist verschwunden.«
»Ihr Vater ist tot«, sagte der Beifahrer, der aufgewacht war.
»Ja«, sagte ich, »und dann ist er verschwunden.«
»Ein Toter kann nicht verschwinden«, sagte der Beifahrer.
»Er ist aber verschwunden«, sagte ich.
»Das versteh ich nicht«, sagte der Beifahrer, »wie kann denn ein Toter verschwinden?«
»Wenn wir das gewußt hätten«, sagte Herr Mittag, »da wären wir gar nicht erst hergefahren.«
Jemand öffnete die Tür, und der Oberwachtmeister stand auf dem Trittbrett und sagte: »Fahren Sie nach Leipzig, man hat den Toten nach Leipzig gebracht und macht ihn auf.«
»Danke«, sagte ich.

Man bringt dir bei, »Danke« zu sagen. Die Floskel geht schwer über die Lippen. Wer gut lernt, hat Öl im Maul, das »Danke« kommt leicht heraus wie Kommandeuren das Wort »Feuer!« – Dressur macht jeden Menschen zum nützlichen Affen. Man sagt danke, und die Brust registriert die Beleidigungen, die dir zugefügt werden, auf die du gefaßt bist, auf die du lauerst, nach denen es dich verlangt, so hast du dich daran gewöhnt, beleidigt zu werden. Für dich besteht, wenn du ein Prolet bist, die Welt aus nichts als Fußtritten. Darauf richtest du dich ein. Die Lehrlinge brachten drei Jahre hinter sich, wurden Gesellen, kamen zur Armee, schrieben Briefe aus fernen Ländern und blieben irgendwo: verdurstet, erfroren, zerquetscht, durchlöchert, ersoffen, zerstückelt: Heloten, eingemauert in Pyramiden. Die Ufer des Panamakanals säumend. Die Geschichte, Massengrab von Proleten. Wenn du dazu verurteilt worden bist, ein Arbeiter zu sein, so mach dich gleich auf die Tortur gefaßt. Eingemauert kannst du die Epoche menschlicher Kultur überdauern. Zeitlebens hast du welche über dir, die saugen deine Knochen aus, fressen dein Fleisch, legen dein Weib aufs Kreuz; und immer führen sie schöne Worte im Munde, und stets geht es ihnen besser, wie es dir schlechter geht. Gewöhn' dich beizeiten daran. Beginne früh, dein Schmerzzentrum abzustellen. Lerne deiner äußeren Ohnmacht die innere Empfindungslosigkeit hinzufügen; wenn nicht, wirst du lebenslänglich andauernde Martern erleiden, also sei klug, gib dir Mühe, mein Lieber, werde innen so roh, wie sie außen mit dir umspringen, das ist immer noch besser, ehrenvoller und bekömmlicher als ewiges Schmerzgeschrei.

Zu Beginn und Ende der Arbeitszeit und der Pausen habe ich »An« zu brüllen, baue mich vor der Uhr auf, starre drauf; schreie ich zu früh, gibt mir der Meister eins ins Kreuz, brülle ich zu spät, sind die Arbeiter sauer. Bei Feierabend drängt alles zum Becken, zwanzig Männer spülen den Dreck ihrer Hände ab, daneben im Eimer bleibt das Wasser heller und klarer, hier waschen sie sich das Gesicht.

Nach den Arbeitern dürfen die Lehrlinge ran. Die schmutzige Brühe ekelt mich. Ich hole frisches Wasser aus dem Keller. Der Alte sieht's und gibt mir einen Tritt. Das Wasser fließt übern Boden. »Wisch es auf, du Rindvieh!«

Neidisch starren wir auf die Arbeiter am Waschtrog, deren Muskeln spielen, wenn sie die Brühe in gehöhlten Händen hochheben, sich zum Bizeps schaufeln, die Arme herabrieseln lassen. Wir vergleichen unsere Armmuskeln miteinander. Darauf kommt's an.

Die Arbeiter, Zigarette schief im Mundwinkel, streben zum Tor. Wir bleiben zurück, auf Kraft kommt es an, jeden Morgen und jeden Abend hundert Schläge mit der Faust auf den Amboß, das Handfleisch gehärtet, wenn zugeschlagen wird, soll der Feind umfallen wie ein vom Bolzen getroffenes Rind.

Neben dem Waschtrog erbitterte Ringkämpfe, blutige Boxschlachten. Wer einen Faustschlag ungebremst abbekommt, sinkt zu Boden. Jeder jedem durch Rache verbunden. Mit Blicken belauert, mit Worten gestichelt, in aufbrausender Wut den Hammer geschleudert, keine Woche, ohne daß einer ins Krankenhaus muß, Fleisch zu klammern, zu nähen, zu flicken, immer Unfälle, auch die Faust- und Werkzeugschlachten. Der Alte grinst. Pack schlägt sich, Pack verträgt sich. Bis er selber eins abbekommt. Der gemeinsame Aufstand aber, der kommt nie. Eher schlitzt jeder jedem den Bauch auf, wickelt das Gedärm um den Schraubstock, zerlegt's in kurze Stücke. Wulff, der Schmied, schlägt den Schädel verbissen ohne Laut zu geben in der rußgeschwärzten Ecke gegen die Wand, es kracht knöchern, die lange Reihe der Feuerzangen schwingt und klirrt, Arbeiter stehen herum, lächeln, der Wütende zersprengt sich die Schädelknochen, liegt zwischen Schmiedefeuer und Amboß, der Leib zuckt, Blut fließt in breiten Bahnen aus verschwitztem Haarfilz.

Wer von den Jungen es nicht aushält, läuft in den Kokskeller, wichsen. In den Frühstücks- und Mittagspausen sitzen die Männer in der Bude, einer halb auf dem andern, kein Platz zwischen Blechschränken, Tisch, Holzbank, kauen ihr Brot, erzählen rührselige Geschichten, suchen einen, den sie fertigmachen können. Jedes Proletariat braucht seine Proletarier, von ihnen sich abzuheben. Sie neiden einer dem anderen die Weiber, nennen jeden Schwächeren Faulpelz, schimpfen auf Franzosen, Juden, Russen und den Alten: wer nicht mithält, macht seine Brotbüchse auf, findet sie vollgeschissen. Proletarier aller Länder vereinigt euch.

Schwalbe hieß er, war in der NSDAP, brauchte nicht in den Krieg, hatte wache Luchsaugen, schrieb heimliche Berichte an höhere Stellen. Anfangs fürchteten sie das, dann bekamen sie ihn, wer weiß wie, unter, er kroch vor jedem, schrieb die besten Berichte, wurde angespuckt, versuchte er Propaganda. Sie sagten: »Wir sind bessere Nazis als du, und wenn du das nicht einsiehst, werden wir dich mit dem nackten Arsch aufs Schmiedefeuer setzen!«

Er kapierte, sie waren die besseren Nazis. Bei Kriegsende ist er draufgegangen, kein Mensch fragt wie. Die andern überlebten. Als die Rote Armee einmarschierte, sind sie alle gute, alte Kommunisten gewesen. Das zahlte sich nicht aus. Da murrten sie wieder; weiß nicht, was aus ihnen geworden ist, kann mir nicht vorstellen, daß sie sich ändern. Hat einer erst einmal lange genug Dreck gefressen, wird er immer wieder danach verlangen.

In diesen Fabriken und Werkstätten wird von alters her Schmerz produziert. Früher entsprang der Schmerz direkt den menschlichen Tätigkeiten und blieb auf die geringe Dimension einer Hand beschränkt. Seit die maschinellen Vergrößerungs-

und Vervielfältigungsmechanismen erfunden sind, entspringt der Schmerz den Maschinen, was nicht heißt, daß auf die menschliche Arbeitskraft verzichtet werden könnte, vielmehr verwandelt die Maschinerie auch diese selbst in Schmerzzentren. Der Arbeiter ist die Probe auf seine Produktion. Die Ware, die er herstellt, foltert ihren Hersteller, bevor sie sich den Konsumenten zuwendet. Welche Virtuosen der Schmerzausteilung und Schmerzempfängnis in den hallenden, surrenden, tosenden Arbeitssälen herangebildet werden! Wie exakt und umsichtig sie ihre Schmerzen herausziselieren; wie pünktlich ihre Nieren platzen, Mägen durchbrechen, Knochen eitern, Lungen zum Krebs auswuchern, die Gehirne unterm fortdauernden Anprall massiver Bösartigkeiten zu strukturlosen Haufen Moder verschimmeln. Die Größe der menschlichen Natur multipliziert mit der Genialität des technischen Zeitalters ergibt das Weltall der Schmerzmassen, die den Kosmos am Rande in weitaufschießenden unfaßbaren Protuberanzen aufsprengen. Jeder einzelne Mensch eine SUPERNOVA neuen Schmerzes und neuer Schmerzgeburten: Wucherungen des Fortschritts, des Glücks und der Menschenwürde.

Am erstaunlichsten mag sein, daß es in den Produktionsstätten des Schmerzes recht eigentlich lautlos zugeht und alle Dinge mit größter Selbstverständlichkeit geschehen. Zwar geben die Maschinen blecherne Töne von sich, surren Räder, spulen Spindeln, schlagen Hämmer den dumpfen Takt, doch ist der Lärm die bloße Äußerung normaler alltäglicher Tätigkeiten, und da nichts so abstumpft wie das sich Wiederholende und Tagtägliche, geht es für die Ohren der Anwesenden eher lautlos als laut zu, und dies erst entspricht den Vorgängen wirklich. Die Mehrheit der Menschen produziert den lautlosen Schmerz, um ihn zu besitzen. Ein brüllender Schmerz zeigt die Stelle der Wunde an, worauf Maßnahmen der Linderung und Heilung ergriffen werden. Das Proletariat aber darf, bei Strafe des Untergangs unserer Kultur, seinen Schmerz nicht orten, sein Zustand setzt den lautlosen, zugleich überall vorhandenen Schmerz voraus.

Natürlich erträgt kein Mensch eine solche Situation auf die Dauer, ohne sich alsbald in die Peinigungsmechanismen zu verlieben. Von unseren ausgezeichneten Arbeitern liebte ein jeder sein ihm zugeordnetes Folterinstrument, und manche begannen auch ihre Fabrikbesitzer und die technischen Oberaufseher zu lieben, was zu absonderlichen Verknäuelungen und gänzlich absurden Liebesgeschichten führte. Nur merkte niemand, wie krude es zuging, denn die Gewohnheit hatte den Arbeitern jede Möglichkeit zur Analyse genommen. Keiner unter ihnen, der seinen Zustand auch nur hinlänglich erkannt hätte. Erkenntnis setzt Schmerzwahrnehmung voraus, in diesen Hallen aber wütete der Schmerz als immerwährende Selbstverständlichkeit und läßliche Begleiterscheinung des Lebens selbst. Wer wollte sich aufregen über Dinge wie Wasser, Luft, Erde, Feuer? Diesen nämlich ist der Schmerz zugeordnet worden in Ewigkeit AMEN.

»Du hast eine sehr klare, helle Stimme«, sagte er, »wenn du einen Befehl gibst, wird man dich gut verstehen können!«
In dem Blick, mit dem er mich betrachtete, lag eitel Wohlgefallen. Der Ratschlag war wohlüberlegt. Man wollte mein Bestes, nichts sonst. Der Vater hatte mich lange Zeit beobachtet und sich darüber Gedanken gemacht. Was er mir riet, war die Frucht seiner väterlichen Besorgnis. Er konnte mir nichts mitgeben, was mir half. Es gab keinen vererbbaren Besitz. Nichts, womit sich das Leben erleichtern ließ. Warum sollte sich ein Sohn nicht mit dem behelfen, was er hatte, und wäre es auch nur eine klare helle Stimme? War nicht eben eine Zeit gekommen, in der die Stimme, die deutlich zu artikulieren, die Befehle zu erteilen verstand, im Werte stieg? Mußte man sich nicht dieses glücklichen Umstandes bedienen? Lag es nicht in seinem elterlichen Sorgerecht, daß er mir dazu riet?
Es kommt, wenn du unten bist, nur darauf an, hinaufzugelangen. Später fragt niemand danach, wie einer es geschafft hat. Hauptsache, man ist nach oben gekommen. So dachte er in seiner arglosen und tüchtigen Rechtschaffenheit, und wer wollte ihm daraus einen Vorwurf machen? Der Sohn, der kein Geld, kein Erbe, nicht einmal eine anständige Schulbildung erhielt, sollte sich dessen bedienen, was er aufgrund seiner körperlichen Konstitution besaß. Waren jetzt tüchtige klare Befehlsstimmen gefragt, wäre es eine unverzeihliche Dummheit, dies nicht zu nutzen.
»Du kannst es zu was bringen, Junge!« sagte der Vater. »Wenn du dich zusammennimmst und schön aufpaßt, wo der Weg hingeht, kannst du es sogar recht weit bringen.«
Sein Blick ruhte erfreut auf dem Sohn. Er suchte ihn nicht zu etwas Schlechtem zu überreden. Er suchte ihn überhaupt nicht zu überreden, machte lediglich auf eine Tatsache aufmerksam, wie auf eine Sachlage hin. Sollte ein Mann wie er mit der längeren Lebenserfahrung und dem drückenden elterlichen Sorgerecht verschweigen, wo er die Chance des Jungen sah? Nein, das wäre unverantwortlich. Zwar hielt er nicht viel vom Militär und hatte es auch nicht weiter als bis zum Gefreiten gebracht, im letzten Kriege, der Sohn jedoch mit seinen Fähigkeiten könnte mehr erreichen. Es kam immer nur darauf an, dem Teufelskreis der Armut zu entrinnen.
»Du kannst deinen Weg machen, Junge!«
Nein, eigentlich riet er das dem Sohn nicht gern an. Das Mili-

tärische war gar nicht nach seinem Geschmack. So betrachtet, ist ihm bei seinen Worten ziemlich unwohl. Andererseits handelte es sich nicht um die eigene Entscheidung und das eigene Leben, sondern um die Entscheidung und das Leben des Jungen, das dieser sich nach den eigenen Voraussetzungen einzurichten hatte. Ja richtig, es kam nur auf den Sohn an bei diesen Hinweisen und Ratschlägen und überhaupt nicht auf die eigenen Vorlieben und Abneigungen. Die hatten zurückzustehen, mußten außer Betracht bleiben. Es kam im Leben alles darauf an, seinen Weg zu machen. Was unten ist, wollte hinauf, die oben wollten nicht hinunter. Der Junge mußte dazu bewogen werden, seine Chance auszunutzen. Seine einzige Chance. Vielleicht gelang es ihm, und er brauchte sein Leben nicht als Arbeiter zu beschließen. Niemand blieb freiwillig im Dreck. Niemand blieb freiwillig der letzte Dreck. Besser man gab Befehle, als daß man sie immer bloß entgegennahm. Ein Vater, der seinem Sohn nicht die Augen öffnete und ihm die Möglichkeit, die er hatte, wies, wäre ein schlechter Vater. Er wollte kein schlechter Vater sein. Vielleicht, zum Teufel, war er kein guter Vater, wie konnte man bei diesem Leben überhaupt ein guter Vater sein, er war also bestimmt kein guter Vater, aber er war auch kein schlechter Vater. Jedenfalls gab er sich alle Mühe.
»Sieh zu, daß aus dir was wird, Junge!«
Das war auch nicht gerade das Neueste, was er da vorbrachte, er wiederholte sich recht oft, der gute Alte. Was hatte er nur, das war doch sonst nicht seine Art. Nein, zu seinen Fehlern gehörte nicht die Geschwätzigkeit. Eher sprach er zu wenig als zu viel. Lieber drückte er sich zu knapp aus als zu langschweifig und gar in Wiederholungen
Offensichtlich lag ihm die Sache ganz besonders am Herzen. Er blickte mich geradezu beschwörend an. Seine Augen wurden vor Eindringlichkeit ganz schmal, als er sich so vorbeugte und hervorpreßte:
»Mensch, bleib bloß nicht unten, stoß dich ab, schlag um dich, so sehr du kannst. Besser du trittst die anderen, als du wirst von allen anderen getreten. Laß dir nichts gefallen, gibs ihnen zurück! Hau ihnen in die Fresse, wenn sie dir ans Leder wollen! Verlaß dich auf nichts und niemanden, verlaß dich auch nicht auf mich, deinen Vater, wer will denn wissen, ob ich immer so klar denke und sehe wie eben jetzt. Machs nicht wie ich, heiraten, Kinder zeugen, klein bleiben und immer abrakkern und ducken, machs anders! Nutz jede Chance, die sich dir bietet. Vergiß nie, was ich dir jetzt ans Herz lege: Wandre aus, zieh fort von hier, sobald du kannst. Die unten sind, diese Proleten sind immer die Beschissenen. Das Volk soll immer fertiggemacht werden, wehr dich, mein Junge! Zeig allen, daß du dich nicht bescheißen läßt!«

Er redete noch weiter. Seine Stimme wurde leiser und leiser, ich hörte auch nicht mehr so angespannt drauf, was er sagte, er wiederholte sich an diesem Tag immerfort, wollte eben ums Verrecken verstanden werden, und wer will sagen, daß er damit nicht das Richtige getroffen hätte?
Er ist mir ganz unversehens im Traum erschienen, der Alte, ich sah ihn in vielen Nächten, vorgebeugt, vor lauter Energie und mit den zu Schlitzen verengten Augen:
»Mensch, bleib bloß nicht unten ... Laß dir nichts gefallen ...«
Im Traum beginne ich vor Angst zu schwitzen und zu stöhnen, ein Glück, wenn ich schnell aufwache. Der Alte damals, als er mir eindringlichst seine Ansichten mitgeteilt hatte, belauerte mich mit Augen, die kaum Platz ließen für den Blick. Plötzlich griff seine Hand nach mir und zog mich auf seine harten Knie, an seine massige Brust. Ganz unvermittelt begann er mich zu würgen. Das schmerzte scheußlich, ließ schnell nach, der stechende Druck beiderseits des Halses verschwand, wohlige Ruhe breitete sich aus, als sei es süß und erhaben, erwürgt zu werden. Die Luft blieb weg, weiß nicht wie lange. Als ich wieder zu mir kam, sah ich sein großes Gesicht nahe vor meinen Augen, er redete wütend auf mich ein, ich hörte nur nicht, was er redete, erst später verstand ich ihn:
»Traue keinem – habe ich dir nicht gesagt, du sollst dich zur Wehr setzen? Warum tust du's nicht? Läßt dir einfach die Kehle zudrücken? Du darfst keinem Menschen trauen, auch mir nicht, deinem Vater! Auch nicht mir!«
Ich bekam einen aufgedunsenen, auch innen schwellenden Hals, konnte kaum reden, kriegte schlecht Luft. Dann lief alles gelb und blau an, der Schmerz sank in die Brusthöhle hinab und stieg hoch bis in die Stirn. Das verzieh ich ihm nie, diesen Übefall.
Der Vater sagt: »Wir Arbeiter werden wie Tiere gehalten und nur im Kriege zum Menschen erweckt, damit wir mehr und besser töten können als die Tiere. Verstehst du?«
Ich verstehe.
Der Vater sagt: »Es hat keinen Zweck, sich aufzulehnen. Merke dir: Lehne dich nie gegen die eigenen Leute auf. Versuche lieber von den Vorgesetzten zu lernen. Schau ihnen ihre Tricks ab und ihre Fertigkeiten. Sei höflich zu ihnen, wenn's sein muß, sei hündisch und leiste die treuesten Dienste. Begreifst du?«
Ich begreife.
Der Vater sagt: »Als Vorgesetzter darfst du vieles, als Untergebener nur das, was dein Vorgesetzter gestattet oder verlangt. Man muß nicht alles wollen. Man muß immer nur das wollen, was der nächste Vorgesetzte tun kann. Schaffst du es,

an seine Stelle zu treten, kannst du auch das haben, was er hat. Lehnst du dich auf, bekommst du die Peitsche. Revolutionäre werden zuschanden gemacht. Merk dir das!«
Ich merke es mir und schäme mich.
Er wird besorgt: »In den Krieg wirst du kommen – paß auf, laß dich nicht erschießen. Erschieß die anderen, bevor sie dich erschießen. Dann die Granaten – du kannst dich drauf trainieren. Ich habs im vorigen Krieg so lange geprobt, bis ich wußte, wo sie einschlügen. Da machte ich Mücke. Beizeiten ein Sprung, und du bist weg. Das geht zu lernen, du mußt es nur üben. Bald wirst du am Ton hören, wohin die Granaten fliegen. Es gibt einen Ton, der zeigt dir an, wann es gefährlich wird. Du kannst noch wegkommen, bist du schnell genug. Endlich die Bomben: Leg dich nie wie die anderen auf den Bauch – leg dich auf den Rücken, sperr die Augen auf und beobachte die Flugzeuge über dir. Du kannst den Fall der Bomben verfolgen und ziemlich genau berechnen, wo sie einschlagen werden. Kommen sie auf dich zu, nichts wie zur Seite weg.«
»Ich hoffe«, sagt er, »sie schicken dich nicht zur Infanterie. Wenn sie dich zur Infanterie schicken, ist es am schlimmsten. Dann gibts nur eins: Wo du bist, darf kein anderer sein. Du mußt auf alles schießen, was sich bewegt. Nur vor den Toten hast du Ruhe. Leichen haben die angenehme Eigenschaft, nicht mehr zu kämpfen. Du legst alles um, was sich vor dir bewegt. Versprichst du das?«
Ich verspreche es. Die Schlächtereien des Jahrhunderts haben sich im Vater zu Weisheit verdichtet. Ich nehme die Lehren an. Was tut man nicht alles für sein Leben, damit es an Erbärmlichkeit nicht zurückstehe hinter dem der anderen.
Es dauert zwanzig Jahre, bis ich begreife, seine Rezepte sind nicht bloß für den Krieg gut; die Menschen leben auch im friedlichen Alltag danach. Leben heißt andere fertigmachen, um Geld zu verdienen – Geldverdienen heißt scharf sein wie ein Rasiermesser. Weiß der Teufel, was nützt es, scharf zu sein wie ein Rasiermesser, wenn man vor den Kehlen zurückzuckt.
Friedlich sein, sagt der Vater, das bringt gar nichts, sondern schadet dir ungemein. Sobald du in den Verdacht der Verträglichkeit und Friedfertigkeit kommst, schlagen gleich alle auf dich ein. Wenn du sie nicht angreifst, greifen die anderen dich an. Hau immer um dich, nur nicht nach oben, da beweise Diensteifer und Untertanenbereitschaft. Sonst aber nichts gefallen lassen! Sie müssen Angst haben vor dir, oder du wirst immer Angst haben müssen vor ihnen!
Er sagte noch viel, ich lernte die gesamte Philosophie der gequälten Kreatur kennen, und ich brauchte mehr als zwei Jahrzehnte, das ganz zu begreifen.

Der Vater. Er war groß und gütig, roch nach Schweiß, litt an Heiserkeit, Raucherhusten und den Grenzen seiner Allmacht. Er befriedigte sich, wenn er nur wollte, an der Frau, die Mama hieß und Mutter genannt wurde und auch Hure, Mistweib, Megäre. Der Vater war mächtig, nett und Beschützer. Er brachte Geld nach Hause, das nicht langte und litt an starkem Bartwuchs. Der Vater roch säuerlich, sein Schritt ließ die Möbel erzittern und die Gläser klirren. Der Vater sprach laut. Der Vater war besorgt. Der Vater ging zum Preisskat. Der Vater ging zum Saufen. Der Vater ging weg. Wir atmeten auf. Der Vater kam heim, wir freuten uns. Der Vater war da, auch wenn er nicht da war. Er war kein schlechter Vater. Er war ein armer Vater. Er war ein tüchtiger Vater. Er war ein fürchterlicher Vater. Der Vater war der Vater, der groß war und gütig und nach Schweiß roch, nach Bier, Gummi, Tabak, Seifenschaum. Wurde man als Kind vom Vater auf den Arm genommen, war es seltsam hart an seiner Brust, dem der Busen fehlte, der die Mutter so angenehm weich und heimisch werden ließ. Der Vater war nicht die Mutter. Der Vater war über der Mutter, weit über ihr droben, viel größer, gütiger, schweißiger, härter, allmächtiger, häßlicher, lauter, beschützender.
Mein Vater existiert in einer Welt, in der es allein aufs Überleben ankommt, alles Sonstige ist frevelhafter Luxus.
Vielleicht will er mich von vornherein schützen. Vielleicht hat er etwas gemerkt. Die Klasse verweichlicht in ihren Söhnen. Es gibt immer mehr Träumer, Faulenzer, Nervenbündel darunter. Die Mütter verwöhnen die Jungen, das macht sie lebensuntüchtig. Nein, er ist kein Quälgeist, er sieht nur auf Härte und weiß, man kommt ohne Härte nicht über die Runden. Wenn er mich so abschätzig betrachtet, spüre ich deutlich Zweifel und Mißfallen. Das gefällt ihm nicht, wie ich bin. Er macht sich Gedanken darüber, grübelt, obwohl ihm das gar nicht liegt, die angestrengte Grübelei verstärkt seinen Mißmut.
Oft habe ich, auch als er längst dahin und verwest war, mit ihm zu tun bekommen, so ein Scheiß-Vater ist von Anfang an vorhanden und verschwindet nicht, der Termin, da er verstirbt, spielt keine Rolle, du hast den Mann in dir drinnen und kommst nicht frei davon bis zu dem Moment, da du von dir selbst frei wirst.
Eine Weile versuche ich's mit der verbalen Methode, sperre den Alten in literarische Geschichten ein, verkehre die Rollen, man will schließlich was dabei gewinnen: Ausbruchsversuche, was sind das anderes als Ausbruchsversuche in die literarische Beschwichtigung. Lustige Geschichten aus den blutigen Fleischstücken des Lebens pressen, Unterhaltungsspäße, Clownerien, eben Literatur und nichts weiter als Literatur:
Wenn du von ganz unten kommst, tust du gut daran, dich

früh zu üben im Verleugnen, Irritieren, Haken schlagen. Wehre ab, greife an, schule dich in Taktik und Strategie: Wie alt bin ich? Wer weiß es, außer meiner Mutter? Ich glaube, sie war dabei, als es passierte, und passiert ist es wohl. Sie sagt, es sei 1925 passiert, doch nehme ich an, sie irrt. Jedenfalls erinnere ich mich nicht an das fündundzwanziger Jahr. Meinen eigenen Erfahrungen nach – und man soll immer zuerst seinen eigenen Erfahrungen trauen, das wissen besonders Schriftsteller genau – bin ich jünger. Gestillt wurde ich übrigens nicht. Ich hatte eine Aversion gegen Mamas Naturflaschen. Wahrscheinlich fürchtete ich einen Inzest, jedenfalls kann ich mich nicht besinnen, gegen außerfamiliäre Brüste je was eingewendet zu haben. Im Gegenteil. Das merkte als erste Tante Sophie. Das heißt, meine richtige Tante war sie nicht, sonst hätte ich dann auch bei ihr gezögert. Glücklicherweise war sie fremden Fleisches, und nachdem ich das wußte, verdrängte ich meine Verdrängungen und begann mich für ihr Innenleben zu interessieren. Das wird mal ein ganz Schlimmer, sagte Tante Sophie zu meinem Vater, und fortan hatten wir unseren Generationskonflikt. Ich nannte ihn »Onkel Ödepus«, was man mir nachsehen sollte, ich zählte knappe drei Jahre. Doch Papa verstand mich und verbot mir Feuer sowie Messer und Gabel. So wuchs ich als Löffelkind auf. Aber auch Suppe macht stark und erfinderisch.

Ich schliff den Löffelstiel fleißig scharf und schlich nachts ins Elternschlafzimmer, wo ich Papa mit Tintenstift einen schwarzen Fleck aufs Herz malte. Guter Mord will Weile haben, sagte ich mir und schliff meinen Löffelstiel eifrig weiter. Mehrmals verletzte ich mich beim Suppe-Essen an der Hand. Der Junge ist ungeschickt, sprach Papa, entwand mir den Löffel und zeigte, wie man damit umgeht, wobei er sich tief in die Hand, Innenfläche, Venusberg schnitt. Leider hatte ich versäumt, die Löffelschneide zu vergiften, so tragen wir unseren Ödipus-Konflikt noch heute aus, obwohl ich inzwischen groß und Papa klein geworden, ein Großvater im Kleinen, ein Urgott handgeschnitzt, bis zu den Knien schon im Acker, kein Wunder, daß er nicht mehr vorankommt. Manchmal richtet er sich vor mir auf und weist anklagend die Narbe vor an seiner Hand, Innenseite, Venusberg, auch blickt er sehnsüchtig auf meine Frau; ich glaub, er leidet inzwischen an einem umgekehrten Ödipus-Komplex. Ich achte darauf, daß er nicht an Feuer kommt. Essen kann er zum Glück nur Suppe, den Löffel kontrollier ich täglich. Nachts nimmt er ihn heimlich mit ins Bett. Aber ich hab so meine Erfahrungen gemacht. Wenn der Löffelstiel scharf zu werden beginnt, kriegt Papa einen anderen Löffel. Damit er was zu tun hat und nicht auf dumme Gedanken kommt, der alte Ödipus.

Anfangs suchte ich mich mit Hilfe von Sprichwörtern und alten Volksweisheiten drumherumzuschwindeln. Trag's mit Fassung. Als Schriftsteller liegt einem die Versuchung nahe, den Volkshumor ins Literarische hinaufzustilisieren. Wer hat die Courage, das freiweg Schwindel zu nennen? Je raffinierter einer seinen Schwindel einfädelt, desto weniger sieht es nach Schwindel aus. Man kann den ganzen Skandal als endlose Folge humorvoller Episoden verwursten und dem Publikum als kultivierter Spaßmacher erscheinen. Darauf lassen sich hohe Existenzen gründen, dafür sind literarische Preise zu kassieren. Man hält die rauhe Wirklichkeit draußen oder nimmt sie mit Maßen, maßvoll also, herein und gilt als engagiert. Davon läßt sich leben. Den ersten Stein ins eigene Glashaus.

Im Arbeiterviertel ist alles wie in Arbeitervierteln.

Weder Abfluß noch Wasserleitungen in den Wohnungen, kein Bad, keine Toilette, dafür der stinkende Abtritt im Hof. Wer so aufwächst, wundert sich, lernt er es anders kennen. Im ersten Schuljahr sitzt einer als Nachbar auf der Schulbank, der sich seine Eltern klüger ausgesucht hat. Bei ihm daheim auf Besuch, erstaune ich vor dem nickelblitzenden schwenkbaren Wasserrohr, das, dreht man ein Rädchen, Wasser fließen läßt, gar, ganz nach Wunsch, heiß oder kalt. Ich habe die erste Installation erblickt, und sie gefällt mir.

Der Mutter des Jungen entgeht das Staunen des Gastes nicht. Sie begreift, und dieses Begreifen schlägt sich als feiner Spott nieder. Wie kann sie ahnen, was der ungerechtfertigte Spott, plötzlich sichtbar geworden, anrichtet. Die Momentaufnahme hat bleibenden Wert. Das Verhältnis zu Besitz und Bürgertum ist fixiert. Der Siebenjährige hat keine Ahnung davon. Wie soll er wissen, daß seine eigene Unkenntnis der Installation dem Nicht-Besitzstand seiner Klasse, der Klassenlage entspricht und entspringt, er ahnt nicht, welche Bedeutung dem Detail zukäme, nimmt das flüchtige Spottlächeln auf den Zügen der jungen soignierten Bürgersfrau wahr, dieses Lächeln brennt sich seinem Gedächtnis ein, eine nie verheilende Wunde. Er begreift nichts, hat erstmals etwas verspürt. Die Zurücksetzung schmerzt und stigmatisiert. Den anderen, die die Beleidigung zufügen, entgeht völlig, was geschieht, sie bleiben besten Gewissens.

Die kleinen Untaten an den Seelen erreichen die Qualität von Verbrechen.

Wenn ich einen unbekannten Raum betrete, erwarte ich die Wiederholung der Szene und belaure mich, ob ich etwas entdecke, das mir neu und wichtig genug wäre; belaure die anderen.

Werden meine Erwartungen nicht erfüllt, mache ich mich unwillkürlich daran, die blamable Szenerie selbst zu organisie-

ren, denn ich bin derart verliebt in meine Kränkungen, daß ich, bleiben sie aus, sie herbeizuführen suche.
Die Erwartung will nicht enttäuscht werden. Ich bin süchtig nach Beleidigungen und darauf, mit Gegenbeleidigungen zu antworten.
In den gegenwärtigen Kämpfen werden vergangene Kämpfe ausgetragen. Andererseits schafft eben dieser scheinbar auf lauter Geringfügigkeiten eingestellte Mechanismus die Sensibilität, die notwendig ist, Unrecht und Verletzungen zu registrieren, noch bevor sie die Größe von Auschwitz angenommen haben: Umgekehrt: Wohin ist die Sensibilität von Menschen gekommen, denen Auschwitz, Vietnam usw. nichts ausmachen? Ich weiß nicht, wie die Geringfügigkeit, die in der Kellerschen Bürgerwohnung geschah, unter dem Gesichtswinkel der Unendlichkeit einzuschätzen wäre, unter dem Gesichtswinkel meines winzigen persönlichen Lebens ist sie bestimmend und beherrschend. Das soziale Leiden meiner Klasse, die lächerliche Armseligkeit meiner Herkunft sind mir nicht bewußt gewesen, erst der plötzliche Kontrast, das Detail meines Erstaunens, das ein spöttisches Anheben zweier Mundwinkel hervorlockte, erfüllt den Siebenjährigen mit würgender Scham, der er sich dann durch Provokationen zu begegnen angewöhnt.
In späteren Jahren und Jahrzehnten ist ihm, als er zurückdenkt an das geringfügige Erlebnis, zumute, als sei dort Blut vergossen worden und ein Mord geschehen. Die Erinnerungsfähigkeit besitzt bei sensiblen Naturen eine Qualität, die Wirkungen potenziert. Zurückliegende Beleidigungen werden mit solcher Wucht empfunden, daß sie zum wirklichen Vorgang in keinem Verhältnis stehen. Es geht nicht um das Ereignis selbst, vielmehr um das Gewicht, das man ihm beilegt.
Große Klassenschlachten wie Kriege und Krisen bedürfen des auslösenden Funkens; der Zunder liegt bereit. Die Fabriken der Rüstungsindustrien produzieren über Jahre und Jahrzehnte hinweg Waffen und Geschosse, die dann im Krieg zu massenhaftem Verbrauch aufeinandertreffen, die Klassengesellschaft produziert die millionenfachen Beleidungen, die das Bedürfnis nach Rache schaffen.
Zwei verschiedene Arten von Scham oder zwei verschiedene Reaktionen auf Scham: Die einen ziehen sich in sich zurück, verkrampfen in der Seele zu Untertanen, bleiben fortan im engen Umkreis, wo sie sich auskennen und vor Beschämung sicher sind — die Psychologie der Arbeiterklasse.
Ein feines System von Zurückweisungen durch Beschämung hält die Klassen in ihren Grenzen fest. In Ausnahmesituationen helfen Polizei und Militär nach. Doch das eingeführte innere Stabilisationssystem funktioniert normalerweise zurei-

chend. Die Proleten sind durch die Pawlowsche Hundeschule gegangen. Tropft den Hunden auf einen Gongschlag hin der Zahn, schlägt dem Proleten auf jeden aufrührerischen Gedanken hin das Gewissen, das keins ist. Er schämt sich seiner Unwissenheit, die man ihm künstlich anerzieht, seiner Unbedarftheit, in die man ihn fürsorglich steckt, seiner Häßlichkeit, die die Folge seiner Unfreiheit ist, nicht deren Voraussetzung.

Die andere Reaktion: Auf die Beschämung folgt der revolutionäre Zugriff. Ich bin zu neugierig, als daß ich mich mit der Erkenntnis meiner unterlegenen Position abfände. Ich will den Mechanismus kennenlernen, der mich zurückweist und reagiere mit Empörungsbereitschaft. Die Gefahr dabei: Man verkennt, wie schnell man selbst in die Rolle des Bevorzugten wächst und nun, ohne es zu wissen, den Bürger darstellt, der den anderen beschämt – man ist der ehrlichen Meinung, noch der Alte, der Benachteiligte zu sein, indessen ist man es nicht mehr und fügt dem anderen die Beschämung, die Verletzung zu.

Ich habe manchen auf diese Weise gekränkt, ohne es zu ahnen. Was hilft's, bitte ich alle, denen das von mir widerfuhr, um Verzeihung, ich habe unwillentlich und unwissentlich jene Verheerungen angerichtet, die ich, überdimensional vergrößert, den herrschenden Klassen vorwerfe.

Die Ambivalenz der Dinge, wie werden wir sie gewahr, ohne zu verzweifeln, wie dringen wir in diese Wirklichkeit ein, ohne uns irritieren zu lassen? Die Militärs und Politiker ignorieren die Ambivalenz, das gehört zu den Vernichtungsberufen. Wir haben keine Entschuldigung. Wir sind keine Mörder, auch nicht von Berufs wegen.

Sie richten dich aber von klein auf her, daß du dein Leben lang schreiend und besinnungslos mit dem Messer in der Hand herumläufst, und die christlichen Sprüche sind angetan, die Bluttaten auch schön zu rechtfertigen.

Geboren wurde ich in einem kleinen Dorf. Zwei Fischteiche, sie stehen im rechten Winkel zueinander und sind durch ein Wehr verbunden, bestimmen die Mitte des Dorfes. Die Bewohner des kleinen Fleckens waren Bauern und Arbeiter. Die Arbeiter gingen früh am Morgen zur nahen Stadt, spät am Abend kehrten sie zurück.

Unser Haus stand an der Ostseite des nach Süden liegenden Teiches. Der Hof war feucht. Nachts versammelten sich die Frösche hier. Die Menschen in unserem Dorf waren arm. Am ärmsten war der Besitzer des Ritterguts am anderen Teichufer. Hoch zu Roß ritt er zur Jagd. Im nahen Wald versammelten sich alljährlich Offiziere der Reichswehr. Herr Zimmermann veranstaltete dann ein Jagdspringen. Die Dorfbewohner starrten offenen Mundes auf die blitzenden Tressen der Offiziere.

Man sah schöne und reiche Frauen in der Jagdgesellschaft, hörte seltsam fremd anmutende Reden, und als eines der jungen Pferde ausbrach und einen Bauern mit dem Huf verletzte, gab es viele, die dem Mann den Schlag neideten, war er doch auf diese Weise mit der großen Welt in Berührung gekommen. Herr Zimmermann machte bald Bankrott und verschwand spurlos. Fortan fanden keine Jagdspringen mehr bei uns statt.

Später, als wir schon in C., dem kleinen Industriestädtchen, wohnten, fuhr ich oft mit dem Fahrrad ins Dorf und hockte mich ans Teichufer. Es gibt da einen schönen einsamen Flekken, man sieht kaum einen Menschen, nur die weißen Schwäne halten auf dem Wasser.

Das alles lag vor dem Beginn des großen Krieges. Viele Jahre später, der Krieg war schon lange vorüber, suchte ich die Böschung am Teich noch einmal auf. Es war alles unverändert. Das Wasser leckte mit sanften Wellen übers Ufer hin, würdige Schwäne waren da, man hörte keinen Laut, südlich stand der Wald.

Und doch war etwas anders geworden, aber ich wußte nicht was. Ich saß und dachte an die Kanonen, wie sie südlich von Cassino am Horizont aufblitzten, und dann erinnerte ich mich an die Kämpfe in Rußland. Ich begann zu ahnen, daß es das Erleiden ist, das uns die Erde fremd macht, das Leiden der anderen, das wir hinnehmen und geschehen lassen. Plötzlich sah ich mich — ich mochte zwölf Jahre alt gewesen sein — auf dem kräftigen Ast eines Baumes sitzen, es war eine Eiche, wie sie zu mehreren in der Hohle standen, einem Geländestück, das sich neben der Straße hinzog und durch das man ging, den Weg abzukürzen. Während ich auf dem Baum saß und vor Freude pfiff und sang, näherte sich eine Gestalt. Ich beachtete sie zunächst nicht weiter, obwohl ich sah, daß es Poller war, der gefürchtete rotgesichtige Wachtmeister.

Selbstverständlich würde Poller nicht vorübergehen. Er brüllte, kaum herangekommen, los, aber ich kümmerte mich nicht darum. Das verblüffte ihn. Er war gewohnt, die Leute spuren zu sehen. Ich verstand genau, welche Ungelegenheiten ich ihm bereitete. Er kam vom Dienst und wollte nach Hause. Da es warm war, hatte er sich die Uniformjacke aufgeknöpft. Nie im Leben hätte er geglaubt, daß ein solcher Lümmel seiner Aufforderung trotzen würde. Jetzt starrte er wütend zu mir hoch, hakte die Hände ins Koppel und schrie noch einmal. Da ich nicht reagierte, schloß er langsam die Uniformjacke.

Kommst du jetzt runter?

Ich sang und johlte und tat so, als sähe ich ihn gar nicht. Dabei beobachtete ich ihn aus den Augenwinkeln und bemerkte, wie er langsam zur schwarzen Pistolentasche griff und die

Waffe hervorzog. Natürlich wollte er mich nur einschüchtern. Das war klar.

Ich brachte vor Erregung kein Wort hervor, für einen kurzen Moment war mir, als müßte ich hinunterspringen, dem Wachtmeister auf den Kopf. Ich stöhnte vor Wut und kletterte den Stamm hinab; als ich fast unten war, hatte ich kaum noch Kraft. Auf dem Boden angelangt, fiel ich hin. Poller war verwirrt durch mein sonderbares Verhalten. Finster stopfte er die Pistole in die Tasche zurück und half mir auf die Beine. Wir gingen das Stück bis zur Straße nebeneinander her, und es fiel kein Wort.

Am Ende des Krieges haben sie Poller dann einen ganzen Nachmittag lang getötet. Die drei erzählten mir davon. Sie trugen selbst noch die Spuren von Mißhandlungen am Körper. Poller hatte sich nach 33 oft mit seinen Taten gebrüstet. Die Wände im Vernehmungszimmer des Amtsgerichts seien rot vom Blut der Häftlinge, raunte man sich damals zu.

Wir haben ihm nur zurückgezahlt, was er uns und vielen anderen angetan hat, sagten sie.

Helene war schon weit, weiter als ich, viel weiter.

Sie spielte mit den Händen an mir herum. Wir lagen im Graben hinter der Straße. Mit dem Gesicht näherte sie sich meiner bloßen Mitte. Ich erschrak und schämte mich, sie stieß mit der Zunge zärtlich dagegen.

»He!« sagte sie.

»He!« sagte ich.

»Ich leck ihn dir ab!« sagte sie.

Und hatte schon ihre Lippen darübergestülpt, fuhr schmatzend und naß mit dem Kopf auf und nieder und sah im Gesicht so fröhlich aus, als ob sie Eis lutsche.

So eine Sau, dachte ich.

Sie öffnete die Augen, sah mich an und hielt inne.

»He, was ist?«

»Nichts«, sagte ich.

Sie lächelte; erst unsicher, dann überlegen und sicher.

»Kennst du das nicht? Hat es dir noch keine so gemacht?«

»Nein.«

Es war mir plötzlich unangenehm, das zuzugeben. Ich verlor etwas von meiner männlichen Überlegenheit. Offensichtlich gehörte es dazu, das schon einmal erlebt zu haben. Ich hatte eine Niederlage erlitten.

Es war gewiß falsch gewesen, es zuzugeben. Es war gewiß auch falsch, sich davor zu ekeln. Wenn Helene sich nicht ekelte, bestand kein Grund für mich, daß ich mich ekelte. Schließlich schien es ihr Freude zu bereiten. Andererseits vögelte ich

nicht das erste Mal, noch nie aber hatte mir eine den Schwanz geleckt.
»Ekelst du dich?« fragte Helene.
»Wieso sollte ich mich ekeln«, sagte ich.
»Du siehst aus, als wolltest du sagen —: Du Sau!«
»Ich sage das nicht und sehe dich auch nicht so an.«
»Manche denken das, und manche sagen das auch«, sagte Helene. »Eine Sau ist aber, wer sich nicht wäscht. Du wäscht dich doch, was? Sag, du hast dich doch gut gewaschen, wie?«
»Ja, ich wasch mich.«
»Du hast dich auch gewaschen, bevor du hierhergekommen bist?«
»Hab ich.«
Sie begann zu schnüffeln. »Hm. Es riecht nicht. Ich glaub, du bist wirklich sauber.«
Sie begann wieder an mir zu lutschen, und es tat mir jetzt ungeheuer wohl. Es war wirklich wahnsinnig schön. Helene war ein Mädchen wie aus Gummi, so fest, Helene war auch das erfahrenste Mädchen, die reinste Hure.
Indem ich das dachte, wunderte ich mich. Eine Hure war gewiß etwas Schlimmes, aber wenn ich dachte, daß Helene eine Hure sei, dachte ich an gar nichts Übles, dachte nur an Helene und fühlte mich wohl. Vielleicht waren Huren gar nicht so schlimm? Zugegeben: Wenn alle Huren waren wie Helene, wollte ich nur noch mit Huren zu tun haben.
Das mußte bedacht werden! Wie kam ich überhaupt auf solche Überlegungen? Helene gefiel mir, und sie gefiel auch anderen, und das gefiel mir schon etwas weniger, und den anderen gefiel nicht, daß Helene mir gefiel und ich Helene gefiel. Eine große Hurerei, das! Aber man kam gut zurecht mit dem Mädchen, sie war glänzend, einfach umwerfend!
Du mußt ein Mädchen aufreißen, sofort bist du über das glücklich, was dich empört, hat ein anderer sie aufgerissen. Alle Menschen sind Brüder! Von Brüdern und Schwestern redete der nicht, könnte welche auf unmoralische Gedanken bringen.
Die Schwierigkeit lag in den hygienischen Bedingungen. Halt deinen Burschen mal sauber, ist kein Bad im Hause, kein fließend Wasser, jeden Abend der Umweg zum Froschtümpel. Im Sommer der Helligkeit wegen ins Gras geworfen, ans Ufer gerobbt, Wasser geschöpft.
Wer sein Werkzeug liebt, der hält's gut instand.
Im Herbst kam die Dunkelheit früh genug. Man konnte stehenbleiben. Die verständnisvollen Frösche im Tümpel.
Im Winter fror das Teichlein zu.
Der Pimmel wußte gleich, was bevorstand. Das erste und vornehmste Problem meiner Kindheit, seinen kategorischen Impe-

rativen nachzukommen. Was er sich ausdachte, zusammenfantasierte, zu Recht verlangte.
Später die Verlagerung und Teilung der Probleme auf Vater, Gustav Krause und die Anforderungen des Staates.
Aber nicht nachgeben hieß seine Devise. Ich hatte, auf Ehre und Gewissen, einen ewig hungrigen, gefräßigen, wilden Wolf zwischen den Beinen. Freitags badeten wir in der Holzwanne, ich zuerst, dann ab ins Bett, das Kind sollte nicht Schaden nehmen beim Anblick nacktbadender Erwachsener. Die rührende Mama, die den Wolf entdeckte zwischen meinen Schenkeln.
Hatte sie so was noch nie gesehen? Der Wolf erschrak. Der Hunger verging ihm. Wollte fortan die Mama gar nicht mehr fressen.

Was ist'n das? Sense, Tod und Pause. Während des Studiums in Leipzig komme ich mit dem Leiter des Insel-Verlags zusammen. Der alte Herr hat nach dem Krieg keine Chance mehr, den letzten Privatverlagen geht langsam die Luft aus. Der Mann weiß Bescheid und hat alle Hände voll zu tun, das Unternehmen zu verkleinern. Als ich ihn kennenlerne, erzählt er immerzu von den Schwierigkeiten des Abbaus: will man ihm glauben, sind jeden Morgen Arbeitsplätze unbesetzt, Zimmer frei, Stühle leer. Das scheint in solchen Geschwindigkeiten und Ausmaßen zu passieren, daß der Verlagsleiter längst hätte allein übrigbleiben müssen. Als ich aber ankomme im Verlag, sind noch allerhand Leute vorhanden, und alle zeigen die gleiche Miene der eifrig umherlaufenden Beschäftigt-Unbeschäftigten.
Der Verlagsleiter erbittet sich mein Manuskript und redet, ohne einen Blick draufzuwerfen, vom westlichen Teil des Unternehmens, das in der Bundesrepublik floriere, wahnwitzigen Aufstieg nehme, ungefähr so elementar nach oben strebe wie der hiesige östliche Verlagsteil in den Abgrund stürze.
»Mann, Sie haben eine goldene Feder!« meint der Büchermacher, als ich eine Woche später wieder bei ihm sitze. Ich müßte lügen, wollte ich behaupten, ich sei nicht stolz. Ich bin vor Freude geschwollen und aufgeblasen und passe auf der Heimfahrt vor lauter Größe kaum in die Straßenbahn. Die Welt besteht aus lauter Liebe. Ich bin ein Glückspilz und so weiter. Das Manuskript nimmt ein anderer Verlag an, einer von den staatlichen, wie der Insel-Chef mit einer Mischung aus Haß und Bewunderung sagt. Er selbst kann das Buch nicht machen, und auf seine leisen Angebote, es nach Westdeutschland zu bringen, gehe ich nicht ein. Das Buch wird gedruckt, doch es erscheint nicht.
Die »goldene Feder« hat mit unsichtbarer Tinte geschrieben.

Man muß seine Niederlagen feiern, wie sie fallen. Ich setze mich unverzüglich ans nächste Manuskript. Die Schriftstellerei ist ein Beruf, in dem Siege und Niederlagen nahtlos ineinander übergehen. Mit der Zeit gewöhnt man sich an die Wechselbäder, schließlich kann man nicht mehr darauf verzichten. Unsereins löffelt die erste Sensation zum Frühstück und absolviert das alltägliche Begräbnis vor dem Schlafengehen.
Frauen sind die angenehmsten Abwechslungen des Berufs. Wir Niedriggeborenen werden lebenslang entschädigt dafür. Die Hochgeborenen kennen jeden Reiz, die Schnallen ihrer Weiber und Schwestern sind ihnen so langweilig wie überflüssig und entsetzlich. Uns treibt die Neugier an, ewiger Sprengsatz. Immer was Neues entdecken müssen. Die Schriftstellerei anfangs eine Sensation wie die erste großbürgerliche oder gräfliche Möse.
Kommst du im Asyl oder in der Zweizimmerwohnung zur Welt, kannst du dich damit abfinden. Findest du dich nicht ab, verbringst du dein Leben damit, die Wände wegzuschieben, die Kaschemmen zu vergrößern bis auf Palastgröße.
Zwar entdeckst du am Ende, der Palast ist nicht sehr vom ursprünglichen Asyl unterschieden, doch das Spiel ist, alles in allem, immerhin unterhaltsam.

Samstag, Sonntag und an Wochentagen nach Feierabend trainierte er mich hinter den Ziegelscheunen. Er befahl, ich gehorchte. Rechts um links um Ganze Abteilung kehrt Hinlegen Auf marsch marsch, dann kommandierte ich, und er lief, stand still, fiel um, sprang auf und wetzte los. Ah, wir Feldherren. Jeder mit seinem Größenwahn im Tornister. Wir brüllten uns an, schrien uns heiser; hast du so was eine Zeitlang mitgemacht, kannst du dir gar nicht mehr vorstellen, daß es ohne diesen Krampf ginge. Ich bekam eine Stimme wie aus Metall, Muskeln, hart wie Eisen, und einen Blick, den ich erst lange Zeit später begriff. So bin ich durch den Scheißkrieg gekommen.
Auf dem Schuttplatz hinter den Ziegelscheunen spielten wir Soldat und General. Der Alte als General machte mich fix und fertig. Dann kam ich an die Reihe, den General zu spielen. Da war der Alte fair. Ich kommandierte ihn, bis er ebenso fix und fertig war wie ich.
Eine komische Welt, diese Oberwelt der kommandierenden Generale! Voll erhebender Gefühle. Die Kommandos gingen immer flinker von den Lippen, das Stück Scheiße, das man kommandierte, wälzte sich gehorsam. Geheimnisvolle Dinge trugen sich zu im Innern. Die grausamen Befriedigungen des Sadisten. Man lernte, ohne zu verstehen. Übte ein, wußte nicht was. Während er mich fertigmachte, lauerte ich sehnsüchtig

darauf, ihn bald fertigmachen zu dürfen. Du kannst als elendes, zitterndes, japsendes Bündel zerstört am Boden liegen; wenn du plötzlich kommandieren darfst und den andern vornimmst, bist du im Nu wiederauferstanden von der Zerstörung.
Der Alte war auf seine Weise mächtig. Die Energie, die von ihm ausging, machte Umwege, wie oft bei ganz armen Menschen, wenn sie nur wissen, was sie wollen. Das trifft dich wie ein Schlag, und du tust genau das, was er von dir erwartet.
Mich ließ er fliegen. Hatte in der Zeitung davon gelesen, daß es so was gebe. Hatte keine Ahnung, unterrichtete mich in seinem nachlässigen Brabbelton, dem Ziegelstreicherkauderwelsch, Reden wird nicht bezahlt, was soll man sich anstrengen dabei, gab's keine Pfennige, brauchte man auch nicht viel Wind zu machen. Er informierte mich, bis ich soviel wußte wie er, gar nichts eigentlich, nur daß man eben die Fliegerei bei denen lernen könne. Ohne Motor anfangs, das war auch schon Fliegen, später brachten sie Kisten mit Motor, du mußt dich einnisten, ihnen die Kenntnisse und Fähigkeiten abluchsen. Dauerte keine Ewigkeit, bis ich's raushatte, mich anmeldete. Reichsjugend, Abteilung Luft.
Mensch! trompetete er, jetzt mit Energieaufwand, laut, sah große Möglichkeiten, stell dir doch vor, du da oben! Er zeigt in den Himmel hinauf. Ich sah mich noch nicht dort oben.
So groß kannst du werden! Er hatte bestimmt einen Größenfimmel, einen Hinaufkomme-Wahn. Warum sollte ich's nicht versuchen damit? Sah mich dort oben, wohin er zeigte. Dort hinauf?
Er spuckte aus. Ich spuckte dazu. Manchmal gab's Harmonien zwischen uns. Ich glaubte in diesem Moment an ihn. Er hätte nur zu sagen brauchen: Komm auf meine Hand! Ich wär ihm auf die Hand geklettert und er mir gut genug gewesen, mich mit der bloßen Hand in den Himmel zu starten. In solchen Momenten vertraute ich ihm rückhaltlos.

Die Zeit, als die Kommandosprache hoch im Kurs stand. Was einer besitzt, zählt nichts, hält er in Reih und Glied und muß den Befehlen gehorchen, die du ihm zurufst. Innerhalb der Subordination von Militär und ähnlichen Apparaten kann ein armes Schwein sein höchstes Glück finden. Das Stück Scheiße wird, mit Sternen, Litzen, Orden behangen, zum Stück Gold. In der Jugend des Reiches trainierte man die kommenden Weltüberfälle; tat wohl, diese Kerle zu kommandieren. Mochten sie daheim die modernsten Hygieneanlagen haben, Nickelrohre, Kachelbäder, Schwenkhähne, mochte der vor der Front daheim aufs Plumpsklo im kalten Hof gehen

müssen, was zählte das in Stunden des gleichen Dienstes. Ich befahl: Hinlegen, und die feinen Bürgersöhne fielen gehorsamst vornüber. Ich befahl: Im Laufschritt marsch marsch! Und die Herren Bürgersöhne setzten sich gefügig in Trab. Ich hetzte sie, bis sie japsend schlappmachten und baten umfallen zu dürfen; insgeheim bestand ich aus nichts als Verachtung, verachtete diese Jammerlappen, verachtete mich, weil es mir so unheimlich wohl tat, ihnen zuzusetzen. Deutschland über alles und Heil Heil Heil röhrten wir, die Schwachköpfe glaubten sogar daran; ihnen fehlte die Innenansicht der Fabriken, das Schmerztraining, das man bei den auf Schmerzausteilung und Schmerzempfang abgerichteten Industrieheloten absolvierte. Da lernte ich, in jahrelanger Demütigung, jede Formel und jeden idiotischen Spruch mitzuschreien und mir insgeheim meinen Vers draufzumachen.
Die Reichsjugend, Abteilung Segelfliegen, auch das von den blödsinnigsten Redereien vernebelt — wie schön sei es hoch droben über den Wolken, wo Freiheit herrsche. Ich bin so oft wie nur möglich rauf, nachsehen, und hab kein Stück Freiheit gefunden und nicht wissen können, was das ist, Freiheit, komisches Ding, wohl den lieben Engelein gleichend, von denen im Konfirmationsunterricht verkündet wurde; das Gelichter gab es nirgendwo. Immerhin, in der Kiste mit tausend Meter Luft unterm Flügel hörte man keine Kommandos, war fern von den Gustav-Krause-Vätern; vielleicht war das eben doch die sogenannte Freiheit, machte jedenfalls Spaß, mir kams dabei, ich spürte einen Drang, als könne, müsse man jetzt denen unten auf die Köpfe scheißen.
Ich wurde ein guter Segelflieger; kein Sport war unterhaltsamer, spannender, überflüssiger, vielleicht haben Bergsteiger ähnliche Gefühle und machen ähnliche Erfahrungen, wenn sie ganz allein dem Stein gegenüberstehen, den Abgrund unter sich. Dazu die Gefahr, sich in Romantik und Kitsch zu verlieren — Fliegen wie Bergsteigen sind gefährliche, exklusive Sportarten. Wer nicht abstürzt, kommt in den Fesseln der Konvention um. Flieger werden nach einiger Zeit zu charakterlosen Angebern, Bergsteiger verkommen im billigen Abenteuertum.
Fliegen war auch nicht das Größte, immerhin besser als alles andere. Irgendwie gefiel es, andererseits kam ich mit der ganzen Deutschland-über-alles-Chose nicht ganz zu Rande. Warum eigentlich nicht! Weiß der Teufel, der braune. Der bot doch Chancen. Etwas blieb, das widersetzte sich. Ich machte mir keine besonderen Gedanken darüber, genau gesagt, gar keine. Es haute nur nicht restlos hin.
Die Zeit der Helme und Schirmmützen herrschte. Jede Einheit entwarf ihre ganz besonderen Mützen. Es gab hohe und nied-

rige, runde und ovale Mützen, welche mit Glanzschild, mit Stoffschild und Käppis, auch Schiffchen genannt, und immer mit unterschiedlichen Rangabzeichen, Litzen, Kordeln, Sternen oder sonstwas. Mützen kamen immer in Frage, Mützen waren *in* – an sich trug man Helm, aber man konnte nicht jede Minute behelmt herumlaufen, das brachte die Epoche der Mützen.
Je unwiderruflicher indes die Mützen ihre Herrschaft festigten, desto unwiderstehlicher verlangte es mich nach dem soliden, ruhigen Herrenhut. Mag sein, ich pervertierte. Kein Mensch weit und breit trat mit Hut auf, alle belächelten das Huttragen als unmögliche, kleinbürgerliche Mode. In meiner Familie, in der gesamten Sippe hatte, weiß der Donner, seit Menschengedenken keiner einen Hut besessen geschweige getragen. Was kümmerte mich das, wenn mich so danach verlangte. Was auch geschah, ich träumte von Hüten. Ob ich den Hammer in Händen hielt oder den Steuerknüppel, ich sah immerzu Hüte vor mir, ganze Hut-Armeen.

Die Flucht. Die Fluchten.
Meine Flucht. Meine Fluchten.
In der Jugend des Reiches, als ich die Weisungen Papas befolgte: Du kannst befehlen und kommandieren, mein Junge, nun paß auf, daß was wird aus dir! Das konnte ich, kommandieren, vor der Front stehen, es gab Führer und Geführte. Befehlsgeber und Befohlene. Papa befiehl, wir folgen dir. Ich meldete mich kriegsfreiwillig aus dem Krieg der Gustav-Krause-Arbeiter in den Krieg des Faschismus. Mit dem letzten Wochenlohn und den fälligen Punkten der Kleiderkarte kaufte ich mir den ersten Hut meines Lebens, dunkelblauer Filz und hochmodern. Nie trug ich eine Kopfbedeckung mit solchem Stolz. In der Zeit der Mützen und Helme hatte sich in meinen Wünschen das Symbol des Hutes kristallisiert – das war unzeitgemäß, rückständig, unpassend, doch war es der erste Hut meines Lebens.
Der Kriegsfreiwillige rückte stolz mit dem Hut auf dem Kopf ein. Zehn Meter hinter dem Kasernentor Gebrüll:
»Sie da, der Mann mit dem Hut – hinlegen!« (Sie scheißen dich per Sie an.)
Paßte ihm der hochmoderne dunkelblaue Filz nicht oder witterte er unter dem konservativen Herrentextil die widerspenstige Gesinnung, der Unteroffizier jagte den Hutträger quer über den Platz. Die Einrückenden beäugten halb ängstlich, halb schadenfroh die Darbietung.
Nein, physisch machte mir das nichts aus, ich war jung und sportlich genug, kannte die Kommandos, die vorgeschriebenen Bewegungen der Entwürdigung. Ja, auf dem Bauche sollst du

kriechen, Kniebeugen, Liegestütz, Vorwärts marsch marsch, Halt, Hinlegen, Auf, Stillgestanden, Hinlegen, Robben, Sprung auf marsch marsch, Fliegerangriff von rechts, das war mir nichts Neues, nichts Aufregendes, neu und unwiderruflich war nur mein Zustand – ich trug den Hut voller Stolz, und als der Stolz im Schweiße zerronnen war, trug ich den Hut voller Trotz, schleppte meinen Pappkoffer, wetzte meinen einzigen Zivilanzug auf dem Kasernenboden ab, zerschliß den Stoff, doch fertigmachen sollte der Herr Unteroffizier mich nicht, da hätte er mindestens einen ganzen Tag Zeit gebraucht; von Stund an, von dieser ersten Kasernenhofübung an war in mir etwas ganz und gar anders geworden, die Fortsetzung des Aufstiegs, weil einer doch so schön kommandieren konnte, erwies sich als unmöglich, und hatte ich vorher nicht gewußt, was mit mir und um mich herum geschah, von jetzt an war der gute Herr Papa, der auf meinen Aufstieg lauernde, der aufstiegssüchtige Vater zur natürlichen Größe seiner Unmaßgeblichkeit geschrumpft. Nur *einen* Feind gab es fortan für mich – den nächsten, der mir Befehle erteilte, den Vorgesetzten, dazu die gesamte Galerie von Vorgesetzten. Der Hut, sorgfältig abgebürstet, sanftes Streicheln der Innenhandfläche über zarten Filz, ging per Paket an die Heimatadresse; den Krieg sollte das gute Stück überdauern. An die Stelle des Hutes rückte der Helm, dann eine alte Russenmütze.
Sechs Jahre später heimgekehrt, verlangte ich meinen Hut, Mama sagt, und sie kann sich kaum erinnern:
»Deinen Hut – welchen Hut meinst du denn? Ach ja, ja, du, in den sind die Motten gekommen, da hab ich ihn schnell eingetauscht gegen Kartoffeln. Du weißt doch, wir hatten kaum was zu essen.«

Die Arglosigkeit der Alten und Eltern. Mamas treuherziger Blick, und warum sollte man, Hunger tut weh, einen Hut nicht in Kartoffeln umtauschen? Die Nutzlosigkeit der Hüte, ausgenommen für Motten. Für Motten war mein Hut soviel wie Kartoffeln für Mama und Papa.
Rührende Gefühle, an Mama und Papa zu denken, wie sie den Hut des Sohnes aufs Land in ein Bauernhaus tragen. Dort setzt ihn der Bauer auf, der Sohn des Bauern, eine Kuh des Bauern. In Kriegen werden alle Kühe stolz. Ging mit dem Hut nach der soldatischen auch die bürgerliche Karriere zum Teufel?
Ich beobachtete den Alten argwöhnisch. War das noch derjenige, der mich gelehrt hatte, um mich zu schlagen, nach oben zu kommen, koste es, was es wolle? Der Mann, der mir an den Hals gegangen war, seinen väterlichen Ratschlägen rechten Nachdruck zu verschaffen?

Er arbeitete in diesem Braunkohlenriesenwerk weitab im Lande, kam übers Wochenende heim, war noch gut beieinander, körperlich, bekam Sonderzulagen an Nahrungsmitteln und Textilien, verdiente gar nicht schlecht für die Verhältnisse, schien sich aber verharmlost zu haben. Waren die Lehren vergessen, die er mir eingeprügelt hatte?

Die milde Arglosigkeit seines Blicks. Oder täuschte er sie vor? Tarnte sich? Manchmal schien mir, als sei er wirklich ganz bis in die Tiefe hinein verwandelt. Eine unpassende Milde, ein rührender Gerechtigkeitssinn hatten von ihm Besitz ergriffen, wenigstens schien es mir so.

Dann wechselten sie die Wohnung und verzogen in einen Nachbarort. Jetzt wird deine Jugend erst gänzlich aufgegeben, dachte ich: das Zimmer, in dem dein Bett stand, die Straße, über die du zur Schule liefst, der Berg, den du mit dem Fahrrad hinabfuhrst. Ein Strich unter die Vergangenheit. Aus und vorbei. Ein einziges Mal bin ich zurückgekommen in die alte Wohnung, das war im Jahr darauf. Dann nie mehr.

Nie mehr. Was ist nie mehr? Nie mehr ist klein und eng. Nie mehr ist geschlossen. Läuft alles ewig im Kreis. Crimmitschau, Leipzig, Berlin, Köln, München, Frankfurt, alles klein und eng und nie mehr. Gehst zum Bahnhof, wo die Züge ankommen und abfahren, zur Autobahn, wo die Kraftwagen vorüberrasen, alles eng, klein, abgeschlossen im Kreise. Elternhäuser, Schulen, Kasernen, Fabriken, Universitäten, Krankenhäuser, Friedhöfe. Nie mehr einen Hut tragen, auf Menschen schießen, die alten Formeln hören. Vom Geländer der Brücke auf die Pleiße gespuckt, das Abwasser trägt deinen Giftspeichel flußabwärts nach Leipzig. Spuck in Spree, Rhein, Isar, Main. Abends in die Stadt gerast, immer Menschengewühl, immer Leere und drückende Schwüle und Kälte und Atemnot. Immer bimmelnde Kirchtürme, verrufene Kneipen, Ordnungspersonal. Der Vater im Hauseingang. Gesicht im Schatten, unkenntliche Gestalt, vertraute, gefürchtete Stimme: Na, hast du's geschafft? Zu was gebracht? Ja Papa, eine halbe bis eine ganze Million Käufer gefunden. Die haben meine Bücher gekauft und mich und dich. Und was nun? Und nichts weiter, Papa. Er lacht leise. Früher lachte er laut und dröhnend und selten, jetzt leise. Sie lernen hinzu, sind sie erst hinüber. Ich öffne ihm meine Brust. Er soll das Herz schlagen sehen, das er geschaffen hat. Auch nicht erste Qualität. Immerhin, ich verdanke ihm die Gymnastik, die sie Leben nennen. Immer auf und nieder und im Kreis herum. Halten wir ein, holen tief Luft, schneiden uns mehr heraus als uns zusteht an Mangelware Existenz. Hörst du deinen Schritt hohl? Richte dich auf, oben krachst du gegen die zu tief gezogene Decke, breite die Arme aus, du schlägst dem anderen gegen die Brust, vögle eine Frau, sie wollen dir den Schwanz abschneiden. Alle Größen zu klein geraten. Mann, diese innerste Wut, wenn du in kleine Küchen geboren wirst. Diese knarrenden Treppen und Hinterhofscheißhäuser, diese Buckelbeamten, lahmenden Pfennigfuchser, teuren Abwichshuren. Besoffen vor Weltanschauung, an Ideologien schwanger, Gerippe von gestern mit den Modelumpen von morgen behängt. Nun sing mal schön, hast keine schöne Stimme. Wer brummt denn da. An die Wand mit dir. Kastraten singen mit lieblich-hellen Stimmen; du mit deinen schweren Eiern. Immerzu keifende Weiber mit Notdurftmühen. Ein Kosmos voller Besorgnis. Sie strickt dir Ohrenschützer, wenn dir in den Bauch geschossn wird. Aber ich habe nichts gegen sie vorzubringen. Mein offenes Herz weitet sich aus – Platz für die Welt. Rückt mal die Scheiße etwas beiseite, ich will niederknien, hab neue Hosen an. Danach erhebe ich mich getröstet, ein guter Mensch, trabe in die Stadt der wechselnden Namen, ich chronischer Nichtbesitzer unter lauter Besitzern, Mitbesitzern, blas auf dem Kamm: summsumm – hammhamm, wer ist dran, mir in die Fresse zu hauen? Wer hält Papierbögen bereit, die ich ganz auszufüllen haben habe müssen muß zu dürfen verpflichtet bin? Ich gestehe, zuviel reine Luft zu atmen, den Nachbarn zunahezutreten, ich klau Sauerstoff, spucke Blut, scheiß in den Hut und setz ihn auf, das tut man nicht, Mensch. Oh, nein, das issn Mißverständnis. Ich preise die Schönheit, was wäre schöner als Schönheit? Ich bin mir kein Dorn im Auge, kein Splitter im Fuß, keine Angel im Schwanz, ich bin der Stimmbruch, der Rost am Messer, das Abwischpapier, bin die Fabrikharfe, bin Grind, Wiese, Erschöpfung, Kugelblitz. Ich bin der, der sich belehren lassen will, der aufpassen möchte, sich seinen Reim macht aufs Ungereimte, der den Pfennigen Unehre bereitet und den Weibern fortan die Kinder schuldig bleibt. Ihr werdet euch damit abfinden müssen, daß es uns gibt, die ihr skalpiert, als Sklaven verkauft, von Haus und Hof vertrieben, in den Kellern gefangengehalten habt. Euch wird die Lust noch vergehen, auf dem Marktplatz ist ein Stein mit Kopf und Schwert eingeritzt, ich rauche, esse, trinke, atme, ficke, liebe, hasse, verlange, ich interpretiere nicht, ich schlage zurück, ich habe Zeit dazu, keine Zeit zu haben, ich trete ab, um anzutreten, ich blas immer noch auf dem Kamm summsumm hammhamm – ich lerne in Krimis, daß die Polizei kriminell ist, und in den Nachrichtenbildern, daß die Staaten die Polizei noch übertreffen an Verbrechen und Kriminalität, ich kratz mich am Kopf, am Arsch, am Bauch, ich habe eine Bombe im Kopf, die tickt euch in den Himmel, ich geh pissen, schiebe die Vorhaut zurück und stelle eine wichtige Frage. Ich bin schwul auf meinesgleichen, esse Pferdefleisch, gebe dem Tankstellenwart ein

Trinkgeld, obwohl er Benzin nicht trinkt, sympathisiere mit unfreundlichen Kellnern, die es satt haben, zu bedienen; ich bin verärgert, werde ich unfreundlich bedient in Gaststätten. Ich rolle die Ärmel hoch, beiße mir auf die Zunge und lasse mich zwingen, das Maul voll angekautem Rumpsteak und Blut. Ich pflege meine Zahnlücken.

Ich bin in die Stadt gegangen. Ringsum auf ihren Stühlen verfetten junge aussichtsreiche Männer, verwandeln Verwalter sich ins Genialische, wird hochfliegenden Plänen die Luft abgelassen, geschehen Buchmessen und Aufstände von Schriftstellern, die nicht schreiben.

Berühmte Männer gehen vorüber und sind berühmt. Hernach ist es keiner gewesen. Ich denke nach und sage: Ich habe eine Menge Utensilien mitbekommen: gut anderthalb Zentner Fleisch & Knochen, ein Unbewußtes, immer kochend, ein Bewußtes oder ziemlich Bewußtes, nicht immer hinlänglich gekühlt, ich weiß nie genau, wo die Grenze zwischen Unbewußtem, Bewußtem und ziemlich Bewußtem verläuft. Ich bin schnell bereit, mich zu schämen, weil ich etwas gar nicht wußte, unbewußt wußte, ziemlich unbewußt oder ziemlich bewußt oder unziemlich bewußt wußte; auf alle Fälle komme ich mir oft deplaziert vor. Denn entweder sehe ich mich von lauter Dummköpfen umgeben, und dann geniert mich mein helles Licht, oder ich sehe mich von lauter hellen Lichtern umgeben, und dann geniert mich meine dunkle Unwissenheit.

Ich habe auch sonst noch einiges mitbekommen. Da ist zuerst die Seele, von der die Pfarrer in Schule und Kirche nicht müde geworden sind zu sprechen, und da ist das kleine weiche und harte Ding, das man mir mitgegeben hat von Haus aus, über das die Pfarrer in Schule und Kirche allerdings nicht zu sprechen gewillt waren, es sei denn in unanständigen Umschreibungen. Wie das so geht, von der viel beredeten Seele spüre ich herzlich wenig. Von dem vielverschwiegenen und vielumschriebenen manchmal hart, manchmal weich geratenen Ding spüre ich um so mehr. Ich find mich unendlich beschäftigt, und mein Himmel sieht ganz anders aus. Ich argwöhne, ich bin in die falsche Kirche geraten und unterschreib so unfeierlich wie möglich ein mir feierlich gereichtes Dokument, das den Austritt erklärt. Doch wohin ich mich auch wende, wenn ich in die Höhe blicke, ist immer ein Kirchendach über mir. Da verstehe ich, was es heißt: Landeskirche. Nie steht man außerhalb, der Bau ist von der Größe des Landes, und freie Willenserklärungen gestatten sie zwar, dem Schatten der Kanzel zu entrinnen aber erweist sich rein technisch als unmöglich. Die Geografie entwickelt einen Patriotismus mit der Glocke im Turm. Ich helf mir, indem ich nicht mehr nach oben blicke, es sei

denn nach Aufhebung eines Rockes und da auch nur ein Stück.
Ich hab noch andere Utensilien mitbekommen: Finger- und Fußnägel zum Verschneiden, Schweißgeruch unter der Achsel, einen Schatten sowie zwei Namen, für lebenslange Beschäftigung ist gesorgt.
Ich entwickle Vorlieben für Wein, Bier und andere Techniken nahrhafter Betäubung in kleinen Quanten. Meinen Kindern gewöhne ich ab, mich Vater zu rufen, weil ich nicht liebe, immerzu an die fehlenden Sicherheiten des menschlichen Lebens erinnert zu werden. Meinen Eltern habe ich schon früh untersagt, mich Sohn zu nennen, weil es mir, bei nüchterner Betrachtung der Sachlage, einfach unvorstellbar scheint, von diesen Leuten abzustammen. Ich habe nichts gegen meine Eltern, ausgenommen, daß sie mich Sohn nennen. Diese Gitterstäbe mag ich nicht. Am liebsten möchte ich von gar niemandem abstammen, so daß sich daraus auch keine Rechtsansprüche herleiten ließen. Ich verzeihe meinen Eltern nicht, daß sie mich verunmündigt haben. Ich erkläre: Was ich wünsche, wäre: Dem Schoß meines Weibes sollen die seligen Ahnen entspringen: Großväter, Großmütter beider Seiten, Vater und Mutter und Mutter und Vater, wie süß ist die Rache, grün und blau hau ich sie, und dann zurück in den Backofen.
(So dachte und redete ich in meiner anarchistischen Periode. Ich habe sie inzwischen hinter mich gebracht, so hoffe ich mit einigem Bedauern.)

3. Kapitel

Die Last auf deinem Rücken

Der Oberwachtmeister ging zurück in die Dienststelle, ich sah ihm nach und stellte fest, daß er O-Beine hatte und ganz komisch lief.

»So was«, sagte der Beifahrer, »sie hätten ihn ja auch nach Berlin bringen können oder nach Hamburg, wenn sie einmal dabei sind.«

»Oder nach China«, sagte ich.

»Oder nach Honolulu«, sagte der Fahrer, Herr Mittag. Er fuhr mit einem Ruck an, und die Schuhe mit den Sohlen aus Autogummi fielen mir auf die Füße. Ich bückte mich und hob sie auf und packte sie zu den anderen Sachen neben mir auf die Bank.

Wir waren eine gute halbe Stunde gefahren, als das linke Hinterrad Luft ließ. Wir standen auf einer geteerten Landstraße, fünfzig Meter hinter einem Gasthaus. Während der Fahrer und der Beifahrer das Rad auswechselten, ging ich zu der Gaststätte und bestellte ein Bier. Ich war der einzige Gast, und die Wirtin, eine alte Frau mit häßlichem, dürrem Gesicht, murmelte böse vor sich hin, während sie den Bierhahn bediente. Kaum hatte sie das Glas fertig, als sie es wieder auf die Theke stellte und ohne Bier an meinen Tisch kam. Sie blieb ganz nahe vor mir stehen und sagte: »Sie sind von dem Wagen?«

Ich nickte.

»Gehen Sie, Sie kriegen nichts.«

»Ich habe aber Durst.«

»Und wenn Sie verdursten, bei mir kriegen Sie nichts.«

Ich stand auf. Vor der Tür blieb ich stehen.

»Ich gehe also, und Sie geben mir nichts zu trinken!«

»Nein.«

»Dann fahre ich Ihnen jetzt den Wagen vors Haus, und da bleibt er stehen, bis Sie mir zu trinken geben, und wenn ich eine ganze Woche hier zubringen muß.« Ich ging hinaus. Sie eilte mir nach.

»Junger Herr«, sagte sie, »ich habe ja nichts gegen Sie, aber mit dem Wagen, das bringt bloß Unglück, Sie wünschen mir doch bestimmt kein Unglück, nicht wahr?«

»Doch«, sagte ich.

»Was?« sagte sie.

»Ich wünsche Ihnen Unglück«, sagte ich, »ich wünsche dir Unglück, du verdammte vertrocknete Vettel, und ich wünsche dich in die heißeste Hölle und dann jemanden, der dir Bier vor die Nase hält, und immer, wenn du trinken willst, sollen sie dir Feuer unterm Rock machen.«

Sie schimpfte wütend hinter mir her, aber ich hatte gar keinen Durst mehr, und als ich zum Wagen kam, waren sie fertig. Hinter dem nächsten Ort war eine Tankstelle, und wir hielten an. Der Tankstellenmann war ein riesiger Kerl mit pfennig-großen Sommersprossen im Gesicht. Er sagte, es sei wenig Betrieb, und außerdem führen nur ganz wenige Wagen im Ort, weil es mit der Benzinzuteilung so schlecht stehe. Er habe an manchen Tagen überhaupt nichts zu tun. Heute sei am frühen Morgen ein Pkw bei ihm gewesen. Das sei aber gut so, denn wenn ein Leichenwagen als erster am Tage angefahren komme, so bedeute das nichts Gutes.

»Du bist ganz schön abergläubisch«, sagte der Beifahrer und spuckte spöttisch auf den Betonfußboden.

»Das schon«, sagte der Tankstellenmann. Er pumpte Benzin in den Tank und nahm die Marken und wischte sich umständlich die Hände sauber. Dann gingen der Fahrer und der Tankstellenmann ins Innere des kleinen Häuschens. Als sie wieder herauskamen, lachte Herr Mittag und sagte zu mir:

»Haben Sie was dagegen, wenn wir den mitnehmen?«

»Nein.«

Der Tankstellenmann räumte Trichter und Eimer fort, schloß ein paar Türen und Fächer ab und stieg ein. Ich mußte Papas nachgelassene Sachen zusammenschieben, und da der Tankstellenmann sehr breit war, mußte er einiges herunternehmen.

Wir fuhren ein Stück, und dann fragte der Tankstellenmann:

»Wen holt ihr denn eigentlich?«

Ich betrachtete die Schuhe, die ich für den Alten gerichtet hatte (er besohlte seine Arbeitsschuhe stets selbst, ich hatte ihm zeigen wollen, daß ich es auch könne), antwortete: »Einen Mann, der umsonst gelebt hat.«

Der Tankstellenmann schien die Auskunft gut zu finden. Er sah aus dem Wagenfenster und nickte ein paarmal. Dann wandte er sich wieder an mich:

»Woraus schließen Sie das?«

Ich werde dir was geben, dachte ich. Ich sagte geradehin: »Weil er mich in die Welt gesetzt hat.«

Aber der andere war schnell. »Und sonst nichts?« fragte er.

Ich verneinte. »Das ist wenig«, sagte der Tankstellenmann, »das ist auf alle Fälle zu wenig«.

»Das ist viel zu wenig«, sagte ich.

»Zu wenig, zu wenig.« Der Tankstellenmann sagte es noch ein paarmal überzeugt vor sich hin.

»Und Sie?« sagte ich, »was tun Sie sonst noch?«
»Ehrlich bin ich«, sagte der Tankstellenmann.
»Was sind Sie?«
»Ehrlich.«
»Ach so«, sagte ich, »ich verstehe.«
Wir fuhren über eine ungepflegte, schlaglöcherige Landstraße. Der Wagen schlängelte sich unter Herrn Mittags Händen zwischen den gröbsten Stellen hindurch, aber er schaukelte und ruckte dabei ganz aufgebracht.
»Glauben Sie an ein Nachleben?« fragte der Tankstellenmann.
»An was?« fragte ich.
»An ein Leben nach dem Tode.«
»Glauben Sie daran?«
»Manchmal ja, manchmal nein. Es ist kompliziert.«
»So ist es«, sagte ich.
»Schön wär's ja«, sagte der Tankstellenmann. »Wenn ich es so bedenke, ein ewiges Leben und keine Sorgen, mein Gott, kein Geruch, nicht mal von schlechtem Benzin, keine Steuern, kein Krach, keine Ehescheidungen, kein –«
»Sind Sie geschieden?«
»Man kann es so nennen. Aber Sie müssen zugeben, ein Nachleben hat viel für sich.« »Gewiß«, gab ich zu und stellte mir vor, was der Alte jetzt wohl anstellen mochte da oben im Himmel, vielleicht fiel er gerade über den lieben Gott her und würgte ihn, damit er künftig immer wachsam sei und auf der Hut vor Angriffen und Überfällen. Es kam nur darauf an, was einer glaubte. Der Vater glaubte nichts und ginge nicht in den Himmel ein und nicht in die Hölle und würde bald hinter uns im Laderaum in seinem Sarg liegen und blöd und stumpf gegen den Sargdeckel starren. Ausgeschlachtet hatten sie ihn, zur Absicherung gegen eventuelle Ansprüche Hinterbliebener. Nun käme die Sache mit dem Friedhof und der Verbrennung. Das geht immer recht feierlich zu. Kaum ist einer abgekratzt, haben die Hinterbliebenen mit den Festlichkeiten zu tun. Es würde bei uns aber leise und ohne großen Aufwand geschehen, auch kein Pastor käme hinzu, der Schaden und die Aufregung hielten sich in Grenzen.
Der Motor brummt angestrengt. Die Männer im Wagen schweigen. Die Fahrt schläfert das Bewußtsein ein, die aufblühenden Sinne verschlingen sich, ich bin der Sohn, der seinen Vater auf dem Rücken über die Straßen hinschleppt. Schwer ist der Alte, bleischwer, niederdrückend, das Gewicht läßt mich in den Boden einbrechen, Eiseskälte dringt durch meinen Rücken, die Knochen stoßen spitz in mein Fleisch, der tote Alte scheint aus Stein zu sein und von Stacheldraht umschlungen. Irgendwo werde ich die Last absetzen müssen.

Am Morgen führte man einen jungen Soldaten vor unsere Kompanie. Kommandos fielen. Die Kompanie erstarrte. Der Hauptfeldwebel verlas das Urteil des Militärgerichts, wonach der Soldat-Kamerad, der, mit Stahlhelm, in etwas nachlässiger Haltung vor der Front stand, wegen fortgesetzter Gehorsamsverweigerung und tätlichen Widerstands gegen Vorgesetzte zu einer hohen Freiheitsstrafe verurteilt wurde.
Das Urteil war verlesen, man erwartete das Kommando »Rührt Euch!«, und als es kam, geschah das Unfaßbare, der Verurteilte griff, als gelte das Kommando ihm, unter seinen Stahlhelmriemen, riß ihn vom Kinn weg nach vorn und schmetterte den Stahlhelm auf das Kasernenhofpflaster. In das blecherne Helmscheppern klang das Stöhnen der gesamten Kompanie. Nach einem Moment fassungslosen Staunens, da alle den Weltuntergang erwarteten, zog der Hauptfeldwebel die Pistole, packte den Widerspenstigen am Arm und brachte ihn eilends weg.
Das Exempel, als Einschüchterungsritual der Rekrutenkompanie gedacht, war mißlungen, das Bild einer Bestrafung, unter der der Bestrafte zusammenbricht, in das Bild einer ganz bewußten Widerstandsgeste verwandelt. Über drei Monate hindurch waren alle Ausbilder fleißig bemüht gewesen, uns, den siebzehn- und achtzehnjährigen Soldatennachschub abzurichten. Wir waren entrechtet. Vom frühen Wecken bis zum späten Zapfenstreich und oft auch nachts in Alarmübungen und allerlei Maskenbällen, wie die sadistischen Eskapaden der Unterführer hießen, in all diesen Unterdrückungen sollten wir nichts mehr sein — und auch das sagte man uns freundlich ins Gesicht — als »ein einziger Haufen stinkender Scheiße«. So drillte Deutschland seine Helden, bis sie von sich das Bewußtsein hatten, Schlachtvieh zu sein, eine durchaus richtige, der Lage entsprechende, gesunde Einschätzung.
Nicht alle hielten die Ausbildung durch. Zwei erschossen sich. Einer beging Fahnenflucht. Wie viele zusammenbrachen und ins Lazarett eingeliefert wurden, weiß ich nicht. Öfter mußten welche wegtransportiert werden. Tagelang ist in der Kompanie über den Vorgang beim Strafzeremoniell geredet worden. Zwar wagte niemand, den Verurteilten zu verteidigen, aber seine offene Widersetzlichkeit hatte beeindruckt, auch war jedem klar, mit welchem Vorbedacht der Verurteilte gehandelt hatte, indem er seinen Stahlhelm genau in dem Moment fortwarf, als das Kommando »Rührt Euch!« kam. Eine hohe Kunst der Regie. Die Handlung war auf die sklavische Disziplin der Ausbildungskompanie zugeschnitten, wo das ausbildende Stammpersonal mit den Mitteln verstärkten disziplinarischen Terrors die jungen Rekruten fertigmachte und jeder Rekrut, ist »Stillgestanden!« befohlen, starr geradeausblickt.

Vielleicht hätten einige wenige beim Scheppern des Stahlhelms rasch einen Seitenblick aus den Augenwinkeln gewagt, die Mehrzahl aber wäre mumienhaft leblos stehengeblieben und hätte aus lauter Angst nichts wahrgenommen. So aber, da der Stahlhelm in das Kommando »Rührt Euch!« geworfen wurde, blickten alle Rekruten, während sie den linken Fuß vorsetzten, auf den Soldaten, der ihnen das Unglaubliche vorexerzierte.
Der Anschauungsunterricht war perfekt. Die Wut, mit der der Spieß die 08 aus der Ledertasche zog und den Soldaten abführte, zeigte, daß die Geste auch da verstanden worden war.
In den nächsten Tagen ging eine Orgie von Schleiferei auf die Kompanie nieder. Die Ausbilder suchten den starken Eindruck, den wir empfangen hatten, vergessen zu machen, indem sie die Rekruten physisch zerbrachen. Die meisten konnten sich kaum noch auf den Beinen halten.
Ich wurde nach dem Vorfall zur Wache eingeteilt und hatte Gelegenheit, mit dem Verurteilten, der erst Tage später weggebracht wurde und solange in einer der Haftzellen unter dem Wachlokal saß, einige Worte zu wechseln. Das erste Mal, als ich ihm die Tagesration Brot und den Morgenkaffee gab, fragte er mich: »Na, hat es dir gefallen?«
In meiner Verwirrung und auch, weil der wachhabende Unteroffizier vor der Tür stand, antwortete ich nicht. Am Abend hatte ich die Schlafdecke in die Zelle zu reichen, wobei ich ihm zuflüsterte: »Es war großartig, aber du wirst dafür ins Gras beißen müssen!«
Er grinste.
Später brachte man den Häftling weg ins Militärgefängnis. Die Ausbilder hatten ganz offensichtlich Befehl bekommen, uns den Gedanken, das Militärgefängnis sei besser als der Heldentod an der Front, auszutreiben. Sie versicherten immer wieder, im Militärgefängnis sei das Leben die Hölle, auch werde der Häftling in Strafeinheiten verheizt. Womit die Herren Vorgesetzten so unrecht nicht hatten, und genau dies war es, was mir zu schaffen machte und weshalb ich den Fall noch heute für bedeutsam halte.
Der Stellenwert ist im großen Zusammenhang des Krieges ziemlich niedrig anzusetzen. In Relation zu den Kriegsvorgängen bleibt das demonstrative Herunterreißen eines Helms vor versammelter Mannschaft geradezu lächerlich geringfügig.
Von Bedeutung wäre eine solche Tat nur, wenn sich gravierende Folgen einstellten oder die Handlung symptomatisch wäre, Teil und Ausdruck allgemeiner Situation.
Von hier aus ließe sich dann auf umfassende Kriegsmüdigkeit oder die Bereitschaft zur Gehorsamsverweigerung und Meuterei schließen. Doch dem war nicht so, auch stellten sich keine größeren Folgen ein. Der Mann, der die Kette seiner einzelnen

Gehorsamsverweigerungen mit einem letzten symbolischen Akt abschloß, stellte nur sich selbst dar und blieb auch auf eine geradezu symbolische Weise allein. Insofern hatte das Ganze keine Bedeutung.
Wenige Wochen später kamen wir Rekruten an die Front. Aber hatte die Verweigerung in den Soldaten nicht doch eine Spur hinterlassen? Ich halte es für möglich, ja wahrscheinlich, daß die meisten die Szene bald vergaßen. Ich selbst habe von dem Vorgang einen Eindruck erhalten, wie man ihn nur in frühester Jugend empfängt, wenn man ihn so erstmalig wie einmalig empfindet und von ihm geprägt wird. Der fortgeschleuderte Helm am frühen Morgen auf jenem belgischen Kasernenhof war eine Handlung, die ich selbst gern begangen hätte, die zu begehen ich nicht den Mut fand, ja, die für möglich zu halten ich nicht einmal Vorstellungskraft genug besessen hatte. Zwar hatte sich während der Rekrutenschleiferei eine ungeheure Wut angesammelt, aber ich hatte nie eine noch so geringe Chance gesehen, mich zur Wehr zu setzen. Erst in der verweigerten Hinnahme des Strafritus war mir demonstriert worden, daß der Gehorsam aufkündbar sei.
Mit der Demonstration der Möglichkeit stellte sich zugleich deren Fähigkeit dar. Welchen Nutzen hatte eine solche Tat?

Nach Fanon-Lektüre: Es gibt immer nur eine Entscheidung, entweder für die Oberen oder für die Revolution.
Dazwischen liegen Pausen. Zeiträume der Geschichte oder des menschlichen Lebens, in denen die Entscheidung materiell, aus den gegebenen Bedingungen heraus unmöglich ist. Was kann ich in den Pausen tun? Meine eigene Lösung: Bücher schreiben. Die Revolution in den Kopf zurücknehmen, aus dem sie gekommen ist. Dort schützen, aufbewahren, für neue Gelegenheiten trainieren. Resignation: meine individuelle Weise, auch meine persönliche Lächerlichkeit: Solange ich imstand war, revolutionär zu sein, ergab sich keine materielle Gelegenheit dazu. Es herrschten reaktionäre, konforme Zustände und Personen. Als die Verhältnisse sich revolutionierten, sah ich mich aus dem Kampf genommen.

Der Mensch beginnt erst, wenn er anfängt, Fragen zu stellen. Die Gesellschaft will Fragen gar nicht erst aufkommen lassen. Die Bildung, die die Massen erhalten, macht sie stumpf. Elternhaus, Schule, Kaserne und Betrieb anonymisieren den Menschen. Die Demonstration der Gehorsamsaufkündigung durch einen einzigen jungen Soldaten beeindruckte mich nachhaltig, gerade weil der Eindruck bei den anderen nicht nachhaltig zu sein schien. Warum gehorchen wir eigentlich? fragte ich mich. Das war eine seltsame, unabweisbare Frage, die ich fortan täglich neu stellte: Warum gehorchst du? Die Frage schien sich niemand zu stellen. Je mehr ich darüber nachdachte, desto weniger verstand ich, weshalb sonst keiner darüber nachdachte. Man gehorchte einfach, basta. Da gab es nichts zu überlegen.

Gleich zu Beginn eines stundenlangen Trommelfeuers wurde der zweite Mann in meinem Schützenloch verwundet. Von da an bis zum Abend rief er fortwährend die Mutter Gottes an. Kurze Zeit später bekam ich ein äußerst schmerzhaftes Eisen ab. Mein erster Gedanke war: Hoffentlich ist der Knochen nicht hin. Ich bewegte die Hand, die Finger, den Arm. Es tat scheußlich weh, funktionierte aber. Mein zweiter Gedanke war: Ein herrlicher Heimatschuß; jetzt schnellstens Mücke gemacht, daß es dich nicht noch mehr erwischt.

Im Lazarett in Meran. Wenn ich heute zurückdenke, verstehe ich, daß es sich um die entscheidende Phase des Absprungs handelte. Freilich fiel mir das leichter als anderen. Ich war schon von Haus aus nicht kirchlich erzogen worden. Viel Tradition galt es nicht abzulegen. Das Gewicht der Vorurteile, das ich abzuschütteln hatte, war gering. Meinen Eltern blieb die Kirche so fremd wie mir. Ich war nie mit dem Postulat und den Mythen des Glaubenmüssens belastet.

Die heiligen Feste der Arglosigkeit. Alle gehen einem an den Hals, auch der Alte geht einem an den Hals, du mußt stets auf der Hut sein, anders als mit Frauen und Mädchen.

Kein Rest Heimtücke und Feindschaft, kein Gedanke, keine Gelegenheit für Hinterhältigkeiten, du ganz bei ihnen, sie ganz bei dir, du hältst ihre Brüste in Händen, hast sie aufgespießt, sie umschließen dich, du könntest die Kehlen ihnen zudrücken, wär' noch ein Rest normales Leben und Feindschaft in dir; in so 'ner Zeit ist eitel Freude und Wohlgefallen.

Danach sind sie wie vorher, Weiber von Krämern, Generalen, Handelsvertretern, Schullehrern, Politikern, Wissenschaftlern, Geldbesitzern oder selbst Geldbesitzerin, Lehrerin, Krämerin. Danach kannst du nicht genug auf der Hut sein. Solange du ihnen aber einen einschenkst, hast du sie unter Kontrolle. Die alte Ordnung geht zum Teufel, spuckst du der Oberklasse in die herrschende Vagina.

Du wirst fortwährend beschissen und versuchst es immer wieder. Ganz innen drinnen steckt ein kleiner Heiliger, der dich zwingt, das Gute zu tun. Das dauert seine Zeit, bis du den abtötest und abtreibst. Oder er kommt nie ganz heraus, steckt dir bis ans Lebensende im Bauch und treibt sein Unwesen. Ich hab es einmal mit einem Manne versucht und er mit mir. Das war im Frühjahr, ein Jahr nach Kriegsende, als der Optimismus grünte. Ich hatte das Lagerleben gründlich satt und beschloß still, heimzukehren nach Deutschland. Am Abend fasse ich den Entschluß, am Morgen habe ich eine dicke Arschbacke. Tagsüber bei der Arbeit schwillt die Backe an. Ich kann kaum laufen. Erklimme, ins Lager gelangt, mit Mühe die Pritsche, leg mich auf den Bauch. Am Morgen hängt ein großer Kürbis hintendran. Der Sani tippt mit dem Finger drauf. Ich geh in die Luft. Der Arzt sticht mit dem Messer rein, ptsch, es tut wohl, die halten Nierenschalen drunter, zweieinhalb voll Eiter und Blut.

Drei Tage Revier. Die Wunde heilt langsam. Im Bett ist einem die linke Backe geschwollen wie mir die rechte, der parliert flott russisch, gehört zu den Begünstigten mit Felljacke und Pelzmütze.

»Wie lange bist du schon stillgelegt?«

Ich denke, er erkundigt sich nach der Eitergeschwulst.

»Vor vier Tagen begann es zu schmerzen.«

»Wie lange bist du in Gefangenschaft, meine ich.«

Jetzt drückt er sich deutlicher aus. Ich gebe Bescheid.

»Ins zweite volle Jahr gehst du im Sommer? Das tut langsam weh, wie?«

Als er das so sagt, merke ich's erst wieder richtig. Die Sorge um die Geschwulst hat mich ganz vergessen lassen, daß ich abhauen will. Erfahre, der gute Nachbar ist schon seit 1942 gefangen. Überläufer aus Überzeugung. Wie das? Auskunft: Der Vater linker Intellektueller. Bekannter Jurist der Weimarer Zeit. Der Sohn aus Opposition gegenüber dem Elternhaus zur Hitler-Jugend, dann Partei. An der Universität Auseinandersetzungen. Unterbrechung des Studiums. Luftwaffe. Nach Ernennung zum Leutnant, inzwischen hat 1933 stattgefunden, Beurlaubung zur Fortführung des Studiums. Jetzt ereignete sich irgendwas, der frischgebackene Flugzeugführer und Offizier beginnt querzuliegen. Bevor sich das ganz entwickelt, kommt der Kriegsbeginn dazwischen. Taubahn, der Jagdflieger, ist in Polen und Frankreich dabei, wird Oberleutnant, hat die beiden EKs, startet am ersten Tag des Rußland-Feldzugs, landet bei den Russen, wird verprügelt, vernommen, überschwenglich gefeiert – einer der ersten Deserteure der Wehrmacht, läßt das nicht hoffen? Man fliegt den Oberleutnant nach Moskau, die sowjetische Presse stellt ihn groß heraus. Der junge Offizier geht auf Propaganda-Tournee durchs Land. Sie stellen ihn vor, den Towarischtsch Oberleutnant, die deutschen Armeen dringen weiter nach Rußland, der Gefeierte findet sich in einer Zelle wieder als Gefangener. Danach ins Arbeitslager nach Sibirien. Später in Moskau ein Lehrgang und in die Lager der gefangenen Stalingradler. Gründung, Aufstieg und Abstieg des Nationalkomitee Freies Deutschland. Taubahn steigt auf und ab, hat eine Wohnung in Mos-

kau und einen unanfechtbaren Propusk, der ihm alle Rechte freier Sowjetbürger verschafft; im Sommer 1945 verhaftet man den alten Hasen zum er weiß nicht wie vielten Male, jetzt geht's in die weißruthenischen Gefangenenlager, bis er vor wenigen Wochen hier in Minsk landete und mir am Abend gesteht, er habe es endgültig satt.
Wir beschließen, gemeinsam die Heimreise anzutreten.
Der Herr Oberleutnant hat die schmächtige Gestalt eines Jockeys und das schmale Gesicht eines von Stiefeltern kurzgehaltenen, mißhandelten Schuljungen; außerdem hat er einen Tick. In der langen Zeit der Gefangenschaft, oft allein, immer unter wechselnden Verhältnissen, hat er den Marxismus zu studieren begonnen. Der frühere Streit mit dem Vater sitzt ihm mit Widerhaken in Kehle und Gewissen. Immer beginnt er von seinem Alten zu faseln, immer wieder schweift er ab in die Lehrbuchweisheiten der Marx und Engels.
»Wenn du soviel vom Marxismus hältst, warum bleibst du dann nicht hier im Lande deiner großen Klassiker?«
»Die Russen sind keine Marxisten, der Marxismus kann nur in Deutschland was werden.«
Er entwickelt seine Theorie vom Sozialismus, der sich in der von der Roten Armee besetzten Zone verwirklichen müsse. Er hat die Vorstellung, die deutschen Genossen würden ihn, den von den Sowjets Ausgebüxten, in Ehren aufnehmen und mit »Rot Front« begrüßen, so wie er es aus dem Umgang seines Vaters mit den Genossen erinnert.
Soll ich mit dem Genossen Taubahn abhauen? Der Mann wird vom Wachpersonal zuvorkommend behandelt, der Lagerkommandant erscheint an seinem Krankenbett und schleppt eine Flasche Wodka sowie zwei schwere Brote herbei, auch bei der deutschen Lagerbürokratie hat Taubahn Vergünstigungen. Zu den nicht gerade unwichtigsten zählt, daß wir beide zwei Wochen im Krankenrevier bleiben und uns rausfüttern können, eine gute Voraussetzung für die beabsichtigte Flucht.
Mein größter Versucher und Feind ist meine geradezu unsterbliche Naivität. Genosse Taubahn, mein Bruder.
Kein Zweifel, wir glaubten frisch und fromm an das Gute im Menschen, sofern wir ihm nicht tödlich mißtrauten. In den abendlichen Krankenlagergesprächen richteten wir eine marxistische Welt der Klassenlosigkeit ein. Mit vielen schönen und ausgeklügelten Gedanken bereiteten wir unsere Flucht vor, und mehr aus Zufall als aus nüchterner Überlegung schafften wir Proviant beiseite, von dem wir leben wollten bei der Flucht. Später, als sie uns ergriffen, zusammenschlugen, ins Lager zurückschleppten, Taubahn mit Gewehrkolben totprügelten (wie hatten sie ihn gemocht, wie nahe hatte er ihnen gestanden, also waren sie von ihm mehr enttäuscht als von

mir, weshalb sie ihn umbrachten, mich nur schwer verletzten; so fein unterscheiden Soldaten im Blutrausch), während dieser Vorgänge also und auch danach habe ich mich immer wieder gefragt, wie wir uns überhaupt auf ein so aussichtsloses Abenteuer einlassen konnten. Wußten wir nicht genau, was uns bevorstand? Waren nicht alle zurückgebracht worden, leblos meist, am Lagertor zur Besichtigung und Warnung niedergelegt? Und wenn sie noch lebten, wurden sie in eine Hütte gesperrt, aus der hörte man sie betteln und stöhnen; selten überlebte einer, wir wußten das und gingen trotzdem stiften. Woran kann's liegen, wenn nicht an unserer Naivität?

Wenn wir Bett an Bett Fluchtpläne schmiedeten, verrieten wir uns mit einem Wort oder Blick oder Atemzug, und wenn einer sich verraten hatte und unwillentlich durchblicken ließ, wie wenig er im Grunde seines Herzens vom geplanten Ausbruch hielt, für wie gering er die Chancen einschätzte, war der andere gleich bemüht, die Resignation vergessen zu machen. Im Inneren glaubten wir nicht ans Gelingen. Was wir uns gegenseitig anvertrauten, war weniger durch seinen Inhalt und sein Ziel wichtig als durch die Art der Offenheit, in der wir es taten. Also mußte man das Abenteuer auf sich nehmen.

Selbst wenn wir nur wenige Stunden *draußen* waren, reichte diese kurze Zeit schon aus, weil es galt, die Tragfähigkeit unserer heimlichen Sympathien und Gespräche zu erproben.

Daß der eine die Erprobung einer Männerfreundschaft mit seinem Leben bezahlte und der andere mit lang anhaltenden Schmerzen, bleibt demgegenüber geringfügig. So sehr ich wünschte, Taubahn hätte leben bleiben können, so wenig kann ich unseren damaligen Entschluß bedauern oder bereuen. Jeder gerät einmal in eine Situation, in der er sich nur grundsätzlich dafür oder dagegen entscheiden kann; und da ich Taubahn mochte, konnte ich nicht gegen ihn entscheiden.

Ich bin später noch oft auf diese treuherzige Weise in mein Unglück gerannt. Doch kann man sich solche Freundesdienste nicht in alle Ewigkeit leisten. Also entschloß ich mich endlich, um nicht mehr aus purer Sympathie mit jemandem den Kopf gegen die Wand zu rennen, der Sympathie zu entsagen. Die Stelle der freundschaftlichen Naivität nimmt seither das Mißtrauen ein, das vor Freundschaften bewahrt und uns mit den Jahren erfahrener und vernünftiger werden läßt, das heißt häßlicher und weniger menschlich. Schaden mache klug, heißt es. Der Kopf überwindet den Bauch. Was der Bauch mochte, hält dir der Kopf nun fern. Fortan wirst du leben ohne Freunde, ohne Sympathie und Liebe. Du bist endlich erwachsen geworden.

Wer seinem Herrn entläuft, gibt ihm das Recht, ihn einzufangen und zu ermorden. Der Mord an wiedergefangenen Ent-

laufenen ist straffrei, denn er heiligt das Recht. Die jungen Soldaten mit den rotwangigen Unschuldsgesichtern schlugen uns nieder, als die Distanz zwischen ihnen und uns auf Armlänge geschrumpft war, und brachten die Beute ins Lager ein. Wer es wagt, die Herrschaft zu beleidigen, wer sich ungebührlich abwendet von ihr und die Regeln des menschlichen Anstands verletzt, erhält die geziemende Antwort mit Fäusten, Gewehrkolben, Bajonetten. Alle acht Stunden löste die Lagerwache sich ab; jeder Wachmannschaft stand das Recht zu, sich einmal für die Beleidigungen schadlos zu halten. Man einigte sich darauf, gleich zu Anfang anzutreten. Hatte der neue Wachhabende dem alten die Papiere übergeben, waren die Zweierstreifen aufgezogen, erschien schon der Dreiertrupp und führte uns ins Freie zur Wasserpumpe.
Am Pumpschwengel stand ein kräftiger Soldat mit nacktem Oberkörper bereit, ein halbes Dutzend anderer eilte uns auf halbem Wege lachend entgegen. In den offenen ehrlichen Gesichern der jungen Männer feierte die Mordlust Triumphe, und unser Blut leuchtete ihnen voran, doch war ihnen strengstens untersagt zu schießen oder tief zuzustechen. Mit bloßen Fäusten und Kolben hatten sie die ihnen zugefügte Schmach zu rächen, die Fahne Rot verhüllte unseren Blick, es sprudelte aus Kopfschwarte, Stirnhaut, Nase, Mund und Ohren, das Prasseln und dumpfe Aufprallen klang wie ferne Kanonenschüsse, wir fielen und fielen, und wischte ein mitleidiger Schlag das Blut vom Auge, erkannte ich den kräftigen Bauernburschen, der am Brunnenschwengel emsig sich abmühte; dann schmetterte es die beiden Körper, wer wußte, welcher Leib wem gehörte und welcher Schmerz welchem Leib zuzuzählen sein mochte, in die eisige Kälte des Wasserstrahls, der armdick dem Rohr entsprang, den blutenden Fleischpartien kenntliche Formen zurückgebend; wie weiß und blaß die Haut aufscheint, spült Wasser die Sprudelbäche Blut fort. Eiswasser aus der Tiefe der Erde geholt und mit frischen Platzwunden vereinigt, nie war der Wille zu überleben so frisch und deutlich, Wasser salzt das Leben auf.
Unterm Pumpenstrahl liegend, auf dem Rücken, wenn es endlich gelang, die Augen zu öffnen und unter den von Schlägen aufgeschwollenen Wülsten hervorzublicken, sah man die Runde beleidigter, geschmähter, im tiefsten Innern verletzter Soldaten; schweigend umstanden sie einen, und ihre Stiefel dampften, ihre Fäuste glänzten im Sonnenlicht. Unser Blut zierte ihre Knöchel, die Spitzen ihrer Stiefel und klobigen Absätze, das siegreiche, glatte, kalte Holz der Gewehrkolben.
Jetzt, da die Soldaten befriedigt einhielten, lag ein Ausdruck sonnigen Glücks über den erschöpften, unschuldigen Gesichtern, die Kameradschaftlichkeit der beleidigten Folterer mit den

gestraften Beleidigern war es, die ihnen einzuhalten gebot. Unterm kühlen Pumpenstrahl ruhend, zum bewußten Leben zurückgebracht, erhielten wir das Geschenk achtstündiger Lebensverlängerung, bis die nächste Wache bereitstand, ihr Mütchen zu kühlen und ihren getarnten Seelen den tiefen Frieden der Rache zu schenken.
Ich habe in meiner frühen Kindheit für die Großmutter im Dorfe G. oft Wasser von der Pumpe geholt. Sie hatten mir einen kleinen Eimer gekauft, den ich gut tragen konnte. Damals, wenn ich in langsamen, ausholenden Schöpfbewegungen hinter dem gußeisernen Ungetüm stand und zusah, wie das Wasser brausend und schäumend den Eimer füllte, überkam es mich seltsam. Es war, als ob ich Angst empfände. Taubahn ist unterm Pumpenstrahl nicht wieder aufgewacht. Da haben sie aufgehört, sich an ihm zu ergötzen.
Habe gelernt, den Buckel hinzuhalten und Schläge schweigend entgegenzunehmen. Habe gelernt, mich nicht schuldig zu fühlen. Mag der Himmel einstürzen, der Erdball bersten.
Wer sich nicht schuldig fühlt, muß sich nicht rechtfertigen. Hat man lange genug die Prügel der anderen kassiert, beginnt die Erde unter den Füßen zu tanzen, in der Luft bereitet sich was vor, man hat das gute Gefühl, Zeuge eines Weltuntergangs zu werden.
Ich bin gegen den Staat, gegen jeden Staat. Es kommt immer nur darauf an, genügend wirkliche Revolutionäre dabei zu haben, die gegen jeden Staat sind und ihn intelligent genug sabotieren.
Ich habe das in den vergangenen Jahren nie gewußt. Oder ich gab mir redliche Mühe, es nicht zu deutlich zu wissen, und wenn ich es jetzt laut sage, so deshalb, weil ich aus der politischen Bewegung herausgefallen bin. Tatsache, ich bin wirklich herausgefallen und liege am Rande, das hat seine Nachteile und Vorteile, jedenfalls sehe ich nicht mehr den allergeringsten Grund, an Entschuldigungen zu feilen. Ich kann mich auf keine Taktik und keine Strategie herausargumentieren und muß nun versuchen, alles so genau wie nur möglich zu sagen.
Wie schwer das fällt, hat man ein ganzes Leben lang sich an Tarnungen und Deckungen gewöhnen müssen! Die Deckung ist dir zur zweiten Haut geworden, zur wirklichen Natur, jetzt ist alles anders, jetzt, wenn du ein Schriftsteller sein willst, mußt du dich verhören wie ein Polizeikommissar den Täter. Gib dir kein Pardon! Übe nicht die geringste Nachsicht! Ertappe dich bei jeder Abweichung! Du hast die Möglichkeit des unnachsichtigen Befunds! Nimm sie wahr, deine Chance!
Die Jahrgänge von etwa 1920 bis 1930 entstammen Elternhäusern, denen die Kriegsniederlage aufstieß. Zwar sind wir

Friedensgenerationen, doch der Friede war im Eimer. Die Aufstände des Proletariats und die restaurativen Meutereien der Rechten waren vergessen. Über die jüngste Vergangenheit legte sich verführerisch das Flittergold der allerjüngsten Vergangenheit. Holzkästchen mit Wickelspulen tauchten in den Wohnstuben auf, das Radio in seiner früheren Gestalt, das die modernen Jazz-Rhythmen, die aus Amerika herüberschallten, in die fernsten Winkel der Provinz schickte und die Atmosphäre des verrückten, hauptstädtischen Berlin ins Land ausstrahlte.

Unsere Eltern schwankten unentschieden, waren den neuen Lebensformen nicht abgeneigt, doch das Bürgertum, das den Sittenverfall um so lauter geißelte, je verzückter es ihn genoß, hatte längst den neuen Kitzel des Enthusiasmus entdeckt, und was waren all die kleinen liberalen Sittenwidrigkeiten, die aus Amerika über Berlin ins Land drangen, gegenüber den phänomenalen, aufjauchzenden, brüllenden und direkt ins Blut gehenden Sensationen, die die wilden Trommler verhießen und veranstalteten. Was war Jazz gegen Militärmusik, was Charleston gegen einen schmissigen Parademarsch. Was galt die moderne kosmopolitische Kunst der Zersetzung gegenüber der alten, neuerweckten Disziplinierung, die sich im Massenschritt der braunen Bataillone als eigentliche Supermoderne offenbarte.

Wir wuchsen in die disziplinären dreißiger Jahre hinein und liebten, mit großen schönen Worten zu Liebe und Treue erzogen, hingebungsvoll einen Scheißhaufen.

Bei mir kam die Ernüchterung etwas früher, Anfang 1944 in Oberitalien. Auf der Fahrt mit der Eisenbahn vom Lazarett zur Truppe sitzt ein junger SS-Mann neben mir und berichtet von Massenmetzeleien in Jugoslawien, wo man jung und alt, Juden und Partisanen oder was sonst vor die Läufe kommt, niedermacht, zusammenschlägt, erschießt oder lebendig begräbt. Der Held hat durchgedreht, ist für verrückt erklärt, ins Lazarett gebracht worden und befindet sich jetzt auf der Fahrt in die Heimat zur psychiatrischen Behandlung.

Er ist tatsächlich verrückt, erzählt von den Massakern in Jugoslawien mit unbekümmert lauter Stimme, ohne sich um die anderen Mitreisenden im Abteil zu scheren; kurz vor der Einfahrt in Verona fordert er mich zum dreifachen Siegheil auf.

Wir erheben uns, stehen einander mit gestrecktem Arm schweißtriefend gegenüber und schreien heiser »Sieg-Heil!«, wobei wir jeweils in Gedanken ergänzen: Dies gilt den Juden! Hernach setzen wir uns wieder.

In Verona steige ich aus, von dem Wein, den der SS-Held aus Jugoslawien mitgebracht hat, wohlig benebelt, willens, sobald es nur angeht, Schluß zu machen mit dem Krieg.

Es gibt Einsichten, die sich vorbereiten und nur eines letzten Anstoßes bedürfen. Ich wurde, etwa sechzehn Jahre alt, Ohrenzeuge eines Gesprächs zwischen Brüdern. Der eine klagte, der Vater seiner Freundin möge ihn nicht, halte die Tochter streng und spiele sich als Moralhüter auf. Sein Bruder daraufhin: »Das wundert mich nicht, der ist einfach eifersüchtig. Der würde seine Tochter am liebsten selber vögeln. Er traut sich nur nicht.«

Ich sah eine ganze Anzahl von Familien vor mir, in denen zwischen Vätern und Töchtern gespannte Beziehungen herrschten. Der fixe Bescheid traf ins Schwarze: Zusammenhang zwischen Moral und Eifersucht.

Die vulgärwitzige Beschreibung eines Sachverhalts offenbart den ganzen Johannes. Man muß die Sachverhalte zum Tanzen bringen. Wir geraten in exemplarische Szenen.

Heiner Halberstadt, Klaus Vack, im Club Voltaire Else, Rührt Euch, Genossen, das war unsere Schönheit, als wir noch um den Frieden fochten, Ostermarsch in Frankfurt, Hamburg, Bremen, Hannover, Dortmund, Nürnberg, die Polizei mit Knüppeln gegen die Schönheit. Mann, warum soll ich mich für euren Frieden verprügeln lassen. Papa hat viele Gestalten, Irgendwann Mitte der Sechziger in Dortmund. Rolf Hochhuth, dünne Stimme, besorgte Friedensworte, immerzu Fotografen. Wer einen Apparat hatte, machte Aufnahmen. Wir spielten mit in der Westfalenhalle. Harichs neue Frau aus Ostberlin vom Podium herab, Stimme aus Stahl, Lied einer alternden Kommunistin, ihren Wolfgang hat sie in der Tasche, der singt die zweite Stimme im Friedenskampf. Gegen Ende Saalschlachtdrohung. Die KP beherrscht die Halle, der SDS ist mit Hunderten aufgerückt, Wolff will zum Mikro, die kommunistischen Genossen kontern. Postenketten breitschultriger Proleten halten Wache gegen anbrandende Jungs. Prügelt für den Frieden. Die Geheimpolizisten und Spitzel atmen erregt. Ich quatsche mir die Zunge aus dem Hals. Die Vermittlungsversuche schlagen fehl. Die Genossin Sängerin und Wolfgang-Gattin aus Ostberlin mit versteintem Gesicht. Wie soll man singen können, sind die Lippen Steinstufen. Demonstration unserer Ohnmacht. Schriftsteller ohne Einfluß. Aushängeschilder (reden, ja reden durften wir, aber nichts sagen), Galionsfiguren, nette Ornamente. In Machtfragen sind wir Ballast, über Bord damit.

Ich sage Euch, Genossen, Ihr brütet faule Eier aus.

Die Niederlage zu erleben, hilft gegen zukünftige Illusionsbedürfnisse. Stelle mich an die Front der beiden Lager. Handgemenge. Haßgesichter. Die schöne Zukunft. Dutzende von jungen Linken reden beschwörend auf mich ein. Wie sie uns

gläubig fotografiert haben, so gläubig sehen sie jetzt in uns die Instanz, die mächtig genug wäre, das Dilemma der Konfrontation in der Halle zu verhindern.
Gutgläubige, verhängnisvolle Überschätzung des Schriftstellers. Idealisierung. Im Augenblick der tatsächlichen Auseinandersetzung ist der Schriftsteller einflußlos und ratlos wie kaum einer sonst, und seiner äußeren Einflußlosigkeit korrespondiert der innere Zweifel daran, ob denn alles so sein muß oder ob man nicht irgendwie mitschuldig sei an diesem Zustand. Hatte man sich immer richtig engagiert? War man sich selbst gegenüber unnachsichtig genug? Gründet die Niederlage nicht auch im eigenen Verhalten?
Die Selbstvorwürfe sind falsch. Die Sensibilität verschließt sich ihnen nicht. Die innere Dimension der Niederlage ist größer als die Niederlage selbst, weil sie weniger analysiert als schmerzhaft empfunden wird. Vielleicht liegt hierin einer der tieferen Gründe der Untauglichkeit von Schriftstellern für das harte Geschäft der Machtpolitik. Der Schriftsteller ist aufgespalten in jene Gestalt der Öffentlichkeit, als die er auftritt, und jene andere des Jammers, zu der die realen Verhältnisse der Gesellschaft ihn degradieren.
Die Kollektive der Einzelgänger ziehen scharenweise über den Bildschirm, jeder Intellektuelle ein anarchisches Genie, jeder Wortmacher ein einsames, verkanntes Seelchen, so führen sie sich in aller Eitelkeit vor, diskutieren, schwadronieren und bezeugen in zierlichen Redewendungen, wie einfältig sie sind, ihr Publikum derart zu mißachten.
Das Fernsehen ist ein vorzügliches Instrument, den Kaulquappen auf die Schliche zu kommen. Auf dem Bildschirm offenbart sich ein Charakter wie in der Liebe. Morgen wollen sie Frösche sein und große Sprünge machen. Quak.
Peter Handke, der in Düsseldorf sagte: Du reagierst zu konsequent und böse, redete wie Columbus über Indien, glaubte das Land zu kennen, war nie dort gewesen. Was ist eine Publikumsbeschimpfung als Spiel gegenüber der Publikumsbeschimpfung der eine Proletarier-Ratte zeitlebens ausgesetzt ist?
Ich bin für den Sozialismus, doch meine seltsame Rolle besteht darin, immer zwischen den Fronten zu sein und die andere Seite ebenso begreifen zu können wie die jeweils hiesige. Zwischen dem Kapitalismus der Ratten und dem Sozialismus der Ratten stehend, wähle ich meine eigenen spitzen Zähne
Ach Mamachen, nein, ich werde nichts gegen meine Mutter sagen, denn ich saß zu lange in ihr.
Sie war gut eingerichtet, ich roch nichts, sah nichts, fühlte mich sauwohl. Soff sie was, soff ich mit. Schlang sie was runter, schlang ich mit. Wenn sie sich bückte, bückte auch ich

mich. Manchmal sangen wir ein Lied, zweistimmig. Wir waren ein musikalisches Duo im Duett.
Später hat mich meine Mutter oft verdroschen. Sie strafte sich beileibe gern selbst. Sie schlug mich, weil sie das Bedürfnis hatte, sich zu schlagen. Das gefiel ihr ums Verrecken. Die Leute brauchen eine gewisse Portion von Schlägen. Schmerz um Schmerz, das verträgt sich gut. Mama prügelte mit geschlossenen Augen. Ich sprang zur Seite, der Hieb ging daneben. Der Schmerz blieb aus. Schade drum. Jetzt öffnete Mama die Augen, die Hiebe peitschten ins Zentrum. Mama atmete erregt; tat ihr verdammt gut, wenn wir beide rhythmisch zusammenzuckten.
Auf kurzer Taxifahrt vorn neben dem Fahrer. Drei andere hinter mir, die sich unterhalten. Reinhard Baumgart:
»Zwerenz sagt gar nichts. Der haßt uns alle!«
Aus reiner Höflichkeit bestreite ich die Behauptung. Wie könnte ich plausibel machen, daß dies nicht HASS ist und zugleich doch HASS. Aggressionsdruck gegen das eigene Unvermögen und infolge des eigenen Unvermögens. Aus der eigenen Person heraus und gegen sie. Gegen den Schriftstellerstand und begründet in dem Verdacht, daß wir auch aus subjektiven Gründen so unzulänglich sind. Aus Gründen der Bequemlichkeit, Inkonsequenz, Charakterschwäche, Fatalität. Wenn man das ruhigen Gewissens immer auf die objektive Situation abwimmeln könnte. Sich selbst freisprechen, den Verhältnissen alles aufbürden, Gott oder dem Teufel in die Schuhe schieben. Die Kapitalisten, das Funktionärsregime oder sonstwenundwas vorschützen — wie gut das geht, wie wohl das tut, wie unbefriedigend das ist und zugleich hilfreich, selbstbegütigend, demobilisierend.
Was hilft Höflichkeit. Was hilfts, das Wort zu bestreiten, das genau ins Zentrum trifft. Die tiefe Wahrheit des Ausspruchs macht mich für einen Moment sprachlos. Der Mann weiß ja nicht, wie sehr er mich getroffen hat. Das Wort HASS ist kein Ausdruck für diese Essenz von Haß, die ich jahrelang empfunden habe für alles, was sich westliche Intelligenz nennt.
Ich gebe damit ganz den tiefen Eindruck des Widerwärtigen zurück, den ich erhalte von diesen ausgeflippten Typen, die die Bewußtseinsschlacht gar nicht erst schlagen und sich gleich eilfertig-devot nach den Krumen bücken, die von den Tischen der Herrschaft abfallen für sie.

4. Kapitel

Zwischen den Messern

»Wissen Sie«, sagte der Tankstellenmann, »jetzt gibt es wenig Sprit, ich habe viel Zeit, mal kommt früh ein Wagen, mal am Abend, mal auch nicht früh und nicht abends, und da sitz ich und les ein bißchen oder ich denkele vor mich hin. Wissen Sie, was das ist?«

»Denkeln?« fragte ich. »Ja, das ist Nachdenken übers Nachleben.«

»Gut«, sagte der Tankstellenmann. »Wenn unsereins viel allein ist, da kommt er auf dumme Gedanken, heißt es, aber so dumm sind wir manchmal gar nicht. Es ist ein Jammer gewesen, daß wir immer keine Zeit hatten zum Nachdenken. Ich verdien ja nicht viel heute, bei den paar Autos, das lohnt kaum noch, aber ich kann viel vor mich hin denkeln.«

»Man ist im Grunde so bedürfnislos«, sagte der Tankstellenmann, »was braucht unsereins denn, ein Stück Brot, ne Fingerkuppe Fett, paar Krümel Tabak, das ist alles. Oder wenn wirs genau nehmen wollen, ein gutes Bierchen noch, ein gutes aber, nicht so ne Large, wie du sie jetzt kriegst. Nein, ein Bier, das muß gelb sein und dick aussehen wie Honig. Das ist Bier. Die Large jetzt, das ist kein Bier, das ist der Schatten davon.«

»Gibt es im Nachleben auch Bier?« fragte ich.

»Bitte, machen Sie sich nicht über mich lustig.«

»Nicht im geringsten«, versicherte ich, »ich trinke Bier auch so gern.«

»Ja?«

»Ja.«

»Das gute Dortmunder, früher — na — Sie sind wohl zu jung, aber ich kann nur sagen, das war ein Bierchen, ah —!«

»Pilsner gab es bei uns viel«, sagte ich, »echtes böhmisches Pilsner.«

»Ah!« machte der Tankstellenmann.

»Auch Kulmbacher wurde bei uns getrunken.«

»Ahhahh!«

Der Tankstellenmann machte eine Faust und steckte sie mit den weißen Knöcheln in den Mund. Er biß einige Male kräftig zu und schüttelte sich dann, wobei er einen ganz breiten Mund zog.

»Was spricht eigentlich so alles für ein Nachleben?« fragte ich.

»Wie?« sagte der Tankstellenmann.

Ich wiederholte meine Frage.

»Ach so«, sagte der Tankstellenmann. »Wenig, sehr wenig. Wer nicht daran glaubt, hat kaum Aussichten. Man muß wohl fest dran glauben. Wer es sich mit dem Verstand überlegt, kommt nie dazu. Ich muß selbst sagen, was ich so manchmal erlebt habe, das spricht eher dagegen. Waren Sie Soldat?«

»Ja.«

»Da werden Sie schon Bescheid wissen. Oder nicht? Waren Sie mal bei so nem richtigen Schlachtfest dabei?«

»Schweine?«

»Nein, Menschen. Da ist es aus mit dem Nachleben. Da ist es einfach aus damit. Wir hatten einen Feldwebel, was glauben Sie, der stach die Gefangenen mit einem Taschenmesser ab. Können Sie sich das vorstellen? Es war ein einwandfreies Taschenmesser, Solingen, große und kleine Klinge. Das war eine Ekelei, sage ich Ihnen.«

»Sie haben dabei zugesehen?«

»Zuerst nicht, wissen Sie, am Anfang ist mir schlecht geworden dabei, aber dann —« Er brach ab.

»Dann konnten Sie zusehen?«

»Was wollen Sie, es war unser Feldwebel.«

»Darf er auch im Nachleben das Taschenmesser benutzen?« Der Tankstellenmann fuhr erschrocken zusammen. »Wie meinen Sie das?«

»Wär doch köstlich«, sagte ich, »der Herr Feldwebel trifft im Nachleben auf seine Großeklingeopfer oder auf seine Kleineklingeopfer, wird das ein Versöhnungsfest geben!«

»Meinen Sie, es gibt da Versöhnungen?«

»Sicher«, sagte ich, »im Nachleben ist alles auf große Harmonien gestimmt, Menschenfresser sind Dissonanzen, die werden dort abgeschafft und eingeebnet.«

»Eingeebnet wie die Gräber!« sagte der Tankstellenmann. »Wie die Gräber der Helden.«

»Wie die Gräber der Ermordeten!«

»Dennoch, solche Taten lassen am Nachleben zweifeln«, sagte der Tankstellenmann. »In unserer Kompanie waren welche, die können nie zur Versöhnung kommen. Unser Feldwebel hatte sich zwei Unteroffiziere gehalten, die drei haben einmal ein russisches Mädchen langsam zerhackt.«

»Und Sie haben zugesehen?«

»Sie wissen, am Anfang —«

»Ja, ich weiß, am Anfang wurde Ihnen übel dabei, aber dann haben Sie mitgemacht.«

»Nein! Nein!« Der Tankstellenmann packte mich wild am Arm. »Wie können Sie so was behaupten, ich habe nie mitge-

macht, nie, nie, sie haben über mich gelacht deswegen, aber mitgemacht habe ich nie!«
»Ich hätte auch nicht zusehen können«, sagte ich. »Ich hätte sie alle in die Luft gesprengt, alle.«
»Das hatte ich mir auch vorgenommen, das hatte ich mir auch vorgenommen, aber ich war einfach zu feige.«
»Ehrlich sind Sie wenigstens.«
»Ich habe es mir geschworen, ich will wenigstens ehrlich sein, jetzt, und wenn es auch nicht viel einbringt, die Tankstelle, es gibt wenig Sprit, aber ich will ehrlich sein. Nur wenn man was nicht weiß, da wird es schwer . . .«
»Beim Nachleben zum Beispiel, da weiß man nicht, ob es so was gibt oder nicht, und da hört die ganze Ehrlichkeit auf, nicht?«
Der Tankstellenmann bejahte eifrig. »Und was ich Ihnen erzählt habe, das müssen Sie doch auch sagen, das spricht nicht gerade für ein Nachleben, wie?«
»Ich weiß nicht«, sagte ich, »ich weiß das wirklich nicht. Ich kenne auch schlimme Fälle –«
»Ach«, sagte der Tankstellenmann, »natürlich, die Russen sind auch so.«
»Die Russen?«
»Klar, ist dasselbe. Mich hatten sie paar Tage eingesperrt, voriges Jahr im Herbst war das. Ich kann Ihnen Sachen erzählen. Der Süder Paul – wir sind zusammen in die Schule gegangen –, den haben sie im Nebenzimmer verhört. Den haben sie immerzu geschlagen, ich hab' es genau gehört, am Anfang hat er noch sprechen können, dann hat er geschrien und dazwischen gesprochen, dann hat er geschrien, und es hat immerzu weitergeklatscht, bis es immer leiser wurde, da hat es einmal aufgeschlagen, ganz hohl hat es aufgeschlagen wie auf eine Hartholzkiste, ›krrr‹ hat es da gemacht, und dann war es ganz ruhig.«
»Schädel?«
»Ich kenn das Geräusch«, sagte der Tankstellenmann, »mit dem Pistolenknauf die Schläfenseite einschmettern, aus war's.«
»Im ersten Jahr in Gefangenschaft –«, sagte ich.
»In welcher?« unterbrach der Tankstellenmann.
»In russischer.«
»Ja, in russischer, ja.«
»Im ersten Jahr in Gefangenschaft habe ich auch so Sachen erlebt. Einmal haben sie uns in Gomel einen auf der Straße erschlagen. Wir mußten die Hölzer aus den Bombenkellern bergen, das war mitten in der Stadt auf einem Platz, da sind auf einmal zwei baumstarke Russen unter uns und erschlagen einen mit einem Holz, es war ein ganz junger Kerl, aus Ham-

burg war er, glaub ich. Und die Leute sind stehengeblieben und haben gelacht.«

»Das gibt es«, sagte der Tankstellenmann.

»Unser Wachtposten wollte die beiden Russen mitnehmen, er hatte Angst, weil die Zahl nicht stimmte, aber die beiden wollten unseren Posten auch noch kaltmachen. Schließlich sind sie weggelaufen, und der Posten hat in die Luft geschossen. Dann haben wir einen Strick genommen und Norbert – so hieß der Junge, jetzt weiß ich wieder seinen Namen – um die Beine gebunden und den Toten mit heimgeschleift ins Lager, sonst hätte der Posten Ärger gehabt, weil einer fehlte.«

»Aber tot war er?«

»Er war tot.«

»Ihr habt ihn aber beim Wegziehen ganz abgeschürft.«

»Es lag Schnee, es war viel Schnee, und es ging ganz gut mit dem Ziehen. Das kam fast jeden Tag vor. Als wir in Gomel im Winter an den Gleisen gearbeitet haben, passierte das beinahe jeden Tag, an manchen Tagen mit mehreren. Wenn sie beim Arbeiten schwankten, haben wir gleich zugeschlagen. Lagen sie am Boden, war es schon schwerer, es hatte keiner viel Kraft, aufheben war ein Luxus. Wir haben sie getreten, am besten ins Gesicht, manchmal sind sie wieder aufgestanden, und da haben die Posten auch mal ein Auge zugedrückt, wir haben sie an eine Wand gelehnt oder an einen Mast; wenn sie aushielten bis zum Abend, wenn es wegging, konnten sie durchkommen. Zwei Mann nahmen sie in die Mitte. Aber wer lag und nicht wieder hochkam, der war am Abend hin, die Kälte am Boden gab ihnen den Rest. Wir hatten für diese Fälle immer Stricke mit, und am Abend, wenn wir ins Lager marschierten, sah es am Schluß der Arbeitskolonne aus, als ob die letzten Schlitten zögen. Aber sie zogen bloß die Toten hinterher.«

»Schön ist das auch nicht«, sagte der Tankstellenmann, »aber es ging wenigstens hygienisch ab, ohne Blut und so.«

»Manchmal war es auch nicht hygienisch«, sagte ich. »Ich kam dann ins Kriegsgefangenenlazarett. Die Woche zwei- und auch dreimal brachten sie aus den Waldlagern die Kranken. Es war immer eine Lkw-Ladung voll, so ein bis zwei Dutzend. Wenn sie ankamen, wurden die Toten dringelassen und nur die rausgezogen, die noch lebten. Der Lkw fuhr die Toten gleich in die Sektionshalle, alle wurden aufgeschnitten. Ich weiß nicht, weshalb, aber sie wurden alle aufgeschnitten. Manche waren abgemagert zu richtigen Skeletten, die haben sie auch aufgeschnitten, da sah man am Morgen auf dem Karren halbe Skelette liegen. Also, die Kranken, die noch lebten, kamen erst in die Sauna. Wer selber gehen konnte, der wusch sich, bekam

die Haare überall abgeschoren, eine Spritze, und dann ab auf die Pritsche. Nur wer keine Kraft mehr hatte, um den stand es schlimm. Die meisten hatten bloß Dystrophie, einfache Entkräftung, konnten nichts mehr halten.
Manche hatten schon Wochen irgendwo gelegen und alles unter sich gemacht, in die Wattehosen. Das Zeug ging nicht ab, das war festgebacken. Aber *nitschewo* sagte unsere Ärztin, und dann rissen die deutschen Pfleger das Zeug runter, und die Haut hing mit dran. Ich will ja nichts sagen, daß sie starben, war sowieso klar, beim Abwaschen in der Sauna, den Wärmeverlust überstanden sie sowieso nicht, aber weil sie nun auch noch so schrien, das war scheußlich.«
»Da hast du zugesehen?« fragte der Tankstellenmann.
»Ich habe es erlebt«, sagte ich, »ich war dabei, ich hatte Schwein, ich konnte gerade noch laufen, doch die andern . . .«
Die anderen — ja die anderen umstehen dich, rücken näher, dringen auf dich ein; wenn du keinen Platz mehr hast und keine Luft zum Atmen, dann mußt du dich trennen von den anderen. Das Kreuz ist, die meisten denken auch dann noch nicht daran, Schluß zu machen, und so wird die Idiotie immer massenhafter.
Auf der Latrine kam mir der beste Gedanke dieser Jahre. Das war in Süditalien, ich begriff, auf der Stange über der gesamten Kompaniescheiße hockend, ich müßte mich jetzt von dieser blödsinnigen Armee, der ich fatalerweise angehörte, trennen. Beim Angriff auf eine völlig überflüssige Berghöhe nahe Gaeta blieb ich, die Gunst der Stunde nutzend, nachdem wir zurückgeschlagen waren, vor den feindlichen Stellungen unterhalb des Gipfels liegen. Es sind nicht meine Feinde, dachte ich. Nach Mitternacht näherten sich Soldaten der Gegnerseite meinem Versteck im Felsgestein. An Gefahr dachte ich nicht mehr. Jubel erfüllte meine Brust. Mir war, als müsse ich vor Lebensfreude gleich zerspringen. Ich schnellte hoch und feierte meine ganz persönliche Kriegsbeendigung. Gern hätte ich irgendwelche Kameraden in die Arme geschlossen, wie es sich für ein richtiges Kriegsende gehörte. Doch waren keine Kameraden vorhanden. Ich vollführte einige Luftsprünge und geriet auf dem Felsgeröll des Steilhangs ins Rutschen. Zu Fall gekommen, schlug ich mehrmals hart auf. Es tat mir an mehreren Stellen ziemlich weh, und diese Schmerzen brachten mich zur Besinnung. Ganz nüchtern war ich in die Wirklichkeit des Krieges zurückgeholt worden. In nächster Nähe fielen Schüsse. Das Geschrei zeigte, man machte von unserer Kompanie zurückgebliebene Verwundete nieder. Die armen Kerle bettelten um ihr Leben, hoben die Hände und warfen die Arme, von Schüssen getroffen, zurück, als wollten sie nach hinten wegspringen.

Die Wut ließ mich meine löbliche Absicht, den Krieg zu beenden, vergessen. Erst viel später wurde mir bewußt, daß ich derjenige gewesen bin, der brüllend und schießend auf die gegnerische Gruppe losgegangen ist. Bei aller Wut zielte ich genau, die Getroffenen purzelten, sich überschlagend, den Geröllhang hinab. Danach hetzte ich, noch immer wild brüllend, bergab zu meiner Kompanie, dem schönen Krieg zurückgegeben. Fortan stand mir stetig das Bild vor Augen, khakifarbene Gestalten, scharf vom Mondlicht umrissen, auf am Boden liegende, sich schmerzvoll krümmende, halbaufrichtende Männer einschlagend, einstechend, zielend, in meiner Vorstellung ging alles seltsam lautlos und sehr geschmeidig vor sich, selbst die Schüsse, abgegeben auf Flüchtende, fielen zeichenhaft und ohne Knall, bis meine Feuerstöße und mein Gebrüll dazwischenfuhren, sie erinnerte ich als heilsame Erlösung. Jeder Soldat erinnert sich einer traumatischen Szene, in der immer die Gegenseite Wehrlose der eigenen Seite abschlachtet. Die Erfahrung auf dem felsigen Berg nahe Gaeta verlängerte meine Soldatenexistenz um fast ein Jahr und kostete 11 Soldaten der Gegenseite Leben oder Gesundheit. Ich zählte genau. Eine meiner übelsten Eigenschaften ist Rachsucht. Alle anderen deutschen Schriftsteller sind bessere Menschen.

Solange ich die Gerechtigkeit wiederherstellen mußte, vernachlässigte ich die Deckung, aus der ein guter Schütze seine Schüsse abzugeben hat, nicht und kam bis auf einen Schuß in den Ellbogen schmerzlos über die Runden.

Anfang August 44 transportieren sie uns mit dem schnellsten Güterzug Mitteleuropas auf den östlichen Kriegsschauplatz, der unserer Heldentaten ermangelte. Mit den Russen hatte ich keine persönliche Rechnung zu begleichen. In den letzten Tagen vor dem Frontwechsel rief ich mir Erfahrungen meiner Kindheit ins Gedächtnis, der Maurer Reißmann, Kommunist und Kaninchenzüchter (Warum nicht?), der Maurer Liebold, Kommunist (Ihr braunen Affen mit eurer Hitlerjugend!), der Weber Taubert, (zweimal KZ, wöchentliche Meldepflicht auf der Polizeiwache), der Kraftfahrer Kretschmar, früher Kommunist, danach SA, aber: Hitler, das ist der Krieg! Heil!

Ich machte Inventur.

Am 21. August Desertion vom Bug aus zur Roten Armee. Mein privater Vorstoß Richtung Osten. Beinahe eroberte ich auf meine eigene Weise Moskau. Die Rote Armee bestand an diesem schönen Sonnentag hauptsächlich aus Lücken. Endlich nahte ein netter Soldat. Dann kamen entsetzliche Prügel. In den mehr als vier Jahren meiner Gefangenschaft habe ich auf die Russen nicht weniger geflucht als auf die Deutschen. Die größten Unterschiede zwischen den Armeen dieser Welt sind die Uniformen; ansonst ähneln sich alle ungemein. Doch bereute ich meine Desertion nie. Ich war nur ein kleiner mieser Soldat mit zweijähriger Dienstzeit, ohne die geringste Bildung, typisches Produkt deutscher Volksschulen. An Widerstand dachte ich nicht, sah auch keine Möglichkeiten dafür, nur daß ich nicht mehr mitmachen wollte, wußte ich sicher. Ich habe mit über vier Jahren harter Gefangenschaft und Hungerkrankheiten dafür gezahlt und betrachte mich als freigesprochen. Gewisse Gewohnheiten stecken in dir drinnen, Dorn im Fleisch.

Ich brachte zwei grundlegende Erfahrungen mit nach Hause: Wollte mich nie mehr kommandieren lassen. Da man mich wieder zu kommandieren suchte, probierte ich verschiedene Techniken der Verweigerung und des Widerstands aus.

Die zweite Erfahrung: Vom neunzehnten bis zum dreiundzwanzigsten Lebensjahr ohne Frauen leben zu müssen, ist eine Tortur. Manchmal waren wir entkräftet, der Lümmel starb dahin, zwischendurch gab's bessere Zeiten. Müdigkeit, bohrender Hunger oder ein schmerzhaft erigierter Penis.

Der große Trost des steifen Glücks. Solange man onanieren konnte, war die Rückkehr offen.

Im heißen Sommer 1948 schleppten wir im Lager Bobruisk die Strohsäcke ins Freie. Man wurde beinahe satt. Nachts unter dem hohen Sommerhimmel, wenn ich meine Stange in Händen hielt. Foltern der Enthaltsamkeit. Meine steife Stange, mein nächster, mein liebster Freund. Hier fehlt die bürgerliche Erziehung. Eine Sache ist erst dann gut, wenn Reflexion *und* Sexus, Gehirn *und* Penis darin übereinstimmen. Die innere Gleichberechtigung mußt du akzeptieren und praktizieren, und wenn es nicht gelingt, wirst du nicht rebellieren können. Rebellion ist der wichtigste gesellschaftliche Akt des Jahrhunderts.

In Bobruisk hatte ich Blut zu spucken begonnen. Es war völlig klar, wenn ich ins Lazarett ginge, legten sie mich in ein Bett, gäben mir besseres Essen und ließen mich langsam krepieren. Ich hatte oft genug erlebt, wie Tbc-Kranke abkratzten. Lieber wollte ich, in den Schuhen sterbend, im letzten Moment vom Baugerüst kippen.

Ich spuckte vier Wochen lang tüchtig Blut; da kam eine Kommission ins Lager und suchte nach proletarischen Edelmenschen. Ich konnte in dieser Hinsicht den reinsten Stammbaum aufweisen und war dabei. Wir durften im Sonderlager faulenzen, uns rausfressen, einen Wisch unterschreiben, womit wir uns zur Volkspolizei verpflichteten.

Auf diese Weise kam ich aus Rußland weg und zurück nach Sachsen. Aus lauter Freude zeigten meine Lungen keine Neigung mehr zum Bluten. Sie legten ein Jahr Pause ein, bis sie wieder rebellierten. Diesmal hatte ich den Fall gründlich satt und wanderte für die nächsten zwölf Monate ins Sanatorium.

Bei uns daheim kannte ich nicht einen einzigen Juden. In Rußland sah ich die ersten. Wie einen Buckel, so ergeben trugen sie ihr Schicksal. In Minsk die Schnapsfabrik wimmelte von Juden. Mit Jakow, dem Leiter der Abfüll-Abteilung, war ich befreundet. Wir haben nie ein Wort gesprochen miteinander. Jakow war klein, grau und wieselflink. Ich spannte die Elektrode in die Zange, ließ den Blitz springen. Jakow und seine Gesellen wandten das Gesicht fort, ihre schmalen Rücken umstanden mich, die Dämpfe stiegen, die Elektrode schmolz; im Schutz des Lichtbogens blieb ich unentdeckt, schweißte mich in die Nähe eines Abfüllhahns heran, ließ den Aquavit in die bereitgehaltene Flasche laufen. War die Elektrode verbraucht, mußte alles geschehen sein.
Jakow bekam den Trick schnell heraus. Kein Wort wechselten wir je miteinander. Aber Jakow wußte Bescheid. Als eines der Mädchen sich, während ich schweißte, umblickte, drehte Jakow es wieder fort. Danach hörte ich, wie er das Mädchen verwarnte. Man verblitze sich die Augen, erläuterte er eindringlich, in den Lichtbogen des elektrischen Schweißgeräts dürfe man keinesfalls blicken. Das stimmte. Aber Jakow lächelte bei seiner Erläuterung; und uns Gefangenen brachte die Flasche Aquavit, die wir Tag für Tag stahlen, im Gegenwert Brot und Speck ein; so überstanden wir den Winter.
Jahre nach dem Krieg saß ich im Zug zwischen Werdau und Crimmitschau und las in einer Zeitschrift. Dann fuhr ich nach Leipzig und erkundigte mich, wo das philosophische Institut sei. Ich betrat das dunkle Gebäude, und dann sah ich den Mann. Er war kurzbeinig bei gedrungenem Leib. In die Stirn wuchs ihm das Haar. Hinter seiner dicken Brille versteckt, kam er dahergetappt und rannte mich um. Im letzten Augenblick entwich ich zur Seite.
Ich war überzeugt von der Notwendigkeit meiner Übersiedlung nach Leipzig. Mir war klar, ich müßte jetzt Philosophie studieren. Von jeher waren die Söhne reicher Eltern nach Leipzig gegangen. Ich war ein Sohn der Arbeiterklasse. Die Arbeiterklasse herrschte. Also war ich ein Sohn reicher Eltern. Wie plötzlich man avancieren konnte.
Aber — herrschte die Arbeiterklasse wirklich? Ich beschloß, diese Frage auf die einfachste Weise zu beantworten, die es gab und die noch immer galt: indem ich die Frage zugleich ignorierte wie studierte. Man kann das auch schlichter ausdrücken — einer meiner nicht gerade schwächsten Charakterzüge ist Neugier. Ich bin immer neugierig gewesen und kümmerte mich vorzugsweise um den Kohl, der mich nichts an-

ging. So war es auch eine Folge meiner Neugier, wenn ich beschloß, im späten Jünglingsalter von 27 Jahren, man kann es auch frühes Greisenalter nennen, noch zu studieren.
Ich wollte wissen, was das alles ist: ein Jude, die Juden, ein Student, die Studenten, die Universität, die Professoren, ich wollte sie alle kennenlernen und auch der lieben guten Partei etwas auf die Schliche kommen, und für das alles hielt ich die beste aller möglichen Erklärungen und Ausreden bereit: Die Arbeiterklasse herrschte — nun, ich war, daran ist einfach nicht zu zweifeln, waschechter Arbeiter, Sohn eines Arbeiters und einer Arbeiterin und selbst wieder Arbeiter, wer hätte klassenreiner in die proklamierte Ordnung gepaßt? Das Bewußtsein gab Selbstvertrauen, man kann es auch Frechheit nennen.
Es gab eine Zeit, in der ich mich aufführte, als gehörte mir der Staat, zumindest trat ich als Mitbesitzer auf, und daraus ergaben sich die komischsten und wüstesten Konflikte.
Ich will nicht von meiner vorübergehenden Periode der Mitherrschaft berichten, die mir Auseinandersetzungen, Bestrafungen und Prügeleien einbrachte, sondern ohne Umschweife sagen, daß ich die Herrschaft der Arbeiterklasse für ein vorzüglich Ding halte. Diese Einrichtung kann gar nicht so schlecht sein, wie sie meist gemacht wird, doch ergibt sich leider, daß man es als Arbeiter ziemlich schwer hat unter dieser Herrschaft und als Schriftsteller noch viel schwerer.
Man mag hieran ermessen, wie vertrackt es später für mich wurde, da ich doch beides, Arbeiter und Schriftsteller, zusammen gewesen bin, mir erging es wie dem Neger, der eine jüdische Zeitung liest und gefragt wird, ob ihm »Neger-sein« nicht schon genüge.
Ich eile meiner Bestimmung mit der Geschwindigkeit eines gebremsten Eilzuges entgegen, und zwar auf der durch Demontagen eingleisig gemachten mitteleuropäischen Hauptverkehrsstrecke Werdau—Leipzig, wobei ich, der Genauigkeit halber sei's erwähnt, erst in Crimmitschau, zehn Kilometer nördlich Werdaus, einsteige.
Die Entfernung zwischen Crimmitschau und Leipzig, welche beiden Städte schicksalhaft geografisch durch die Pleiße verbunden sind: 72 Kilometer. Der Eilzug benötigte viereinhalb Stunden dafür, davon drei Stunden im Stand, um Gegenzüge vorbeizulassen, die ihrerseits Verspätung hatten, weil sie standen, um Gegenzüge vorüberzulassen.
Auch diese Eingleisigkeit hielt meinen Siegeszug nicht auf, nicht einmal meine Sympathie für die Macht der Arbeiterklasse kühlte wesentlich ab. Zwar sank, wie ich zugeben muß, die Temperatur bei den vielen Aufenthalten um einige Grade, doch blieb ein genügend großes Maß von Erwärmung erhalten.

Die bourgeoise Klasse, die man hier entmachtete, verdiente kein Mitleid. Mit den von Sanktionen betroffenen Leuten verband mich sowieso nichts als herzliche Feindschaft oder kaltes Desinteresse. Nein, ich will nicht behaupten, der Untergang der alten Bourgeoisie habe mich betroffen, dazu war ich nicht in der Lage, überdies gingen diese Leute nicht so beispielhaft unter, sie verstanden, sich im neuen Staat ganz possierlich einzurichten, und gehörten bald mehr zu den Herrschenden als ich.

Ich hielt mich bereit, den neuen Staat zu unterstützen, doch fehlte die innere Sicherheit, das richtige Bewußtsein, wie man es nannte, was ich freilich nach außen hin nicht übermäßig deutlich zu erkennen gab, man hat seine Erfahrungen; andererseits fühlte ich mich nicht gar zu wohl zwischen äußerlichem Mitmachen und innerer Reserve. Ich dachte, ein Studium könne mir größere Klarheit und tieferes Wissen verschaffen, und wenn einem die Möglichkeit geboten wird, warum soll man sie dann ausschlagen. Erweist sich der Weg zur Universität als Irrweg, kann man immer noch abbiegen.

Ich betrieb meine Immatrikulation ohne Umschweife, nur standen dem einige Hindernisse entgegen; ich hatte kein Abitur aufzuweisen. Man brauchte aber eins, auch im Staat der Arbeiterklasse und sogar dann, wenn man persönlich zur herrschenden Klasse gehört.

Für solche Fälle war vorgesorgt, für unsereinen gab es Hilfsmittel. Wer kein Abitur hatte und dennoch zur Universität wollte, mußte eine Sonderreifeprüfung ablegen. In Mathematik fiel ich durch. Als der Prüfungsleiter hörte, daß ich Philosophie studieren wollte, hob er segnend die Hände. Niemand außer mir wollte freiwillig Philosophie studieren. Ich hatte bestanden. Das war 1952, und bis Ende 1956 ging ich im philosophischen Institut ein und aus. Das war eine gute Zeit für den Kopf und eine schlechte für den Magen. Gleich zu Anfang ließ sich meine Frau von mir scheiden. Zwischen Leipzig und unserer Wohnung lagen zweiundsiebzig Kilometer Land. Bloch ist ein Jude wie Karl Marx, dachte ich oft, er ist ein Prediger, aber sein Gott ist nicht der Gott der Obrigkeit.

Weil es uns schlecht ging, begannen wir alle zu schreiben. Mein Freund Pfeiffer schrieb ein Schauerdrama. Er brachte es Bloch. Bloch nahm einen Stift, kritzelte ein paar Worte aufs Papier und schrieb darüber: Lieber Brecht . . .

Brecht schrieb zurück: Lieber Bloch . . . So verkehren die Großen miteinander, sagte Pfeiffer stolz. Es war alles ganz in Ordnung. Nur Pfeiffers Stück wollte Brecht nicht aufführen. Es kam dann in Altenburg heraus. Wir fuhren zur Premiere hin, Ingrid und ich. Es war mitten im Winter. Eine Hundekälte.

Im Oktober oder November 1956 kam Jochen Wenzel zu mir. Ich führte ihn zu Bloch hinaus in die Wohnung. Wir redeten lange über Georg Lukács, der in Budapest verschwunden war. Man wußte nicht, lebte er noch? Es war plötzlich wieder eine farblose Welt geworden. Das Tauwetter fiel hinter seine poetischen Anfänge zurück. Wenzel kehrte heim nach Berlin. Man wird überwintern müssen, hatten wir herausgefunden. Ein Jahr später haben sie Wenzel eingesperrt; um die Weihnachtszeit ist er gestorben, noch keine dreißig Jahre alt. Nierenkrebs.
Ich suchte Bloch zum letztenmal im August 57 auf. Die Polizei durfte nichts merken. Bei Dunkelheit schlich ich mich ins Haus. Eine Nacht mit langen Gesprächen wurde es, ganz als sei nichts geschehen. Gegen Morgen wurden wir übermütig. Entweder die Polizei hat ihn gesehen, dann ist's sowieso zu spät, oder sie hat ihn nicht gesehen, und dann aufs Ohr legen und beruhigt schlafen, sagte der Hausherr.
Wir schliefen bis in den späten Vormittag, und dies war die letzte Nacht, die ich in Leipzig verbracht habe. Als ich mich davonmachte, dachte ich bedrückt: In vier Jahren Universität hast du es wahrlich weit gebracht – die sozialistische Polizei ist nun hinter dir, einem Sozialisten, her.

5. Kapitel

Lernversuche und kalte Rache

»Was ist das für ein Leben!« wiederholte ich ungemein eigensinnig. »Und wäre er nicht gestern gestorben, lebte er noch, lebte er ein Jahr, zwei Jahre, fünf Jahre länger, was wär' das für ein Leben? Es wär' für eine Brotmarke mehr, für eine einzige schäbige Brotmarke mehr Leben, und nicht einmal das war ihm vergönnt, auch das noch wurde ihm gestohlen.«
»Gestohlen?«
»Von seinem Vater, einem Fünfundsiebzigjährigen. Der hat die Lebensperlen gegessen, gute amerikanische Lebensperlen hat er ihm weggefressen. Seine Ziegelei hat er wieder aufbauen wollen, seine Ziegelei, die er vorher einmal versoffen hatte, die er hatte verkommen lassen!«
»Joi, joi, joi!« machte der Tankstellenmann.
»Ich will nicht ungerecht sein«, sagte ich, »verkommen war die Ziegelei nicht, aber versoffen hatte er sie, er war nur noch als Pächter drauf, und dann, nach dem Krieg, lag sie still. Jetzt wollte er wieder Ziegel machen, er war schon fünfundsiebzig, aber er wollte wieder Ziegel machen, er war ein starker Mann, auch in seinem Alter noch.«
»Und trotzdem hat er die Lebensperlen weggegessen?«
»Er wollte es zwingen. Man sah auch, wie sie wirkten. Aber dann kam der Zusammenbruch, es war nichts zu machen mit der Ziegelei, sie ließen ihn nicht hochkommen, der Alte nahm einen Strick und hängte sich im Ziegelofen auf. Jetzt arbeitet die Ziegelei, sie ist volkseigen, obwohl es nicht viele Ziegel sind, die sie machen, aber sie arbeiten. Nur genützt haben dem Alten die Lebensperlen nichts mehr. Und er —« ich wies mit dem Daumen nach hinten — »ihm hätten sie vielleicht geholfen.«
»Und Sie?« sagte der Tankstellenmann.
»Ich bin der Sohn«, sagte ich, »von mir können sie nicht leben, ich bin der Sohn und der Enkel, aber was Papa und sein Alter nicht aus sich gelebt haben, das können sie nicht von mir erwarten. Hin ist hin!«
»Das stimmt«, sagte der Tankstellenmann, »hin ist hin.«
Nach einer Weile setzte er hinzu:
»Vorausgesetzt, es gibt kein Nachleben.«
Das graufinstere Völkerschlachtdenkmal — es war schon mehrfach, größer werdend, vor uns aufgetaucht — schob sich näher

heran. Das Land war flach und ohne jeden Hügel, der Straßenverkehr in der Nähe der Großstadt nahm zu. Straßenbahnen zuckelten einher. Als wir gerade am Denkmal waren und der Tankstellenmann hinaufsah, fragte ich ihn, wohin er eigentlich wollte.

»Ich will euch nur zeigen, daß ich keine Angst habe«, sagte er und war so freundlich, daß die Leberflecke und Sommersprossen in seinem Gesicht hüpften.

Ich verstand nicht richtig und fragte ihn noch einmal.

»Nein«, sagte er, »ich fahr wieder mit euch zurück dann, ich wollte nur mal mitfahren in so einem Wagen.«

Wir fanden die Pathologie nicht gleich und mußten mehrmals Passanten danach fragen. Schließlich fuhren wir durch eine stark zerstörte Straße und hielten vor einem klinikähnlichen Gebäude. Das Mauerwerk war beschädigt und der Putz von den vielen Einschlägen abgerissen. Ein langer dünner Mann in weißem Mantel kam langsam aus einer Tür und brannte sich eine Zigarette an. Ich blieb im Wagen, aber die anderen gingen hin zu dem Mann, und ich sah ihn nicken. Er machte sich an einer Tür zu schaffen, und die Leute ließen die hintere Klappe am Wagen herunter. Ich kletterte hinaus und sagte zum Fahrer: »Herr Mittag, wenn Sie es einrichten könnten, ich möchte ihn sehen.«

»Man kann es schon machen«, sagte er. Sie schoben den braunen Sarg heraus und trugen ihn zur Tür. Der lange dünne Mann im weißen Mantel stand dabei und rauchte die Zigarette. Vorn trug der Beifahrer, hinten trugen Herr Mittag und der Tankstellenmann. Ich blieb vor der Tür stehen, und die drei gingen mit dem Sarg hinein.

Ich wollte ihnen nach, aber der junge dünne Mann hielt die Hand mit der Zigarette vor mich hin und sagte: »Wer sind Sie?«

»Ich bin sein Sohn«, antwortete ich.

»Sie können nicht mit rein«, sagte der andere. Ich blieb stehen, und der Mann schloß die Tür hinter sich zu.

Es dauerte nur ein paar Minuten, und ich hörte sie drinnen. Sie setzten etwas ab, und ich wußte schon, was kommen würde. Es war ganz still, und sie flüsterten dann miteinander. Die Tür wurde aufgeschlossen, und sie kamen einer hinter dem anderen heraus: erst der junge dünne Mann im weißen Mantel, dann der Tankstellenmann, dann der Beifahrer und Herr Mittag. Sie gingen schnell in den Hof und traten dabei laut auf. Herr Mittag, der Fahrer, ging nicht mit den anderen, er blieb vor mir in der Tür stehen und sah mich an.

»Da«, sagte er und trat zur Seite. Ich blickte in einen langen, schmalen Gang, den der Sarg fast in seiner ganzen Breite einnahm. Sie hatten den Sarg offen hingestellt, und ein ganz fremder, dunkelgesichtiger, dicker Mann lag darin. Der Gang war dunkel, das Licht fiel durch die Tür hinein. Als ich einige Schritte vortrat, wurde es so dunkel, daß ich mich an die Wand drücken mußte.

Jetzt, ganz in der Nähe, sah der Tote besser aus. Nur die Backen waren viel zu dick, und er war nie in seinem Leben so dick gewesen, wie sie ihn jetzt gemacht hatten. Das dünne Haar lag gescheitelt, die Augen waren nicht ganz zugegangen, aber wie ich ihn jetzt näher ansehe, denke ich, Papa liegt nur hier und schläft. Es ist so dumm und immer das gleiche, sage ich mir, aber man denkt es immer wieder. Es riecht nicht gut hier im Gang, und Papa hat etwas Helles am Halse. Es sieht aus wie eine Schnur oder wie Stroh, ich kann es nicht so richtig erkennen, denke, da fehlt nun so einiges an dir, und das hätten wir gewiß nicht gedacht, als wir uns das letztemal sahen. Ich denke, da hast du die schweren Sachen getragen, und jetzt liegst du hier in einem Gang, und sie mußten dich hertragen, und sie werden dich forttragen.

Ich sage: »Papa!« Und habe es dann noch einmal gesagt, und der Herr Mittag hat mir die Hand auf die Schulter gelegt und sich geräuspert.

Draußen hörten wir die Schritte der anderen, und Herr Mittag sagte: »Aber schlecht sieht er nicht aus.«

»Nein, schlecht sieht er nicht aus«, sagte ich.

Geschehen ist dies in Leipzig, der Stadt, wo ich dann viele Jahre zubrachte. Ging ich an der Pathologie vorbei (ich wohnte ganz in der Nähe), dachte ich immer: da hat er gelegen, dort ist die Tür, der Gang, hier im Hof stand der Wagen.

In Leipzig, das ist die Zeit geworden, in der ich den absoluten Ketzer kennenlernte, Der Alte, frisch importiert aus Übersee, hatte bis in die Fünfzig nie öffentlich gesprochen und bis in die Sechzig nie in Amt und Würden gesessen. Darauf gepfiffen hatte er: Sein Sarkasmus widersprach aller Kathederhöflichkeit. Nun endlich geriet der Mann doch ins akademische Joch.

Zwischenbericht von der hoffnungslosen Lage an der Fakultät der guten Hoffnung

Trauma der Gewalt. Traumata widerfahrenen Unrechts. Wer seine Macht nicht mit maximaler, menschenmöglicher Vorsicht, Vernunft, Zärtlichkeit ausübt, wird den Menschen Unrecht zufügen und den Widerstand der vitalsten und feinfühligsten Charaktere erfahren, derer also, die jede Beleidigung als unerträglich empfinden und zugleich klug und stark genug bleiben, diese Verletzungen nicht unbeantwortet hinzunehmen.
Die Hinrichtung seines Bruders zahlte Lenin dem Zarenreich mit der Revolution heim.
Lenin, Politiker der Jahrhundertwende, Größe und Genialität. Er war uneitel, nicht bis zur Selbstverleugnung. Im Gegenteil. Seine fehlende Eitelkeit folgt aus den Zielen und Funktionen des Revolutionärs. Eitelkeit zählt zu den bürgerlichen Residuen, schlimmer noch, wäre ein politischer Fehler. Es kam allein auf die große Strategie der Klassenschlachten an, was sollte ein Gefühl von schlechter Privatheit. Man bedurfte dessen nicht einmal zum Antrieb, als Energiespender; dies besorgte das Jugendtrauma des Verlusts, im Versuch seines russischen Kommunismus erweckte Lenin den zerfallenen Leib des Bruders zu erneutem Leben.
Lenin ist fünf Zentimeter größer, als in den Geschichtsbüchern angegeben wird, mag gern Karamelpudding, riecht leicht nach Zwiebeln und hat sehr helle, freundliche Augen. Ich weiß das genau. Heute morgen klingelte es an unserer Haustür. Draußen stand Lenin und bat um Entschuldigung. Er hat 777 notwendige Revolutionen bei uns vergessen.

Geschichte verstehe ich als Entwicklung zu Tod und Untergang.
Fasziniert hat mich deshalb an Blochs Hoffnungsphilosophie, daß ich darin ein Instrumentarium gefunden zu haben glaubte, mit dem sich Untergang und Tod etwas hinauszögern ließen.
Blochs expressionistische Sprache. Wenige verstehen ihn. Wenige bringen den Mut auf. Die Obrigkeit ahnt nicht, was ihr ins Haus steht. Wenn Bloch Feinde bekommt, liegt's am Sarkasmus. Einer aus der Führung will im Staatsexamen für Philosophie bestehen. Gelesen hat der Gute Friedrich Engels'

›Ludwig Feuerbach und der Ausgang der klassischen deutschen Philosophie‹. – »Sonst nichts?« fragt Bloch.

So wachsen Feinde heran. Bisher hat Auswendiglernen genügt. Nun gilt es zu denken. Der XX. Parteitag zieht am Institut für Philosophie etliche Jahre früher ein. Hier stirbt Stalin noch zu Lebzeiten. In Blochs Hegel-Buch ist er mit keinem einzigen Zitat erwähnt.

Ein Gewaltiger aus Berlin drahtet nach Leipzig. Die Parteileitung sucht ein Zitat. Man schiebt es zwischen die Zeilen. Die späteren Bücher enthalten mehr Stalin-Zitate. Hat der Professor Geschmack daran gefunden?

1955 Nationalpreis.

Zum 70. Geburtstag. Auf einem Tisch ausgebreitet Glückwunschpapiere von Ulbricht, Thomas Mann, Grotewohl, Feuchtwanger, Brecht und ich weiß nicht mehr wem noch.

Bloch, aus den Staaten zurück, sieht in dem von der Sowjetunion und Stalin vertretenen Weg den einzig richtigen Weg zum Sozialismus. In den ersten Jahren der Lehrtätigkeit in Leipzig mögen Zweifel auftreten; sie werden unterdrückt.

Erste Zeichen von Unzufriedenheit: Kurz nach dem 17. Juni 1953 meint Bloch beiläufig, die Forderungen der Arbeiter nach Absetzung Ulbrichts seien wohl falsch, aber immerhin verständlich.

Bloch, nicht Mitglied der Partei, hält sich für verpflichtet, eine Art Parteidisziplin zu beachten. Nach dem 17. Juni 1953 beginnt ein schmerzhafter Prozeß der Lösung von bestimmten Illusionen. 1956, zum XX. Parteitag, hat dieser Prozeß seinen Höhepunkt erreicht, der XX. Parteitag selbst legalisiert lediglich die herangereiften Resultate.

»Chruschtschow, das ist mein Mann!« Ich meine herauszuhören, daß es sich bei dieser Aussage mehr um eine polemische Wahrheit handelt. Bloch sagt dies in einem Kreis, in dem auch ausgepichte Stalinisten sitzen.

Kurze Zeit später höre ich ihn anders: »Schade, sie haben keine großen Denker mehr, Lenin war ein Format, nun ist nichts da. Beim besten Willen, wie wollen sie das zu Rande bringen.«

Blochs Philosophie sieht die Welt als Prozeß. Bloch untersucht die Fakten auf die Ingredenzien hin, die zur Hoffnung berechtigen. Das nach Hoffnung Ausschau haltende Auge ist leicht geneigt, das Negative zu übersehen. Philosophie als Flucht nach vorn.

Blochs Handschrift, von links nach rechts steil ansteigend, geht den Berg hinauf. Es hat sich in Leipzig herumgesprochen, wie gern Bloch vertraut. Glauben schenken als inneres Bedürfnis. Der Mann, der keinen schiefen Gedanken gelten läßt, nimmt

schiefe Auskünfte nur zu gern hin. Tragische Irrtümer. Bloch, nach den Vereinigten Staaten emigriert, sah in der Sowjetunion die reale Möglichkeit seiner Philosophie. Wer die Sowjetunion angriff, griff Blochs Philosophie an oder zumindest den Glauben, die Anfänge ihrer Verwirklichung zu erleben.
Heinrich Mann schrieb in gestochenem Deutsch das Buch ›Ein Zeitalter wird besichtigt‹, darin eine einzigartige Verteidigung der Moskauer Prozesse. Bloch schrieb kein Buch, aber seine Artikel verteidigten Stalin. Mit Bekannten und Freunden wie Kisch ging Bloch unerbittlich um, sagten sie ein Wort gegen die Sowjetunion.
Der Lehrstuhl in Leipzig bekommt für Bloch exemplarische Bedeutung. In der amerikanischen Emigration hat er von der Arbeit der Ehefrau leben müssen. In der DDR würde alles ganz anders werden.
Es wird ganz anders. In Leipzig vereinsamt der Philosoph völlig. Die Vorlesungen, gelegentlichen Gesellschaften und wenigen Auftritte in der Öffentlichkeit machten die Vereinsamung nur deutlicher.
In dieser Zeit beginnt Bloch viel über das Thema Sklavensprache zu reflektieren. Die Vorlesungen enthalten Zeichen, typische Chiffren derer, die sich mit ihrer Vereinzelung nicht abfinden wollen und nach Freunden und Partnern suchen.
Der Prozeß geht unaufhaltsam weiter. Es gibt von Bloch aus dieser Leipziger Zeit kaum Briefe oder sonstwie unverstellte Dokumente, die Rückschlüsse auf seinen inneren Zustand zuließen. Die Sklavensprache muß von den anderen entziffert werden; der sie spricht, muß die Täuschung beibehalten, in der Mimikry verharren.
Der einsam Schreibende hat seine Vereinzelung schätzengelernt. Die Einsamkeit ist sein Labor. Er beklagt sich nicht, hat in ihr sich heimisch gemacht. Sein Stolz auf sie nimmt finstere Formen von Verbissenheit an. In seiner Zurückgezogenheit sucht er das angesammelte Material zu sichten, zu durchdringen. Seine Arbeit bleibt die des Aufklärers. Er will zuallererst selbst wissen und sich selbst aufklären. Seine Haltung ist die der Neugier. Aber er ist nur sich selbst gegenüber unbedingt offen. Für den Umgang mit anderen hat er Masken angeschafft, und mit nacktem Gesicht geht er nicht aus. Er kennt das Zeitalter. Er ist klug genug, die Fiktionen der Ahnen und Eltern zu durchschauen, ohne neue an die Stelle der alten setzen zu müssen. So kehrt er auf Umwegen zurück zu den alten Bildern und Exempeln, zu Herakles am Scheidewege, zum listenreichen Odysseus, zu Platon, der nach Syrakus geht, zu Sokrates, der die Unruhe des Gesprächs als Mittel der Aufklärung nutzte, kehrt zurück zu den Symbolen seines Ausgangs, aber folgt auch ihnen nicht blindlings, denn das zwanzigste

Jahrhundert hat die Verführungen der Abrundung und Vollständigkeit, der Fabel und des Bildes kennenlernen müssen; also wird man genau unterscheiden zwischen dem Platon, der den sizilianischen Diktator zur Staatsführung mit Klugheit zu überreden suchte — und dem Platon, der in seiner Staats-Utopie das im Praktischen Ungelungene theoretisch gelungen machen wollte, also wird zu unterscheiden sein zwischen jener Klugheit des Sokrates, die ihn immer wieder den Dialog führen ließ, und seiner verwerflich ungeschickten Haltung dem Gericht gegenüber, das er grund- und ziellos provozierte und dessen Urteil er dann ebenso grund- und ziellos sich zu entziehen weigerte, so daß sein Tod auch ein ärgerliches Exempel wurde, mehr Selbstmord als Urteilsvollstreckung, zu viel Resignation — zu wenig List.

Von ihrer gemeinsamen Heidelberger Studentenzeit reden Bloch und Lukács mit Rührung. Wenn Bloch über Lukács sprach, mischte sich unversehens Bitterkeit ein.
Bloch sagte, er habe, nach Deutschland zurückkehrend, geglaubt, lauter »junge Lukácse« vorzufinden, aber nicht nur »Schmalspurmarxismus« vorgefunden, sondern dazu noch einen verwässerten und vorzeitig gealterten Lukács getroffen. Einen Mann, der die Philosophie auf bloße Erkenntnistheorie zu reduzieren versuchte und in Darlegung wie Stil unter sein Ausgangsniveau gekommen sei.
Bloch, einer der letzten Erzähler unseres Jahrhunderts, konnte Nächte hindurch erzählen, ohne bei den Zuhörern Müdigkeit aufkommen zu lassen.
In seinem Mund werden die blutrünstigsten Gespenstergeschichten zu philosophischen Weisheiten. Ich habe nie einen Menschen erlebt, der wie Bloch noch aus dem Unscheinbarsten einen Sinn herausholt. Er selbst ist sich dieser Stärke bewußt, wenngleich er die Gefahren, die für das Philosophieren daraus entspringen, unterschätzen dürfte.
In den Erzählungen über die Heidelberger Studentenzeit schildert sich der Philosoph mit Vorliebe als enfant terrible. Lukács erscheint als Aristokrat, der sich der bösen Streiche seines Freundes schämen muß. Bloch hat ein sichtbares Vergnügen an demonstrativen Provokationen.
Zur Schiller-Feier in Weimar, als Thomas Mann die Festrede hält, treffen Bloch und Lukács das erste Mal seit dem Krieg wieder zusammen. Bloch reagiert bekümmert, hat erfahren, daß Lukács von den neueren Publikationen Blochs nur das Hegel-Buch kennt, obwohl Bloch von jeder Neuerscheinung Lukács ein Exemplar schickte. Bloch hat wenige Leser und ist nicht leicht verständlich, er hoffte, vom alten Freund Georg Lukács begriffen zu werden.

Im Sommer 1957 berichtet Bloch von einem Brief Lukács', in dem dieser schrieb, es sei für Ungarn höchste Zeit, daß der »Verbrecher Rakosi davongejagt werde«.
Das ist der alte Lukács, sagt Bloch erregt und meint den jungen.
Vielleicht wird ›Geschichte und Klassenbewußtsein‹ doch noch eine Nachfolge finden. Bloch sarkastisch: Lukács ist schon ein guter Marxist!
Die politischen Erfordernisse haben den Gleichklang zwischen den beiden wieder hergestellt.

In Leipzig bin ich unter die Intellektuellen gefallen. Für einen Bürgersohn, gar Intellektuellenproß, mag das Universitätsstudium nichts grundsätzlich Neues sein. Für mich begann eine gänzlich neue Epoche.
Ich zählte 27 Jahre und hatte in vielen Lebensbereichen meine Erfahrungen gemacht. Erst hier an der Uni lernte ich die Sphäre der Hirnwesen richtig kennen.
Schwierigkeiten hatte ich, was den Wissensstoff angeht, nur wegen meiner mangelhaften Sprachkenntnisse. Russisch radebrechte ich ganz gut, aber jetzt galt es, die idiotischsten und komischsten Texte zu lesen und zu übersetzen.
In Latein schaffte ich mit Mühe das kleine Latinum. Außerdem nahm ich aus Überschwang je eine ganze Stunde Unterricht in Englisch, Französisch und Italienisch.
Nach den Prüfungen in Russisch und Latein vergaß ich alle Vokabeln schnell wieder, so daß meine heutigen Erinnerungskenntnisse in beiden Sprachen ungefähr denen gleichen, die ich in Englisch, Französisch und Italienisch habe.
Etwas besser stand es um mein philosophisches Wissen. Gelesen hatte ich schon immer. In Gefangenschaft Marx, Engels, Lenin, Stalin; als Lehrer an der Ingenieurschule in Zwickau die Frühschriften von Marx, Engels, dazu Georg Lukács und was sich sonst ergattern ließ; im Lungensanatorium war ich bei allen Mottenkranken bekannt gewesen als der Irre, der Kant, Hegel, Schopenhauer und ähnliches Unlesbares liest.
Ich will nicht mit meiner Bildung protzen; sie besteht aus mehr Mängeln als Wissen. Auch sind die Klassiker des Marxismus und der deutschen Philosophie bekanntlich längst tot. Wenden wir uns den lebenden Genies zu.
Ich lernte sie in Leipzig scharenweise kennen, eine ganze Meute linker, als links geltender oder linksangehauchter Berühmtheiten. Jeder größer als der andere. Eine liebenswerte Horde lebendig begrabener Utopisten.
Die Entdeckung des wissenschaftlichen Amerika begann für mich gleich mit einer niederschmetternden Erfahrung. Da ich

schon in den ersten Tagen mit Ernst Bloch bekannt wurde, sah ich in ihm den typischen Wissenschaftler.

In meiner Einfalt nahm ich an, die Herren Professoren seien durch die Bank solche Geistesriesen. Das schaffst du nie!

Heute wird viel darüber geredet, daß man Arbeiterkindern den Weg zur Hochschulbildung bahnen müsse. Recht so, aber sorgt bitte dafür, daß denen dort zuerst ein normaler Wissenschaftler als Lehrer begegnet.

Damit sie nicht allen Mut verlieren, wie es damals mir erging.

Nach der ersten Vorlesung des Meisters saß ich ganz zerstört vor den Resten meines Optimismus und kratzte mich verzweifelt am Kopf.

In den nächsten Tagen informierte ich mich über andere Studienfächer. Vielleicht wäre ich aus lauter Verzweiflung an eine Technische Hochschule oder landwirtschaftliche Fakultät emigriert, da geschah das Schopenhauer-Wunder.

Kein Mensch weiß, was das ist, das Schopenhauer-Wunder. Kann auch keiner wissen.

Ich erlebte es allein.

Die Sache war die: Ich kannte Schopenhauers ›Welt als Wille und Vorstellung‹ gut, auch die beiden Bände ›Parerga und Paralipomena‹. Als Schopenhauer-Fan, der ich war, hätte ich ganze Seiten aus dem Gedächtnis aufsagen können und hatte doch keine Ahnung vom Wesen des Ganzen.

Im zweiten Seminar, das ich miterlebte und das sich, wenn ich mich recht erinnere, um Feuerbach drehte (oder um die Marxschen Feuerbach-Thesen, wer weiß das noch so genau), kam Bloch ganz nebenbei auf meinen liebwerten Schopenhauer zu sprechen.

In fünf Sätzen (das erinnere ich noch exakt, ich notierte die atemberaubende Erfahrung) stellte er Schopenhauer so deutlich und umfassend hin, daß es mir wie Schuppen von den Augen fiel.

Mit einem Male begriff ich, worum es ging, erkannte Entwicklungslinien, verstand den tieferen, inneren Sinn des grandiosen Text-Gebäudes, dessen Einzelteile ich in meiner ungeschulten Gedächtniskraft mir angeeignet hatte, ohne im geringsten herauszufinden, worum es ging, woher der Philosoph kam, wohin er führte.

Anfangs fand ich diese neue Erfahrung wiederum niederschmetternd. Wie schlimm mußte es um meine Intelligenz bestellt sein, wenn ich die Werke zwar kannte, aber sonst nichts begriff.

Die bedrückende Einsicht machte bald einer besseren und optimistischeren Deutung Platz. Autodidakt, der ich war, hatte ich in Gefahr gestanden, im Gewirr und Gewüst des Materials zu ertrinken. Es kam auf gezielte Hilfen an, auf Kenntnisförde-

rung durch erfahrene Lehrer, es hing zuletzt von ein paar Tricks ab, es gab, wie ich bald merkte, ganz bestimmte Kniffe und Eselsbrücken. Kannte man sich damit aus, ging es zu wie beim Zauberer — die vielen Einzelheiten ordneten sich zu übersichtlichen Strukturen, plötzlich lagen ganze Komplexe von größtem Schwierigkeitsgrad entschlüsselt vor einem.
Je mehr man die einzelnen Teilgebiete beherrschte, desto klarer wurde das Ganze — ehrlich gesagt, meine anfängliche Schüchternheit verschwand ziemlich schnell und machte einer nicht weniger unziemlichen Frechheit Platz.
Das war nicht allein die Wirkung zunehmender Kenntnisse, sondern ebenso Resultat zunehmender Menschenkenntnis. Ich begriff nun, daß es an den Universitäten keineswegs von Ernst Blochs wimmelte, nein, scharfe und große Geister waren wie im Leben draußen auch an den Hochschulen die Ausnahme von der tristen Regel. Es gab Schlau- und Dummköpfe, daran änderte kein akademischer Grad und kein großer Ruf etwas. Wenn man sich mit genügend Energie und Arbeitswut ins Zeug legte, konnte man auch als Proletarier mitreden, kein Grund für Schüchternheit, jedenfalls kein biologischer Grund — ich warf mich ins Zeug. Faulheit war noch nie meine Devise gewesen.
Die Verführungen zum Hochmut!
Ja Ihr — Ihr habt es leicht! Steht als Intellektuellenabkömmlinge und Bürgersöhne in festen Traditionen. Seid als Kleinbürgersprosse genügend verklemmt, immer schön Köpfchen angestrengt, Knie beugt, immer fein untertänig, wenn's geboten scheint, immer feste draufhauen, wenn's angebracht ist. Der Erfolg ist des Menschen Ziel. Ja Ihr habt es gut mit Euren Traditionen! Als Prolet stehst du ziemlich beschissen da. Hast nichts, bist nichts, kannst nichts. Was willste eigentlich hier?
Für so einen ist der Ausflug an die Universität immer eine erste Expedition zum Mond. Aber von hinten her. Denn die Kulturgeschichte hatte jahrtausendlang den Sinn, die Massen weit genug hinter dem Mond zu halten.
Da kommt einer und läuft frech über die sichtbare Seite der hellen Scheibe. Haut ihn, daß die Fetzen fliegen! Komme mir noch mal einer mit STAAT DER ARBEITER UND BAUERN UND ARBEITERKINDER AN DIE UNIVERSITÄT. Mag sein, daß es woanders von diesen Klassemenschen wimmelte, bei uns wimmelte es von Bürgerlichen. Dazwischen ein paar wenige abgehalfterte Parteifunktionäre. Sie hatten durchweg Dreck am Stecken, meist moralische Verfehlungen, einer schlief mit zwei Frauen, der andere ließ sich als Exhibitionist erwischen, von zwei drei weiteren wußte man nicht genau, was sie verbrochen hatten, die Partei schien der Meinung zu

sein, eine Verurteilung zum Philosophiestudium wäre Strafe genug.
Da saßen die lieben Genossen, pinselten brav Philosophiegeschichte, Logik, Dialektik, Ethik und verhielten sich streng obrigkeitstreu, vielleicht, daß die Strafe ihnen wegen vorbildlichen Verhaltens erlassen würde. Wurde auch manchem, der schnurstracks entschwand.
Bergmann zum Beispiel, der dem Hegel-Seminar, zur Äußerung aufgerufen, entfloh und von Stund an beim Staatssicherheitsdienst arbeitete; können Philosophen schon nicht Könige sein, wie Plato forderte, sollen sie wenigstens die Politische Geheimpolizei leiten, bitte, das ist keine Unbotmäßigkeit, keine scharfe Ironie, die Genossen Bergmann hatten Erfolg. Günter Maschke, 13 Monate bayerische Gefängnisse, wegen fortgesetzter Kriegsdienstverweigerung, liegt am Tage seiner Entlassung aus Stadelheim schnaufend und prustend in meiner Badewanne.
Aus Maschkes Gefängnisberichten: Zwei sitzen in Stadelheim, die waren lange in der DDR inhaftiert und loben die DDR-Gefängnisse, was es für mustergültige Regelungen gibt, besseres Essen, normale Bezahlung für Arbeitsleistungen, Ausbildungsmöglichkeiten in der Haft, anständige Behandlung, Wiedereingliederung nach der Entlassung.
Das Lob der DDR-Gefängnisse, in den Gefängnissen der BRD gesungen. Philosophie mit Folgen?
Parteien aller Länder, verurteilt eure Mitglieder zum Philosophiestudium.
(Was hilft's, die beschicken weiter ihre kirchlichen Hochschulen, was nutzt da guter Rat.)
Man kann über Hegel zum Revolutionär werden. Über Leibniz, Heraklit, Demokrit . . . es gibt da Beispiele.
Seit Jahrhunderten werden die Länder von abgenutzten Familien beherrscht. Immer dieselben glatten Visagen und krummen Hunde. Was hatte ich nicht alles gegen diesen Ulbricht vorzubringen; eines imponierte mir: Er entstammte keiner alten Familie. Mag sein, so ein langes Leben nimmt den Menschen tüchtig her, krümmt ihn, beutelt ihn durch, mag alles sein, sich aber vorzustellen, es passiere irgendwo was gänzlich Anderes, Neues, Revolutionäres, die alten Sippen würden gänzlich entmachtet, bekämen Zeit, sich zu erholen?
Macht die Leute zu Menschen, und ein Wunder wird geschehen.
Bloch, ein Opfer der Ent-Stalinisierung. Ent-Stalinisierungsopfer sind wir alle. Ertrugen den Stalinismus zähneknirschend, von außen ist nichts zu ändern. Als Stalin enthüllt wurde, der Sozialismus als Reich der Derwische, verletzte das unseren Stolz. Die Ent-Stalinisierung demütigte uns. Fortan wollten

wir den Befehlen der Führung nicht mehr ausgesetzt sein. Kein blindes Befolgen mehr. Wie recht wir hatten und wie falsch wir handelten, wie untaktisch. Schwer vorstellbar, wie unbekannt, unbeachtet Bloch anfangs in Leipzig lebte. Eigentlich gab es ihn gar nicht, am Institut traf man kaum jemand, der über ihn einigermaßen Bescheid wußte. Ich erfuhr zu meinem Erstaunen, der Professor sei in der Weimarer Zeit durch Mitarbeit an der ›Frankfurter Zeitung‹ bekannt geworden. Von dieser früheren Publizität in Leipzig war nichts mehr zu spüren.

Die Zustände am Philosophischen Institut 1952, als ich hinkam, waren desolat. Oberassistent war ein sanftmütiger Herr Buhr, der immer sehr bleich, übernächtigt und krank aussah und um dessen Posten bei den Assistenten die wütendsten Kämpfe tobten. Man intrigierte miteinander und gegeneinander und schob die Partei vor. Buhr fiel den Intrigen zum Opfer, erhielt eine Parteistrafe und verschwand für längere Zeit in der Versenkung. Später tauchte er als Mitarbeiter der Akademie der Wissenschaften wieder auf und machte sich einen Namen als Autor philosophischer Schriften. Mir kam er immer vor wie ein Hamlet der Philosophie, jedenfalls hatte ihn des Gedankens Blässe angekränkelt, es reichte bei ihm einfach nicht zur konspirativen oder offenen Gegenwehr. Später lernte ich solche tauben Traumtänzer gerade unter Philosophen oft kennen. Wahrscheinlich führt die Beschäftigung mit diesem Wissensgebiet leicht zur Melancholie.

Unter den Assistenten der Anfangszeit gab es eine einzige Dame, auch sie hundertprozentige Melancholikerin. Sie rauchte von früh bis spät, haßte Männer. Ich weiß nicht, ob sie wirklich lesbisch war, doch litt sie unter entsetzlichen Zuständen. Das Gespräch mit einem Mann trieb ihr hektische rote Flekken ins Gesicht.

An der Leipziger Universität gab es zwei verschiedene Gruppen. Die einen waren die Bürgerlichen, die keinen Grund sahen, sich nach links zu entwickeln. Ihre seelische Robustheit kann als unerschütterlich gelten. Solche Leute beherrschen ihr Fach, der Staat verlangt keine darüber hinausgehenden Loyalitäten. Ihm genügt, daß die Menschen funktionieren. Die anderen, die dem Staat entgegenkommen und sich engagieren, vergessen bald im Tagesgetriebe die Honorität ihrer Ausgangsposition. Das Gedrückte, Unsichere und Gezwungene dieser Männer, die mit den besten Vorsätzen darangehen, die Klasse zu wechseln, widerspricht dem Sozialismus, der statt Zuwachs an Persönlichkeit, Charakter und Humanität deren Reduktion und Beschädigung einbringt. Verneigen wir uns wenigstens vor dem Opfer der Gutwilligen. Erstaunlich, daß

die bürgerliche Intelligenz im Jahrhundert des Untergangs noch einzelne Mitglieder hervorbringt, die den kläglichen Egoismus ihrer Schicht zu überwinden suchen. Mag das Unterfangen mißlingen, es gehört Größe dazu, es immerhin versucht zu haben.
Universitäten sind weniger eine Auslese von Intelligenz als von Eitelkeit. Denke ich allein an die philologischen Vorlesungen, so erinnere ich kaum anderes als Professoren, die mit geradezu unglaublicher Stupidität sich selbst offerierten, auch wenn sie über Goethe, Büchner, Brecht sprachen. Ich hatte immer den Eindruck, sie bemächtigten sich ihrer Gegenstände zu keinem anderen Zweck als dem der eigenen Propaganda. Wobei ihnen die trübe, unerfüllte und schwülstige Geilheit jener Mädchen entgegenbrandete, die die Mehrheit in den philologischen, insonderheit germanistischen Hörsälen ausmachen. Vielleicht ist es gerade die absurde Verklemmtheit der Zuhörerschaft, die den angehenden akademischen Lehrer vereinnahmt und endgültig in die falsche Richtung drängt. Ich weiß es nicht und will auch nicht weiter darüber grübeln. Schließlich gibt es appetitlichere Reflexionsinhalte. Nur meine ich, daß es kein Mensch aus Fleisch und Blut längere Zeit in diesen Seminaren aushält, ohne Schaden zu nehmen an Denkvermögen und Wirklichkeitssinn. Übrigens unterscheiden sich die Verhältnisse der Leipziger Universität nicht von denen anderer Universitäten. Die Abhängigkeit der Hochschulen und Hochschullehrer von Instanzen, von denen abhängig zu sein ehrenrührig ist, führt dazu, die Abhängigkeit mit aller Energie und jedem verfügbaren Scharfsinn zugleich zu pflegen und zu leugnen. Das mag dann der gedanklichen Equilibristik und charakterlichen Demagogie zugute kommen, es prägt zugleich die Personen, die, obwohl sie es nie zugeben werden, an ihrer eigenen Unwahrhaftigkeit leiden. Bürgerliche Intellektuelle ringsherum, jeder Blick darauf gerät zur Vivisektion. Die sanfte Haut Äußerlichkeit aufgeschnitten, enthüllt brüllende Tiefen. Nichts für zarte Naturen und empfindliche Ohren. Welche morbide Psychologie bewirkt den Abfall der bürgerlichen Intellektuellen von der Menschheit? Das Rechte erkennen zu können, um es nicht zu tun, ich löse keine Rätsel und antworte mit Verachtung. Dem Studium anheimgegeben, erleide ich Rückfälle. Mit Schimpf und Schande zu reagieren, pustet die Gehirnwindungen durch. Nichts ist so ehrlich und menschlich wie der revolutionäre Akt des Aufstands und Widerstands. Woran kranken wir? Was schluckt uns, speichelt uns ein, verdaut uns? Meine anfängliche Sympathie für die Allwissenden wich im Maße der Erkenntnis, daß sie vom Abfall leben: Abfall von den Notwendigkeiten, Pflichten, Abenteuern der Realität. Je länger ich diese Unmenschen beobach-

tete, desto tiefer begriff ich sie, die an ihren sozialen Bevorzugungen erkrankt waren und mit dem Gewinn innerer Beweglichkeit die äußere aufgaben. Diese gehemmten, gedrückten Wesen! Wie sie einherschlichen, ganz das personifizierte schlechte Gewissen, wahrhaftiger Ausdruck der unwahrhaftigen Lage. Innerlich gingen ungeheure Prozesse vor, ihre Bildung befand sich im Zustand dauernder Erektion, doch gute Erziehung und antrainierte Anpassung verlangte und verhinderte den Umschlag ins Qualitative.
Erwarte vom Intellektuellen keine befreiende Tat. Vor die Wahl gestellt, eine Revolution zu wagen oder einen befohlenen Mord zu begehen, wird er instinktiv den Mord wählen, allerdings schlechten Gewissens; dies allein unterscheidet den Intellektuellen von anderen Menschen. Nur die zweimal wöchentlich stattfindenden Vorlesungen des Alten machten die Lage erträglich. Sein Seminar ließ das ganze Elend vergessen. Hier zeichneten sich früh, in nuce, hätte der Meister definiert, die Spannungen und Kämpfe der folgenden Jahre ab. Seine grimmigen Bärbeißigkeiten würzten die Diskussion.
Die Anti-Bloch-Front gruppierte sich um den schwerkranken, ständig unter Atemnot leidenden Gropp. Bloch und Gropp konnten einander nicht ausstehen. War Gropp von Anfang an als Bewacher des Institutsdirektors angestellt worden? Obgleich ich Gropps engen Diamant-Dogmatismus nicht mochte, imponierte mir der philosophische Leichenheinrich irgendwie; seine Art zu sprechen und zu denken hatte etwas Unbedingtes. Mir schien es immer, als lebte Gropp schon nicht mehr, als klammere er sich in seiner Feindschaft zu Bloch an das Leben selbst. Es war dieser Kampf, der ihn einzig noch am Leben hielt. Gropp, ein Toter auf Urlaub.
Mag sein, mich verband mit Gropp, mit dem mich ansonst absolut nichts verband, die gemeinsame Krankheit Tbc; ihn hatten die Chirurgen richtig vorgenommen, wo ich ihnen vom Operationstisch gesprungen war. Gropp, ein physischer Teil von mir; Bloch, der große intellektuelle und psychische Meister. Die sich ständig verschärfende Situation am Institut fand mich auf seiten Blochs, aber auch bei Gropp war, ganz gegen meinen Willen, ein Teil meiner Sympathien. Der Mann tat mir leid, doch war es kein Mitleid. Ich mochte Gropp nicht, aber ich achtete ihn.
Man macht sich später, wenn jemand berühmt geworden ist, nur schwer einen Begriff davon, wie es früher gewesen ist. Ich studierte im 3. Semester, als ich Bloch erstmals in der Presse gewürdigt fand; die Rezension stand in der ›Weltbühne‹. Ich setzte mich hin und schrieb einen Leserbrief, der mit den Worten begann: »Ihrem Mitarbeiter Carl Andrießen gebührt das seltene Verdienst, eine Arbeit Ernst Blochs rezensiert zu haben . . .«

Die ›Weltbühne‹ druckte den Brief ab, die ersten Worte von mir, die gedruckt wurden; ich erhielt von der Redaktion 50 Mark Anerkennungshonorar und ein Schreiben des Chefredakteurs, in dem er mich zur Mitarbeit aufforderte. Wir verjubelten das Geld zur Silvesterfeier in »Auerbachs Keller«; fortan verdiente ich mit Schreiben einen Zuschuß zum Stipendium.
Die ›Weltbühne‹ brachte eine solche Menge Artikel von mir, daß ich wenige Monate später zum ersten Mal ein Pseudonym hinzunahm. Ich hatte Angst aufzufallen. Auch sprach sich meine publizistische Aktivität am Philosophischen Institut und in der Parteigruppe herum. Es sollte noch drei Jahre dauern, bis ich zum »Feind der Republik« erklärt wurde; eine Ahnung stellte sich in den ersten Wochen und Monaten ein. Ich fühlte mich gewarnt. Manche neideten mir den Nebenverdienst oder sahen in meinen Artikelchen, Glossen und Kurzessays tatsächlich schon im Frühstadium die spätere große Abweichung.
Ich zog mir gleich zu Beginn meiner Schreibarbeit allerhand verschiedene und schwer zu klärende Feindschaften zu, das blieb dann die nachfolgenden beiden Jahrzehnte so und wird mich wohl bis ans Ende begleiten. Inzwischen gewöhnte ich mich derart daran, daß ich etwas entbehrte, würde es anders.
Dies die Quintessenz dessen, was ich in rund zwei Jahrzehnten seit meinem Eindringen in die intellektuellen Zirkel der Universität und später in die Sphären von Presse, Publizistik, Kunst und Literatur erlebte.
Polemik ist gut, üble Nachrede ist besser — wer wüßte diesen schönen Spruch nicht zu würdigen! Er enthält die Allgemeingültigkeit eines Sittengesetzes und die unverbrüchliche Alltagserfahrung einer uralten Volksweisheit.
Für einige Berufssparten dient der Spruch geradezu als unentbehrliches Handwerks-, besser Mundwerkszeug. Was dem Schmied der Hammer und dem Bäcker der Backofen ist, das ist dem Schullehrer, Schauspieler und Dichter die üble Nachrede.
Große Künstler bedienen sich ihrer mit jener Virtuosität, derer sie sonst nur in Ausübung ihrer Kunst fähig sind. Größte Künstler übertreffen ihre eigentliche Kunst noch mit der ihrer spitzen Zunge. Kenner behaupten, ein Schauspieler könne schlichtweg genial sein, beherrsche er jedoch die höchst gesteigerte Fähigkeit der üblen Nachrede nicht, sei all seine Begabung einfach für die Katz.
Meister der üblen Nachrede gedeihen an unseren Schulen, noch mehr aber an den Hochschulen! Je höher nämlich einer im Niveau steht, um so tiefer macht er den Kollegen runter. Aber noch die größten akademischen, professoralen Nach-

redetalente verblassen gegenüber der unerreichten Nachredekunst von Sängern, Schauspielern, Schriftstellern und Dichtern.
Man beachte geflissentlich die Steigerungen: Schule, Hochschule, Opernhaus und Konzertsaal, Theaterbühne, Dichterstübchen.
Hinzuzufügen wären noch die modernen Örtlichkeiten: Rundfunkstudios, Musikhallen, Kongreßsäle; die Mittelpunkte heutigen künstlerischen Lebens.
Die Öffentlichkeit, soweit sie Kunst konsumiert und also dazu da ist, ihre Eintrittskarten mit Geld zu bezahlen, nimmt in verständlicher Einfalt an, die vorgenannten Orte dienten auch den genannten Zwecken: In Rundfunkstudios produziere man Sendungen, in Musikhallen singe und musiziere man, in Kongreßräumen halte man Referate.
In Wirklichkeit sind alle diese Betätigungen nur sekundärer Natur. Wichtiger als das Mikrofon im Funkstudio ist der Dialog, den man vorher mit dem Kollegen X über den Kollegen Y führte und in dem man sich einigte, daß Y eine glatte Null sei. Hernach trifft man beim Kaffee in der Kantine auf Y und findet gemeinsam den X einfach widerlich.
Die Krone der üblen Nachrede gebührt indessen den Schriftstellern und Dichtern. Da das Wortemachen ihr Beruf ist, wird ihnen das Üble-Worte-Machen zum Nebenberuf; wenigstens zu Beginn ihrer Laufbahn. Spätestens nach dem ersten erfolgreichen Buch ist dann die Literatur ihr Nebenberuf und die Kunst der üblen Nachrede das Hauptmetier. Sie vollbringen schier Unglaubliches. Schon mancher Schriftsteller schrieb dem Kollegen ein lobendes, überschwengliches Vor-Wort zu einem Buch und machte es jahrelang durch allerübelste Nach-Rede wieder wett. Es gibt wahre Profis in Rufmord. Sie flüstern, kolportieren, giften, vermengen Falsches mit Halbfalschem und beides mit Erfundenem, sie lügen, leugnen, schwören heilige Meineide und hauen jeden in die Pfanne, sich selbst ausgenommen. Über sich selbst herzuziehen ist nicht nötig, die andern tun es stellvertretend und mit Begeisterung. Außenstehende neigen mitunter in rührender Treuherzigkeit dazu, in dieser ständig tobenden Nachredeschlacht nichts als schlechte Kinderstube und Charakterlosigkeit zu sehen. Das ist nicht zutreffend. In unserer Zeit, da das Gemeinsame in die Brüche geht und die Welt sich atomisiert, sind wir mehr denn je auf die letzten Überreste solider Übereinkünfte angewiesen. Die älteste Übereinkunft soziierter Menschen aber lautet: »Polemik ist gut, üble Nachrede ist besser!«
Anders ausgedrückt: Polemik ist nichts als Schimpferei — die üble Nachrede jedoch ist eine große Kunst, und zwar diejenige Kunst, die alle Sparten der Wissenschaften und Künste und

damit alle Künstler und Wissenschaftler untereinander brüderlich und schwesterlich verbindet.
Deshalb: Wer nicht hinterm Rücken übel spricht vom anderen, stellt sich außerhalb jeder Gemeinschaft und Solidarität. Er gehört nicht dazu. Merke: Wer würde von dir reden, wenn nicht viele dir übel nachredeten.

Was den inneren Kern der Auseinandersetzungen zwischen Bloch und Gropp, später zwischen der »Bloch-Gruppe« und der Partei anging, so muß ich gestehen, daß ich dafür nie das rechte Verständnis aufbrachte. Das mag daran liegen, daß mein Sinn für philosophische Feinheiten zwar vorhanden, doch offensichtlich nicht auszubeuten gewesen ist. Mich interessierte die gesamte Philosophie nur so lange, als ich sie kennenlernte. War der Prozeß des Kennenlernens abgeschlossen, erlosch mein Interesse. Wie man sich aus politischen Gründen um philosophische Nuancen streiten konnte, begriff ich nie. Ich fand das nach kurzer Zeit zum Gähnen langweilig.
Dieser Mangel an »Parteilichkeit« disqualifiziert mich für philosophisch-ideologische Streitigkeiten, wahrscheinlich folgt hieraus auch mein zweiter Mangel — ich bin nicht nur habituell unfähig, irgendeine vorgeschriebene feste Linie einzuhalten, sondern darüber hinaus von vornherein derart charakterlich strukturiert, daß ich jede Machtlinie, statt sie einzuhalten und zu verteidigen, erst einmal angreife. Mein Gefühl ist in dieser Hinsicht so fein entwickelt, daß ich Parteilinien schon angreife, wenn deren Vorhandensein noch gar nicht hinreichend ausgemacht ist.
Was die Dialektik von Subordination und Insubordination angeht, so hatte ich einige abschreckende Exempel vor Augen, die zeigten, wie leicht und schnell Insubordination in völlige Subordination umschlagen kann.
Der Dozent Heinrich Schwartze, der am Institut Ästhetik lehrte, war früher Pastor gewesen. Jetzt als Parteimitglied führte der Mann einen lebenslangen Eiertanz auf, Motto: Wie ich jede Erinnerung an meine frühere Existenz verhindere.
Ich zweifelte nicht an der Ehrlichkeit dieses Genossen, seine Bemühungen aber verurteilten ihn dazu, sich selbst immerfort unehrlich vorzukommen. Der Mann hatte die Kraft besessen, mit seiner Kirche, seinem Beruf und seinem vormaligen Leben zu brechen. Das war ein Vorgang in der Stille gewesen, der Kampf hatte sich in Geist und Gewissen abgespielt und war auch vor diesen personalen Instanzen entschieden worden. Jetzt in seiner neuen Rolle und Stellung sah sich der frühere Theologe jedoch ständig zu bestimmten Handlungen aufgefordert. Mochten die Vorlesungen noch am leichtesten zu bewältigen sein, weil sie den früheren Predigten glichen,

alles weitere jedoch, der Umgang mit Kollegen und Studenten, die Diskussionen in den Parteiveranstaltungen, dies alles erforderte den aus sich herausgehenden, sich zu Aktivitäten entäußernden Mann. Der Dozent suchte den Anforderungen zu genügen und genügte ihnen auch. Nur enthüllte sich dem analytischen Blick das Gezwungene und Unglückliche der Darstellung. Hier mußte sich nun ein Mensch ständig zu etwas zwingen, das seinem Wesen nicht entsprach. Es war, als sollte eine Ente mehr fliegen als schwimmen, nur weil sie Flügel hatte, oder als dürfte ein Wal nicht mehr zum Luftholen an die Wasseroberfläche.

Die Disharmonie fiel auch anderen Genossen auf. Man belustigte sich am Gezwungenen seiner Haltung und sah darin die Folgen und Restbestände des früheren Berufs, der ihn auch äußerlich unübersehbar geprägt hatte. Schwartze war der Pastor par excellence. Er sagte: »Liebe Genossen«, aber in so salbungsvollem Ton, daß es klang wie »Liebe Gemeinde«.

Innerliche wie äußerliche Residuen vormaliger Tätigkeit erklären nicht völlig den Konflikt. Man macht es sich zu leicht, es wird auf einen früheren Zustand abgeschoben, was mindestens zum Teil von der Gegenwart verursacht ist. Die gegenwärtigen Zustände dürfen eben nicht unwürdig sein, das behinderte das wohlfeile Wohlbehagen derer, die von ihnen profitieren. Und so heißt es ungenau und gedankenlos, jemand benehme sich »noch wie ein Pfarrer« (oder, das ist auswechselbar: ... noch wie ein Kommunist ... Faschist ... Liberaler ... Maoist ...), wo der Mensch in Wirklichkeit gegenwärtigen Zwängen unterworfen ist.

In der Partei diskutierten wir nicht die wirklichen Probleme unserer täglichen Existenz, an der Universität verschwieg man die wichtigsten Fragen, von morgens bis abends und abends bis morgens verhielt man sich rollengemäß.

Was die andere, die westlich-kapitalistische Welt angeht, so deformiert das hier herrschende Konkurrenz- und Leistungsprinzip mindestens ebenso intensiv wie das östliche Parteiprinzip. Die Wirtschaft stellt nicht nach Maßgabe der Vernunft und Notwendigkeit her, sondern nach Maßgabe ihrer Macht. Also wird das Bedürfnis nicht gestillt, sondern hergestellt, um gestillt werden zu können, und dies bis zum Bedürfnis nach Krieg, Folterung, Vernichtung. Das Verschieben der Wahrheit findet bereits in den Organen statt, die eigentlich der Information dienen, in den Zeitungen z. B. ordnet der Konkurrenzdruck die Informationsverbreitung der Informationszurichtung unter. Nicht die Wahrheit ist wichtig, sondern die Wirkung. Die Informationsverbreitung untersteht dem Prinzip der Werbewirksamkeit. Die Information wird gezielt bearbeitet wie ein Kunstwerk, das auf Publikumsfang ausgeht. Die

Folgen sind bis ins Detail beschreibbar: Selbst bei Sachbüchern, Büchern also, die über Sachverhalte referieren, ist der Sachverhalt seiner Wirkung subordiniert; der Autor, der das begriffen hat, wird keine kritische Verhandlung seines Buches in der Kritik erwarten und anzielen, sondern maximales Aufsehen. Er braucht Wirkungen, auch wenn sie zu Lasten der Aufklärung gehen. Das Prinzip, daß eine Sache »verkauft« werden müsse, also unbedingt verkaufbar zu machen ist, beeinträchtigt den eigentlichen Wert der Sache; Wirkung um jeden Preis, wie der Konkurrenzkampf es verlangt, stellt die Form über den Inhalt, den Umsatz über die Wahrheit, bis einer gänzlich in dieser Art organisierten Gesellschaft der Sinn für Realitäten überhaupt abhanden kommt und sie völlig das Bewußtsein dessen, was mit ihr geschieht, verliert. Die Verschiebung von Wahrheit findet als Intentionskrankheit im Innern der Gesellschaft und im Innern jedes ihrer Mitglieder statt.

Was ich an Bloch bewunderte, was mich fesselte und faszinierte, ärgerte mich zugleich, ja manchmal entsetzte es mich. Dieser Mann schien geradezu alles zu wissen, er war ein wandelndes Lexikon und viel mehr als das, ein Lexikon gibt die feststehende, immer gleiche Antwort, befragt man es. Bloch variierte, dies wies ihn als wirklichen Weisen aus. Er berücksichtigte in seinen Antworten und Vorträgen, und seine Antworten wuchsen sich jeweils zu Vorträgen aus, den Fragesteller, die Zeit und Umstände, in denen gefragt wurde, hinzu kam seine eigene persönliche Interessenlage, Stimmung, was eine gewisse, nie genau vorherzusehende Unberechenbarkeit ergab, gerade dies wiederum machte seine Rede noch lebendiger. Man war vor Überraschungen nie sicher. Nichts befeuert unser Inneres mehr als die feine Wahrnehmung der sich ankündigenden Unberechenbarkeit.

Meine von Eifersucht und kleinlichem Neid nicht freie Gereiztheit versetzte mich in den ständigen Zustand angespannter, geschärfter Beobachtung. Ich belauerte den Meister, suchte nach Reaktionen, die er vielleicht nur andeutungsweise zeigte und nach besten Kräften verbarg. Die absolute universale Größe des Philosophen, seine augenscheinliche Überlegenheit jedem anderen Menschen gegenüber bedrückte mich, und indem ich unbedingt wissen wollte, ob sie tatsächlich echt wäre oder vielleicht Dinge ins Spiel kämen, von denen ich nichts ahnte, die man aber abluchsen könnte, paßte man nur argusäugig genug auf, gelang mir tatsächlich, dem Magnus-Magier ein wenig auf die Schliche zu kommen.

Bloch riß jedes Gespräch an sich, was ihn in den Stand setzte, seinen Verlauf selbst zu bestimmen. Wie von ungefähr und mit an Sicherheit grenzender Wahrscheinlichkeit wurden

Blochs Themen besprochen, wo, wie nicht anders zu erwarten, Ernst Bloch wie keiner sonst beschlagen war.
Nun mindert die dialogische Methode, die in der mehr monologischen münden muß, Größe, Verdienst und Ansehen des Philosophen keineswegs, gehört es ja zu den Wesenszügen genialer Personen, daß sie ihre Umgebung mit einer mächtigen, gleichwohl meist unbemerkt bleibenden Kraftanstrengung in den Sog ihrer Kreationen reißen, dem wirklichen Prosaisten und Romancier gleich, der mit solchen ganz legitimen Techniken und Tricks seine Bücher durchspinnt. Der Leser wird in Bann geschlagen, seine Aufmerksamkeit gefesselt, dann der Faden abgespult. Das erwartet der Leser auch, und wer das nicht leistet, enttäuscht ihn.
Dennoch erfüllte es mich mit Freude und heimlich-unheimlicher Genugtuung, es gelang mir, dem listigen Alten seine Routine-Techniken abzulauschen, und so unschuldig war meine Freude wohl nicht, wie ich sie gern dargestellt hätte, vielmehr beschwerte mich das alte proletarische Erbe, wollen wir es Mißtrauen gegen die Intelligenz und geradeheraus Intellektuellenhaß nennen, die Bitterkeit und Ungeduld des Zurückgesetzten gegenüber dem besser Situierten.
Der Philosoph war mir der zweite Vater, der Bürgervater, die Autorität. Das ging, o Freude, ohne die Intimitäten der Familie vor sich. Dieser Vater war nicht groß, fremd, unheimlich. Dieser neue und andere Vater war insistierend, anfeuernd, eine ständige Provokation. Mann, habe ich Schwein gehabt mit dem neuen Vater, den ich mir aussuchte in Leipzig, unweit der Stelle, wo ich meinen alten im ausgeweideten Aggregatzustand abgeholt hatte.
Die fruchtbarsten Hinweise gab Bloch im privaten Kreis. Über den jungen Walter Benjamin: »Der Fall ist tragisch. Benjamin schrieb Dinge, die so neu, revolutionär und bestürzend sind, daß die Welt darüber hätte in Aufruhr geraten müssen. Niemand erkannte das.«
Für Bloch gehörte Benjamins Wirkungslosigkeit in den Problemkreis des »zu früh gekommenen Revolutionärs«. Ich sah darin eine Bestätigung meiner Ansicht von der Wahrheitsverschiebung, an die sich die Gesellschaft derart gewöhnt, daß ihr das Sensorium dafür fehlt, die Wahrheit noch erkennen zu können. Benjamin war nicht zu früh, er war zu spät gekommen. Die Gesellschaft besaß nicht mehr die Antennen für seine Botschaften.
Nahm die bürgerliche Gesellschaft die ihr unangenehmen Informationen und Theorien nicht wahr, entwickelten die kommunistischen Parteien und Staaten spezielle Werkzeuge, mit denen sie die ihnen nicht genehmen Überbau-Erscheinungen zerschlugen. So wurde ›Geschichte und Klassenbewußtsein‹

von Georg Lukács gekontert und »unschädlich« gemacht, mit dem Erfolg, daß Lukács sich die organisierte Parteikritik zu Herzen nahm und in masochistischer Manier gänzlich zu eigen machte. Man frage sich, was ein nicht abgeblockter, ein ungebremster freier Geist wie Lukács noch hätte entwickeln können. So aber, mit der Selbstblockade der akzeptierten Kritik, entstand im Werk des mittleren Lukács die marxistisch-leninistisch-literarische Klassiker-Zitatologie, und erst der späte und alte Lukács findet in die revolutionäre Kühnheit der Jugendzeit zurück; welch eine Tragödie, welch ein Verlust für Marxismus, Literatur und Ästhetik.

Wenn Bloch die phänomenale Wirkungslosigkeit Benjamins beklagte, war die eigene bittere Erfahrung mit enthalten. Seinem Band ›Spuren‹ widerfuhr 1930 bei Ersterscheinen zwar die Ehre einer ganzseitigen Besprechung in der ›Frankfurter Zeitung‹, doch wenn diese auffallende Herausstellung gemeinhin genügte, ein Buch »zu machen«, bewirkte sie bei diesem Werk nicht das geringste. Die Leser ignorierten Blochs ›Spuren‹.

Man könnte dem entgegenhalten, das Buch habe erst heutzutage, in den sechziger und siebziger Jahren, sein Publikum gefunden, was, die Auflage betreffend, auch stimmt. Nur hat die zeitliche Distanz, fürchte ich, das Buch entproblematisiert. Seine Wirkung ist heute lediglich ästhetischer Natur, nicht gesellschaftskritisch-politisch. Die Denkanstöße zur revolutionären Analyse sind inzwischen abgestumpft, die enthaltenen Geschichten genießbar geworden, keineswegs stecken sie dem Leser mehr quer im Halse.

Die bürgerliche Gesellschaft schützt sich vor Umwälzungen durch Wahrheitsverschiebungen und Wirkungsverzögerungen. Ein Benjamin, Bloch, Lukács der zwanziger und dreißiger Jahre wäre, hätte die Gesellschaft ihn zur Kenntnis nehmen müssen, von revolutionärer Sprengkraft gewesen. Ein Viertel- oder Halbjahrhundert später sind sie zu Klassikern denaturiert; man kann sie mit großer Geste und Feierlichkeit eingemeinden.

1953 war der Name Walter Benjamin völlig unbekannt. Nach Blochs Hinweisen stöberte ich in der »Deutschen Bücherei« ein altes Exemplar vom ›Ursprung des deutschen Trauerspiels‹ auf. Es befand sich im »Giftschrank«, ich konnte mit Sondergenehmigung heran, hockte wochenlang im Lesesaal, fertigte über 100 Seiten Auszüge an, begann ein Manuskript über das Buch, dann über Benjamin, dann über allgemeine Ästhetik, endlich über das Komische und stützte mich neben Benjamin auf Bergsons ›Das Lachen‹ (›Le rire‹).

Als das Manuskript an die 300 Seiten hatte, kam das Chruschtschowsche Tauwetter, ich suchte einen Verlag, fand ihn, und als das Buch herauskommen sollte, war das Tauwetter in neuen Frost umgeschlagen oder teilweise umgeschlagen, oder es sah so aus, als drohe Frost oder die Partei hätte laut gehustet, weiß der Teufel, das Buch erschien, aber nur ein Bruchstück des Ganzen, ein Kapitelchen aus dem großen Manuskript unter dem Titel ›Aristotelische und Brechtsche Dramatik‹. Das Kapitel hing ohne die Angeln, die die Nachbarkapitel boten, freischwebend in der Luft, was tat's, über meinen unendlichen Kummer wegen des gedruckten Segments und den Wegfall der wichtigsten Teile, über all diesen Schmerz half die Tatsache hinweg, daß ich überhaupt mit einem ersten Buche erschienen war, mochte es auch nur ein kleines Büchlein sein, der bloße Schatten meiner Arbeit, gedruckt ist gedruckt.

Ich freute mich, unter Tränen, war nun wirklicher Schriftsteller geworden, das heißt, die eigentliche Tragödie oder Komödie oder Tragikomödie hatte begonnen, aber ich sah es nicht so, und auch wenn ich es gesehen hätte, was kümmert das einen, hält man das erste Buch seines Lebens, eigenes geistiges Produkt, frisch in Händen — es riecht ganz wunderbar nach Unsterblichkeit.

Welche Übertreibungen, Illusionen; welch groteske Verkennung der wirklichen Lage, a) der allgemeinen Lage eines Buchautors, b) meiner ganz persönlichen Lage. Freude macht härteste Realisten zu überschwenglichen Romantikern.

Schwer zu sagen, weshalb mich der Philosoph vom ersten Tage an so faszinierte. Die philosophiegeschichtlichen Konstruktionskriege ließen mich kalt. Auch teilte ich die allgemein herrschende Verachtung Ulbrichts nicht, dafür imponierte mir der kluge, beharrliche Selfmadefunktionär zu sehr. Gewiß, er paßte nicht in unsere hochmögende Vorstellung vom Revolutionär; doch kam es darauf an?

»Bauen Sie erst Ihren Doktor, bevor Sie von der Universität abgehen!« Da klangen die alten väterlichen Ermahnungen an: Hochkommen, sich durchsetzen, sich behaupten — Bloch: »In Deutschland hat man's auch als Schriftsteller leichter, darf man sich Doktor nennen.« Ich habe die väterlichen Ratschläge nicht beherzigt. Väter sind eine seltsame Rasse von Menschen. Man kommt von ihnen her und möchte immer ohne sie auskommen.

Blochs verdeckte Leidenschaftlichkeit: Sein Vortrag zürnend, witzig, sarkastisch, ironisch, mehrdeutig. Altes jüdisches Erbgut — ja, Erbgut, die Unsicherheit vererbt von Generation zu Generation das Gegen-Verhalten weiter, die Kunst der Mimikry. Bloch sagt mehr, als die Worte sagen. In den Sätzen, die über sich hinausweisen, den Geschichten, auf beste deutsche Weise »hinterfotzig«, lebt die ungeduldige Energie des Revolutionärs, dem die Gegenwart ein Gefängnis ist. Über diese Dinge ist noch nicht geschrieben worden.

Was das Ende betrifft, beginnt die Aufhebung des Verschweigens.

Bloch in Leipzig: Veränderungspotenz.

Bloch in Tübingen: Kulturheros.

Einen Augenblick nur nachlassen, und die Väter stehen in dir auf, du infiziert von ihrem Leichengift.

Du mit deiner Gespenstersippschaft im Blut.

Du mit deinen verbrauchten Ahnen im Kreislauf.

Wo sind sie, die unverbrauchten, frischen Familien, die ihre Söhne und Töchter delegieren.

Alarmiere ich genug Spott und Verachtung? Verletze ich die Gedemütigten spürbar genug? Wir sind nun zu alt, als daß wir noch lange auf Revolutionen warten könnten?

Ja, wir kommen, aufgepaßt ihr akademischen Traditionstrottel und Universitäts-Erbhofbesitzer, eure Exklusivität ist im Eimer, eure Zeit läuft ab. Aufgepaßt, WIR KOMMEN, kriechen aus den Gullys, den muffigen Mietskasernen, Hinterhofpißwinkeln, Kellerlöchern, Wanzendachkammern, kommen aus letzten Landschaften, die vor Jahrhunderten vergessen worden sind, aus beschränkten Kleinstädten und Kaffs, entlaufen Fabriken, Meistern, Maschinen, Besitzern. Wir kommen. Die seit Ewigkeit Kolonisierten des europäischen Herrenkontinents, der seine Sklaven und Knechte versteckte und den Arbeitern die Klassenlosigkeit des Freiheit genannten Kapitalismus predigte, sie desto nachhaltiger auszuquetschen, zu peinigen, zu enteignen. Wir kommen nicht mit einem Male, in gewohnten Ordnungen und Bildern, als Steppe, Untermenschen, Faule, Arbeitsscheue, Minderrassige, Farbige; wir kommen anders, sickern einzeln ein, bleiben ungreifbar zu Anfang, keine Klasse, doch krepiert ihr daran.

Wir kommen. Wir holen euch ab, wenn ihr ausgeweidet, ausgenommen, ausgeschlachtet seid, so hohl, wie es euch in Wahrheit entspricht. Wir sind längst dabei, euch auszuhöhlen. Wir kommen und sind längst gekommen, einzeln am Tage oder nachts in kleinen Gruppen. Schon sind eure feinen Bürgersöhne keine feinen Bürgersöhne mehr, ein leichtes Zucken des Augenlids, ein Blinzeln, wir haben uns verständigt. Es ist höchste Zeit, euch abzuholen, euch abzufahren. Wir sind gekommen. Wir werden immer mehr. Andere kommen zu uns herüber, und wir gehen gemeinsam zu euch hinüber, und DRÜBEN sind wir WIR, WIR SIND GEKOMMEN, wir haben uns hervorgewagt, hervorgeschwindelt, hervortaktiert, hervorgeschlagen, hervorgebüffelt. Wir lehnen keine List ab, keine Gewalt, keinen Umweg, keine Tarnung. WIR KOMMEN IMMER NOCH. Wir nehmen euch in Besitz, ihr ängstigt euch noch vor der Revolution von gestern, wie IHR EURE Armeen auf den Krieg von gestern trainiert. WIR ABER KOMMEN. In Ost und West und West und Ost. Wir sind unerfahrener als IHR, ungebildeter, ungeduldiger, unwissender, unwilliger, unbekannter, unberechenbarer, ungezügelter, unvermögender. Wir sind schroff, armselig, abhängig, unkonventionell, keine Augenweide, wir sind bösartig, verletzend, nach Gerechtigkeit rufend und nach Rache dürstend, sind nicht fein, nicht gut und nicht zu haben, wir vergreifen uns an euch, wir machen nicht mit, wie ihr denkt, was ihr wollt, verlangt. Wir vergiften euch, wir gehen euch an die Gurgel. Wir sabotieren euch. WIR KOMMEN.

Kurz vor dem 85. Geburtstag ist Bloch von Tübingen, der sonst unvermeidlichen Feierlichkeiten wegen, nach Bad Kohlgrub ins Kurhaus geflohen. Preise pro Person und Tag ab DM 50.

Die soignierten Kurgäste saßen herum, tranken Kaffee und lasen die BILD-Zeitung. Der Alte kam, von seiner Frau geführt, mürrisch einen Gang entlang; man hatte ihm eben eine schmerzhafte Injektion verpaßt.

Etwas mit dem Arm ist, ein steifes Gefühl oder kein Gefühl wegen der Steife. Eindrücke ganz neuer Gebrechlichkeit. Er ist schon so lange alt, daß man sein Altern vergessen hat.

Klagen: Übergang der Konstitutions-Kurzsichtigkeit in Erblindung. Er kann nicht mehr lesen, bekommt alles vorgelesen, träumt, er könne wieder lesen, sieht seitenlange Zeitungsartikel vor sich, gesetzt in der früher üblichen Fraktur. Anamnese der Jugendzeit. »Sie sind mir in Leipzig immer vorgekommen wie ein Mann, der schon ein paarmal verbrannt worden ist«, sagt Bloch zu mir. Leipzig-Anamnese. Auch das zwei Jahrzehnte zurück. Annette Kolb habe so was von Hugo Ball gesagt. Eigensinnige Wiederholung: »Ein Mann, der schon mehrmals verbrannt worden ist . . .«

Es paßte besser auf ihn selbst.

Auf dem Bildschirm kann er seine eigenen Sendungen, sich selbst nicht mehr sehen. Sie bringen gerade jede Menge Ehrungs-Programme. Für ihn sind's Hörspiele.

Ungebrochenes Planen. Er schlägt vor, im nächsten Sommer im Oberbayrischen für einige Monate ein Haus zu mieten, mit wechselnden Gästen darin. Ihm und Karola Bloch kommen Erinnerungen an vergangene Idyllen, sie wohnten als junge Leute wochenlang in Hütten ohne fließendes Wasser, mit Wiesen voller Kühen ringsum, das seien herrliche Zeiten gewesen damals? Damals – wann war das. Vor 50 Jahren, einem halben Jahrhundert. Philosophen rechnen in philosophisch langen Zeiträumen. Ja, die Hütte, ganz in der Natur, ohne Komfort,

ein Topf für Suppe, dazu Brot, Wurst, der Philosoph ist bescheiden, braucht keinen Wein, keinen Sekt, keine harten Alkoholika. Im großen Kreis von lauter Professoren, war's in Wien, als alle sich bei Tisch die Gläser einschenken ließen, wies er das Angebotene zurück, sagte: »Jugend — das ist Trunkenheit ohne Wein.« Die Runde war verwundert, wie könne das ein weit über Achtziger so einfach sagen — Jugend ist Trunkenheit ohne Wein.
Während der Wochen in Bad Kohlgrub Fernsehsendung über Richard Wagner und Bakunin. Kann er nichts sehen, will er's wenigstens hören. Blochs kurvten im Ort umher, nicht im eigenen Hotel, nicht irgendwoanders ein Bildschirm mit dem gewünschten Programm. Statt der Wagner-Bakunin-Sendung überall die Serie ›Alle Hunde lieben Theobald‹.

An dem Tag, da ich die erste Zeile von Bloch las, begriff ich, hier beschrieb einer meine ganze Klasse mit all ihren Ängsten, Wünschen, Sehnsüchten, Schwächen, Stärken.
Als ich Bloch kennenlernte, war ich ein parteitreuer Genosse, ein Untergebener mit vollem Bewußtsein der Subordination.
Die Faszination der Solidarität schafft Trübungen des Bewußtseins, der Eintritt in die Partei gleicht nicht dem Eintritt in einen Priesterorden, doch ähnelt er ihm, da die Irrationalität der Theologie durch die technische Undurchschaubarkeit der Gesellschaft ersetzt wird. Wie schön und befriedigend ist es, einer Partei und ihren hohen Zielen zu dienen, die unüberschaubar geworden sind wie die Gesellschaft. Statt sich zu verströmen und die Kräfte zu zersplittern, gestattet und verlangt die Partei die planvolle Zusammenfassung aller Energien, man erhält seinen Platz zugewiesen und darf sich als nützliche Kraft in der Solidarität mit vielen nützlichen, guten Kräften erfahren. Es gibt keine Lebensweise, die höher zu veranschlagen wäre. Die Partei, die den Sozialismus erbaut, vermenschlicht die Gesellschaft, kein Mensch guten Willens wird ihr deshalb seine Vergesellschaftung verweigern.
Wenn ich durch die Bekanntschaft mit Ernst Bloch in ständige Konflikte mit der Partei geriet, lag der tiefere Grund dafür in unserer eklatanten Disziplinlosigkeit. Wir unterzogen auch die Partei selbst der Analyse. Ich bin bereit gewesen zur weiteren Unterwerfung, wäre gestattet worden, die Resultate unseres Denkens auszusprechen, niederzuschreiben, zu veröffentlichen. Wer konnte schon beanspruchen, allein recht zu haben. Doch die Partei verlangte mehr, sie wollte die Unterdrückung und Unterlassung der Analyse, sie untersagte die Rationalität, sobald sie sich marxistischer Selbstkritik und Selbstbewegung zuwandte. Nun kann man das Unbekannte verbieten, nicht aber das Bekannte. Wir hatten inzwischen zuviel begriffen, so

viel jedenfalls, daß wir genau wußten, von der innermarxistischen Kritik hinge die Fortentwicklung des Sozialismus ab. Mochte die Partei uns als Feinde und Konterrevolutionäre bezeichnen, wir begriffen uns keineswegs so, auch handelte es sich nicht um die Wiederholung früherer Kämpfe und Frontstellungen, ging es nicht um Opportunismus, Revisionismus, Reformismus, Sozialdemokratismus, sondern ganz strikt um Emanzipation und Zukunft des Sozialismus. Hier nachgeben, hieße die bürokratische Herrschaft akzeptieren, obwohl sie keine geschichtliche Berechtigung mehr haben konnte.

Der Sozialismus ist stark genug, seine Gegner zu besiegen, der entscheidende Kampf findet innerhalb seiner eigenen Reihen statt, wenn alle alten Formen zu Entfremdungen führen und neue und junge Kräfte antreten, sie zu überwinden. Sozialistische Revolutionäre, die nicht im Traume daran denken, antisozialistisch zu sein, kranken nicht wie Anti-Sozialisten an unterlegener Moral; ihr besseres Bewußtsein ist ihre Moral, jeder Abfall wäre Verrat.

Der letzte Kampf findet nicht zwischen Kommunisten und Ex-Kommunisten, der letzte Kampf findet zwischen bürokratischen und revolutionären Kommunisten statt. Nichts ist deshalb wichtiger als die Erkenntnis von der Bewegung; wir benötigen diese Einsicht, damit wir uns selbst ganz bewußt mitbewegen. Die mörderischen Unfälle unserer Geschichte gehen auf mangelndes Bewegungsverständnis zurück. Wir haben Tag für Tag einen Vater zu begraben. Ich erschrak, als ich sah, wie Bloch im Westen, kaum von Leipzig nach Tübingen gewechselt, in das Denken und Fühlen der Beharrung und Erstarrung eingefügt wurde.

Wenn die Veränderungskategorien ihrer inneren Potenzen beraubt werden, bleiben wertlose Hüllen übrig. EB umfunktioniert zur westlichen Alibi-Figur. Der Mangel an ernsthafter, harter Konfrontation ergab Verluste an Schärfe und Genauigkeit. Die Provinz forderte Tribut. Einige Jahre widerstand der Vital-Robuste. Es gab Kulturpeise und ganze Feuilletonseiten. Er als einziger durfte sich auch zur Studentenbewegung bekennen, ohne wie diese diffamiert zu werden. Sie legten ihn in einen prunkvollen Sarg und feierten sich als Tolerante.

Ich glaubte schon in Leipzig eine gewisse Unbedenklichkeit im Gebrauch der Menschen als Mittel festzustellen. Freilich, wer könnte sich heute noch auf Kantsche Moralkategorien zurückziehen? Die Gewalt der Staaten und Parteien fordert Antwort, ihrer Unbedenklichkeit ist nicht mit dem Feingefühl sittlicher Überlegungen zu begegnen. Die Frage, die sich erhebt, ist die nach der Grenze. Es ist eine Frage nach der Solidarität.

Ich berühre mit diesen Worten ein Gebiet, das zu berühren ich

viele innere Widerstände überwinden muß. Äußerste Vorsicht und größte Exaktheit sind geboten, soll die Gefahr vermieden werden, den Erschwernissen der Sache mit Ungerechtigkeiten beizukommen. Es ist so, daß Ernst Bloch mit der Übersiedlung nach Westdeutschland einen wichtigen, vielleicht den wichtigsten Grundzug seines Wesens und seiner Wirkung einbüßte. Hier, wo er fast über ein ganzes Jahrzehnt hinweg, von Schlamm abgesehen, allgemein begrüßt wurde, ist er nicht mehr der Mann, dessen beherzte Weisheit über die Respektierung hinaus zu eindeutiger Stellungnahme zwingt. Der frühere Bloch zwang seiner Umgebung die Alternative auf: entweder trat man für oder gegen ihn an. Blochs Energien unterteilten das Publikum in Gegner und Freunde, das Spiegelbild der Klassensituation stellte sich her.
Mit dem Übertritt in den Westen erlahmte die belebende, verlebendigende Wirksamkeit des Philosophen zum bloßen, formellen Ruhm. Darin mag sich die starke Integrationskraft eines dekadenten Systems ausdrücken, das bei partieller, ökonomischer Prosperität der sozialen Deklassierung des Proletariats die moralisch-intellektuelle seiner Intelligenz hinzufügt, so daß bürgerliches Wohlverhalten Ephemerkritik nicht ausschließt, sondern zwecks Selbstberuhigung sogar fordert; Marxisten können jetzt kapitalistisch unter maximaler Kapitalnutzung zu Besitzbürgern aufsteigen, haben sie nur der Revolution genug Knüppel zwischen die Beine geworfen. Der marxistische und linke Intellektuelle dieser Gattung findet Geschmack an seiner Lebensstellung, wie die Herrschaft daran, sich ihn leisten zu können. Beide halten einander, indem sie sich formell widersprechen.
Bloch machte sich nicht zur Figur dieser Zustände, doch wehrte er sich auch nicht heftig genug. In Tübingen gelang keine Schulen-Bildung, die Synchronisierung von Theorie und Aktion unterblieb, auch das theoretische Minimum unterblieb — etwa die Lösung der herangereiften Juden-Frage. Bloch wäre wie kein anderer in der Lage gewesen, in Richtung der Marx'schen Juden-Selbstkritik weiter vorzustoßen. Das hätte eine furchtlose Analyse gebraucht mit den Komplexen: Deutsche Juden, Israel und Imperialismus, Selbstaufgabe des liberalen Judentums, Rechtsschwenkung.
Gerade in der nachkriegsdeutschen Hysterie und Umkehrmanie, da Faschisten zu Philosemiten werden und die emanzipatorischen Energien des früheren Judentums sich in staatserhaltende Unterdrückungstechniken des Zionismus verwandeln, wäre die nüchterne marxistische Klärung bitter notwendig gewesen.
Auf die Person hin besehen, traf Blochs vierte Emigration einen Mann im hohen Alter. Auch blieb lange unklar, ob man

sich so weit konstituieren konnte, daß das bloße Fortleben und Weiterarbeiten gewährleistet wäre.

Endlich stehe ich nicht im geringsten an, das Recht auf Müdigkeit zu akzeptieren. Mit welchem Recht erwarten wir von den Großen der Kulturgeschichte die übermenschliche Leistung der Übergröße.

Oft ist schwer unterscheidbar, was Versagen ist und was Selbstbewahrung. In Leipzig, als es am gefährlichsten war und wir beratschlagten, ob man mit einem Aufruf an die Öffentlichkeit treten sollte, sagte Bloch:

»Aber das ist noch nicht fertig.«

Wobei er auf die beiden Bände ›Das Prinzip Hoffnung‹ wies, dessen dritter Band noch nicht in Druck war. Wer ein Werk beginnt, muß sich auch die Bedingungen schaffen, es beenden zu können. Ich halte es für denkbar und möglich, daß die Tübinger Zuflucht dem Philosophen in erster Linie Werkstatt sein sollte – die Stätte, wo das Werk in Ruhe beendet werden kann. Aber auch wenn die Tübinger Folgenlosigkeit damit erklärt werden soll, daß die Hoffnungsphilosophie dort ihren letzten Ausbau erhalten konnte, hat Tübingen die Schwächen enthüllt. Und mehr: Das Ende der bürgerlich-marxistischen Intelligenz. Das Ende der individuellen Theoretiker. Das Ende der bloßen schriftstellerischen Individualproduktion. Der Selbstmord Benjamins, der traurige Abgang Adornos, der ehrenwerte, aber ebenso betrübliche Abfall Horkheimers von sich selbst, das gespenstische Fortleben des Georg Lukács dort hinten in Budapest, die Tübinger Spätzeit Ernst Blochs, sie signalisieren das Ende des Theorie-Marxismus, der Kopf-Epoche. Einzig Herbert Marcuse bot die Korrektur an, indem er Camus' Widerstandslehre entmythologisierte, vom Kopf auf die Füße stellte: Der denkende Kopf-Mensch ist hoffnungslos unterlegen, realisiert er sich nicht in *Handlungen:* WIDERSTAND, ABLEHNUNG, TROTZ AUF JEDER EBENE SIND UNENTBEHRLICHE BESTANDTEILE DER REISE ZUR FREIHEIT. DER WEG RICHTUNG BEFREIUNG IST GEZEICHNET DURCH WIDERSTAND AN JEDER KREUZUNG. DURCH GEISTIGEN WIDERSTAND UND PHYSISCHEN WIDERSTAND! ICH GLAUBE, WIR KÖNNEN AUS DER ERFAHRUNG DES SKLAVEN LERNEN.

Angela Davis. Marcuses Schülerin. Es muß einer im Kopf die Höhen der Wissenschaft und mit seinem Leib die Tiefen menschlicher Sklaverei erfahren und erlitten haben. Wissen, was gewußt werden kann. Den Schmerz erfahren haben. Gedemütigt worden sein und lernen. Die hohen Theorien der bürgerlichen Marxisten lassen das Salz vermissen. Wenn Bücher nur Theorie sind, bleiben sie blaß und schwach wie ihre Verfasser. Wenn Marxisten nur Theoretiker sind und bleiben,

fallen sie in die Hände der marxistischen Praktiker, der *aktivistischen* Täter. Die einen predigen den Humanismus, die anderen schleifen die Messer. Beide im Namen der gleichen Theorie, der Befreiung und des Glücks. Theorie und Praxis unterlagen der Arbeitsteilung. Man hat die Dialektik geschlachtet. Laßt uns Salz zwischen die Seiten der theoretischen Werke streuen und Theorien in die Köpfe der Praktiker tragen. Wir benötigen die theoretischen Praktiker und praktischen Theoretiker. Die Theoretiker verschweigen die Leiden, Leidenschaften, Bedürfnisse, Nöte und Freuden ihrer Person. Ich habe in Leipzig bei Bloch das Wunderland Utopia kennengelernt, aber nicht erfahren, wie man hingelangen könne. Ich erfuhr bei Marcuse, daß man individuell Widerstand zu leisten habe, aber ich weiß, aus bloßen theoretischen Gründen wird kein einziger Mensch Widerstand leisten. Wir müssen in den Menschen hineingehen und seinen Stolz wecken, sein feines, majestätisches Gefühl für die Unerträglichkeit von Demütigungen und Beleidigungen. Wir müssen ihm sagen: Wo man dich hintergeht, wo man dich verletzt, beleidigt, kränkt, dort wirst du zum Menschen, wenn du dich auflehnst nach Maßgabe deiner Möglichkeiten. Sei einer, der sich nicht verwursten läßt.
Nachruf auf den bürgerlichen marxistischen Intellektuellen: Welch ein Sozialismus, in dem der Intellektuelle nicht die Voraussetzungen seines Reflektierens recherchieren kann und ganze Theoriegebäude auf den Sand der Propaganda bauen muß. Die Größe dieser bürgerlichen Marxisten: Sie bewahrten in ihren Köpfen, was in der Wirklichkeit zuschanden gemacht wurde.
Sie blieben nicht unbeeinträchtigt.
Sie überlebten — einige von ihnen; und als sie sich dann erinnerten und bessere Verhältnisse vorfanden, gaben sie weiter, was nirgendwo mehr überlebt hatte, die gute Tradition des revolutionären Marxismus und die lebendige Unzufriedenheit mit den Ausformungen seiner deklarativen Entfremdung.
Auch das ist vorbei. Mit dem Ende der bürgerlich marxistischen Intelligenz ist die traditionell-linke europäische Revolutionsepoche abgeschlossen. Es bleiben die Kollektive. Es bleiben die Lemuren. Es bleiben die wenigen letzten Sänger an den Gräbern. Windige Burschen mit schlechten Augen, gutem Gedächtnis und aufreizend rauher Stimme.
Es bleiben die Überläufer, die Männer mit den starren Augen, verkniffenen Gesichtern und ewig geöffneten Lippen.

Es gibt Städte, in denen gelingt nichts. Man sollte sie meiden. Ich hab Leute gekannt, die machten Gedichte. Seitdem ziehe ich Prosa vor. Wo ich wohne, lobt man die Gegenwart, und

wer gegen sie etwas vorbringt, gilt als Störenfried. Man darf die Gegenwart erst ablehnen, wenn sie Vergangenheit geworden ist. Professor für Geschichte – ein Beruf mit Zukunft! Der darf untersuchen, darf verwerfen. Manchmal merkt er, da wurde etwas falsch gemacht. Geschichte. Geschichtsprofessor. Da haben wir einen, der identifiziert sich mit seinem siebzehnten Jahrhundert. Ein unmögliches Verfahren, meint er, keine Kritik anzuwenden bei Betrachtung der Vergangenheit. Er kennt alle Fehler der damaligen Epoche.
Im Jahre 1953 kam ein hoffnungsvoller, vielversprechender junger Mann an das von Ernst Bloch geleitete Philosophische Institut der Universität Leipzig. Seine Rede war sprudelnd, seine Gedankenführung wirr, seine Parteilichkeit extrem. Wofür der junge Mann auch eintrat, er tat es radikal. Wogegen er auch polemisierte, er lehnte schroff ab. Differenzierungen und Zwischentöne lagen ihm fern, sein Feldzeichen war die Heftigkeit. Wenn dieser jungenhaft-unbeholfene Günter Zehm auftauchte, gab es Streit, Auseinandersetzung, Diskussion. Ich fand das sympathisch.
Günter Zehm ist kein Rhetoriker, kein exzellenter Debattierer, keine glänzende Erscheinung. Die linkische Begabung mit der Haartolle in der Stirn, der sich ständig überschlagenden Rede und einer habituell gewordenen Vernachlässigung stieß eher ab.
Zehm saß in seiner Bude, las und arbeitete, wenn die anderen ihren Zerstreuungen nachgingen. Belesenheit, Gedächtniskraft, geistige Energie als Folge mönchischer Arbeitsmoral und eine nie versiegende Debattierwut zeichneten Zehm aus. Mochten seine gesprochenen Sätze konfus sein, die Heftigkeit der ganzen Rede und Erscheinung machte sie unumstößlich. Zehm verstand sich durchzusetzen, auch gegen eigene Behinderungen.
Das Institut formte über drei Jahre hinweg aus dem extremen Jungkommunisten einen nicht weniger extremen Reformkommunisten. Der Genosse lernte hinzu, behielt jedoch sein Ungestüm. Das machte ihn zur ständigen Gefahr für seine Freunde. Vor wichtigen ideologischen Auseinandersetzungen und Parteiversammlungen wurde jemand bestimmt, der den Redewütigen zu besänftigen hatte und ihn hindern sollte, die ihm liebe Rolle »Elefant im Porzellanladen« zu spielen.
Ernst Bloch suchte, als der Ungarische Bürgerkrieg Ende Oktober, Anfang November 1956 mit der Liquidierung von Kommunisten und dem Eingriff der Roten Armee das reformkommunistische Debakel offensichtlich machte, noch etwas zu retten:
»Man fragt sich entsetzt, wie das in Ungarn geschehen konnte. Vor allem auch an Polen denkend, wo die Bewegung zur sozia-

listischen Erneuerung im ganzen Verlauf bei der Stange blieb und keine faschistischen Mörder sich einschleichen, gar durchbrechen ließ.
Die Lehre ist: auf jeden Fall Explosionen (mit ihren höchst paradoxen Weiterungen) zuvorzukommen. Dazu dient aber nicht überaltertes Beharren, gar Liegen und Besitzen daran vom Volk, noch irgendeine Zurücknahme des XX. Parteitags. Sondern gerade der Sozialismus wird durch dasselbe Prinzip erhalten, nach dem er angetreten ist: durch Mut und nichtsubalterne Überzeugungen und das leuchtendgehaltene Ziel vor schemalosen Augen.« (Ernst Bloch, ›Sonntag‹ vom 4. 11. 1956)
Doch fruchteten auch Beschwörungen nichts mehr. Die Weltlage mit ihren Kriegsdrohungen vereitelte jedes innerkommunistische Reformexperiment. Nach der Verhaftung der Harich-Gruppe setzte die politische Polizei einen von Blochs Schülern fest, der sich geradezu anbot: Günter Zehm.

Ich habe das Haus oft voll alter Leute. Sie sind meine Anverwandten, meine Vorfahren und sonstige, an denen ich gänzlich unschuldig bin. Sie bevölkern die Zimmer, lassen die Stufen knarren und halten sich vormittags stundenlang im Bad auf, daß ich, der einzige mit geregelter Verdauung, in den Garten gehen muß. Ich habe immer das Haus voll alter Leute. Sie veranstalten im ersten Stock einen I. Weltkrieg, im zweiten Stock einen II. Weltkrieg und im Keller Inflation. Die Währungsreform findet bei uns mittags statt. Die Ärzte verdienen an uns und die Öllieferanten. Sie frieren immer, die Alten; ich sitz, in der Badehose, zwischen ihren Strickwesten und Wolljacken, höre von Kohlrübenwintern, Spartakistenunruhen, von Bombennächten und vergangenen Olympiaden. Sie sind anspruchsvoll, meine Gäste, legen den Nachmittag in den Vormittag und mich selbst in die Windeln: Jujujujuju — Heijeijeijeijei — ein liebes Kindchen! Sie winken mir zu. Zwischendurch machen sie in die Hosen. Wann werden wir ihn endlich sauber kriegen — sagen sie erbost und sehen mich an. Vorwurfsvoll.

Mehr als drei Jahre saß Zehm ab. Nach seiner Entlassung verließ er die DDR. Mit Hilfe von Dr. Bucerius holte ich ihn aus dem Westberliner Flüchtlingslager nach Hamburg. Leider gelang es nicht, Günter Zehm bei der liberalen Presse unterzubringen. Er studierte dann in Frankfurt, hörte bei Adorno, Fetscher, Carlo Schmid, baute seinen Doktor und ging, noch voller Skrupel, zu Springers ›Welt‹. Das Blatt bot Sicherheiten, war auch noch von Liberalen durchsetzt. Der neubackene Redakteur im Feuilleton fühlte sich unwohl: »Ich bin recht unglücklich in meiner hiesigen Anstellung geworden. Die ›Welt‹

ist vor allem eine große Nachrichtenfabrik, und sie neigt dazu, ihre Mitarbeiter, zumindest die direkt angestellten, in einer skandalösen Weise regelrecht zu verwursten, weiß Gott, ich habe vor, das nicht mehr lange zu ertragen.« (So Zehm in Vorweihnachtsstimmung am 22. 12. 64).
Er ertrugs doch, wurde in skandalöser Weise regelrecht verwurstet, ging folgsam nach rechts, stieg herrlich auf, firmierte bald als leitender Redakteur und verfaßt zahllose wütende Leitartikel gegen alles, was links ist und ihn an seine erst fahrlässig verspielte, dann ergrimmt fortgeworfene gute Vergangenheit erinnert.
Günter Zehm: »Kaviar hat mich enttäuscht, als ich ihn zum ersten Mal aß, Champagner hat mich enttäuscht, als ich ihn zum ersten Mal trank, die Frauen haben mich enttäuscht, als ich sie zum erstenmal –«
Der letzte Passus entstammt einem kleinen Manuskript, das Zehm 1955 in Paris schrieb, wohin er in den Semesterferien von der DDR aus gefahren war. Dieser Arbeit sind die Ambitionen noch anzumerken, da wollte einer Schriftsteller werden, und seine Übungen waren gar nicht so übel, ein wenig naiv zwar, doch kann auch Naivität ihre Reize haben:
»... Ich bin, wie ganz Paris, immer etwas betrunken. Nein, trunken, das ist wohl besser. Ich bin trunken vom Rotwein, von von ... Ich bin trunken!«
Der große Meinungsmitmacher, wie staunte er in Paris:
»Eben erschlug ich heldenmütig zwei Wanzen. Das Leben in der Fremde ist schwer. Glückliche Unschuld, die ich war, kannte ich das Viehzeug bisher nur aus Biologiebüchern.«
Nein, Wanzen hatte es daheim in Crimmitschau an der Pleiße nicht gegeben, das ist der Unterschied zu Paris. Doch der junge Linke lernte Paris auch zu würdigen:
»Die erste Straße, die ich entlangfuhr: Avenue Jean Jaurès! Jeder Stein hier in Paris hat Blut der Revolution getrunken. Die Standbilder der Heiligen in den Kathedralen sind oft ohne Kopf, sie wurden genau wie ihre lebenden Ebenbilder während der Französischen Revolution guillotiniert. Im Friedhof Père Lachaise ruhen nicht nur Oscar Wilde und Victor Hugo, sondern auch Henri Barbusse, Paul Eluard und all die anderen Männer, deren Gräber um das von Barbusse gruppiert sind. Es gibt die ›Mauer der Föderierten‹ und den Gedenkstein für Auschwitz mit der Inschrift: SIE WERDEN GERÄCHT SEIN, WENN AUF ERDEN NICHT MEHR GESCHOSSEN WIRD.«
Der die Größe von Paris zu würdigen wußte, distanzierte sich zugleich klischiert von den Deutschen, denen er bald sittenstrengen Konservativismus predigen würde: »Einige Male schloß ich mich westdeutschen Touristen an ... Im Schloß von

Versailles verließen die wenigen französischen Besucher fluchtartig die Säle, als unser Haufe auftauchte ... Gleich, ob du am Eiffelturm, am Place de l'Etoile, in den Champs-Elysées oder auf der Place de la Concorde bist, stets hörst du die abgeschmackten Bemerkungen deutscher Herrschaften über die französische Rückständigkeit.
Ja, Deutschland sieht man kritischer, von Frankreich aus ...«
Später begann er Deutschland auch von Hamburg aus kritischer zu sehen. Das östliche Deutschland sowieso und das westliche mindestens ab 1969, dem Jahr der sozial-liberalen Koalition. Günter Zehm wurde der ›Welt‹, was William S. Schlamm seiner ›Welt am Sonntag‹ ist, der vom ehemaligen Linksextremisten zum Rechtsextremisten gewandelte Paradeschreihals vom Dienst. Das stimmt elegisch.
Bei Karrierebeginn im Westen nannte er sich, wohl aus Distanzgründen, Günter Albrecht Zehm, unter welchem Namen (der Albrecht wurde inzwischen wieder gestrichen) er mit dem einen seiner beiden Jugendidole abrechnete: mit Sartre. Das Buch heißt ›Historische Vernunft und direkte Aktion — Zur Politik und Philosophie Jean-Paul Sartes.‹ Iring Fetscher und Carlo Schmid zeichnen gutmütig die Einleitung der geschwätzigen Schrift, die Sartre so spitzfindig wie irrelevant abkanzelt, wie sie Ernst Bloch einfältig zum Hausheiligen macht.
Als Blochs alter Freund Georg Lukács den Frankfurter Goethe-Preis erhielt, wollte Zehm seinen Schlamm nicht allein dagegen anrennen lassen, verfaßte für die WELT die Selbstblamierung »Goethe — als Knüppel mißbraucht« und erhielt prompt den Leserbriefbeifall der versammelten Rechten, eingeschlossen »Professor Dr. Paul Friedrich Schröder, Bundesvorsitzender, Jungdeutscher Bund e. V.«
Inzwischen verhöhnt Freund Schlamm Zehms 85jährigen Lehrer als »leninistischen Ehrenmann« und Gewaltempfehler, dem jedes Mittel recht sei, »das zum Umsturz führen könnte«, denn »Gott ist tot, und Bloch ist sein Prophet!« (›Welt am Sonntag‹ vom 26. 7. 70)
Zehm, der genau weiß, daß Schlamm eine verlogene Interpretation Blochs gibt, schweigt. Er will nicht korrigieren, oder die Hausdisziplin verbietet dem einen Großkommentator, dem andern im Schwesterblatt den Star zu stechen.
Er war eine Begabung, vielleicht ein große, und zart und anfällig. Die Haft zerbrach ihn; er teilt das Schicksal von Millionen. Ich unterteile nicht in kriminelle und politische Taten, in kriminelle und politische Haft. Es ist dasselbe, und alle werden in den Gefängnissen und Lagern zerbrochen. Wer nicht zugrunde geht, verläßt den Kerker verwandelt, wenige reifen zur Größe heran wie Dostojewskij.
Dieses Buch verwandelt jeden seiner Sätze in eine Totenklage.

Abschied zu nehmen von vergangenen Freunden: Der Mann Günter Zehm jetzt dort oben in Hamburg vereinsamt. Vor wenigen Jahren hieß er Schlamm einen Senilissimus, und von Hans Habe meinte er in eilfertigeitler, auch ungerechter Verallgemeinerung, das könne kein Jude sein, so schlecht schreibe kein Semit.
Die Rechte, die sich von abgewirtschafteten oder abgewiesenen Linken speist. Mussolini und Goebbels fingen klein bis literarisch an. Schlamm schreib in der ›Weltbühne‹. An irgendeinem Punkt kamen sie nicht weiter und zerbrachen.
Zehms Affinität zum Blut: Neben dem charakterlichen Hang zur Großmäuligkeit, oder ist's Attitüde, erschreckt die Permanenz des Grausamen: In Paris notiert er genußvoll die geköpften Statuen, seine Philosophie empfahl er als »Blutgerüst«, den Mord an Sharon Tate malt er detailbesessen in sadistischer BILD-Zeitungs-Mentalität nach, in einer geradezu leichenschänderisch geratenen Polemik gegen Lenin entfährt ihm (Leitartikel ›Die Welt‹ vom 22. 4. 70) die bezeichnende Wendung, Lenin fehlten die »orientalische Launenhaftigkeit und Grausamkeit, die Stalin auszeichneten.« Man irrt sich nicht, es steht wirklich da: »auszeichneten«.
Die Aufzählung, die fortgeführt werden kann, legt den Schluß nahe, daß seine Heftigkeit ebenso wie seine verbale Brutalität inneren Konflikten entstammen. Die Zuflucht bei der intransigenten Rechten, den seltsamen Hütern von »Recht und Gesetz« gibt den fehlenden inneren Halt und legitimiert die eigenen Aggressionen. Im Schutze des großen Konzern-Vaters und des vorgestellten scharfen Ordnungsstaates läßt sich gut rechten. In Leipzig hatte der junge Student erfahren, daß man den Herrschenden nicht ungestraft ein »Blutgerüst« errichtet, nicht einmal mit Tinte. Wollte er auf diese Triebbefriedigung nicht verzichten, mußte er sich auf die andere Seite schlagen. Er tat's, ein Mann mit scharfrichterlicher Konsequenz.

Manchmal, ziemlich oft, ist es soweit. Da sich mein Haus sowieso mit immer mehr alten Leuten anfüllt, die behaupten, sie seien meine Eltern, Großeltern, Urgroßeltern, die sich als Onkels ausgeben und Tanten und sonstwie mit meiner Existenz Verknüpfte, um mein Schicksal Besorgte, um meine Wenigkeit Verdiente, da dies nicht zu umgehen ist und die Lebensklugheit einem gebietet, das Unabänderliche hinzunehmen wie ein Langersehntes, beschließe ich, mein Haus ganz offiziell in ein Altersheim zu verwandeln. Von Stund an gebrauchen die Alten keine Ausflüchte mehr. Mit einem Schlag bin ich Hunderte von Vorfahren los. Tausende meiner Verwandtschaft legen keinen Wert mehr darauf, mit mir verwandt zu sein. Innerhalb eines kurzen Augenblicks stehe ich mutterseelenallein da. Die Sippe hat mich verlassen, die Familie flieht mich. In den Intermundien meines Hauses siedeln die Alten, und gehe ich vorüber, kostet es sie keine Anstrengung, mich zu übersehen. Ich stelle mich vor sie in. Jujujujujuju mache ich, und jeijeijeijeijei! Sie übersehen mich konsequent. Für sie bin ich nicht vorhanden, als Baby zu groß und als Greis noch nicht volljährig. Nur wenn meine Frau ein Kind bekommt, werfen sie mir, hinter meinem Rücken, giftige Blicke nach.

Aus dem wird nie was Gescheites, murren sie, er bleibt was er ist, ein Skandal, ein unzurechnungsfähiger Befruchter und Bettnässer, wie fürchterlich, kein Greis zu sein wie wir Glücklichen.

Einen Rest Abenteuer, Überraschlichkeit, wie Fontane das nannte, sollte man sich bewahren; läßt sich einer von den Vorzügen des bürgerlichen Lebens ganz einfangen, partizipiert er auch an dessen Gemeinheiten. Gewiß, manche können das. Ich kann's aus dem einfachen Grunde nicht, weil das bürgerliche Leben bei mir unverzüglich zu Verstopfung führt. Soll ich mein Leben in chronischer Verstopfung beenden? Es gibt bessere Lebensweisen. Besehe ich mir meine verbürgerlichten Freunde, tun sie mir verdammt leid. Diese bourgeoisie Welt der Prothesen. Am Ende ist einer nichts als eine einzige Ansammlung von lauter Krücken.

Nun bietet, wie ich zugeben muß, der normale Beruf wenig Chancen auszusteigen. Der Autor hingegen hat gewisse Möglichkeiten.

Es gibt auch rechts noch honorige Leute. Wer bei Springer vernünftig argumentiert und nicht so laut schreit, macht vielleicht keine steile Karriere, bleibt aber in Arbeit und Brot. Kein Wort fiele hier, zählte Zehm zu diesem Kreis. Aus diesem begabten Mann hätte etwas werden können in ruhigen Zeiten.

Der Wagen fährt vor. Die Herren der Staatssicherheit steigen die Treppe herauf. Es ist aus, ich wische mit dem Ärmel etwas Asche vom Schreibtisch und stülpe den Deckel über die Schreibmaschine, sie wird einige Jahre Ruhe haben.

Es klingelt kurz und verhalten. Die beiden Herren stehen bescheiden vor der Tür.

»Herr Zwerenz?«

»Ja bitte.«

»Wir hätten Sie gern gesprochen.«

Warum so viel Formalität, sollen sie doch einfach sagen: Kommen Sie mit! Was soll das Gerede erst noch?

Wir setzen uns. Sie kramen in ihren Aktentaschen. Ach so,

jetzt bringen sie den Haftbefehl. Ja, wir leben in der Periode sozialistischer Gesetzlichkeit. Keine Verletzung der sozialistischen Gesetzlichkeit mehr, bitte, bei jeder Verhaftung ein Haftbefehl, jawohl.
Aber sie verhaften noch gar nicht. Sie breiten ihre Papiere aus und vernehmen mich. Es ist ein richtiges Verhör, ganz wie es sein muß.
»Sie sind mit Günter Zehm befreundet, ja?«
»Ja.«
»Sehr?«
»Immerhin.«
»Zehm bezeichnet Sie als seinen besten Freund.«
»Mag sein.«
»Wir fanden auch Briefe von Ihnen. Bitte, hier ist einer. Sollen wir Ihnen vorlesen, was Sie da geschrieben haben?«
»Danke, ich weiß, was ich geschrieben habe.«
»Als Sie es schrieben, wußten Sie es aber wohl nicht so genau. Jedenfalls ist manches verdammt unvorsichtig. Hier schreiben Sie zum Beispiel, Kuba sei kein Dichter, sondern ein prolongierter Banause. Da steht: ›Ich freue mich, gegen diesen Kerl etwas getan zu haben.‹ Das ist doch reichlich deutlich, wie?«
»Reichlich deutlich? Darf ich nicht gegen den Schriftsteller Kuba sein? Ich sage es Ihnen gleich noch einmal, bitte sehr: Herr Kuba ist ein prolongierter Banause! Sie können das auch noch deutlicher wissen. Ich frage nur, was der Staatssicherheitsdienst damit zu tun hat!«
Der jüngere Herr mischt sich ein.
»Mensch, Zwerenz, Sie sind noch bis vor kurzem Genosse unserer Partei gewesen, überlegen Sie sich doch, was Sie jetzt machen. Natürlich geht es uns nichts an, was Sie über den Schriftsteller Kuba denken, im Vertrauen, ich habe keine Ahnung, was das für einer ist und ob er ein guter oder schlechter Schriftsteller ist. Aber jetzt hat ihn die Partei herausgestellt, er vertritt die Meinung der Partei, da ist es doch wichtig, wie man sich ihm gegenüber verhält.«
Sie sehen mich beide beschwörend an. Was soll ich tun? Warum verhaften sie mich nur nicht. Sprechen ist zwecklos. Wir reden in verschiedenen Sprachen.
Dann beginnt der Ernst des Verhörs.
»Wann hat sich Zehm gegen die Regierung geäußert? Was hat er gesagt? Welche Namen wurden genannt? Wo war das? Wer war dabei? Erinnern Sie sich an diesen Ausspruch Zehms? Wissen Sie noch, was Zehm am soundsovielten dort und dort sagte? Was wissen Sie über Zehms Verbindungen nach Westdeutschland? Was ... Wie ... Wann?«
Sie schreiben alles auf. Zwischendurch halten sie inne und sagen: »Es geht nur um Zehm. Mit Ihnen, Herr Zwerenz, hat

das gar nichts zu tun. Gegen Sie liegt nichts vor! Sie brauchen keine Bedenken zu haben . . .«

Nach drei Stunden reißt mir die Geduld. »Soweit ich orientiert bin, wurde Zehm wegen eines Paßvergehens zu drei Monaten Gefängnis verurteilt. Was wollen Sie also noch?«

Sie lassen sich nicht aus der Ruhe bringen. Warum auch. Man weiß ja, was man will. Man hat ein Ziel vor den Augen.

»Die drei Monate, sie gehen dahin«, sagt der Ältere, ein fester, ziemlich korpulenter Herr mit dem Gesicht eines etwas außer Training gekommenen Boxers. »Das Paßvergehen war nur ein kleiner Anfang, da konnten Sie uns nicht helfen. Aber jetzt bereiten wir einen Prozeß wegen Boykotthetze vor. Verbrechen nach Artikel sechs der Verfassung, das ist schon was anderes.«

»Und worauf stützen Sie sich, welche Beweise haben Sie?«

Er bleibt unerschütterlich gelassen.

»Herr Zehm war so freundlich, ein Tagebuch zu führen.«

Er fängt meinen Blick auf und fügt hinzu: »Freilich, ein Tagebuch gilt nicht als vollgültiger Beweis, immerhin, man kann einiges entnehmen. Außerdem schrieb Herr Zehm einen politischen Essay. Den haben wir auch.«

»Und wer kennt den Essay?«

»Wir kennen ihn, das genügt doch wohl?«

»Aber wenn ihn sonst keiner kennt, wenn er nur zur Selbstverständigung geschrieben wurde, dann ist er auch nichts anderes als eine Art Tagebuch –«

Der Jüngere fällt mir ins Wort. »Regen Sie sich doch nicht auf, auch wenn Sie nicht mehr in der Partei sind, Sie wissen, wir sind noch drin, und wir sind nun mal parteilich. Jetzt wissen wir, wie Zehm denkt. Er wird einige Jahre Zeit bekommen, sein Denken zu revidieren.«

»Geben Sie doch endlich zu, Zehm wird eingesperrt, weil er eine dreihundertseitige philosophische Schrift verfaßt hat.«

Der Ältere winkt ab.

»Diese Schrift kennen wir. Sie liegt bei uns. Aber das ist Ideologie, und wegen Ideologie wird niemand in der Deutschen Demokratischen Republik verurteilt. Zehm wird verurteilt wegen konterrevolutionärer Umtriebe.«

»Und die sind?« fragte ich.

»Zum Beispiel in jenen Gesprächen enthalten, die er mit Ihnen führte.«

»Dann verhaften Sie mich mit!«

»Gegen Sie liegt nichts vor.«

»Aber die Gespräche . . .«

»Wir werden Sie als Zeuge laden.«

»Als Zeuge gegen Zehm?«

»Als Zeuge gegen Zehm!«

Das ist raffiniert eingefädelt. Ich, sein Freund, soll aussagen und belasten. Es ist klar, sag ich die Wahrheit, so theoretisch sie auch waren, unsere Gespräche, unter diesen Umständen wirken sie belastend.
Ich könnte die Aussage auch verweigern. Aber damit wäre klar, daß ich mich selbst schuldig bekenne.
Oder ich könnte alles abstreiten, sie würden mich unter Eid nehmen — es fiele ihnen nicht schwer, mir den Meineid nachzuweisen. Denn sie haben ja Zehms Angaben.
»Woran denken Sie?« fragt der Ältere.
»Ich werde gewiß ein guter Zeuge sein«, sage ich.
»Davon sind wir überzeugt«, sagte er lachend.
»Kennen Sie das Plädoyer Generalstaatsanwalt Meltzheimers im Prozeß gegen den Leiter des Aufbau-Verlags, Janka, und gegen die Redakteure des ›Sonntag‹, Just und Zöger?«
»Woher soll ich das kennen, es wurde doch nicht veröffentlicht.«
Sie nicken beide vielsagend vor sich hin.
»Der Herr Generalstaatsanwalt Meltzheimer bezeichnete Sie als den Prototyp eines Aufweichlers und Revisionisten!«
»Ich denke, gegen mich liegt nichts vor?«
Sie starren mich verblüfft an.
»Nein«, sagt der Jüngere, »aber es wird gut für Sie sein, wenn Sie Bescheid wissen.«
»Ja«, sage ich, »es ist immer gut, wenn man Bescheid weiß.«
Als die Zeugen-Vorladung kam, verließ ich die DDR, denn sie beschuldigten mich und viele andere der »Fraktionsbildung«, einer im Staatskommunismus schwerwiegenden Untat.
Der Umstand, daß ich dies als eine für den Sozialismus schädliche Lage ansehe und Fraktionsbildungen für eine emanzipatorisch wichtige Möglichkeit halte, hindert mich nicht daran, die Realität zu sehen. Nach dem Stand der Macht und Gesetzlichkeit verfährt ein östlicher Staatsapparat legal, wenn er Fraktionsbildungen verfolgt. Veränderungen und Erleichterungen sind nur erreichbar, wenn die allgemeine Kriegsgefahr abgebaut und emanzipatorische Kräfte in Ost *und* West bestärkt werden können. Zehm aber heizt heute die Kontroversen diensteifrig an. Ihm ist gelungen, in eine höchst einflußreiche Stellung aufzusteigen. Mag sein, er ist, ganz Opfer von Triebstruktur, verletzter Eitelkeit und Ressentiments, nicht voll verantwortlich. Um so schlimmer für ihn und andere.
Mitunter, in trüben Stunden, denke ich: Vielleicht haben die ihn in der Haft drüben präpariert, hier im Westen exakt jenen Kalten Krieger zu spielen, gegen den sich leicht vom Osten aus recht haben läßt. In besseren Momenten freilich denke ich: Nein, das ist nicht der wirkliche Günter Zehm, das ist nur Tarnung und Mache, die List des klugen Partisanen, der in

einflußreiche Positionen gelangen will. Später wird er um so strahlender mit seiner wirklichen wahren Meinung hervortreten. Vielleicht erleben wir es bald.

Das ICH ist eine Legende und elende Lüge, der unpassende, die Wirklichkeit verdeckende Begriff für ein Kollektiv und dessen gezielte Mystifikation. Mag sein, es kommt normalerweise nicht so sehr darauf an, dies aufzudecken, die Menschen wollen leben, herrschen, töten, dazu bedarf es der Ich-Vorstellung; dem Schriftsteller aber wird das ICH unversehens zur schlimmsten Lüge, weil es die einigende Form vortäuscht. In Wirklichkeit schreibt kein Autor als ICH, schreibt jeder als Vielheit, schreibt nie als der, der er gestern war, ist heute morgen ein anderer als am Mittag und wird am Abend wieder ein anderer sein, in Wahrheit schreibt kein einzelnes ICH, schreibt vielmehr das eine oder andere und wieder andere, schreibt die Zeitvorstellung, die Auflehnung, die Lust, die Rachsucht, Melancholie, Milde, schreibt eine Leber, Galle, Niere, Lunge, schreibt ein Schwanz, ein Hodensack, Gehirn, schreibt ein Gedächtnis oder Ahnungsvermögen seine Spur nieder, in Wirklichkeit formulieren sich Wünsche, Ängste, Verwünschungen, Beteuerungen, Schuldgefühle, Triebe, gehen miteinander oder gegeneinander Verbindungen ein. In Wirklichkeit ist nichts schwieriger und zugleich erstrebenswerter, als daß wir versuchen, die innere Dialektik sichtbar zu machen, was die Entthronung alter, stabiler Stilvorstellungen voraussetzt. Also keine Sicherheiten und Einheiten vorspiegeln, die es längst nicht mehr gibt. Kein ICH darstellen, wenn es seit langem abgetreten sein müßte. Keinen Stil demonstrieren, wenn er die Demonstration einer Lüge sein muß. Der einzige Stil ist der Nicht-Stil, das Ensemble auseinander-, gegeneinander-, durcheinanderlebender Partikel. Ordnung im Prozeß ihrer Auflösung. Einheiten im Prozeß partikularer Verselbständigungen. Und keine Zensuren und Gerichtsroben. Wir fallen auseinander wie ferne Sternensysteme im Weltraum, nur geschieht es in uns selbst und in nächster Nähe und gänzlich ohne astronomische Lichtpunkte.

Zehms wütende Naivität hat das transzendent Grenzenlose einer geradezu überirdischen Heiligkeit. Ich sehe darin das Signum des Göttlichen, das es zwar nicht gibt, von dem man sich aber einen Begriff machen kann. Im Studentenlager, als Bettina S. ihm deutlich genug zeigte, daß sie mit ihm schlafen wollte, merkte er es gar nicht. Sie hätte ihn vergewaltigen sollen. Er stritt um philosophische Feinheiten, schlug sich mit den alten Fragen herum und hätte längst ihrem Charme nachgeben und den Finger in ihr haben können. Was anderes als die

Naivität eines Heiligen, das Heilige der Naivität kann das sein? Ich habe kein Verständnis für diese modische Nüchternheit, die Dostojewskij für einen toten Idioten hält und sich selbst für die überlebende triumphierende Vernunft. Nein, die Gesellschaft steckt voll seltsamer Heiliger, Mörder, Selbstmörder, an ihnen werden wir zugrunde gehen, denn ihre Vernichtungswut kommt spät, doch mit Gewaltsamkeit.
Irgendwann glaubt der Unbedingte sich verraten, von nun an läuft er Amok. Bei Zehm lag dieser Punkt des Umschlags in seiner Haftzeit, vielleicht auch später. Der Groll und das Gefühl, der in Ewigkeit Hintergangene zu sein, wuchsen an, eine Krebsgeschwulst. Nun, da andere es wahrnehmen, ist die Erkrankung längst tödlich geworden, der mörderische Haß hat alle Zellen mit seinem Gift infiziert.
Solche Männer sind Mythen, die Leben angenommen haben und an denen wir sterben, wenn sie ganz von uns Besitz ergreifen. Nichts schützt uns gegen sie, haben sie erst Zugang gefunden. Da lohnt keine Argumentation, ihr Reich ist nicht das der logischen Auseinandersetzung, sie zehren von den tiefen Gefühlen ihres verletzten Stolzes, den sie weit über alles andere stellen, auch über die Existenz. Es sind die Rächer par excellence, die gar nicht anders können, als den köstlichen Empfindungen ihrer Rachlust zu leben. Was sie deutlich sagen, ist Tarnung, Spielmaterial. Ihre Überlegungen betreffen nie, was sie wirklich im Inneren bewegt, ihre formulierten Gründe sind Scheingründe, mit denen ihre tatsächliche, tiefsitzende Zerstörungslust zugedeckt werden soll.

Papa, der versuchte, mich zum Werkzeug seiner Rache zu machen. Was ihm nicht gelang: allen Schuldigen heimzuzahlen für sein beschissenes enges Leben — was ihm nicht gelungen war, sollte ich gelungen machen. Wie lange das dauerte, bis ich verstand, die tief sitzende Mordwut aufzulösen in befreiendes Gelächter.
Die Heiligen lachen nie. Die Heiligen und die Mörder, die heiligen Mörder und mörderischen Heiligen lachen nie, es sei denn in Vergewaltigung ihrer Gesichter. Wir, die Duldenden ihrer finsteren schmerzhaften Ernsthaftigkeit. Irgendwann muß ich sie überwunden, eines Tages mich davon getrennt haben.

In Hamburg, bei der liberalen Presse, konnte ich Günter nicht unterkriegen. Es war einfach nicht zu machen, immerhin zahlten sie die Flugkosten nach Köln-Wahn. Von nun an schleppte ich ihn herum. Die Maschine schüttelte und bockte im Sturm, wohin man blickte, kotzten die Passagiere in die grauen Tüten, eine Stewardeß bemühte sich um einen Mann, Atem-

maske auf, Erbrochenes quoll hervor, später lag der alte Herr im Gang, im Schwanken der Maschine von der einen zur anderen Stuhlreihe rollend und wieder zurück. Ein Toter an Bord. Keiner achtete darauf, jeder hatte mit sich zu tun, ich hielt bis kurz vor der Landung aus, da sah ich Zehms beschmiertes, bleiches Gesicht nahe vor mir und erbrach mich ebenfalls.
Manche Flüge haben es in sich. Es soll Leute geben, die viel fliegen und trotzdem Jahrzehnte hindurch Glück haben. Geraten in keinen Sturm, kein Attentat, keine Nebelverunsicherung. Mir kann die Fliegerei gestohlen bleiben.
Mein Freund Zehm blieb erhalten, hauste in meiner Wohung, las meine Bücher, beschrieb mein Papier und betete meine Frau an. Ich gönnte ihm alles von Herzen, die Sache war nur, daß er mir im Laufe der Zeit auf den Wecker fiel mit seiner Art, romantisch vom Rhein zu schwärmen oder von der Bundeswehr, sich beim Rasieren mindestens jeden zweiten Morgen zu schneiden, beim Frühstück Salz statt Zucker zu erwischen und sich erschrocken und freundlich anzubieten, die mit drei Löffel Salz angereicherte Tasse Kaffee auch noch auszutrinken. Dazu die immer wieder aufgewärmten Zuchthausgeschichten. Alles verständlich, aber soviel vertrottelte Ungeschicklichkeit bedurfte der eigenen vier Wände, war auf die Dauer niemandem zuzumuten. Im Frühjahr begann sein Heuschnupfen. Wir leiden in unserer Familie alle daran, doch Günters Heuschnupfen war die wahre Weltmeisterschaft, so lange und heftig überkam er das Opfer.
Wenn ich zurückdenke, ist mir, als sei unsere Wohnung immer und jederzeit von gerade entlassenen Häftlingen bevölkert gewesen. Wer auch aus politischen Gründen irgendwo irgendwann eingesperrt gehalten wurde, kaum freigekommen, tauchte er bei mir auf, erwartete Unterkunft, Geld, Kleidung, Essen und nicht enden wollendes Verständnis für nicht enden wollende Haftschilderungen. Höre ich heute, jemand sei entlassen worden, krieg' ich Gänsehaut und verriegle die Tür.
Wir waren von dem Kaff bei Linz nach Köln umgezogen. Ich trank mir Energie an, es ist schwer, einen Freund vor die Tür zu setzen.
»Du solltest dir selbst eine Klause suchen, Günter!«
Er blickte verständnislos auf.
»Weshalb? Ich wohn doch bei euch!«
Allerlei Gründe brachte ich vor, die stimmten und zugleich nicht stimmten: »Die Stadtwohnung ist zu klein. Es bekommt dir auch nicht auf die Dauer. Du degradierst dich hier zum Mitglied einer Familie.«
Seine Verständnislosigkeit war tief und echt, ihr entsprach die Enttäuschung, die in Zorn und Wut umschlägt und seither

Jahr für Jahr anwächst. Er behandelte mich wie einen Staatsanwalt, der lebenslänglich für ihn forderte. Dabei verlangte ich nichts anderes, als daß er mir einen Frieden zurückgäbe, auf den ich nicht verzichten kann – den Frieden meines Arbeitsraumes. Er brachte es fertig, daß ich mein Recht nur mit Schuldgefühlen zu beanspruchen wagte.
»Warum wirfst du mich raus?«
Günter begriff nichts, und ich begriff nicht, daß ich für ihn fortan der Feind sein würde.

Fortsetzung der Beerdigung eines Vaters

6. Kapitel

Schulen des Widerstands und der Menschenliebe

Ich ging hinaus, und sie trugen den Sarg zu viert zum Wagen. Der Sarg war sehr schwer, sie mußten sich anstrengen. Ich dachte immer an Sauerstoffflaschen und ging hinter ihnen her. Beim Hochheben faßte ich mit an. Sie schoben den Sarg hinein und machten die Tür hinter ihm zu. Es war spät am Tage. Der junge, dünne Mann im weißen Mantel ging zur Tür zurück und schloß sie von außen ab. Wir stiegen ein und fuhren los, und der Tankstellenmann beugte sich aus dem heruntergekurbelten Fenster und winkte dem jungen, dünnen Mann zu. Aber der nickte nur leicht.
Grau hing der Himmel über uns. Die Nacht kam auf und mischte sich mit den schwarzen Abgasen der Braunkohlenwerke. Der Fahrer, Herr Mittag, hatte es eilig und fuhr schnell. Er saß geduckt hinter dem Steuer, und wir preschten, ganz wildes Rennauto, über die Landstraße. In den Kurven fing der Sarg an zu rutschen und schlingerte von Kurve zu Kurve. Plötzlich kurbelte der Tankstellenmann das Seitenfenster herunter und steckte den Kopf hinaus. Ich dachte zuerst, er wolle nur hinaussehen, aber da fing er mit dem ganzen Leib so sehr an zu zucken, daß ich ihn an den Schultern packte. Der Tankstellenmann erbrach sich, und der Fahrer wäre vielleicht weitergefahren, wenn wir uns nicht gerade in einer Stadt befunden hätten. Die Leute blieben stehen und sahen uns nach, und da hielt der Fahrer an. Der Tankstellenmann riß die Tür auf, sprang hinaus und erbrach sich von neuem. Der Beifahrer blieb im Wagen sitzen, aber der Fahrer und ich sprangen ebenfalls hinaus. Der Tankstellenmann hielt sich mit einer Hand am Wagen fest und zitterte. Ein paar Leute standen herum und lachten verschämt. Ich ging auf die andere Seite des Wagens, und der Fahrer folgte mir.
»Es tut mir leid, ich wollte Sie schnell nach Hause fahren, aber jetzt steckt uns der Kerl dazwischen.«
»Ich habe es nicht eilig«, sagte ich, obwohl ich gern weitergefahren wäre.
Er hustete und schüttelte den Kopf, der Beifahrer kam und sagte: »Der braucht einen Schnaps!«
Wir gingen um das Auto herum, und der Tankstellenmann stand noch immer an den Wagen gelehnt. Aber er war still geworden und zitterte nicht mehr. Der Beifahrer faßte ihn am

Arm und sagte: »Komm!« Wir fanden ein Lokal mit viel Licht und Lärm, und mir fiel ein, daß heute Freitag war. Die Leute wandten die Köpfe und sahen, daß es Fremde waren, aber sie beachteten die Fremden nicht weiter. Der Wirt war ein großer Kerl und dem Tankstellenmann sehr ähnlich. Der Tankstellenmann gab sich große Mühe, unerschrocken auszusehen, er zitterte nicht mehr und sah beinahe sicher aus, nur im Gesicht hatte er zwischen den Sommersprossen und Leberflecken ganz weiße Stellen. Er trank schnell einige Schnäpse und bekam Farbe, und dann sprach er ganz schnell viele Worte, von denen wir nur einen Teil verstanden. Der Fahrer Mittag trank nur Limonade, aber der Beifahrer hatte wirklichen Durst. Am Nachbartisch saß eine Frau, die trank viel und sang zwischendurch mit einer hohen dünnen Stimme unanständige Lieder.

Ich fragte Herrn Mittag, weshalb er umgesattelt habe.

»Kartenstellenmann war ganz gut den Krieg über«, meinte Herr Mittag, »nur, eines Tages wird es mal keine Lebensmittelmarken mehr geben, was macht dann ein Kartenstellenmann? Also, ich habe mir beizeiten was anderes gesucht.«

»Verdienen Sie jetzt besser?«

»Ja. Die Arbeit ist zwar schwerer, doch der Verdienst ist entsprechend höher.«

»Sie sind zufrieden?«

»Menschen sterben immer. Meine Arbeit behält ihren Wert.«

Herr Mittag sagte es ruhig und zufrieden. Er war ein anderer Mensch geworden in seinem neuen Beruf.

Am Nachbartisch sang die Frau mit der hohen Stimme eine musikalische Zote.

»Die säuft wie'n Steuermann bei der Marine«, sagte der Beifahrer, der im Krieg Matrose gewesen war.

»Aber sie singt wie'n Kanarienvogel«, sagte Herr Mittag.

Der Tankstellenmann lebte auf. Die weißen Flecken im Gesicht röteten sich.

»Ich habe einen Kanarienvogel in meiner Tankstelle«, erzählte er und lachte dabei.

Der Beifahrer machte den Mund ganz rund und sagte:

»Hahaha, ist das aber lustig.«

Aber der Tankstellenmann ließ sich nicht stören und sagte:

»So ein Kanarienvogel hat mehr Verstand als mancher Mensch. Der weiß genau, was ich ihm erzähl. Und wenn ich krank bin, ist er ganz traurig und singt nicht. Ich sag ihm dann: ›Sing doch, mein Bubi, sing!‹ und da singt er, aber er singt ganz anders als normal, versteht ihr?«

»Ja«, sagte Herr Mittag, »das ist eben ein gescheiter Vogel.«

»Ein Vogel mit Gefühl«, sagte der Beifahrer. »Sie haben einen Vogel mit Gefühl, das hab ich mir gleich gedacht, als ich Sie gesehen habe.«

»Auf Ehre«, sagte der Tankstellenmann, »ich weiß, Sie machen sich lustig darüber, aber so ein Kanarienvogel ist treu wie ein Hund, besonders die Sicken.«
»Was ist das?« fragte ich.
»Das sind die Weibchen«, sagte der Tankstellenmann ernst. Und dann sagte er:
»Auch bei den Vögelchen ist es so, es gibt Männchen und Weibchen, aber die Weibchen, die sind gefühlvoller.«
Ich mußte lachen und dachte, ich hätte mich verhört, aber der Tankstellenmann sagte es gleich noch einmal und nannte sie wieder »Vögelchen«. Der Fahrer und der Beifahrer hörten ihm jetzt ernst zu, sie fanden offenbar nichts so Außergewöhnliches dabei wie ich, der ich es einfach nicht anhören konnte, wie dieser riesige Mann mit Flecken im Gesicht von »Vögelchen« sprach. Der Fahrer trank nun auch Schnaps, und die Limonade schüttete ihm der Beifahrer unter den Tisch. Der Wirt, der dem Tankstellenmann ähnelte, kam heran und sagte vorwurfsvoll:
»Aber das finde ich nicht sehr anständig.« Sie bestellten alle eine Runde und der Wirt nickte und sagte nichts weiter und ging schnell wieder fort.
Die Frau am Nebentisch trank und sang, und der Tankstellenmann sagte immer wieder etwas von den Vögelchen. Zwischendurch ging der Fahrer Mittag einmal vor die Tür. Als er zurückkam, sagte er zu mir:
»Draußen ist noch alles in Ordnung!«
Ich verstand ihn nicht gleich richtig, der Tankstellenmann erklärte gerade die Paarungsvorgänge bei den Kanarienvögelchen, und erst als schon eine Weile vergangen war, stand ich auf und ging vor die Tür.
Es war dunkel geworden, aber die Wolken am Himmel waren verschwunden, und der Mond stand über der Straße. Etwas seitlich hielt der Wagen, und wer nicht genau hinsah, konnte meinen, es stehe ein normaler Lieferwagen dort. Ich versuchte mir vorzustellen, daß es mein Vater war, der in dem Wagen lag, aber ich mußte immer wieder an etwas anderes denken, und meine Gedanken verwirrten sich. Ich ging wieder zurück, und als ich zu den anderen kam, waren sie ganz still. Der Tankstellenmann sah mich böse an und sagte: »Junge, du bist mir vielleicht eine Marke, holst deinen toten Papa und läßt ihn vor der Kneipe stehen.«

Du warst im Unrecht, bist im Unrecht, wirst im Unrecht sein. Heute, gestern, morgen. Anfänger staunen darüber.
Sie haben sich eine Ritterburg erbaut und residieren siegreich darin, die Parteileitung, lauter anständige, einfache, tüchtige Männer von bestem Schrot und Korn. Tut mir leid, daß ich

Anlaß zum Ärger gegeben habe, das ist nicht beabsichtigt gewesen; nun muß ich mich verantworten.
Eine tüchtige Maschinerie, diese ganze moderne Gesellschaft, die kapitalistische und sozialistische. Die geringste Meinungsabweichung genügt, die Einzelteile und kleinen Rädchen der hochempfindlichen Technik greifen nicht mehr ineinander, es beginnt zu knacken, zu krachen, zu bersten, Dampfwolken steigen auf, Feuer entzündet sich, und alles wegen einer kleinen dummen Einzelmeinung.
Fuhr mit der Straßenbahn, das ist immer noch das vernünftigste Verkehrsmittel, macht keine Abgase, kostet am wenigsten, zum Parteihaus.
Es sah schon von außen ganz herrlich aus, mit schönen Transparenten bestückt und voller Fähnchen, so richtig zum Davonlaufen. Trat ein, zeigte Ausweis. Man soll sich nicht verleugnen. Unser Leben findet zwischen Paßbildern und Ausweisvermerken statt. Die Personenbeschreibung macht größte Fortschritte. Hat keinen Zweck, alle verpaßten Aufstände der Weltgeschichte an einem einzigen Tag nachholen zu wollen.
»Zu wem willst du, Genosse?«
Das vertraute brüderliche Du griff mir ans Herz.
Ich gab an, wer nach mir verlangte. Der Portier verstummte ehrfurchtsvoll. Allerhöchsten Umgang hatte er mir nicht zugetraut. Muß mich an meine neue Prominenz gewöhnen. Es gibt auch oben solche und solche und solche.
Ich hätte ihnen das Himmelreich auf Erden versprechen, sie meiner unverbrüchlichen Parteitreue versichern können, hätte sie der Reihe nach aus lauter Liebe zu Marx, Engels, Lenin, und, sei's drum, Stalin durchvögeln können, und doch nichts erreicht; was sie zu wollen hatten, sagte ein würdiger, weißhaariger Altherrengenosse in der Pause, als wir scheinbar zufällig nebeneinander am Fenster standen und auf die Straße hinabblickten.
Sollte mir Blochs Philosophie vornehmen und, aus der Detailkenntnis heraus, deren idealistisch-mystischen Charakter nachweisen. Ich lehnte ab.
(In dem Gespräch fielen Worte, Formulierungen, Wendungen aus Gesprächen mit Wolfgang Harich. Kurze Zeit vor seiner Verhaftung hatte er seine Bedenken gegen Blochs Hauptwerk ›Das Prinzip Hoffnung‹ skizziert, wir einigten uns, daß man die Blochschen Kategorien und Zentralbegriffe genauer untersuchen müsse, aus ihnen ein »futuristisches Instrumentarium« zu gewinnen. Wenn ich im Parteikontrollverfahren auf Spuren der Diskussion stieß, gab es nur die Erklärung, daß mindestens der leitende Mann mit dem inhaftierten Harich gesprochen oder von Harich angefertigte Niederschriften gelesen hatte.) Das Komische ist meine nicht abreißende Sympathie

für diese Leute, ich mochte die Genossen Pappkameraden der Kontrollkommission. Hierhin schob man langgediente, für andere Posten unbrauchbar gewordene Veteranen ab. Hier funktionierten sie als wertvolle Sitzmuskeln und Handaufheber. Trotzdem waren mir die Genossen nicht zuwider.

Wahrscheinlich leide ich an einer Überdosis von Sympathie. Anders wäre es in Leipzig gar nicht auszuhalten gewesen. Wenn die Alternative Sympathie-Überschuß oder Selbstmord heißt: Ich bin auf diese Weise am Leben geblieben und kann das Verfahren empfehlen. Solche Menschen zu lieben, ist wie ein anständiger Schiß; man fühlt sich erleichtert und wohl danach.

Ich sah in den Partei-Veteranen den Klassenschutt der Epoche, die alles zermalmte. Dennoch hatte jeder dieser Kommunegreise seine Verdienste. Die Verkümmerungen des Zeitalters ließen die Menschen mit verkümmern. Das eine verkam durch das andere. Sei bereit anzunehmen, auch in der elendsten Karikatur des Menschen stecke ein untilgbarer Rest von Größe und Würde. Man braucht sich nur einen etwas anderen Gang der Geschichte vorzustellen. Eine siegreiche Revolution, hervorgegangen aus mitreißend gelungenem Widerstand, und die widerlichen deutschen Kleinigkeiten und Beschränktheiten wären überwunden, einfach hinweggefegt vom Sturm der Geschehnisse.

Die Deutschen befinden sich nur einmal in Gesellschaft der Freiheit, am Tage ihrer Beerdigung. Das muß Marx sein, Frühschriften. Das Land hat einen Webfehler. Millionen Bewußtseinsprozesse schießen zusammen zur allgemeinen Bewußtlosigkeit. Irgendwo haben die Konstrukteure einen enormen Schnitzer gemacht. Marxist in Deutschland, das ist nur die andere Seite der Bürgerlichkeit. Seien wir immer auf das Schlimmste gefaßt. Es wird übertroffen werden.

Was können die Auftragsvollstrecker für ihr Mameluckentum? Was blieb ihnen anderes als unbedingter Gehorsam? Ja, handelte es sich um altgewordene Revolutionäre, die aus der Größe ihrer Taten und der Sicherheit derer, die in der Revolution ihre Menschenwürde erlangten, nun hier ihre Pflicht taten, so wäre ich bereit gewesen, den Spruch als gerechtfertigt hinzunehmen. Daß der Spruch durch nichts gerechtfertigt wurde, war allen im Raume klar, und die starre Haltung erstand aus der Anstrengung, die es kostete, die Scham abzuweisen, die sich mit diesem Kadavergehorsam untrennbar verband.

Der Energieaufwand machte die Männer auch äußerlich zu Marionetten, sie saßen auf ihren Stühlen wie festgenagelt, wandten den Kopf, sprach der Vorsitzende, wie auf Kommando zu ihm hin und wendeten sich, formulierte der Häuptling die Anklagepunkte, ebenso mechanisch zu mir, dem Opfer. Ein deutsches Trauerspiel, doch ich brachte es nicht fertig, die Opfer neben mir am Tisch zu verachten oder ihnen feindlich zu begegnen. Meine Brüder.

Was hätten sie leisten können, diese Genossen, unter besseren Umständen, was haben sie geleistet, welch ein Wunder, sind sie unter dem giftigen Anhauch des großen eifersüchtigen Vaters nicht gänzlich zu Würmern geworden, reduziert auf die Ebene der Kriechtiere, auf die hinab der uneinsichtige omnipotente Impotente den Sozialismus gebracht hatte. Ah, wie wurde mir warm ums Herz vor brüderlicher Liebe zu diesen unterdrückten Kreaturen, die in der Partei ihren Religionsersatz und in der Enthaltung von aller Reflexion Gottvater selbst entdecken mußten. Jeden hätte ich umarmen mögen, denn unserer Liebe kommt es nicht aufs Äußerliche an und nur auf die Substanz. Gleichzeitig spürte ich, wie auch die Kontrollgreise in Versuchung gerieten, mit ihrem Opfer zu sympathisieren. Mag sein, ihr Gefühl hielt sich in engeren Grenzen und resultierte aus anderen Beweggründen, so sehr aber kann sich einer gar nicht in sein Gegenteil verwandeln, als daß er völlig unbetroffen bliebe. Allerdings durften sie dem, was sie innerlich bewegte, nicht im geringsten nachgeben, wären sie doch damit in schwere Konflikte geraten. Kein Parteirentner will sich um die wenigen geringen Vorteile seiner Existenz bringen und sein Glück verspielen. Der inneren Verführung nachgeben, hieße in Konsequenz nichts anderes, als dem Opfer sein Recht auf freie Äußerung und Diskussion gestatten. Darum ging es ja gerade in diesem Verfahren und in vielen anderen, in denen nicht Feinde des Sozialismus abgeurteilt werden sollten, sondern Sozialisten um die Möglichkeit gebracht werden mußten, ihre Meinung zu äußern. Gab man bei einem einzigen nach, aus welchen Gründen auch immer, so war das Prinzip verletzt. Der Aufbau des Sozialismus gestattete eben keine ungehemmte Diskussion, das lehrten die Erfahrungen der Vergangenheit ebenso wie die des tagtäglichen Klassenkampfes. In der Periode des staatlich-sozialistischen Aufbaus wurde die Reflexion konterrevolutionär, auch wenn sie es im logischen Sinne nicht war. Die differierende Meinung entzog dem Sozialismus Kräfte und minderte die Geschlossenheit der Partei. Die Diktatur des Proletariats brauchte einen totalen Willen, und da es hier um die wichtigste Frage der Politik ging, die Frage der Macht, verboten sich Zugeständnisse von selbst, wollte man nicht den weißen Terror ermuntern.

Vor den weisen Greisen sitzend, wurde mir bewußt, daß sie und ich keine Wahl hatten, wie wir uns auch entschieden. Wäre ich bereit, mich zu revidieren, meine mündlichen und schriftlichen Äußerungen zu widerrufen und als Zeichen tätiger Reue eine Schrift gegen Bloch zu verfassen, gestatteten die Zensur-Genossen mir den Verbleib in der Partei, ich erhielte eine kleinere Strafe und könnte, in angemessener Zeit, sogar Karriere machen. Widerriefe ich nicht und verweigerte die ANTI-Bloch-Arbeit, stieße man mich aus der Partei. Beides hatte unbedingt meinen Sturz zur Folge.

Denn der zu Kreuze gekrochene Genosse ist für sein Leben gezeichnet. Man soll nicht glauben, daß Schuftigkeit den Menschen unbetroffen läßt. Wo ein Abfall von sich selbst nicht mehr guten Gewissens als taktisches Zugeständnis zu verantworten ist, beginnt der Verrat. Ich kannte genug solche Fälle und wußte, hatte man sich erst gebeugt und verleugnet, wurde man immer wieder zu solchen Schändlichkeiten gezwungen, und daß es dann leichter fiel, sprach nicht frei.

Verweigerte ich aber die Selbstkritik, würde mich der Parteiausschluß zu einem Feind des Sozialismus machen, so sehr ich mich auch dagegen wehrte. Ich fände niemanden, der mich druckte, Zeitungen und Verlage wären mir verschlossen.

Wovon soll ein Proletarier leben, der seinen ersterlernten Handwerkerberuf nicht ausüben kann, weil seine Physis das nicht gestattet und der sonst nur Denken und Schreiben gelernt hat an der Universität? Vom Denken wurde man nicht satt, vom Schreiben konnte man nicht leben, gab es keinen, der druckte.

Neben den Existenzsorgen bleiben die Beleidigungen, denen man sich ausgesetzt sähe und die sich unversehens in strafrechtliche Verfolgung auswachsen. Ich wollte mich nicht zu einem Feind des Sozialismus machen lassen, aber brächte ich die Kraft auf, das zu verhindern?

Kann man auf die Dauer eine große Partei und ein sozialistisches Land gegen sich haben, ohne die ungerechte, unreflektierte Feindschaft und Bedrohung mit der entsprechenden Intensität zu beantworten? Richtete einen diese Feindschaft nicht zwangsläufig zugrunde, müßte sie einen nicht reduzieren und verstümmeln, so daß am Ende eine jener antisozialistischen Gestalten entstünde, die man selbst verabscheute?

O nein, dies war nicht mehr die Zeit revolutionärer Heroik, nicht die Zeit auch der großen tragischen Schauprozesse, in denen vormalige Genossen den über sie zu Gericht sitzenden Genossen einen Dienst erwiesen, indem sie sich als Verbrecher darstellten. Mag sein, wer wollte es so genau überschauen, die Opfer der großen Säuberungen erwiesen der Partei tatsächlich einen Dienst, galt es doch, die Partei zu purifizieren — konnten die gegnerischen, die faschistischen und halb-faschistischen Mächte nicht doch konterrevolutionäre Zellen in Partei, Staatsapparat, Armee eingeschleust haben? Mag sein, die

Säuberungen schwächten die Widerstandskraft der Roten Armee, so daß sie anfangs gegen Hitlers Armee unterlag. Hätte sie aber, im alten Zustand, mit der Konterrevolution in sich, nicht gänzlich versagen müssen? Wäre also ohne Stalinsche Säuberungen Hitlers Sieg gekommen?
Ich wagte diese Fragen nicht mit letzter Sicherheit zu entscheiden. Wahrscheinlich wurde der komplizierten Sachlage nur eine tragische Behandlung gerecht, etwa der Art, wie Georg Büchner in ›Dantons Tod‹ die Französische Revolution dargestellt hatte. Doch dies alles betraf etwas gänzlich anderes, denn jetzt lebten wir nicht in vergleichbaren Zeitabschnitten. Die Partei bereitete sich nicht auf eine große entscheidende Schlacht vor. Nicht um möglicherweise prophylaktisch begründete Säuberungen handelte es sich, sondern um den Massenprozeß der Denaturierung des Sozialismus. Wir sollten gebeugt leben, sollten nicht denken, sollten allein und einzig gehorchen, und dies in allen Einzelheiten des Lebens, auch dort also, wo wir die Notwendigkeit nicht einsahen und wo uns diese Notwendigkeit durch keinen Menschen plausibel gemacht werden konnte. Nicht darum ging es, einen Meinungskampf zu führen und durch Meinungskonfrontation zu einer gemeinsamen Meinung zu kommen, sondern darum, daß man uns in den Kadavergehorsam früherer Zeiten zurückzwingen wollte.
Als ich mich in der Runde am Tisch geweigert hatte und die Unterwerfung schuldig blieb, kehrten die Genossen Greise ganz unschuldig ihre bösartigsten Seiten hervor. Das ärgerte sie nun wirklich! Wollte sich hier einer über die Partei stellen? Welche Selbstüberhebung und Unverfrorenheit! Sie standen der Reihe nach keuchend auf und gefielen sich in atemlosen, lästerlichen Reden. Die gänzliche Abwesenheit von Marx und Engels fiel ebensowenig auf wie die Parodie auf Lenin und alle Revolution. Ein scharfer Altmännergeruch füllte den Raum, sie schwitzten ihre Säfte vor Empörung an den Händen weg, ich sah ihnen dicke Jauchetropfen aus den Poren treten. Gern hätten sie mir jetzt auch das Vögeln verboten, doch die Parteiperspektiven sahen das nicht ausdrücklich vor; so stellten sie sich nur selbst als strahlende Beispiele hin, als Männer, die es in einem langen Parteiarbeiterleben vorbildlich verstanden hätten, jeden eigenen Gedanken abzuwürgen und jedes solidarische Gefühl zu ersticken. Da posierten sie, die wunderbaren Narren des Heils von Sankt Nimmerlein, prahlten mit ihrer Selbstkasteiung und verwandelten meine tiefe Sympathie in bloßes Mitleid.
Gelingt es, die Kruste aufzusprengen und die Partei in einen lebendigen Organismus von Sozialisten zu verwandeln, oder werden wir von der tödlichen Kälte einer Organisation ergrif-

fen, deren Solidarität darin besteht, alle Lebenden auf die gleiche Weise erstarren zu machen? Wenn ich eine sichere Einsicht gewonnen habe, so ist es diese, daß wir keinen Sozialismus des Apparates erwarten können. Der Apparat der Partei oder des Staates sichert immer nur sein eigenes Wohlergehen, nicht das der Menschen.

Aus dieser kummervollen Lehre resultieren drei mögliche Haltungen: Man kann sich dem Kapitalismus in die Arme werfen, man kann sich auf den Fatalismus zurückziehen und die tätige Hilfe, mit der man den Lauf der Menschheit begleitete und zu bessern versucht hatte, durch grimmige Ironien und beißenden Spott ersetzen, und man kann sich eine Lebensart von »heroischem Trotzdem« zurechtlegen, was auf einen dritten Weg hinausläuft: Mag sein, daß alles vergeblich ist, mag sicher sein, daß der Kapitalismus von mörderischer Interessantheit und der Sozialismus von langweiliger Zurückgebliebenheit ist, man wird dennoch seinen Weg suchen und gehen und einen Sozialismus anzielen, der mit weniger Not und Lüge und Zwang auskommt als alle vorhandenen Systeme.

Für mich selbst lag in der ersten Zeit meines Wechsels von der kommunistischen DDR in die kapitalistische BRD die erstgenannte Möglichkeit durchaus nahe. In der Aufwallung des Ärgers und Zorns und im Nachhall der großen Enttäuschung lassen sich leicht die Fronten wechseln. Bald aber hatte ich den Kapitalismus so über wie den erlebten Sozialismus. Seither schwanke ich unentschlossen zwischen der zweiten und dritten Möglichkeit hin und her, übe mich bald in fatalistischen Bekundungen und verfalle dann wieder in den schönsten Optimismus.

Horn erschafft die neue Gesellschaft. Wer ihn sprechen hört, glaubt daran. Horn spricht oft, doch kann er nicht immerzu sprechen. In den Pausen des Schweigens erlegt die Wirklichkeit den Menschen neue Demütigungen auf. Das zu erkennen, ist natürlich unangenehm. Am liebsten würde man seine Erkenntnisse abschaffen. Fällt mir verdammt schwer, Horn mit Zweifeln zu kommen. Er gehört zu den guten Menschen, die nur gute Gedanken haben und gute Taten bewirken wollen. Wenn man nur nicht immerzu das Maul halten müßte. Das Gehorchen ist noch nicht das Schlimmste. Schlimmer sind die verlangten Jubelbekenntnisse. Entweder ich bin mit einer Sache zufrieden, dann brauche ich das nicht ewig zu betonen, oder ich halte sie für schlecht, dann will ich keinen Choral singen. Mein Lieber, sagt Horn, du liegst schief mit deiner Kritik, du schreibst, die Straßenbahnen rumpeln und quietschen, aber ein guter Genosse schreibt:

Die Straßenbahnen rumpeln und quietschen *noch* –

War nur 'ne Nebenbemerkung, Genosse Doktor Horn, mußte doch verstehen, Atmosphäre, Beschreibung, keine Kritik, soll'n die Straßenbahnen doch rumpeln und quietschen bis zum Zieh mir das Hemd aus. Ich zieh mir das Hemd aus noch, sag ich, Genosse Horn noch.
Am Aufbau des Sozialismus ändert das nichts, sagt Horn.
Noch, sag ich. Am Aufbau des Sozialismus ändert das noch nichts.
Wir müssen Straßen bauen, von Dschungelstellen durchbrochen.
Sein Lächeln so umwerfend herzlich. Horn hat sich als junger Mensch der Abweichung schuldig gemacht, gehörte der Splittergruppe SAP an. Die Partei hat's registriert, vergeben und vergessen. Nur in den Akten steht was davon. Genosse Horn hat's ebenfalls vergessen und vergeben, manchmal vergißt er sogar seine Akten, in denen das steht.
Horn mit seinen vitalen Glaubenskräften überzeugt jeden, auch sich selbst. Ich habe zehn oder zwanzig Jahre zu wenig auf dem Buckel, zudem hapert's bei meinen Glaubenskräften, dafür bewundere ich Horns Vorführungen. Kein Mensch merkt, daß der Mann Theater spielt, er selbst auch nicht. Das gibt Sicherheiten, Horn beobachtet seine Partner, deren Reaktionen seine Wirksamkeit zeigen. Er ist sich ein scharfer Beobachter, nur die allerbesten Leistungen befriedigen. Solange die Partner nicht in ungewöhnliche Begeisterung fallen, ist Horn unzufrieden mit sich. Sein Typ verlangt nach ständiger Hochform, wäre Horn ein richtiger Bühnendarsteller, die Zuschauer lägen dem Magier zu Füßen. Das Geheimnis der Wirkung solcher Menschen besteht in ihrer enormen Unsicherheit. Sie wissen genau, daß sie über den Bodensee reiten. Das Eis ist dünn. Sie können jeden Moment einbrechen. Am festen Ufer angekommen, denken sie nicht daran, in Panik zu fallen, zu sterben wie der komische Bodenseereiter. Das hieße die Maske sinken, die Aufführung platzen zu lassen. Ihre Kunst ist die Sicherheit. Ihre Größe besteht in der Unanfechtbarkeit ihres Spiels. Solange sie nicht einbrechen, brechen sie nicht ein. Solange sie nicht absaufen, saufen sie nicht ab. Keiner soll auch nur im Traum daran denken, sie könnten untergehen. Sie reiten gar nicht über das Bodensee-Eis. Erst wenn jeder mit absoluter Sicherheit davon überzeugt ist, sind sie es auch. Sie brauchen das als Voraussetzung dafür, an sich selbst zu glauben. Horn spielt die Rolle des Jesus Christus fabelhaft, Kreuzigung eingeschlossen.
Ich gehe heim und lege mich schlafen. Nach Gesprächen mit Horn schlafe ich tief und fest. Man ist von sich überzeugt, wie Horn von sich überzeugt ist. Vielleicht spielen alle mit, weil sie diese Wirkungen ersehen.

Als Bloch die Deutsche Demokratische Republik verlassen hat, vereint die Zurückgebliebenen die Beleidigung, die ihnen zugefügt wird, und sie bringen ›Ernst Blochs Revision des Marxismus‹, VEB Deutscher Verlag der Wissenschaften, Berlin 1957, heraus, das Buch der Verdammung. Es enthält einen Beitrag von Dr. Johannes Heinz Horn, seinen Nachlaß, der, für sich genommen, ein ganzes eigenständiges Werk ist und sich bei allem Tribut an die verlangte Meinung durch Subtilität und noble Gesinnung auszeichnet. Nach Erscheinen der Schrift beging Johannes Heinz Horn Selbstmord.

Personen, die von administrativen Maßnahmen der Partei betroffen werden und die Partei dafür loben oder entschuldigen, handeln entweder unfrei oder als Masochisten. Als Sadisten erweisen sich jene, die die berechtigte Kritik an der sozialistischen Partei zum Anti-Sozialismus und Anti-Kommunismus übertreiben, denn ihnen geht es nicht mehr um Korrekturen, sondern um die Abschaffung des Sozialismus in allen seinen Formen, auch in denen der strategischen Grundsatzkritik an Bürgertum und Imperialismus. Wir können aber ohne Hoffnung auf eine sozialistische Gesellschaft nicht mehr annehmen, daß die menschliche Gesellschaft überhaupt eine Zukunft habe, es sei denn, die ihrer Selbstzerstörung.

Weiß nicht, wie ich aus all dem hervorgegangen bin. Jedenfalls war es der Bauch des Proletariats, aus dem ich herausfiel. Die vier Jahre im Leipziger Philosophischen Institut haben mir viel genützt, obgleich sie mich auch für vieles verdarben. Man kann sich die guten Körner nicht allein herauspicken, man muß auch die schlechten mitfressen. Jedenfalls erlernte ich in der harten Schule der Philosophie das ABC der Gelassenheit. Ich meine nicht die Kunst der höheren Schweinerei. Ich meine die Gelassenheit, die ermöglicht, einen Schlag lange genug vorzubereiten und um so gezielter, genauer, ja tödlich anzubringen. Die Wut muß den Umweg über den Kopf nehmen und dort ihre Hitze verlieren. Das Studium der Philosophie ließ mich kaltblütiger werden. Außerdem begriff ich etwas, das mich vorher in nicht geringe Unruhe versetzt hatte. Ich war mir manchmal selbst verdächtig geworden, weil ich alles mochte, was mit dem Bauch zusammenhing. Sobald man darüber ein wenig nachzudenken beginnt, wird es mulmig; alle Welt hält es für etwas Peinliches und Schmutziges. Wenn du dich tüchtig umgetan und die anderen genauer beobachtet hast, merkst du, sie zerfallen in zwei Gruppen. Die eine Gruppe ist gegen Schwanz und Möse, die zweite Gruppe tut nur so. Haben die zur zweiten Gruppe Gehörenden lange genug so getan, müssen sie zur ersten Gruppe gezählt werden. Sie mögen nicht mehr vögeln, tun sie es doch, so mit Widerwillen, wozu nachträglich Ärger und Bösartigkeit treten. Diese Leute grollen sich selbst, daß sie es wieder getrieben haben, und als anständige Sittenmenschen, die sie sind, lassen sie ihre Wut vor allem an den Menschen ihrer Umgebung aus.

Wenn ein Staat sich in zwei Staaten aufteilt, kann, wer beide kennt, beide vergleichen. Mir hatten sie im Osten den Prozeß gemacht, das war das Letzte. Das erste, was ich im Westen bekam, war ebenfalls ein Prozeß – die Aufnahme.

Ämter haben alle den gleichen Geruch. Auf den vielen Gängen zu diesen und jenen Dienststellen kommen wir im Flüchtlingslager Berlin-West zur Abteilung Statistik, wo zwei ältere, äußerst bestimmte Damen im Auftrag des eifersüchtigen Vaters Fragen stellen und lange Listen ausfüllen. Bei der Frage nach dem Beruf gebe ich arglos an: Schriftsteller. Die forschende Dame, offenbar nicht ohne Erfahrung mit kuriosen Berufsbezeichnungen, erkundigt sich, seit wann ich Schriftsteller sei und ob ich diesen Beruf auch erlernt hätte. Ich gebe Bescheid, daß man nicht alle Berufe im eigentlichen Wortsinne »erlernen« könne, Schriftsteller sei eben eine solche Betätigung, da führe keine Schule und keine spezielle Ausbildung hin, das ergäbe sich irgendwie, man beginne zu schreiben, bringe Bücher heraus und nenne sich in Ermangelung eines anderen Ausdrucks eben Schriftsteller.

Ich konzediere ohne weiteres, die Fragestellerin dürfte ihre Erfahrungen gemacht haben, ihr Mißtrauen ist sicher nicht unbegründet. Mancher Flüchtling gab mehr seinen Wunschberuf als den tatsächlich ausgeübten an.

Einmal ist ein Mann mit Namen Bialek gekommen und von irgendeinem Diensthabenden nach seinen Personalien befragt worden.

Auf die Frage nach dem Beruf antwortet der Neuankömmling schlicht: »General.«

Darauf der Beamte:

»Und ich bin der liebe Gott.«

Bialek war General der Volkspolizei oder Volksarmee gewesen, er verschwand Jahre danach unter mysteriösen Umständen.

Derlei Sensationen sind bei meinem Fall nicht im Spiele. Die fragende Dame weigert sich nur einfach, meine Berufsangabe zu akzeptieren. Das Dilemma vergrößert sich, weil ich auf Befragen ohne weiteres eingestehe, den Beruf des Schriftstellers nicht wirklich »erlernt« zu haben. Erlernt hatte ich zweifelsohne Kupferschmied.

Also, folgert die Dame, jetzt deutlich strenger, sind Sie Kupferschmied! Da es mir im Grunde völlig gleichgültig ist, unter welcher Berufsbezeichnung man mich zu führen gedenkt, erkläre ich mich einverstanden.

Das scheint die Fragerin wieder zu überraschen.
Kupferschmied ist doch Ihr richtiger Beruf?
Ich zähle zu diesem Zeitpunkt zweiunddreißig Jahre. In meinem DDR-Ausweis steht als Beruf »Schriftsteller«. Ich habe zwei Bücher veröffentlicht und von ihnen und einigen Pressepublikationen einigermaßen leben können. Meine Lehrzeit als Kupferschmied ist fünfzehn Jahre früher beendet gewesen, seither habe ich in diesem Beruf nicht mehr gearbeitet.
Ich sage das, erkläre aber nochmals mein völliges Desinteresse an dem, was eingetragen wird, und sehe mit einiger Verblüffung, wie ich, eben von der DDR nach Westberlin übergewechselt, einen abenteuerlichen Doppelberuf erhalte. Die Dame, nun wieder ganz mit sich im reinen, schreibt voll Schwung in die fragliche Spalte: »Kupferschmied-Schriftsteller«.
Ingrid, die in Leipzig im siebenten Semester war, will in Westberlin ihr Studium fortsetzen und erkundet an der FU finanzielle Unterstützungsmöglichkeiten. Ihr wird freundlicherweise geantwortet: Da können Sie eben nicht studieren, wenn Sie kein Geld dazu haben! Das sind so bürgerliche Standpunkte. Ich habe Freiheit und Demokratie schon im Flüchtlingslager kennengelernt. Als ich mich bei der Vernehmung durch die Lager-Kripo weigere, bestimmte Aussagen über Freunde zu machen, werde ich angeschrien und bedroht: »Was glauben Sie, was mit Ihnen geschieht, wenn wir Sie nach Ostberlin zurückschicken?«
Ein Amerikaner in Zivil bringt mich zu dem Schriftsteller Günter Birkenfeld, der für die Amerikaner arbeitet und die lustigste Kulturspionage betreibt. Das heißt, er läßt sich gewisse Leute vorführen, rühmt die westlichen Freiheiten und horcht einen aus. Als ich ihm meine Erfahrungen mit der Lager-Kripo schildere, antwortet er mit maliziösem Lächeln: »Was ist Ihnen lieber, im Westen etwas angeschrien zu werden oder im Osten ins Zuchthaus zu kommen?«
Wie die Dinge liegen, mag ich mir mit meinen wunden Lungen keinen langen Zuchthausaufenthalt leisten und ziehe die Freiheit vor.

7. Kapitel

Die jungen und die alten Mörder

Der Wirt kommt mit einem Papier und sagt, das sei die Rechnung, es müsse nun gezahlt werden. Die anderen Gäste stehen auf und kommen an den Tisch. Ich bezahle die Rechnung, und das beruhigt die Gäste. Sie lachen, auch die betrunkene Frau lacht.

Wie ich nach draußen an den Wagen komme, haben sie dem Tankstellenmann einen Lappen in die Hand gedrückt, und er wischt die Seite des Wagens ab und weint dazu.

An der Tankstelle haben wir ihn dann abgesetzt; er war wieder ganz mobil und stand sicher auf den Beinen. Er bedankte sich und wollte uns auch die Hand geben, aber ich machte schnell die Tür hinter ihm zu und kurbelte nur die Scheibe einen Spalt herunter. Da stand er draußen und sah uns ganz traurig an und sagte immer wieder:

»Dein Papa war bestimmt ein gutes Vögelchen.«

Ich war froh, als Herr Mittag endlich Gas gab und der große, jämmerliche Mann von der Seite verschwand, als hätte ihn jemand fortgewischt.

In der Nähe von Böhlen wurden wir von der Polizei angehalten. Es war völlig dunkel geworden, und die Polizisten schwenkten rote Stopplampen. Ein Polizist trat an den Wagen und verlangte die Ausweise und Wagenpapiere. Ich war eingeschlafen. Die Stimme des Polizisten weckte mich. Es war der schweigsame Oberwachtmeister von der Dienststelle, bei der wir am Vormittag gewesen waren. Der Oberwachtmeister verriet nicht, daß er uns kannte. Er prüfte die Papiere, ließ sich meinen Ausweis geben, sah ihn lange an und reichte ihn zurück.

»Können wir weiter?« fragte der Fahrer.

»Ich muß die Laderampe kontrollieren.«

Herr Mittag und der Beifahrer stiegen aus und gingen mit dem Oberwachtmeister nach hinten. Sie öffneten die Tür, Licht blinkte in den Laderaum, wo der Sarg stand, und ich beobachtete durch das Rückfenster, wie der Oberwachtmeister hochkletterte. »Machen Sie den Sarg auf!« befahl er.

»Sind Sie verrückt?« sagte der Beifahrer.

»Machen Sie den Sarg auf!«

Ich lehnte mich mit dem Rücken gegen das Fenster und hörte, wie der Sargdeckel gehoben wurde. Der Oberwachtmeister leuchtete wohl die Leiche ab.

Der Beifahrer, der bei der Marine gewesen war, fluchte leise.
»Was sagten Sie?« fragte der Oberwachtmeister.
»Vielleicht soll Ihnen der Tote seinen Ausweis zeigen?«
»Nein, nein«, sagte der Oberwachtmeister langsam, »ich tu nur meine Pflicht, seinen Ausweis haben wir in unsrer Dienststelle liegen, ich kenn' euch schon.«
Sie legten den Sargdeckel wieder auf und kletterten aus dem Wagen. »Sie können weiterfahren, ich tu' nur meine Pflicht.«
Der Oberwachtmeister legte die Hand an die Mütze. Herr Mittag und der Beifahrer stiegen vorn ein. Der Wagen fuhr an.
Im Wagen ertappte ich mich unwillkürlich dabei, daß ich nach hinten lauschte, als müßten Töne von dort kommen. An den endlichen Tod des Vaters gewöhnt sich der Sohn nur mit Mühe und Verzögerung. Der Eindruck, den Gewaltigen starr und leblos daliegend zu wissen, ist stark, doch nicht so stark wie der anhaltende Eindruck des lebendigen Vaters. In den Tagen nach dem Tode vermischen sich beide Eindrücke, und schon dominiert der ältere, wenn du nicht ganz klar bei Bewußtsein bist. Mir war fortwährend als beginne der Verstorbene zu sprechen, die Sinne hatten sich nicht an den neuen Zustand gewöhnt, das zerebrale System ist unheimlich konservativ bis zum gänzlichen Verrat.
Vielleicht liegt hier der Grund für das andauernde Versagen befreiter Söhne. Sie nehmen den Tod der Väter nicht wahr, weil sie innerlich von der Vergangenheit beherrscht sind. Die Alten erlegen den Jungen ihre Verzögerungsriten auf. So wird kein Termin für Neuerungen und Revolutionen ausgenutzt, geht jeder günstige Zeitpunkt vorüber. Eingeschreint mit den Alten liegen die Bewegungsfähigkeit, die gute, wilde, frische Freiheit der Jungen. Mit den Särgen sinkt die Revolution in die Gräber. Grabkult umgibt die Menschen, die Kirchen sind voller Schrumpf-Mumien und Sarkophage, die Lebenden stinken wie Leichname. Nirgendwo wird die vernünftige Zukunft vergegenständlicht, es sei denn wiederum durch Tote, einen ermordeten Mann, das die Ermordung signalisierende Kind und jene Mutter der Unfruchtbarkeit, der ein Gott hilft, das Schlachtopfer zu zeugen.
Ich bringe meinen toten Vater heim. Es ist eine unwürdige, lautlose Fahrt ohne Aufhebens. Niemand hat den Atem angehalten. Niemand denkt über ein unfertiges, abgelaufenes Leben nach. Alle Welt hat sich verabredet, den Unsinn unentwegt fortzusetzen, der gestern oder vorgestern begonnen worden ist.
Ich sehe, von beiden Seiten der Straße treten Musikanten zur Mitte. Wir bremsen den Wagen, die Trommler bewegen die Hände zum Spiel, die Trommeln und Fanfaren beginnen zu

dröhnen. Wenn wir mit Worten nicht weiterwissen, versuchen wir's mit Musik, schon stellen die unpassendsten Worte sich von selbst wieder ein.

Die Unwirklichkeit der Trauer ist der beste Beweis. Niemand trauert, hat ein naher Angehöriger das Zeitliche gesegnet. Für kurze Momente wirkt die Überraschung; schnell nehmen andere die frei gewordene Stelle ein. Die Grabhügel auf den Friedhöfen sind unser aller Chancen, jeder Verstorbene macht den Lebenden Platz zum Nachrücken in Besitz, Stand, Ansehen, Verlogenheit. Die Überlebenden veranstalten rauschende Freudenfeste und loben den Tod, diesen gewinnbringenden Bruder.

Die fantastischen Musikmacher verschwinden, wir fahren schneller. Die Heimholung unserer Leiche ist unnötiger Luxus. Sie hätten den Vater auch in die Destillations-Apparate werfen und zu Petroleum oder synthetischem Gummi verarbeiten können, wie sein ganzes Leben, das wäre ehrlicher gewesen. In diesem Moment gelingt es mir tatsächlich, für die Dauer eines Augenblicks ein Gefühl von aufrichtiger, wahrer Trauer zu erzeugen. Das ist ein ganz unwirkliches, ja wahnsinniges Abenteuer, das weit über unsere Verhältnisse hinausführt; im nächsten Moment bin ich gänzlich auf den Boden der fatalen Tatsachen zurückgekehrt, ein normaler Mensch wie du und jedermann.

Das Morden ist uns in Fleisch und Blut übergegangen, die Roheit hat die feierlichen Formen des Anstands und der Pietät angenommen. In Wirklichkeit ermorden wir jeden Verstorbenen und töten ihn gleich ein zweites Mal. Die noch nicht Verstorbenen aber, die unverständlicherweise, peinlicherweise, überflüssigerweise noch Lebenden, bringen wir Stück für Stück um, indem wir sie krank machen, administrieren, reduzieren, unter Vertrag nehmen, unter Kuratel stellen, für krank erklären, vor Gericht bringen, auf eine Klasse, Stelle, Rolle festlegen. Die Leidenschaft des Mordes bekommt uns gut. Mörder zu sein — wie gern und unablässig wir uns darin versuchen. Wie beleidigt wir sind, versuchen sich andere an uns. Die gesamte Gesellschaft besteht aus zwei Klassen — jungen und alten Mördern. Die alten Mörder überlassen wir sich selbst. Die jungen Mörder sollten wir, der Gerechtigkeit halber, als die guten Menschen des Zeitalters feiern.

Die jungen Mörder, wenn man sie nicht verhindern kann, soll man sie wenigstens ehren, denn es handelt sich nicht um Resultate eigenen Tuns und Nachdenkens, wie ihre Morde nicht Taten egoistischer Berechnung sind, nein, die jungen Mörder werden abgerichtet und erzogen.

Wenn es eine Wertung für selbstlosen Egoismus gäbe, so nähmen sie in dieser Tabelle den obersten und wichtigsten

Platz ein. Die jungen naiven gutgläubigen Nazisoldaten mordeten nicht aus Bosheit oder Sadismus oder Lust am Morden, nein, sie mordeten im Glauben an das Gute ihrer Taten, sie taten wahrhaftig Gutes, wenn sie umbrachten, und die jungen Nazimörder aller Herren Länder und der Herren aller Länder gleichen ihnen darin, wenn sie Kinderleichen produzieren und Frauenleichen und Männerleichen. Im tiefsten Grunde ihres Herzens liegt die Kraft einer Gläubigkeit, die sie zu Heiligen macht, und dieses sakrale Gefühl der Weihe setzt sie in den Stand zu foltern, zu morden, in aller Unschuld weiterzuleben, als seien sie in ihrem Wesenskern unbetroffen von dem, was sie tun. Sie sind es auch, denn die Heiligkeit ihres Mordens folgt aus der Heiligkeit ihres Auftrags und Glaubens, dies eben macht sie selbst zu Opfern, sie töten nicht, sie, die Werkzeuge der Gnade, nehmen unsägliche Leiden auf sich, wenn sie den Tod verbreiten, ja, sie leiden mehr und wirklicher als ihre verblutenden Opfer, denen die Gnade erwiesen wird. Morde begehen, nicht zurückweichen vor dem Auftrag, nicht zweifeln an der eigenen Heiligkeit, dies bringt die höheren Weihen. Wie einfach haben es demgegenüber die Opfer, die nur die Zerstörung ihres Leibes aushalten müssen und hernach erlöst sind von allen physischen Bürden.

Ich habe sie gut verstanden, die jungen Mörder, wo sie mir begegneten, als Angehörige dieses oder jenes Heeres, dieser oder jener Partei, ich sah den bleichen Zug der Erschöpfung, die Leidenschaft göttlicher Skrupellosigkeit in ihren zarten Gesichtern, sah das vergossene Blut an ihren Händen, ich nahm ihre reinen Herzen wahr und hellen Blicke, diese hinreißenden Zeichen der Aufrichtigkeit und Erwählung.

Die Opfer wurden nicht umsonst gebracht, die Länder nicht vergeblich verloren. In den Ascheresten der verheizten Städte und Knochenhaufen erschlagener Armeen glimmt der Funke überirdischer Schönheit fort.

Es war vorher und nachher immer dasselbe, die Fahrt schärfte mein Bewußtsein dafür, ich begriff nun besser, worum es ging und weshalb es immer dasselbe war, ich sage »dasselbe« und nicht »dasgleiche«, die deutsche Sprache besitzt einen feinen Sinn für die kaum wahrnehmbaren und dennoch entscheidenden Unterschiede. Es war immer dasselbe: Ich saß in diesem vertrackten schwarzen Lastwagen und fuhr meinen toten Vater heim, wobei ich zugleich ein Gefühl dankbarer Erleichterung und ein Gefühl ungerechtfertigter Zurücksetzung empfand. Ja, ich war froh darüber und unfroh, sah mich beschenkt und gekränkt. Die Last des Vaters ist von mir genommen, doch in die Erfahrung, freigekommen zu sein, mischt sich die bittere Emotion des Verlassenen. So auf der Grenze zwischen

Freude und Trauer, Genugtuung und Eifersucht blieb ich stehen. Ja Eifersucht, um sie handelte es sich, wie ich bald einsah, denn wenn der Überlebende einesteils Befriedigung empfindet, reizt ihn anderenteils die Abwesenheit des Verstorbenen, sei es auch nur auf den Verdacht hin, der Tote schenke sich fortan die Mühen des Lebens und häufe sie dem Zurückgelassenen auf. Die Frage ist, ob man denn allein fertig werden könne mit allem, und selbst wenn die Antwort wie in meinem Falle lautet, man habe von diesem Vater statt Unterstützung viel Drangsal und Behinderung erfahren, gibt der komplizierte Mechanismus der Innerlichkeit keine Ruhe. Der Stachel sitzt tief, er will empfunden sein. Der Tod des anderen trifft dich arg. Was ihn fühllos und bewußtlos macht, versetzt dich in peinigende Erregung, wenn nicht Raserei, und gerade die Ambivalenz deiner Gefühle und Gedanken bereitet dir Schmerzen. Die bloße, dumpfe Trauer allein macht stumpf, die bloße Freude ruchlos. Beides zusammen erst legt den Nerv frei. Es sind nicht die Begräbnisse, die uns erschüttern, und es ist nicht der Tod selbst, der ergreift; es sind die Wirkungen.

In meiner frühesten Jugendzeit lebte ich bei der Großmutter. Sie wohnte in G. neben der Kirche. Das Haus stand etwas erhöht. Wenn die Totenglocke läutete, eilten die alten Frauen und Kinder zur Treppe, die von der Kirche hinabführte in das etwas tiefer gelegene Dorf. Man sah von hier aus den Trauerzug, dieses seltsame, vielfüßige, schwarzgekleidete und blumengeschmückte Etwas, das die Straße entlang zum Friedhof am Ortsende kroch, dies war also, was die Erwachsenen »Tod« nannten; der unbegreifliche, fremde, zugleich schöne und schmerzhafte Vorgang »Tod« drang mit Gesängen und Glokkenklagen durch die Luft heran und tief in einen hinein. Der Tod saß einem wie ein Kloß im Halse, man begann zu würgen und nach Luft zu ringen, doch das fremde unheimliche Gefühl war nicht wirklich schlimm und machte nicht elend wie sonst Krankheiten, schmerzte nicht wie die Schläge, unser täglich Brot, nein, das drückende Gefühl in Kehle und Brust enthielt zugleich die köstlichste Süße, die einen sprachlos machte und gierig darauf warten ließ.

Kaum erklang die Totenglocke, rannten auch schon alle los, das Schauspiel zu bewundern. Es war einfach schön, diesen Tod zu erleben, diesen feierlich bekränzten Trauer- und Freudenzug der Ein- und Heimholung einer Leiche. Die alten Frauen bekamen nasse, glänzende Augen. Sie mochten den Tod, den sie fürchteten und dem sie sich fast so nahe fühlten wie wir unsicheren unwissenden Kinder.

Der Tod als Problem der Jungen. Die Jugend in den Tod verliebt, ausbeutbar für Kriege und Industrien. Den Alten ist der Tod eine Tatsache, den Jungen ein schönes begehrenswertes

Ziel. Sie wollen den Tod umarmen wie den Partner in der Liebe. Liebe und Tod als Paar. Den Alten mit ihren verdorrten Keimdrüsen ist der Tod eine Sache des Kalenders geworden. Die Alten haben sich an die Ungerechtigkeit des Todes gewöhnt. Der Jugend ist eine solche Ungeheuerlichkeit unzumutbar. Sie kann sich nicht abfinden damit. Die Alten haben in ihrem langen Leben so viele Schandbarkeiten hingenommen, daß ihnen das Unrecht des Todes wie gerechter Lohn erscheint.

Kurt, der auf den Tod darniederliegt, dürr, durchsichtig, zu schwach zum Atmen, schon seit Jahren. Jeden Tag glauben die Angehörigen, morgen sei es aus mit ihm; er ringt Tag für Tag weiter. Er hat nichts vom Leben, weigert sich nur einfach, zu sterben. Sein Wille widersetzt sich. Oder sein Altersstarrsinn.

Die Alten, die nicht sterben wollen, widerstehen aus Gewohnheit. In ihrem langen Leben haben sie sich derart eingewöhnt, daß sie aus bloßem Konservativismus nicht abtreten. Der Tod wäre die erste Neuerung in ihrem ganzen Leben, die sie widerspruchslos akzeptieren. Kurt: Wenn alle glauben, es gehe zu Ende mit ihm, stülpt er den Hut übern kahlen Kopf und schleppt sich zweimal ums Haus. Ich lebe noch, meine Lieben.

Kein Wort ist dem Wort »Tod« so nahe wie das Wort »Blut«, die Chiffre. Unser Verhältnis zum Tod gleicht unserem Verhältnis zum Blut. Allerdings ist Blut zunehmend technisch verwendbar gemacht worden. Blutkonserven, Blutbild, Blutbank. Es bleibt ein Rest. Der Epileptiker Dostojewskij, der junge Offizier Leo Tolstoi und der Infernaliker Malaparte haben viel davon verstanden.

Die Soldaten in früheren Zeiten bis zum II. Weltkrieg, es gab Momente, in denen sie begriffen, was sie taten und was mit ihnen geschah. Das hörte um die Mitte des 20. Jahrhunderts auf. Mit der Entwicklung des Todes zum Massensport, der Folter zur staatlichen Fürsorgeeinrichtung reduzieren sich Tod und Blut auf administrative Vorgänge. Man kreuzigt gegnerische Gruppen, foltert Gefangene, schafft Rassen ab und vernichtet Völker, wenn die machthabende Verwaltung es für richtig befindet. Während Hitler-Deutschland die Quantität des Todes allein förderte und von der Qualität wenig oder nichts hielt (die deutsche Armee folterte bei Vernehmungen, aber nicht sinnlos. Wer aus nazistischen Programmgründen zum Tode bestimmt worden war, wurde getötet, man fügte ihm keine unnötigen Schmerzen zu, denn ihn zu foltern wäre sinnlos gewesen –), entdeckten die amerikanischen Soldaten in Vietnam die Wonnen der Qualität: Warum nur in Verhören foltern. Man foltert, wenn man Lust hat zu foltern, man hat meistens Lust.

Man foltert Frauen, das steift den Schwanz, man foltert Kinder, Kinderstimmen klingen so hell und lieblich, man foltert Greise, alte Männer sterben niedlich und unbeholfen wie Kinder. Warum die Gooks einfach umbringen, wenn es unterhaltsamer ist, sie vorher zu entmannen und ihnen die Geschlechtsteile an die Lippen zu nähen. Die Opfer stammeln ergötzlich. Wie unterhaltsam, eine gefangene Frau zu vergewaltigen, eine kleine Granate ins Loch zu schieben und abzuziehen. Wie lustig der Bauch sich hebt, bläht, das Gedärm herausplatzt. Die wunderbaren, unwiederbringlichen Schönheiten des Todes, die zu genießen und den zu verteilen das herrliche Vorrecht des Soldaten ist. Gefesselten Gefangenen mit dem Dolch die Därme aus dem Unterbauch zu graben, wann würde dazu wieder Gelegenheit kommen, wäre man erst heimgekehrt ins zivile Leben. Wann genösse man völlige Freiheit, Straffreiheit, Schuldlosigkeit. Was man hier, unter heiligem Auftrag und Befehl stehend, tut, ist wohlgetan und mindert die Chancen des Einzugs in den Himmel nicht im geringsten, dafür sorgen Vaterland und Kirche.
In den Tod verliebt — die Blüte des Landes, seine Jugend, erleidet und verteilt ihn. Soll man denen, die ausziehen mit dem Risiko, ihr eigenes Leben zu verlieren, nicht die möglicherweise letzte Freude gönnen? Wenn es ihnen Genuß bereitet zu foltern und zu morden, darf man ihnen diese Wohltat untersagen, wenn sie den nächsten Tag vielleicht schon nicht mehr erleben? Laßt unseren braven Jungs ihre kleinen Vergnügen.
Über die Länder verstreut: Produktionsstätten der Liebe zum Tode, Fabriken mit Riesenausstoß von Romantik und Idealismus. Konzerne mit vorprogrammiertem Blutvergießen. Folterakademien für praktische Übungen an anfangs noch lebenden Negern und Asiaten. Den Mehrwert schützen. Die Menschen sind so, die Völker wollen es so, die Götter sind auch nicht anders. Der General hat es nicht befohlen, aber er drückt ein Auge zu, wenn seine tapfren Jungs Ohren absäbeln, Augäpfel ausschälen, mit Köpfen Fußball spielen, dem Feind den Schwanz abschneiden. Der Schwanzabschneider wird dekoriert, kämpft fürderhin besser, um seinen eigenen Schwanz fürchtend.
Wer dem Feind die schlimmste Schmach zufügt, muß mit der Rache des Feindes rechnen und ihr mit doppelter Todesangst begegnen.
Die göttliche Barbarei stärkt den Kampfesmut der Truppe, das Kriegsverbrechen ist nützlich, ein taktisches Mittel und strategisches Plus.
Herrgott, gib mir einen grausamen Gegner! Der Feldherr organisiert in weiser Voraussicht die Grausamkeit seiner Armee,

auf daß der Feind mit ebensolcher Grausamkeit antworte und ihr Krieg die Verlustquoten und Schärfen erhalte, die dem Kulturzustand des Zeitalters voll entsprechen.

8. Kapitel

Die ganz ungeheure unfaßbare Freude und die ganz ungeheure unfaßbare Trauer

Ich gestand es mir nicht ein, aber ich war von einer solch ungeheuren, unfaßbaren Freude erfüllt, als ich die Nachricht vom Tode meines Vaters hörte und den Leichenwagen bestieg, ihn heimzuholen in die Stadt. Ich schämte mich natürlich zuzugeben, daß ich mich freute, zumal ich nicht im geringsten verstand, was es auf sich hatte mit diesem erhebenden Gefühl, diesem Fest, das in meinem Inneren veranstaltet wurde, ich gab mir alle Mühe, mich nicht zu verraten, was mir schwer genug fiel; ich war einer, der an einer Orgie teilnahm und es geheimhalten mußte, derjenige, der die Form nicht nur zu wahren hatte, sondern auch wahren wollte, weil er an ihr teilzuhaben wünschte, zugleich entzog ich mich der verpflichtenden allgemeinen Moral, verstieß heimlich und durchaus willentlich gegen ihre Forderungen; leise hörte ich mich sprechen, vernahm meinen Triumph gegen alles, was dagegenstand. O nein, ich lebte nicht im Zustand der Heuchelei, als welche die doppelte Moral gilt, vielmehr stand ich mit vollem Herzen und festem Willen wie bestem Gewissen zugleich hier und dort, hier auf der Seite der trauernden Überlebenden, dort auf der Seite der freudig Triumphierenden. In der Tat, ich empfand den Tod meines Vaters zugleich als schmerzlichen Verlust und als hoffnungsfrohe Bereicherung. Mir war etwas genommen und etwas gegeben worden, und dies alles hatte nicht das geringste mit meinem wirklichen Verhältnis zu dem Verstorbenen zu tun, geschah vielmehr in völliger Nichtachtung des wirklichen Verhältnisses zwischen ihm und mir. Ob wir einander nahegestanden hatten oder uns fremd geblieben waren, dies blieb gänzlich außer Betracht. Der Vorgang reichte in gänzlich andere Dimensionen. Selbst wenn Vater und ich wie zwei Todfeinde gelebt hätten, wäre ich jetzt in dieser meiner Lage gewesen und hätte seinen Tod als Verlust empfunden; selbst wenn wir als die innigsten Freunde gelebt hätten, wäre ich, des Verlustes wegen, vom Gefühl einer wilden, fremden Freude erfüllt worden. Nein, was mich beherrschte, lag wohl ganz weit jenseits der persönlichen Dinge.

Später, nach der Trauerfeier auf dem Friedhof, als Mama und ich am Tor Aufstellung nahmen, den scheidenden Trauergästen zu danken, war ich in der Lage, die Hände der Abschiednehmenden mit einem Ausdruck tiefer Trauer zu drücken und ebenso mit dem überschwenglichen Gefühl großer Freude. Wenn ich, der Form zuliebe und die geforderte Pietät aus Gründen der oberflächlichsten Vernunft achtend, die Gebärde der Trauer wählte und beibehielt, so war dies tatsächlich nichts mehr als die geforderte Höflichkeit, die wir auf Leichenbegängnissen vorzutragen wissen und die doch nur die eine Seite der Medaille ist, denn abgesehen von den Tributleistungen an die Öffentlichkeit, an das Brauchtum und die Verwandtschaft sind die großen Augenblicke des Abschiednehmens und Schmerzes zugleich Augenblicke der tiefsten Unentschiedenheit, in denen sich unsere Person entscheidet, eine Wahl stattfindet. Wo aber gewählt wird, steht nichts fest und besteht die Möglichkeit, daß es etwas geben könne, das gänzlich neu, völlig unvorhergesehen, also auf revolutionäre Weise anders würde. Wie könnten wir im Moment einer solchen Entscheidung nichts als eintönige, bloße Trauer empfinden? Habt Verachtung übrig. Jene merken nicht, daß es Zeiten gibt, in denen die Maschine die vorgeschriebenen Gleise verläßt, zumindest verlassen könnte und alles sich aus dem Sound unseres Willens ergibt. Wir können entscheiden, und je zwiespältiger, je zerrissener wir sind, desto größer wird die Chance, das Neue und ganz Unkonventionelle zu wählen.

Der Vater hat nie was Besonderes getan. Nie was Großes, Bedeutendes geschaffen. Nie was Plötzliches in die Welt gebracht. Das war's vielleicht. Am Ende verabschiedete er sich mit der merkwürdigsten Sonderlichkeit, sank am Osttor des Riesenwerks um, fiel zu Boden, war weg. Aus. Wenn er wenigstens was auf den Kopf gekriegt hätte, sagt die Mama selig. Eisenteile, Ziegel, sonstwas von Härte und Gewicht. Bei Unfall wäre ihre Rente höhergekommen. Einfacher Normaltod zahlt sich den Hinterbliebenen nicht extra aus. Vom Standpunkt nützlichster Erwägungen hatte sie recht und trug ihre amtliche Trauer mit beleidigter Miene. Ehrliche Haut.

Er ist wirklich ganz unmöglich gestorben, nutzlos, irre, geradezu obszön. Wer hatte was davon? Warum mußte es ein stinknormaler Herztod sein und an dem ausgefallenen Ort? Statt eines schicken marktträchtigen Unfalls, der was einbrächte. Das war die reine Bosheit dieses Mannes. Mamas Mama hatte gleich gewarnt. Heirate den nicht! Was tat's? Sie hatte ihn geheiratet, die Folgen zu tragen. Ein ganzes Leben lang.

Man steht auf dem Friedhof. Unwillig, traurig, verbost. Ein Freigeist schmatzt unpassende Worte. Die Pastoren früher machten das besser. Anschließend kommt der Tote nach Werdau ins Krematorium, die Urne bringen sie zurück, das ergibt ein winziges Grab; bei Unfall hätte sie ihm, zum Dank, ein größeres besorgt. Boshaft ist er gewesen sein ganzes Leben lang. Besonders in der Ehe. Ganz besonders in der Ehe.

Der Vater. Er liegt jetzt tief drunten. Noch nicht in der Erde und schon unter ihr. Die an ihn denken, starren auf den Boden, keiner blickt auf. Sie spielen Trauer und haben es satt. Der Vater hat von ihnen Besitz ergriffen. Trauerweiden, die die Zweige senken. Die letzte Gelegenheit, in seiner Gegenwart zu hadern. Geruch verwesenden Fleisches. An der Mauer verrottete Haufen von Kranzgebinde, Schleifen, Blumengewelk. Zwei mit bleibendem Eindruck. Die Mutter mit den Erinnerungen an ein mißlungenes Leben, der Sohn, der auszubrechen versucht.

Als ich ins Zimmer trat, den von der Frau angebotenen Stuhl übersah und unverzüglich das begann, weshalb ich gekommen war, erstaunte es die Frau nicht im geringsten. Sie schien genau zu begreifen, daß ich keine Pause einlegen durfte, mir war, als wisse sie vollauf Bescheid, als hätte ich ihr geschrieben und meinen Plan mitgeteilt, es gab kein Zögern zwischen uns, nicht bei ihr und nicht bei mir, die Sache wollte erledigt sein, da sie nun einmal begonnen worden war; auch blieb mir nicht viel Zeit. Der Zug nach Hause ging eine Stunde später, in dieser Spanne hatte sich alles abzuspielen.

Ich langte noch eher wieder am Bahnhof an, schlenderte herum und war ganz zufrieden mit mir. Es gibt Dinge, die man abschließen und hinter sich bringen muß.

Es war keineswegs unangenehm gewesen, nicht für mich, nicht für die Frau, man handelte im Einverständnis und nicht lustlos.

Auf dem winzigen Provinzbahnhof darüber nachdenkend, bis der Zug einlief, wurde mir klar, daß ich hergekommen war, mit der Frau, bei der mein Vater gewohnt hatte, ins Bett zu gehen wie er; ein Kind zu zeugen, nein, nicht irgendein Kind, was kümmerten mich die alten Gewohnheiten und lieben Bräuche, im Moment, da ich meinen Wahn mit dem der Frau vermengte, in diesen Augenblicken der bewußtlosen Klarheit, da sich die Existenz aus dem Gehirn in die Sinne und Nerven verlagert, dann mit Macht zurückzuschwingen, erkannte ich auf die diesem Zeitraum eigentümliche Weise, daß ich gekommen war, meinen eigenen Vater zu zeugen: Papa, das unheimliche Produktionstier, den Beherrscher von vor Anfang an, so herzustellen, daß er anders wäre und mehr nach meinen eigenen Erfahrungen. Ließe sich das Werk nicht in verbesserter Ausfertigung produzieren? Gehörte die Verbesserung nicht zur Bewährung des eigenen ICH, dazu, sich in der Tat als besser, vernünftiger, menschlicher, reifer, realer, humaner fühlen zu können? In den zuckenden Bekräftigungen, mit denen ich den Schoß der Frau bedachte, suchte ich ihr etwas von der verwegenen Endgültigkeit meines Entschlusses und meiner Überzeugungen mitzuteilen. Auf dem unwirklichen, schlim-

men Provinzbahnhof wartend verglich ich die eben ausgeteilten Stöße mit den weit zurückliegenden Hammerschlägen, als ich den Tyrann Gustav Krause hatte strafen und verwandeln wollen: Anders werden — buchstabieren die Muskeln die Lehre, die Muskeln, die sich zusammenzogen dabei, hierbei, hierbei, dabei. Anderswerden. Anders. Indem ich dies dachte und begriff, zogen die Muskeln in mir sich zusammen, und die umstehenden müden, verbrauchten Frauen und Männer, die wie ich den Zug erwarteten, blickten erstaunt auf. Ich hatte, ganz versunken, eine Anzahl eindeutiger, kräftiger Bewegungen gemacht, freiweg in die Luft hinein und auf einem Bahnsteig, wo sich das nicht gehörte, wo es als gänzlich unsinnig erscheinen mußte.
Was wußten die Zeitgenossen von meinen heimlich-unheimlichen Befreiungskriegen gegen den übermächtigen Vater, der hier an diesem trägen Orte gestorben und nicht gestorben war, der mich herführte, der Frau, die als seine Wirtin galt, beizuwohnen, auf daß der Verstorbene wirklich tot sei oder zum Leben erwache als ein ganz anderer.
Vater. Der. Väter. Die.
In den Spiegel blickend, erkenne ich durch meine Züge hindurch das Gesicht des Vaters. Was in mir ist von ihm. Was ich als er bin. Was nicht ganz allein mir gehört. Was von ihm in mir sich fortsetzt. Die freundliche Tante in diesem Kaff, verspürte sie einen Unterschied zwischen seinem und meinem Sperma? Lebensfäden von ihm in ihr? Biologische Unmöglichkeit, die Lebensdauer der Lebensfäden betreffend. Mir vorzustellen, es wäre so, daß er und ich einander träfen und er und ich ein Wesen zeugten, dessen Ursprung in unserer Gemeinsamkeit läge: müßte dieses Wesen einsichtiger sein als jeder von uns einzeln genommen?
Auf dem Bahnsteig, den Zug erwartend, mich umblickend, erkannte ich, alle anderen Anwesenden trugen ihren Vater auf dem Rücken. Ächzend und stöhnend schleppten sie sich ab, gingen gebeugt, schweren Schritts, die erbarmungslose Last auf dem Rücken malmte, verschlang riesige Mengen von Nahrung, noch schwerer und bedrückender zu werden.
Ah, diese alten Gewohnheiten!
Hätte nicht jeder von uns zwei Fahrkarten lösen müssen?
Die Väter auf den Rücken ihrer Söhne und Töchter winkten einander von Schulter zu Schulter zu, schnitten Grimassen, stießen unartikulierte, in ihrer Widerlichkeit nicht zu kopierende Laute aus und betrugen sich ungehemmt, schamlos und fast so unästhetisch wie in der Wirklichkeit.

Die Form zwingt den Text unter sich, statt zu freien Erkundungen zu entbinden. Form und Stil als Disziplinierungsmittel, so will es die bürgerliche Ordnung, die, wollen wir sie aufheben, eben in ihren Voraussetzungen Form und Stil mit aufzuheben ist; das Erzählte bedient sich der Formen, aus ihnen herauszuspringen. Literatur ist jetzt nicht mehr das Geschlossene, sondern die Sonderung von Material, damit Neues entdeckt werden könne.

Marx und Engels sahen in den Renaissancemenschen die letzten Gestalten der Einheit, hernach erzwang Arbeitsteilung eine Aufsplitterung des Menschen, seines Charakters, seiner Fertigkeiten und Fähigkeiten. Das beginnende bürgerliche Zeitalter schuf die Masse, die Vielzahl kleiner, egoistischer Partikel. Der menschliche Verlust war kein gesellschaftlicher Niedergang, das Bürgertum trat an, die Feudalzeit neigte sich ihrem Ende entgegen. Wiederholt sich in den bürgerlichen Intellektuellen, die im 20. Jahrhundert zur Arbeiterklasse stießen, das Schicksal jener Künstler, Gelehrten und Wissenschaftler der Renaissance? Fanden in ihnen das bürgerliche Zeitalter und der neue Marxismus zur ersten und letzten Einheit und Größe? Die Konstituierung des Sozialismus, mit den einwohnenden Aporien der Verwirklichung, den Abirrungen vom Versprochenen, dem nichteingelösten Humanismus, beugte die Intellektuellen, erzwang Umwege, Verleugnungen, taktische Ausflüchte.

Manche verloren sich in den Irrgärten, andere gingen den Weg zurück ins Bürgertum.

Diese ungeschriebenen Tragödien und Tragikomödien der Männer, in denen die kommende Revolution sich einstiger Bürgergröße erinnerte und das Bürgertum die marxistische Humanitas antizipierte.

Manchmal dachte ich, daß ich irre sein mußte, unter diesen Leuten geboren und aufgewachsen zu sein, und mir war, als wäre das eine Frage von Schuld und Sühne, etwa so, daß ich meine proletarische Geburt selbst verschuldet hätte und sühnen müßte.

Wenn ich die anderen beobachtete, begriff ich nicht, wie ich zu ihnen gehören konnte und überhaupt unter sie geraten war. Dann wieder nahm ich es als Selbstverständlichkeit. Ich lebte in dieser Familie, diesem Haus, dieser Straße, dieser Stadt, diesem Lande und gehörte ganz einfach dazu, wo auch immer ich mich befand.

Nachts wachte ich auf und würgte und bekam keine Luft. Das Zimmer war heiß, die Atemluft immer verbrauchte Atemluft; wenn ich das Fenster aufriß, kam von draußen stickiger Mief herein, das Weltall sonderte Rauch und Dreck ab.

Ich bin ein Arbeiter aus Sachsen. Durch unseren schäbigen Ort fließt die Pleiße, Sachsens Ruhr. Pleiße und Ruhr sind erste Opfer der Industrialisierung. Heute ergeht es allen Flüssen so,

der Wasserstand sinkt, die Fische sterben, am Ende bleibt ein giftiges Abwasser-Rinnsal.
Ich mußte auf dem Schulweg zweimal über die Pleißebrücke. Bis zum dritten Schuljahr glaubte ich, Flüsse seien von Natur schmutzig und übelriechend. Dann hörte ich in Erdkunde von Flüssen mit reinem Wasser, in dem man schwimmen konnte. Das erstaunte uns.
Daß ich Schriftsteller wurde, ist eine Verlegenheitslösung. An der Universität ödete mich das Studium bald an. Aus Langeweile begann ich zu schreiben. Seltsamerweise fanden sich Zeitungen und Verlage, die das druckten. Sogar Leser stellten sich ein — freiwillig. Schreiben ist viel interessanter als Studieren. Oder dasselbe. Nur intensiver. Ich lernte Bücher kennen, die ebenso voller Langeweile steckten wie die Universitäten. Während des Schreibens lege ich oft Pausen ein, stehe auf, gehe umher, trinke Rotwein, sehe in den Garten hinunter, spiele mit den Katzen. Als Arbeiter mißtraue ich sitzender Tätigkeit. Leute, die ihr Leben lang auf einem Stuhl hocken, sind auf die Dauer nichts mehr als Ärsche. Ihre ewig sitzende Stellung verkrümmt und verkümmert sie und läßt ihnen am Ende den Kopf zwischen die Arschbacken rutschen. Das Elend der bürgerlichen Kontinente ist darin begründet. Die Gedanken und Theorien, Kulturen und Literaturen enthalten zuviel plattes, zähes Sitzfleisch.
Ein zweiter Fehler dieser Kultur besteht in ihrem Mangel an sozialem Sinn. Ihre Vertreter werden zu wenig hergenommen und sind immer nur darauf aus, einen anderen übers Ohr zu hauen. Es sind zu viele Krämerseelen in ihr. Ich werfe ihnen nicht vor, daß sie denken, ich werfe ihnen vor, daß sie denken ohne zu tun. In der Folge erliegen sie einer Selbstansteckung und denken auch nicht mehr.
Ich habe als Arbeiter tiefen Respekt vor allen Intellektuellen. Der Universität näherte ich mich mit Ehrerbietung. Ein Jahr später spuckte ich aus, bevor ich die Universität betrat. Im zweiten Jahr kostete es mich alle Anstrengung, vor dem Portal nicht zu kotzen.
Universitäten sind einmal Hochschulen gewesen. Heute sind sie Hilfsschulen, Blindenanstalten, in denen Blinde hergestellt werden.
Viele Leute stellen sich unter einem Schriftsteller etwas ziemlich Abenteuerliches oder Romantisches vor. Ich weiß nicht, wie so ein Schriftsteller lebt, wie er sich fühlt, was er tut und nicht tut. Zwar nenne ich mich auch Schriftsteller, doch gebe ich zu, das ist auf eine ganz vertrackte Weise unehrlich und ungenau, ich bin nie etwas anderes gewesen und geworden als ein Arbeiter, der etwas herzustellen hat. Zum Unterschied von jeder anderen Arbeit macht mir das Spaß.

Es macht Spaß, selbst wenn es Ärger macht und mißlingt oder zu den idiotischsten Folgen führt. Es freut um so mehr, als es einen zwingt, den Hintern zu lüpfen, die Ohren steif zu halten, aus der Traufe geradenwegs in den Regen zu treten. Ich sehe in der Schriftstellerei die beste aller möglichen Beschäftigungen, wenn man denn schon einer nachgehen muß.
Ich meine, ein Schriftsteller ist ein Arbeiter, der sich vom Arbeiter in der Fabrik dadurch unterscheidet, daß er immer arbeitet, länger als acht Stunden, eigentlich den ganzen Tag, nicht nur weil es ihm Spaß macht und er sich wütend ins Papier verbissen hat, sondern noch aus anderen Gründen. Es sind die gleichen Gründe, aus denen einer Schriftsteller wird.
Natürlich gibt es welche, die werden Schriftsteller wegen ihrer romantischen Vorstellungen oder wegen Ruhm oder weil sie vom Staat schöne Stipendien haben möchten oder weil ihre Mädchen ihnen was eingeblasen haben oder sonstwer hat ihnen den Floh ins Ohr gesetzt. Von diesen Schriftstellern rede ich nicht. Ich kenne sie nicht und spüre auch nicht das Bedürfnis, sie kennenzulernen.
Natürlich ist das falsch, so was öffentlich zu sagen. Es erklärt, warum ich so viele Feinde habe, obwohl ich mich gar nicht darum bemühe und nichts für überflüssiger halte als Feindschaften. Allerdings kann man nicht sein Leben lang als süßer Pfannkuchen herumlaufen und jeden hineinbeißen lassen.
Ich arbeite wie ein Vieh. In den Zeitungen lese ich die Namen großer deutscher Dichter und von Kulturpreisen, die sie erhalten, und sonstigen Vergünstigungen. Diese Leute sind groß und berühmt und Bestandteile der abendländischen Kultur. Ich spucke auf den dünngelatschten Teppich und greife in die Tasten. Ich beschwere mich nicht. Es geht mir ausgezeichnet. Manchmal besteige ich den silbergrauen BMW und fahre los. Das gehört zum Beruf und ist absetzbar von der Steuer oder vom Bruttoeinkommen oder von was weiß ich. Diese Fahrten möchte ich nicht entbehren. Sie füllen mich an mit neuen Ängsten, Wünschen, Einfällen. Ich bin ein Sklave meines Metiers. Ich gelte als reich und besitze nichts als ein ungesichertes Einkommen, von dem Nullkommanull bleibt. Jedesmal, wenn ich daran denke, daß ich bis an mein Lebensende an der Maschine malochen muß, krümmen sich die Hände zusammen. Das ist verkehrt, sage ich mir, laß deine Energien den Weg durch die Hirnschale nehmen. Der Kopf ist die eigentliche Atombombe. Hände sind kleine, altertümliche Waffen. Ich bin ein Körper, der am Geist teilzunehmen versucht. Ich teile die Schmerzen der Arbeiterklasse und die des Bürgertums. Ich habe mich in die höheren Schulen und Schichten gegaunert, wo meinesgleichen der Zutritt verwehrt sein

soll. Ich habe die geistlosen Häßlichkeiten derer kennengelernt, die sich als Größen unserer Kultur feiern lassen. Ich war nicht besser als sie, aber ich erkannte das. Ich habe den Fehler begangen, mir keine einflußreichen Freunde zu sichern und keinen hohen Posten. Daran erkennt man die Oberflächlichkeit meiner Bildung. Ich bin ein Erfolgsschriftsteller, der keinen Erfolg hat, obwohl er gelesen wird. Ich bin idiotisch genug gewesen, es mit zwei deutschen Staaten und Apparaten gründlich zu verderben. Ich habe seit dem Kriege niemanden mehr umgebracht, so ein Papiertiger bin ich.

Chaotische Zeiten und allerniedlichste apokalyptische Zustände! Habe ich Geld, kotzt mich das Geld an. Habe ich keins, kotzt mich's noch mehr an, denn nun muß ich mir erst recht welches besorgen. Mich wundert, daß ich meine Familie nicht einbüßte in diesen Jahren, wahrscheinlich hat die Fantasie, schlag nach bei Marx, einen Über- und Unterbau, jedenfalls müssen beide vorhanden sein, soviel ist sicher.

Die meisten Schreiber haben nur einen Fantasie-Überbau, und das reicht nicht auf die Dauer. Aus der Basis müssen Energien aufsteigen, drunten Rotz und Wut kochen, sonst kommen nur schwächliche Luftblasen hoch. Du brauchst wahnsinnige Energien, mußte malochen wie kein anderer, dich jeden Tag umstülpen, das Innere zu äußerst, das Äußere nach innen, und dann wieder anders. Das ist es doch, die guten Herren von der bürgerlichen Schreibe machen es sich zu leicht, beginnen mit dem väterlichen Segen, an dem die günstigen Verbindungen hängen. Die kapieren einfach nicht, worauf es ankommt, und wenn sie es kapieren und versuchen und nicht schaffen, hast du sie schon am Halse hängen. Gleich gehen sie auf dich los. Da feile nur deine Zähne schön scharf, halt die Fäuste in Training und gib Obacht, wenn ihre Weiber mit dabei sind. Nimmst du sie dir beiseite und verpaßt ihnen einen, so kannst du sie herüberziehen zu dir. Das zählt!

Vielleicht ist die einzige Legitimation der ganzen irrsinnigen, längst überholten Schriftstellerei — den Dingen ins Herz blikken, den Dingen, was heißt das — den Feinden. Du mußt einer sein, der nicht kooperiert. Sie umstehen dich gleich mit gezückten Messern, Knüppeln, Schlafmittelchen, und du läßt dich abmurksen, verprügeln, vergiften, aber nicht einschläfern, du redest ungerührt von ihrer Lebensart, von der Niedertracht und Schuftigkeit, endlich davon, daß du sie alle magst und liebst und in den Arsch vögeln möchtest aus lauter Menschlichkeit und Mitleid. Da werden sie gleich noch giftiger und verrückter.

Totenfeier für J. C. W. Ein Mann namens Witsch, Dr. und Verleger aus politischer Leidenschaft, unberechenbar, vital, rotgesichtig, Rhein-Tatar, verlegte im Westen meine ersten Bücher. Es gab fortwährend ungeheuer viel zu bereden, ich trat an, Witsch empfing, residierte, nie wurde besprochen, was zu besprechen man gekommen war, stundenlanges Polit-Palaver, stets irgendwie antikommunistisch, der Mann mußte sich seines Antikommunismus fortgesetzt versichern, so tief mißtraute er sich selbst. Ganz vom Kommunismus gepackt, von dem er gleichwohl wenig verstand, hatte er ewig damit zu tun, sich von ihm zu befreien. Theorien mochte er nicht. Es wurde politisiert, geschimpft, erinnert, verflucht, gelächelt, gelacht. Geheime Zwänge fesselten den Mann, der die Bewegung brauchte, die Aufregung, den Nervenkitzel und die Frauen. Sein apoplektisches Gesicht — als ich von Witsch's Tod erfuhr, gelang es mir nicht, seinen Tod sinnlich vorzustellen. Undenkbare Bewegungslosigkeit bei diesem Rastlosen. Wir waren in ziemlich allen Dingen konträrer Meinung, aber ich mochte ihn, mein Widerspruch reizte, ich brauchte ihn gar nicht zu äußern. Witsch sagte seine Meinung, und ich zog der Einfachheit halber ein gegensätzliches Gesicht, schon war er angespornt, los ging's über Stock und Stein. Ein ganz unpolitischer Mann, was Theoriekenntnis und Sachverständnis anging, ein Mann voller politischer Leidenschaftlichkeit, was seine Meinungen, Haltungen, seinen Charakter betraf. Sie müssen ihn im Osten schwer beleidigt oder beschämt haben. Mir war ziemlich schnuppe, was wirklich vorgefallen war. Das zählte sowieso weniger als die innere Statur des Menschen, wie er das Vorgefallene verarbeitete. Witsch — eine der letzten Feudalfiguren des modernen Kapitalismus, einer der letzten lebendigen Verleger — ich sage nicht, daß er ein großer Verleger gewesen ist, ich sage das nicht, weil es unwichtig wäre gegenüber dem, was wirklich zählt —, er war eine der letzten großen Verlegerfiguren, ein Kerl, vom Leben selbst mit einem einzigen Strich gezeichnet.

Es gab viele Situationen, aus denen man ihn heraushauen mußte. Saß er in Schattenrunden, wo sich nichts abspielte, in trauten Kreisen unter Papierseelen, verkümmerte er schon, brannte ab wie ein Feuerwerk und war gleich erloschen, nichts als Finsternis um ihn und in ihm. Da brauchte er Hilfe. Man hatte das zu spüren, hatte anzutreten mit irgendwelchen Botschaften, unwahrscheinlich wichtigen Aufgaben, Aufträgen, entweder verlangte die Regierung nach Witsch oder ein Millionär wollte unbedingt und sofort einige hunderttausend Mark der Literatur opfern, irgendwas mußte einem eben einfallen, darauf zu hoffen hatte der Rhein-Tatar sittlichen Anspruch. Man brach sich Bahn, stürmte die Familienklause oder das Sitzungszimmer, wo der Ungebärdige im Zeremoniell gefangengehalten wurde, überbrachte die Aufforderung. Das

hatte in Posen und Haltungen zu geschehen, wie sie geheuchelter, ehrlicher und wirksamer nicht vorgestellt werden konnten. Der Mann hielt da auf Glaubwürdigkeit.
Hatte man sein Spiel geliefert, die Szene aufgerissen, den Abgang ermöglicht, war es an Doktor Witsch, seinen Part zu spielen. Und wie hingerissen betrieb er das Lügenspiel! Welch ein Schauspieler von Rang! Diese Mimik, Worte, Verabschiedungsbekundungen! Wie leid es ihm tat, die hohe Runde verlassen zu müssen, wie gern er noch verweilt hätte, wie selten er im Leben mit so wertvollen, interessanten Menschen zusammenkäme, wie schwer sein Verlegerschicksal sei, doch die Pflicht rufe — und das personifizierte Bedauern selbst schritt einher; kaum war der Abberufene außer Sichtweite der Gesellschaft, fiel die Maske von ihm ab, als atmeten alle Poren auf, so veränderte und verehrlichte sich seine Mimik, und los ging's in die nächste Weinstube, die wiedergewonnene Freiheit zu feiern. Unvorstellbar, der Tod eines solchen Temperamentbündels, eines so lebendigen Mannes, sie müssen ihn ganz eng umschlossen haben, und wir vergaßen wohl, die Runde zu durchbrechen und ihn herauszuholen.
Psychologischer Kannibalismus — eine vertrackte Mischung von liebevoller Fürsorge und rigoroser Bemächtigung bricht sich massenhaft Bahn. In den Familien eingeübt, den Schulen gefestigt, macht die moderne Gesellschaft sich zum Exempel, keiner soll davonkommen, jeder jedem zum Opfer fallen, sie saugen einander das Innere aus, machen sich jeder zu jedes anderen Spinne. Diese Autoritäten, die allein durch ihr Vorhandensein ein beseeltes Wesen auf Selbstmord trimmen.
Verleger als Riesenspinnen, die sich mit Papiermassen umgeben und darin umkommen. Nur die abenteuerlichsten Haudegen überleben für einige Zeit ihr Werk. Schwächere Naturen gehen frühzeitig zugrunde und haben nicht die geringste Chance. Die kräftigeren Kerle wüten gegen sich und die Autoren und alle Welt. Und immer die stärksten und schnellsten Wagen gefahren! Und immer Mädchen im Sekretariat zum Delektieren, Kommandieren oder einfach als Schmuck. Und mal hier und mal dort schnell Titten oder Hüften gestreichelt, ist das Leben noch vorhanden? Wie anders sind Papierwüsten auszuhalten? Und hinaus auf die Straße, in den Chromkreuzer geworfen und ab geht's, den Schädelbruch riskieren. Ich habe die Literaturraubritter gut verstehen können. Ihre heimlich-unheimliche Abneigung gegen die Schriftsteller, die sie kaschieren mußten bei 99 Prozent, der komisch-idiotischen Autorenempfindlichkeiten halber. Dafür rächten sie sich durch Beschiß; wie gut sie daran taten. Mußten sie ihren Schreibern, den Einfaltspinseln und Lackaffen, zu Höflichkeit und Ehrerbietung gebändigt gegenübertreten, sollten sie wenigstens einen rechtswidrigen

Ausgleich von Herzen genießen können. Sei ihm freundlich in die Visage, beschummle ihn um so nachdrücklicher in Honorarprozenten! Wie anders schiebt einer seinen aus Herznot kommenden Bedrängnis-Tod hinaus? Die Freiheit, Brüder, bedarf der Umwege.
Idioten, die Bücher schreiben und sie Romane nennen. Narren, die nun immer solche Romane genannt werdenden Bücher als Romane erwarten und aus allen Wolken fallen, schneidet ihnen ein Buch wie'n Messer ins Herz oder greift's in die Hose oder seecht ihnen rundweg zwischen die Lippen.
Ein Buch herausbringen lassen ist für mich immer gewesen: mich zur Wehr setzen, um mich schlagen, eine Vielzahl von Nötigungen, Vergewaltigungen, Offensiven und Rückzügen wagen. Und immer wieder Jahre hindurch warten und schuften und sich ducken und das Maul halten und drauf lauern, der Moment wird kommen, dann nimm den Hammer fest in beide Hände –
das Ausatmen, wenn du dich streckst, die Arme hebst, die Hände um den schweißglatten Stiel gekrallt –
dieses Luftholen, wenn alles abfällt von dir, die Feigheit, das Warten und taktische Lauern und Ducken –
dieses Strecken des Leibs, in dem du steckst –
du wirst gewahr, daß du größer bist als diese Leibhülle –
In diesen Sekundenbruchteilen bist du wie ein Fick so schön und lebendig und unwiederbringlich vergehend –
In diesen Weltallmomenten seid ihr vereint, die List, die warten konnte, die phallische Kraft des Aufstands, der sich von deinem Geschlecht bis in die letzten Gehirnzellen und Nerven erstreckt, und dein erhöhter, ausholender Leib –
was kümmert dich, was danach kommen wird –
was die Leute sagen –
wie klein ersterben kann, was deinen Namen trägt –

Bücher wurden für ihn immer nur gegen etwas geschrieben, jedenfalls suchte er, brachte man ihm ein Buchprojekt nahe, sofort nach demjenigen, gegen den es gerichtet wäre. Da ich ein »Ex« war, stand für alle Zeiten unwiderruflich für ihn fest, daß meine Bücher gegen den Kommunismus geschrieben seien, und von dieser Ansicht konnte ihn einfach nichts abbringen. In dieser Zeit entwickelte ich starke Energien und Fantasien, denn ich war mir über mich selbst überhaupt nicht im klaren und begriff vor allen Dingen nicht, wie es weitergehen sollte. Man hat ja immer unwahrscheinlich viele Möglichkeiten in sich, kann aber nur wenige davon verwirklichen, und wer alles verwirklichen wollte, brächte gar nichts zuwege. Jedenfalls entwickelte ich Witsch eine Menge Projekte, warf mit Titeln und Plänen um mich und fügte gleich hinzu, wieviel

Geld ich brauchte und was er an Vorschüssen herausrücken müßte. Schnell merkte ich, man konnte ihn am meisten beeindrucken, wenn man auf eindeutigen Antikommunismus zielte. Nun hatte ich ganz und gar nicht vor, solche Bücher noch zu schreiben und darin den erfolgreichen großen Nummern des Verlags wie Wolfgang Leonhard zu folgen, nein, für mich war das eine zurückliegende Epoche, aus und vorbei, jetzt ging es um andere Dinge oder auch nicht so ganz andere, jedenfalls dann eben etwas andere, was soll's, um Vorschüsse herauszulocken, legte ich ein antikommunistisches Exposé vor, und was am Ende herauskäme, wäre ein Buch, wie *ich* es haben wollte. Ich ergattere einiges Geld, und wir verschwinden, eine Familie zu dritt, nach Irland an die atlantische Westküste in Bölls dortiges Haus, das bewohnt werden soll, damit es nicht, leerstehend, vom irischen Regen aufgeweicht würde. Dort schreib ich das Buch, wie ich es mir vorstelle, und das paßt ganz und gar nicht unter die Oberhoheit des Exposés. Natürlich hätte ich in Köln in seiner Nähe mein Vorhaben nie zu Ende führen können, unmöglich wäre das gewesen. So aber mit reichlich tausend Meilen und mehreren Grenzen zwischen uns schreib ich ganz gelassen und und gelösten Gemüts das Manus runter.
Wir schicken es per Einschreiben ins ferne Köln.
Von dort kommt kein Zeichen.
Ein Tag im Dezember. Ich gehe den Weg hinab zum Dorf. Eine Woche lang hat der Wintersturm gewütet, mit Wasserwänden und heulenden Flüchen. Auf dem Postoffice werde ich in den Zeitungen lesen, von Schiffsuntergängen und Verwüstungen und auch seltsamen, gottgegebenen Glücksumständen. Über Nacht ist der Sturm versunken, ins Wasser gestorben. Die Berge haben das Wolkengewirr aufgerissen, eine bleiche Dezembersonne schielt schräg über den Kamm. Es ist nicht kalt. Die Kälte kommt erst im Januar, ein wenig Schnee vielleicht im Februar. Der Dezember kann noch ein gefälliger Monat sein, herbstlich und nicht ohne Wärme, falls nicht gerade Winterstürme herbeifahren, jene bösartigen Schiffe, beladen mit der wilden Wut des Ozeans und dem kalten Schrekken des Nordens.
Rechterhand steht die kleine Kirche. Ein buschgeschützter Pfad führt hin. Das Mauergestein ist von einem melancholischen Grau. Neben dem verwachsenen Kirchhof mit seinen wenigen alten Gräbern vermischt sich das Pfarrhaus langsam mit dem Vergessen, eine Ruine, vor dreißig Jahren vom Pfarrer verlassen. Nun kommt er von weit her, der Pfarrer – oder der Pastor, denn es ist eine protestantische Kirche. Man verträgt sich hier am Ort miteinander, Anglikaner und Katholiken. Das mag seltsam klingen, doch der anglikanische Pastor bestätigte es

ebenso wie der katholische Pfarrer. Vielleicht gab es früher Schwierigkeiten. Vielleicht stritten sie vor dreißig Jahren, damals, als das Dorf noch bewohnt war. Aber dann zogen sie davon, nach England, Schottland, nach Glasgow, Manchester, London, zumindest aber nach Dublin; viele auch nach drüben, dorthin, wohin Millionen von Iren gingen: nach New York und in die Weite der Staaten.
Die anglikanische Gemeinde zählt heute noch dreißig Seelen. Aber da sind die Alten dabei, die kaum noch einen Fuß vor die Tür setzen. Und manche wohnen seitab in der unzugänglichen Wildnis. Nur an den großen Feiertagen, etwa am Sankt-Patricks-Tag, kommen sie herbei. Dody, die sechzehnjährige Tochter des einzigen Bauern, der noch im Dorf wohnt, senkt errötend den Kopf, fragen wir, wieviel Gläubige heute in der Kirche waren. Es sind manchmal sieben oder acht, auch einmal elf oder zwölf. Mehr können es nicht sein an normalen Sonntagen. Sie sind sehr gläubig hier auf der Insel, aber das Leben ist hart und der Weg weit, und sie sind so alt, und oft kommt selbst ein Junger nicht an gegen den Sturm und die peitschenden Wassermassen. An einem Sonntag kamen nur drei in die Kirche: Dody, ihr Vater und die Mutter. Dody verschwieg uns die Zahl. Sie hätte es nicht übers Herz gebracht, die beschämende Zahl zu nennen.
Ich bin ein paarmal auf dem Kirchhof gewesen, eine wilde, von Moos und Gestrüpp bedeckte Fläche. Unegale Hügel deuten verfallene Gräber an. Mächtige Grabtafeln ragen aus gierigem Gebüsch. Es wird niemand mehr begraben auf dem Friedhof. Die letzten Toten sind drei Opfer des Krieges. Die See brachte sie an. Nebeneinander liegen sie nun, im Windschatten der grauen Kirche, namenlos: MERCHANT NAVY FOUND 1943 — MEDICAL OFFICER —. Das ist alles, was blieb: eine steinerne Buchstabenschrift neben einer vergessenen Kirche auf einem Friedhof außer Betrieb. Wer heute stirbt, wird hinübergefahren nach Keel und drüben beigesetzt. Ein Friedhof für ein Dorf mit kaum dreißig Seelen, das lohnt wohl nicht mehr. Da borgt man sich Land beim Nachbarort aus. Die Toten ruhen auch nebenan in Frieden.
Wir kehren zur Straße zurück. Von einem zerfallenen Stein grüßt noch ein verwitterter Name: Mrs. Celia Lavalle. Sie starb 1873. Das wird bald ein ganzes Jahrhundert her sein, denken wir seltsam berührt. Und dann flüchten wir ins Prosaische und murmeln: Wie die Zeit vergeht . . .
Wir nähern uns dem ausgestorbenen Dorf, das Meer schickt uns das Brüllen seiner Brandung als Gruß entgegen.
Die bergigen Konturen der Westküste stehen schroff und hart gegen Himmel und Meer gelehnt, wenn wir am Morgen vor die Tür treten und zum Strand hinabblicken. Menschen sehen

wir nicht. Nur der Bach, dicht am Hause entlangfließend, sucht unser Gespräch und versinkt, leise Protest murmelnd, in die beklemmende Stille des Talgrunds.
Die schmale Straße wird von dichtem Heckengebüsch gesäumt. Stachelginster, ein waffenstarrendes Immergrün. Bleich und sauber ragen kleine Steinchen aus dem Straßenbelag. Der Regen hält die Straßen hier sauber, wäscht sie blank. Die Luft ist klar wie Quellwasser. Über die nackten Berge spannt sich der blaue Bogen des Himmels, bis vom Atlantik die Wolken herbeieilen; wie geschwinde Eisschlitten, so kommen sie näher und verhüllen das Land, stoßen zerschellend gegen Gestein, heben sich höher, fallen nieder, schmelzen ineinander zu mächtigen Wolkensteinen; bewegliche Wände, die auf dich zurükken: eine schwere, klirrende Stadt aus Bedrängnis und Kellergewölben, himmlische Bleikammern, aus denen es kein Entrinnen gibt. Der Fuß des Winds tritt auf Moos. Eine Möwe strebt lautlos durchs Unsichtbare, du fühlst sie nur. Achill, die Insel ist bekannt als Schlechtwetterwinkel. England liegt oft eingehüllt in Wolken und Nebel und Nässe. Irland ist klimatisch ein gesteigertes England. Die Iren aber schauen mit Entsetzen nach Achill, der Steigerung Irlands, der Potenz des schlechten Wetters. Der ewige Regen und die Quälerei der Tiere lassen die Insel als ein Elendsland erscheinen. Für mich ist sie das Paradies.

Lange Zeit schwieg Köln. Dann kam ein Telegramm, das jagte mir einen wahnsinnigen Schrecken ein. Als ich mich wieder gefangen hatte, dachte ich: Jetzt holt er dich zurück. Dieses verdammte Deutschland läßt einen nicht aus den Fängen. Von überall wird man zurückbeordert und eingemauert in ihre Ordnungen. Der Erdball ist zu klein geworden für uns.
Dann kam ein Brief, der das mit vielen Gründen versah, was schon im Telegramm gestanden hatte. Nie aber, nicht im Telegramm und nicht im Brief, war mein Manus erwähnt. Immer hieß es nur, ich wäre es meiner weiteren schriftstellerischen Zukunft schuldig, zurückzukehren nach Deutschland, gemeint war: Köln, gemeint war: In die nächste Nähe des Meisters, seinen Bannkreis, er traute sich zu, mich wieder auf den richtigen, den rechten Weg zu bringen, von dem ich, irregeleitet in und durch die ferne irische Inseleinsamkeit, abgekommen war zur tiefen Schande aller guten Götter des Abendlandes. Und damit ich auch merkte, wie mächtig sie wären, die guten Götter, die alle mit Vornamen Caspar hießen, gelangte kein monatliches Salär mehr in meine irische Abgeschiedenheit, wir packten die Koffer und kehrten heim.
Im Verlag saß der Mächtige in seinem Sessel, als wäre er in

der Zeit meiner irischen Reise überhaupt nicht aufgestanden davon.

»Regnet es in Irland noch?«

Ich gab Bericht von Land, Leuten, Wetter. Das interessierte ihn überhaupt nicht; er kam auf politische Fragen. Das interessierte mich nicht. Seine Meinungen kannte ich. Wir tranken wie üblich Kaffee und Whisky, und jeder redete seine Naht zu Ende. Zwei Stunden später, ich stand an der Tür, hatte er einen Zettel zur Hand und raspelte Zahlen runter. Meine Schulden. Über fünftausend Mark. Unheimlich viel für einen freischwebenden Schreibknecht. Mir fiel nichts Besseres ein als ein umgangssprachlicher Fluch; dann war ich draußen.

Vom Buch wurde nicht gesprochen. Es erschien auch nicht. Als einige Wochen vergangen waren, gewann ich selbst Abstand und begriff, es würde nur ein Buch wie viele andere. Gab es aber nicht schon zu viele solcher Bücher?

Es gibt zu viele Bücher, zu viele gemachte und kalkulierte Bücher. Sie halten vom Leben ab, verwässern und langweilen. Sie drücken nicht das Leben aus. Gerade in der inflatorischen Hochflut von Gedrucktem und Gebundenem wird das BUCH wieder wichtig, das geschrieben werden und gelesen werden muß und wie das Leben eines Menschen selbst ist — einmalig, unwiederbringlich, unwiederholbar, unüberschaubar, nicht restlos zu begreifen. So ein Buch ist die physische Existenz der Liebe selbst, eine Ejakulation, KOPF und BAUCH haben ejakuliert, sind aufgegeilt und ausgepreßt worden. Das ist nicht Beschreibung, Schilderung, Denken, Fühlen, Angst, Glück, Tod, Leben, Vögeln, Impotenz, Blut, Krebs, Papier, das ist dies alles und noch viel mehr und wirklich der Versuch ALLES zu sein, zu werden, zu geben, das ist gänzliche Rücksichtslosigkeit sich selbst gegenüber und gegenüber den Freunden, Feinden, Kritikern, Staaten, Ideologien, ästhetischen Wertungen, die völlige Aufhebung aller Traditionen, Formen, Verständigungskategorien, das Ende der Polemik, die Auslieferung des Ich, die gleichmütige, ungerührte Hinnahme von Mißverständnissen, Strafexpeditionen, von Gewalt, Hohn und dem fantastischen Reichtum menschenfresserischer Exzesse. Das ist ein Buch, das sich und seinen Urheber ungeschützt in die Freiheit der Todeskultur, in die dampfenden Hallen der Schlachthöfe entläßt — die Stirn dem Bolzenschuß, die Kehle dem Messer geboten, dies ist mein Leib, den IHR fressen wollt, dies mein Kopf, den IHR gekocht und garniert in die Schaufenster stellt. So nehmt denn hin, Konsumenten. Ich werde zwischen EUREN Zähnen zermahlen, wandere in EURE Mägen, kreise durch EURE Adern, besetze EURE Nerven und Gehirnzellen von innen. Ich werde in EUER Sperma eingehen und EURE Nachkommen zeugen und sie aufrührerisch machen und gegen EUCH sich erheben lassen. So nehmet denn hin, Kannibalen.

Der gute Wille des einzelnen, eine Summe von Torheiten. Der Schriftsteller hat ganze Bücher draus zu machen. (Dostojewski: DER IDIOT) Nichts ist mir fremder, nichts liegt mir ferner als die deutsche Literatur und Kritik, deren Zeitgenossenschaft einem zugeschrieben wird. Anfangs las ich alle Zeitungen, Zeitschriften, Bücher. Heute bei weitem nicht mehr so viele. Ich kauf sie und leg sie hin. Manchmal kommt es zu Entdeckungen. Das ist das ganze Geheimnis des Prinzips, die Voraussetzung der Trotzdem-Existenz: Entziehe dich dem Ganzen, entdecke die Größe des einzelnen, mute ihm Größe zu, ermuntere zu Wucherungen.
Ignoriere die dummen Feindschaften, sie sind überflüssig.
Animiere diejenigen, die das Risiko eingehen, mit ihren Vorurteilen zu brechen.
Die deutsche Literatur, das deutsche Denken: ein System von Vorurteilen, die auf Vorurteilen beruhen und Vorurteile gebären. Kritik ist Reaktion auf Kreation.
Kreieren. Kreieren. Kreieren.
Mit fünfundvierzig beginnst du ihn zu spüren. Der in dir schuftende, wuchernde Scheiß-Tod. Der Wettlauf zwischen deiner und seiner Kreation. Ich kann mir keine Nebensachen mehr leisten. Mein Vorrat an Worten reichte für viele Leben. Mein Vorrat an Zeit reicht kaum für eins. Ich muß meinen Geiz entwickeln. Mit Zeit geizen, um mit Worten nicht geizen zu müssen. Diese lustigen Schwachköpfe halten mich für einen ganz anderen.
Jetzt kann ich ganz aus den Vorräten leben. Seit vier Jahren in München. Kein Theater, kein Lokal, keine Freunde. Wohnen am Stadtrand. Zweitausend qm Gartenland, von dichten hohen Bäumen umschlossen, das alte, gemietete Haus eng und klein, doch ausreichend. Besuch selten. Der unvermeidliche Rest, auf unvermeidliche Reste reduziert. Das altersschwache Telefon unsicher, so absentiert man sich nach und nach unter Mithilfe der Dinge. Selbst das Reisen verliert seinen Reiz; warum soll ich losfahren durch die Landschaft? da die Landschaft an mir vorüberzieht, auch wenn ich stillstehe.
Von der Öffentlichkeit und Kulturindustrie ignoriert, von zwei Staaten belauert, behindert. Kein Kritiker mag mich, ich bin nicht vorhanden für sie, wie sie für mich nicht vorhanden sind. Im Fernsehen — mich gibts nicht. Im Rundfunk — mich gibts nicht mehr. Film und Theater — mich gibts nicht.
Mich wundert, daß es mich trotzdem gibt. Wovon lebe ich? Aus meiner Partei ausgeschlossen, vom DDR-Staat zum Feind erklärt, in der Bundesrepublik geschnitten, von Herren Kolle-

gen befehdet, beschimpft, von der Presse ignoriert. Vielleicht bin ich tatsächlich nicht vorhanden? Wenn ich mich lese, widerlege ich mein Nichtvorhandensein. Es gibt mich in diesem Moment tatsächlich. Wenn andere mich lesen, erwecken sie mich von der Nicht-Existenz zur Existenz. Was läßt diese anderen so menschenfreundlich sein, mir Leben zu spenden?
Wir gehören jener Zwischengeneration an, die von ihren Vorgängern, diesen glühenden Revolutionären, den Glauben an die Reinheit, Schönheit und Notwendigkeit der Revolution geerbt haben, ohne ihn teilen zu können. Wir sind entsetzt vor uns und unserer Unmöglichkeit und Unfähigkeit und geben das Erbe zu Büchern verwandelt weiter – glauben können wir nicht, doch das Entsetzen schüttelt uns, vielleicht, daß unsere Nachkommen gelassen genug sind, die neuen dringend benötigten Ideen und Techniken aufzubringen, die der Revolution weiterhelfen.

Die Nächte traurig und elektrisierend, die Tage schwer und leicht, die Menschen eine Vielzahl seelischer Einzelteile: Sehnsüchte, Laster, Ideale, kleine kuriose Gewohnheiten. Schwabing, ein Kasperltheater; über der Hand des Meisters die Figur, die sich lustig bewegt, mit dem langnasigen Schelmenkopf nickt, die Ärmchen hebt; die Bewegungen bekommen Schwere, verlangsamen, der Mann innen unter dem freien Bühnenrechteck hat sich die Adern geöffnet, blutet gemächlich aus. Kasperle sinkt entkräftet zurück ins Bühneninnere, die Luft beiderseits der Isar voll schwirrender Gerüchte und lastenden Müdigkeiten. Stadt aus Millionen Einzelteilen. Verkehrt zusammengesetzes Schlachtfeld von Beinen, Köpfen, Augen, Lippen, Ohren, Händen, dazwischen die steinernen Erinnerungsbilder der Krankengeschichte, die rauchgeschwärzten Ruinen vergangener Kriege und zukünftiger Untergänge, die weißgekalkten Königsschlösser und Administrationen.
Habe ich schon vom Nutzen gesprochen, den die Gesellschaft aus Leuten wie Mustafa zieht? Ich meine nicht die kleinen Selbstverständlichkeiten, die jedem bekannt sind, die Tatsache, daß ein Mann wie Mustafa die Rolle des Blitzableiters zu spielen hat, daß er Sündenbock und unersetzliches Demonstrationsobjekt der Unzweckmäßigkeit ist. Nein, das alles meine ich nicht, denn es ist allgemein bekannt, wie sehr die Gesellschaft von den vielen Angepaßten und den wenigen Unangepaßten lebt; sie braucht beide in diesem Verhältnis – die Massen der Angepaßten sollen das Exempel der wenigen Unangepaßten vor Augen haben, so verharren sie in ihren Ängsten und mucken nie auf, denn sie fürchten deren Schicksal. Wenn ich vom Nutzen spreche, meine ich den wirklichen Nutzen, den diejenigen erbringen, die ihr Blut verschenken. Ich bin si-

cher, es gibt viele stichhaltige Erklärungen für die Zusammenbrüche Mustafas, und in der Wiederauferstehung, die wir einem Menschen schenken, wenn wir ihn beschreiben, haben die verschiedensten Gesichtspunkte ihren Platz und ihr Recht, wenn wir nur nicht vergessen, die Stichhaltigkeit aller Stichhaltigkeiten selbst noch zu überprüfen, und hier zeigt sich, daß der Nutzen Mustafas gerade in seinem freiwilligen Selbstopfer besteht, in der festlich-feierlichen und schon sakralen Freiwilligkeit. Streicht das heroische Exempel Mustafa aus der Landschaft des Stadtviertels, es bleiben bloß die Harlekins übrig, die Harlekins und die Manager.
G. N. wird, seines Aussehens wegen, Mustafa genannt. Sein Problem ist seine Begabung und die Unmöglichkeit, ihr gerecht zu werden und Erfolg zu haben; Mustafa ist überzeugt, einer der besten Schriftsteller der Welt zu sein, und vielleicht ist er es auch. Nur weiß niemand davon, außer Mustafa selbst und einigen sehr wenigen und vielleicht noch seine Frau. Doch die hat es schon gründlich satt.
»Er müßte vom hohen Roß heruntersteigen und ein Buch schreiben, das sich verkauft«, sagt die Frau. Mustafa jedoch schreibt entweder Bücher, die niemand lesen will, oder er trinkt, obwohl ihm Alkohol streng untersagt ist, des schweren Herzfehlers wegen, der von Mustafas Kraft nur den vierten Teil übrigließ. Schon eine einzige Flasche Bier wirft den Herzkranken um; er trinkt an manchen Abenden fünf Flaschen, dazu einen halben Liter billigen Fusel.
In der Isabellastraße in Schwabing verbringt Mustafa ganze Tage und Nächte bei Freunden, kommt vollkommen down an und schläft seinen Rausch aus oder erscheint mit der Flasche in der Hand, verkriecht sich im Hinterzimmer, läßt sich vollaufen, sinkt in tiefen Schlummer. Manche Wochen geht er so gut wie nicht mehr vor die Tür, nimmt keine Nahrung zu sich, die den Kreislauf nur belastet, lebt vom Trinken, schläft, hat ein Gesicht wie von Sackleinwand umwickelt, so aufgequollen und grobgerastert.
Es ist nach Mitternacht. Mustafas Frau erträgt die Einsamkeit dadurch, daß sie sich von Zeit zu Zeit tüchtig durchvögeln läßt. Sie liebt die schnellen Nummern und hat einen großen Kreis von Freunden und Bekannten, die sie zu diesem Zweck beiläufig aufsucht. Am liebsten sind ihr Männer, »die es verstehen, in zwanzig Minuten zwei-drei Nummern hinzulegen, und dann aus und fertig«, sagt Mustafas Frau und leckt sich die Lippen.
Es ist nach Mitternacht. Tagsüber besucht Mustafas Frau ihre schnellen Freunde, nachts liegt sie wach und tränenreich im Bett. »Ich bin rettungslos verdorben«, klagt sie, »die Schuld daran hat mein Vater, er nahm mich nach dem Krieg immer in

diese KZ-Filme mit. Auch die Bücher mußte ich alle lesen und mir die Bilder ansehen von den KZ-Greueln, mein Vater wollte, daß ich das alles genau kennenlerne. Erst viel später merkte ich, daß ich ganz komisch darauf reagierte, das machte mir Spaß, ganz unheimlichen Spaß, wenn ich das betrachtete, ich verstand dann, was mit mir war, ich bin eine rettungslose Masochistin.«

Es ist nach Mitternacht. Die große Etagenwohnung voller Geräusche. Über dem Ölofen und an den Wänden große Jugendstilposter, in der aufsteigenden Ofenwärme flatternd und knisternd. Roco, das braune Rhesusäffchen, sitzt in der Mitte des Zimmers auf dem Tisch neben zwei Kaffeetassen und blickt an die Decke hoch.

Die Frau Mustafas wirft das Federbett zur Seite und steht auf. Sie hat ein dünnes kurzes Hemd mit großem Ausschnitt an. Ihre festen Brüste beben, während sie sich vornüberbeugt, die violetten Flauschpantoffeln zu suchen.

Die Frau tritt ans Fenster und drückt die Hände gegen die Wangen. Sie geht zur Balkontür, öffnet sie mit einiger Anstrengung und steigt über die hohe Schwelle hinaus. Die Straße unten von Lampen mäßig erleuchtet. Zwei drei Häuser weiter steht ein Mann, die Mauern und Türen anblickend, als suche er etwas Bestimmtes.

»Das ist Mustafa«, sagt die Frau, »so besoffen, weiß er nie, in welchem Haus er wohnt, steht stundenlang drunten und versucht sich schlüssig zu werden.«

Sie geht, wieder über die hohe Schwelle steigend, zurück in die Wohnung, streift das Hemd über den Kopf, läßt es achtlos fallen und sinkt ins Bett. Die straffen Brüste geben nur wenig nach, wie sie sich hintenüberlegt, seitlich an der linken Brust ist ein großer blau-brauner Fleck zu sehen, die Spur der letzten Prügelei. Mustafa hatte ihr eins versetzt, sie dachte, die Rippe sei gebrochen. Der Arzt sagte, gebrochen sei nichts, es handele sich um eine Rippenprellung. Das ist schmerzhaft und langwierig. Bei jedem Atemzug schmerzt die Stelle.

»Meine Stiefschwester, die schöne, dumme Gans, hat es richtig gemacht, sie hat eben Glück, aber ich habe keins«, sagt Mustafas Frau und betastet sich die lädierte Stelle links unterhalb des Busens.

Mustafas Frau sagt: »Aber wenn Mustafa nachts heimkommt, dann soll ich ihm mein Loch hinhalten, da hab ich auch keine Lust zu. Ich will nur, daß mir erlaubt ist, was ihm auch erlaubt ist und was er sich einfach nimmt. Ich geb ja zu, daß ich nicht leicht zu ertragen bin, und vielleicht hätte ich ihm nichts sagen sollen von den Männern. Ich finde nur, es ist nicht richtig, wenn ich das immer verheimlichen oder ständig lügen soll.«

Neben dem Bett sitzt, in seine weiße Ziegenlederjacke gehüllt, der Gelegenheitsjournalist Markus, Hauptmieter der Wohnung in der Isabellenstraße, wo Mustafa sich meist aufhält. Ohne das geringste Anzeichen von Erregung, ganz teilnahmslos, sitzt Markus stundenlang neben dem Bett, starrt auf die nackten Brüste von Mustafas Frau, schlägt ein Bein über das andere und das andere über das eine.

Jedes Zeitalter hat seinen Typus. Die praktischen Revolutionäre, die die Welt von der Französischen bis zur Russischen Revolution in Atem hielten, sind Helden von der Art des Don Quichotte. Ihr Kampf war ein Kampf gegen Windmühlenflügel. Ihre hohe Vorstellung vom Menschen ehrt sie und macht sie zugleich ein wenig lächerlich. Nach den Don Quichottes traten die Schwejks an. Sie hatten ihre Machtlosigkeit erkannt und verfügten über den Charme der Nichtigkeit. Sie wollten keine Welt mehr umstürzen, verändern, neu aufbauen; sie rissen ihre Witze und waren heilfroh, das eigene Fell heil durch die Zeitläufe zu tragen.

Nach den Schwejks kamen wir, und wir, was sind wir? WIR sind Mischfiguren. In uns stirbt etwas ab, und etwas anderes bereitet sich, hoffentlich, vor.

Nach uns die gänzlich Unscheinbaren. Reglosen Gesichts ähneln sie einer dem andern, verraten sich durch kein Zeichen, sind gelassen und, von außen betrachtet, beinahe heiter. Es wird darauf ankommen, wie sie inwendig aussehen und was sie insgeheim tun. Diese schönen Täuschungen. Je schöner, je arglistiger. Das beginnt früh. Gleich zuerst schicken sie dich in die Schule. Das ist eine Einrichtung, erfährst du, in der dir was beigebracht werden soll. Wissen und Leben! Die Schule als Vorbereitung aufs Leben! Fürs Leben lernen! Manche glauben daran bis an ihr Ende. An ihnen hat sich der Zweck der Schule erwiesen, ihr Un-Sinn erfüllt. Du merkst bald, die Schule soll dir nicht beibringen, was dir fehlt. Sie soll dir fortnehmen, was du hast: Glück und Sicherheit, Vertrauen und Lust. In der Schule wollen sie dir das Kreuz brechen. Darauf sind die Lehrpläne abgestellt. Das betreiben die Lehrer, der Herr Direktor, die Masse der Mitschüler. Hauptsache, du wirst einer der Ihren. Hauptsache, du ängstigst dich wie sie, kannst nachts nicht ruhig schlafen, träumst schwer, hast tagsüber Furcht oder Wut und traust dir am Schluß nicht mehr zu, einen richtigen Furz zu lassen. Es ist dir bald unmöglich, jedenfalls wird es dir sehr schwer gemacht einzusehen, in der Schule wird nicht gelernt, aber dressiert. Du sollst nicht vorankommen; du sollst dich ducken, also ein ordentlicher Mensch werden, ein Schaf nach oben und ein Wolf nach unten. In der Schule richten sie dich ab. Gelingt es, bist du ihr guter Schüler. Gelingt es nicht, bist du ihr schlechter Schüler. Früh schon wirst du aufs bürgerliche Leben vorbereitet. Einmal der Schule entronnen, siehst du in jedem Vorgesetzten deinen Prügel-und-Angst-Lehrer. Der Respekt vor den hohen grauslichen Friedrich-Wilhelm-Gebäuden, in denen die Schulen, Ämter und sonstigen Kasernen untergebracht sind, vervielfacht sich im Quadrat. Du kannst gar nicht so viele Hosen anziehen, wie du vollscheißen sollst. Das ist das Leben! Die Ärzte bringen den Patienten um, die Lehrer ermorden ihn. Das ist der große Unterschied. Die medizinische Fehldiagnose endet auf dem Friedhof, die schulische in der bürgerlichen Ordnung.

Wieviel Wut, List und Vitalität gehören dazu, die abendländisch-christliche Schule ungebrochen und unversehrt zu überstehen. Nur wenigen gelingt dies. Nur sehr wenige schaffen es. Aus solchem Holz waren früher Genien geschnitzt. Daß wir heute keine mehr haben, liegt daran, daß unsere Genialitäten sich im Kampf mit den Erziehungsinstanzen aufreiben. Da bleibt nichts übrig an Kraft für Genietaten. Die Schule überstanden zu haben ist allein schon des Nobelpreises würdig. Hernach ist der Mensch erschöpft. Genaugenommen müßte er nach dem Schulabgang Rente erhalten. Die in ihm angerichteten Verheerungen konstituieren einen Anspruch darauf. Die Gesellschaft billigt ihm das Recht aber nicht zu, denn sie will den Schulabgänger noch ein zweites Mal fertigmachen. Also gerät er ins bürgerliche Leben. Was er an guten Ansichten und geistig-seelischen Fähigkeiten vielleicht durch die Schule noch gerettet hatte, jetzt in der Erwerbshölle gerät es gänzlich in Abbruch.

Wahrheiten, die ins eigene Fleisch schneiden, ins eigene Fleisch einschneiden: Nicht so tun, als schreibe man für Ewigkeiten. Man schreibt für die kurze Gegenwart einer Saison, nächstes Jahr ist alles ganz anders. Monatlich finden zwei bis drei Revolutionen statt. Man schreibt, ehrlicherweise, für das Heute, hinein also mit den konkreten Dingen, Namen, Krankheiten. Sind morgen die Figuren abgetreten – gut, dein Geschriebenes ist morgen durch Neugeschriebenes ersetzt. Vorbei die epische Klassikergeste, das vollmundige Epochengetue, die ganze verlogene Jahrhundertliteratur ist Makulatur, Schutthaldenfutter. Und keine avantgardistischen Eseleien mehr. Kein Elitenflitter. Der Leib verfault, durchs Gehirn schleimen Maden und Würmer, das Copyright hat den Herzinfarkt.

Dem Bürger ist die Literatur Hekuba. Du kitzelst ihm die Eier, und er blickt in die Röhre. Die Nachzüglergesellschaft. Gesellschaftskritische Literaten waren im ersten Nachkrieg gefragt – wer braucht denn kein Alibi, ist er dabeigewesen. Das ist alles längst vorbei, vergeben und vergessen. Die Kranzindustrie hat der Literatur die Arbeit wieder abgenommen. Wer die Gesellschaft verändern will, kriegt den Knüppel übern Schädel

gezogen, eine Kugel zwischen die Rippen. Literatur? Man kann wieder schießen. Romane? Gruppensex ist gesellschaftsverändernder als die Prosalyrik zurückgebliebener Verbalmystiker. Die Literatur als Schein einer Wirklichkeit, die es nicht mehr gibt, das braucht nicht abgeschafft zu werden, das schafft sich selber ab. Wär' ich ein bürgerlicher Literat, bedauerte ich das. Aber ich bin kein bürgerlicher Literat. Ich sehe, das Bürgertum hat die Arbeiterklasse verbürgerlicht, also abgeschafft, es verbürgerlicht sich siegreich zum Tode hin — nach der Literatur schafft das Bürgertum sich selber ab. Und nach ihm kommt nichts?
ROSY ROSY liest Platon über Sokrates. Kapitalisten voll von Haschisch. Arbeiter lesen Lenin. Staatsanwälte stehen auf seiten der Angeklagten. Vorwärts nun, ihr Scheißer aller Länder, entdeckt das nahe reiche Land Utopia! Ihr Kapitalisten, warum nicht endlich aus der stinkenden, alten Rolle fallen und was Frisches, Neues versuchen? Ihr Stalinisten, heraus aus eurem Sumpf und vor ins Land kühner Emanzipationen.
Von Lenin Strategie und Taktik, von Trotzki Konsequenz, von Stalin Unerschrockenheit und List, von Rosa Luxemburg Liebe und Trotz, von Marx Schärfe und Genauigkeit, von Guevara Mut und Größe, von Tito Selbstbescheidung in der Macht, von Ulbricht Zähigkeit und List, von Mao Weisheit und Organisation der Massen, von Montaigne und Wilhelm Reich die Dimension des Individuums. Vorwärts, ihr Scheißgenossen, und keine Sektiererei, kein deutsches Gemuffel. Warhol und Solanas, die auf ihn schoß, zwei Seiten einer Münze; man muß sich entscheiden.
»So ging es Mustafa mit allen Frauen«, sagt Mustafas jetzige Frau. »Es ging einigermaßen gut, er bekam nur den kleinen Koller von Zeit zu Zeit, aber wenn die Frau es dann satt hat und sich rächt, dann führt das in die Katastrophe und zum großen Koller. Und wenn er ein Buch fertig hat, auf den Erfolg wartet, das Buch erschienen ist und niemand davon Notiz nimmt, da dreht er durch, das erträgt er nicht, fängt an zu trinken und ißt nichts, dabei müßte er diät leben. Doch das schafft er nicht, das geht ihm nicht rein, da dreht er durch.«
»Wenn ihr euch immer haut, müßt ihr eben Schluß machen. Also warum ware das keine Lösung?«
»Ich liebe ihn ja!«
»Wenn du ihn liebst, dann mußt du die Prügel auch immer einstecken.«
»Was heißt genau: Ich liebe ihn? Vielleicht bin ich einfach 'ne Egoistin, warum soll ich auf meine Ehe so glattweg verzichten? Ich bin bald vierzig, jetzt gehts noch, ich kann mir jederzeit einen Mann holen, wenn ich ihn brauch, aber was ist in fünf Jahren? In zehn Jahren? Was ist dann? Die Frauen, die

einzeln leben, ich kenn genug von denen, die sind doch auch nicht zufrieden damit. Die sind alle krank, und wenn es ihnen äußerlich noch so gut geht. Sie schaffens einfach nicht, da gibts dann einen Zusammenbruch nach dem andern. Warum soll ich Mustafa ziehen lassen? Vielleicht die Wohnung hier räumen? Ich seh das nicht ein, wo ich mich krummgemalt habe an den Türen hier und den Bücherregalen, an den Ofenbänken und Schränken, wo ich eigenhändig eimerweise Ölfarbe verpinselte und mir jedes Zimmer mindestens so gehört wie dem verfluchten versoffenen Mustafa?«

»Hast du nicht selbst gesagt, du wärst eine Masochistin? Vielleicht brauchst du die kleinen und großen Koller Mustafas und von Zeit zu Zeit eine geprellte Rippe?«

»Ja, vielleicht brauch ich das wirklich, obwohl ich hoffte, das hinter mir zu haben. Früher war ich ja fürchterlich dran, ich hab immer gedacht, daß ich eigentlich eine Hexe bin, verstehst du? Mit teerschwarzem Haar, und weil mich die grausamen Bilder so anzogen und die KZ-Filme. Also daran ist ja nicht mal mein Vater schuld, den hat das KZ fertiggemacht, ich glaub, der hat mich mit seinem Abschreckungswahn verfolgt. Mit siebzehn hab ich in der Nacht die Ruten selbst aus dem Garten geholt, also ohne Schläge ist es mir gar nicht gekommen, das gehörte einfach dazu. Das brauchte ich, und auch weil ich dachte, daß ich bestimmt eine Hexe bin. Das hat sich dann mit den Jahren verloren, ich hoffte ehrlich, ich hätte das hinter mir.

Aber vielleicht bin ich doch nicht drüber weg, und vielleicht hat sich das nur verschoben? Wenn ich das alles mal niederschreiben könnte, was meinst du, ob mich das nicht erleichtert? Ob ich dann nicht richtig loskäme von der ganzen Scheiße? Ein Buch drüber schreiben, auf das man alles abladen könnte, das wär doch 'n Weg, oder?«

Im Moment ist es so mit mir, jetzt hab ich nur noch an Schwulen Geschmack. Die machen den ganzen Krampf nicht mehr mit, ich meine die Jungen, nicht die Alten, die sich ängstlich tarnen und Familien gründen, damit nur ja niemand den Homo wittert. Mit der jungen Generation ist das was anderes, die nehmen das nicht so groß her, machen kein Drama, die sind eben so, und was mit denen los ist: also da ist einfach ein mächtiges Bedürfnis nach Zärtlichkeit. Da muß nicht immer gleich gebumst werden, manche sind so schwul, die vögeln eine Frau überhaupt nicht, auch nicht in den Arsch, die können das eben nicht, die leben auch nicht mehr in Paaren zusammen wie die Alten, also die gehen in die ... Toilette, dort sind Strichjungen, die halten für zwanzig Mark ihren Hintern hin, und da ist auch schon alles passiert, der Schwule hat sich erleichtert, kommt auf die Straße und ist das los, und wenn du

dann mit dem ins Bett steigst, ist das nichts als Zärtlichkeit, das finde ich eben prima, kannst du das verstehen? Das sind keine festen, begrenzten Typen, manche sind gar nicht richtig schwul, die sind bi oder gar nichts Besonderes, die haben nur alles so satt, wollen keine Familie gründen und überhaupt nichts zu schaffen haben mit Frauen und dem Drumunddran; diese Typen mag ich eben deshalb, da ist einer, der hat bis gestern so gelebt wie alle Konventionellen, und heute steht's ihm bis oben, er haut alles hin und geht in die ... Toilette und nimmt sich einen von den Strichjungen, das ist wie früher eine Revolution oder ein Selbstmord oder was weiß ich was ...
Wenn du mit so einem Typ im Bett bist, und es spielt sich nichts ab, dann ist das kein Unglück, und wenn sich was abspielt, dann ist es meistens so, daß er dich in den Arsch bumst, und ich hab da was von und geb es zu: das ist was, was mich aufmotzt. Nicht, daß ich nur noch zu denen laufe, ich mag die andern, die normal sind, schon noch, aber mit den Schwulen und So-gut-wie-Schwulen bin ich auf eine Weise zusammen, daß es einfach einmalig ist. Da vergißt du das andere alles, ich weiß nicht, ob jemand das begreifen kann, ich sollte das vielleicht auch gar nicht hier so sagen, weil –«
Sie beginnt wieder ihre Tränendrüsen zu strapazieren. Das Gesicht ist überschwemmt, Wasser läuft über die Wangen, tropft vom Kinn auf die hübsche runde Brust. Die Rede geht in Schluchzen unter.

Die Masochistin. Sie instrumentiert den Schmerz. Die Schläge, die ihre Haut striemen, komponieren ihr gänzlich neuartige Stücke; Symphonien von unendlicher Süße und verströmender Schwermut erklingen in ihr. Die Rute, die Peitsche, der Ziemer, womit sie sich in ihren Wachträumen traktiert, verwandeln sich im Niedersausen auf zauberhafteste Weise in Musikinstrumente, und was sie empfängt, stimmt sie heiter oder traurig, ganz nach Rhythmus und Melodie, nach Besetzung, Sound, Hall, sie lernt die Kunst des Schmerzzufügens schätzen wie die Kunst des Dirigenten. Sie versteht, es gibt primitive, brutale, kunstlose Bestrafungen und ebenso hochkultivierte, verfeinerte, kunstvolle. Der Empfindungsreichtum wächst mit größter Schnelligkeit weit über die maximale Variationsbreite verfügbarer Prügelmöglichkeiten hinaus. Ihr Virtuosentum besteht darin, eine höhere Kunst zu empfangen, als sie gegeben wird. Dermaßen überragt sie ihre Erzieher unendlich, wenn auch unsichtbar. Zugleich erfindet sie mit der ihr eigenen genialischen Feinfühligkeit zu den vorhandenen Methoden der Bestrafung noch nicht vorhandene und gänzlich neue hinzu, denn ihr reichen die herkömmlichen Folterungen nicht. Sie verlangt danach, absolut und unbedingt erzogen zu werden. Sie fiebert nach Exzessen, die noch niemand gekostet, nach Schmerzen, die noch keines Lebenden Nerven empfingen. Da sie alle Schmerzempfindungen, die einem Menschen auszukosten Gelegenheit gegeben wird, kennt und die Begrenztheit ihrer Leidensfähigkeit gewahrt, entschließt sie sich zu einer tiefgreifenden, wenn auch keineswegs überraschenden Trotzhaltung – hinfort stellt sie sich allen Schmerzen gegenüber taub, lebt dahin, ganz normaler Mensch und Bürger. Mag sein, daß die Fühllosigkeit ihr die größte Befriedigung verschafft; potenzierter Schmerz. Weltenharmonie. Sie hat ihr Glück gefunden, an dem niemand teilhabe, wie sie glaubt. Doch da irrt sie.

Ich trete auf den Balkon, Mustafa verharrt drei Häuser weiter, starrt die Wände hoch und sucht sich vergeblich zu erinnern, wo er wohnt.
Ich gehe hinunter, die Straße ein Stück vor, treffe Mustafa und klopfe ihm auf die Schulter. Er läuft neben mir her. Wir steigen die Treppen hinauf ins oberste Stockwerk.
»Es geht dir nicht gut«, sage ich.
»Nein, es geht mir nicht gut.« sagt er.
»Ich weiß einen Ausweg«, sage ich.
»Das ist mein eigenes Problem«, sagt er.
»Wenn ich an der Maschine sitze, dann kümmern mich die Scheißweiber überhaupt nicht«, sage ich.
»Wenn ich an der Maschine sitze, dann kümmern mich die Scheißweiber auch nicht«, sagt er. Und dann, eine Treppe höher: »Aber ich sitze jetzt nicht an der Schreibmaschine, und das ist eben mein Problem, mit dem ich fertig werden muß.«
»Ganz richtig«, sag ich, »das ist eine Sache, mit der du fertig werden mußt.«
Er tappt schwerfällig quer durch das große Zimmer, geht ruhig um das breite Matratzenlager herum auf die andere Seite und läßt sich auf den Rücken fallen, ohne die Frau auch nur anzusehen.
Reglos, in seinen dünngerippten Cordhosen und der schwarzen, abgeschabten Lederjacke liegt er, die Augen geschlossen, schweratmend:
»Ich geb nicht auf«, sagt die Frau, »das ist eine Kraftprobe, ich geb nicht auf, ich will das jetzt durchsetzen, und wenn nicht, dann geht eben alles kaputt.«
Schweres Atmen Mustafas. Das Äffchen Roco, den Blick zur Zimmerdecke.
»Dabei ist dieser Mann ein Idealist«, sagt die Frau, »das müßt ihr mir glauben und ihm auch, das macht ja alles so schwer, daß er ein Idealist ist. Wenn er sich enttäuscht fühlt, bricht ihm gleich die ganze Welt zusammen. Am besten wäre ja, ihn würde nichts enttäuschen. Aber wenn ich keine Masochistin

wäre und ihn nicht dauernd kränkte, was wäre da anders, was? Seine Bücher gingen trotzdem nicht, und das reicht schon, daß er dauernd schrecklich enttäuscht ist!«
»Man muß sich wohl zu einer Methode entscheiden«, sage ich, »entweder schützt oder schockt man ihn. Aber man muß das einfach mit entweder–oder probieren. So mit kleinen Dauerprovokationen und Hungerrationen von Mitleid richtet man ihn zugrunde.«
»Vielleicht sollte man ihn wirklich einmal ganz tief erschrecken«, sagt Mustafas Frau.
Mustafa, man weiß nicht, hört er zu oder nicht, erhebt sich schnaufend vom Bett, die Augen kaum einen Spalt offen, tappt durchs Zimmer hinaus auf die Diele.
Man hört eine Tür knarren.
»Er ist aufs Toi gegangen«, sagt die Frau.
Der unbeweglich auf seinem Stuhl verharrende Ziegenlederjacken-Markus murmelt bedächtig:
»Schockieren, groß schockieren müßte man ihn!«
Weil Mustafa lange Zeit nicht zurückkommt, gehe ich ihm nach. Vor der Klotür lauschend, vernehme ich nichts. Alles still, oder ist doch was? Nichts. Vielleicht ist er gar nicht mehr drinnen.
Ich ziehe die Tür auf, es geht ganz leicht, sie ist nicht von innen verriegelt. Vor dem breiten Rücken Mustafas stehe ich, der, ich seh's an den Bewegungen, mechanisch und geistesabwesend ins Klosettbecken onaniert.
Langsam schiebe ich die Tür wieder zu, setze mich in der Diele auf einen Schaukelstuhl und warte. Nach unendlich langer Zeit kommt er heraus. Sein Blick ist jetzt freier, die Augen sind groß geöffnet, die Lider hochgezogen. Meine Anwesenheit ruft Mustafas Erstaunen hervor.
»Wo kommst du auf einmal her?«
Wir treten ins Zimmer.
Der Blick fällt auf zwei ineinanderwippende Ärsche. Mustafas Frau mit dem Rücken nach unten, der schweigsame Markus mit dem Rücken nach oben, die Ziegenlederjacke hebt und senkt sich, der gekrümmte Hintern stößt auf die Frau zu, die im übrigen nicht sonderlich abgelenkt scheint, denn ich begegne ihren wachen Augen, kein Zweifel, Mustafas Frau hat unser Erscheinen erwartet, sie beobachtet gespannt Mustafas Reaktionen, über die rhythmisch bewegten Schultern ihres Beischläfers hinweg belauert sie das Kommende.
Mustafa merkt nichts. Als einer, der sich entschlossen zu haben scheint, nichts mehr wahrzunehmen, steht er an meiner Seite vorn an der Tür, geht mit mir durch den Raum, es gibt nichts außerhalb seiner Welt, das ihn noch berühren könnte. Mustafa hat sich in sich selbst abgeschlossen.

An der Wand hängt zwischen den Jugendstilposters ein scharfgeschliffener Säbel. Mustafa erstand ihn zu der Zeit, da er noch gut bei Kasse war und im Kulturbetrieb einen gutbezahlten Job hatte. Mustafas Frau ließ den Säbel scharf schleifen aus Gründen, die immerzu wechselten. Wollte sie sich einmal gegen Einbrecher wehren, sagte sie am nächsten Tag, es gehe nicht gegen Einbrecher, sondern gegen Mustafa, der in seinen aus Enttäuschung und Trunkenheit resultierenden Wutanfällen immer brachialer werde.
»Eines Tages muß ich ihn abstechen wie ein tollwütiges Tier. Nur daß er mir selbst in die Klinge läuft, vor lauter Blindheit und Mordsucht!«
Mustafa neben mir an der Wand nimmt die Zweiergruppe auf dem Bett nicht wahr, obgleich er die Augen offenhält und genau in die Richtung blickt.
Ich sehe auf dem Boden Mustafas Schuhspitzen zucken.
Die Energie, die diese Bewegung auslöst, macht mich jäh ganz wach und gespannt. Der Schuh zuckt im Rhythmus des Paares auf den Matratzen. Ist dieser betäubte Mann doch nicht so betäubt, wie er aussieht?
Mustafas Augen sind nicht aufmerksam und verraten keineswegs, daß sie irgend etwas aufnehmen und nach innen weitergeben. Matt und trüb scheinen diese Augen, deren Blau wie verdeckt wirkt, diese Starre ist die der Erblindeten. Das Wippen der Schuhspitze allerdings straft meine Beobachtung Lügen. Oder nimmt dieser Mann, was vorgeht, auf andere Weise wahr? Fühlt er, hört er es?
Als Mustafa aufspringt und den Säbel an sich reißt, verstehe ich, wer gefährdet ist. Rasch aus dem Zimmer laufend, bin ich schon an der Wohnungstür, als ich höre, daß Mustafa hinter mir ist. Ich rase die Treppen hinab.
Der verrückte, nicht abzuschüttelnde Mustafa verfolgt mich. Ich blute an der linken Hand, als ich mich in die Polizeiwache rette. Mustafa wird entwaffnet, gefesselt, zur Ausnüchterung in die Zelle gebracht.
Der wachhabende Beamte ist müde vom Nachtdienst. Seine Augen sind gerötet, die Lider aufgequollen. »Eins verstehe ich überhaupt nicht«, meint er, als das Protokoll aufgesetzt ist, »ich denke, Sie sind mit dem Täter befreundet — warum versuchte er gerade Sie fertigzumachen, da Sie doch, wie Sie angaben, ihm öfter halfen und ihm auch jetzt in seiner Wohnung beigestanden haben?«
»Eben deshalb«, sage ich.

Dieses Land verkümmern lassen oder es vorantreiben.
Möglich ist beides. Das eine wie das andere. Doch kann man nicht beides tun. Nur das eine oder das andere.

Von zwei Möglichkeiten die eine oder andere realisieren — das ist jetzt die Alternative.
Wenn es vorangeht, werden die Menschen wieder beschreibbar. Nullen sind nicht zu beschreiben. Nullen drücken ihre eigene Wertlosigkeit aus. Deutsche Literatur: Nullen, die Nullen beschreiben. Wer ausbricht, wird verhindert und zum Nichts gemacht.

Im westlichen Deutschland der fünfziger bis siebziger Jahre war es Mode und galt als schick, sich links zu gerieren; man trug Sozialismus, mindestens sozial, die Nachkriegsliteratur entsprach mit feinem Spürsinn den Bedürfnissen der jungen Bourgeoisie, an der Vergangenheit keine Schuld zu tragen und gleichzeitig an ihren Strukturen keine Veränderungen vorzunehmen. Man wollte weder Nazi-Belastung noch Revolution, so hatte die Literatur zu leisten, was die Wirklichkeit nicht leisten durfte; sie tat's mit schöner Würdelosigkeit, leugnete die Klassen, die Ökonomie, den Fortbestand der Unterdrükkung und Ausbeutung, ersetzte Politik durch Ästhetik und kaschierte die nichtpolitische Literatur durch personell-politische Symbolik. Man engagierte sich per Unterschrift oder sonstwie schmerzlos und besorgte sein gutes Gewissen und dem Lande seinen liberalen Touch. Die Literatur war, man wußte es in aller Welt, viel besser als die CDU-Regierung, die Herren linken Schriftsteller warfen sich in die Brust und blieben, ganz Statussymbol, um so unerschrockener die wirklichen notwendigen Bücher und Aktionen schuldig, bis die Studentenschaft vor soviel pharisäerhafter Heuchelei zum wutrevolutionären Amoklauf ansetzte, da erschraken die schöngeistigen Unproduktiven und distanzierten sich maulfertig von den Radikalen und Revoluzzern. Das macht sich immer gut in Deutschland, wenn man das Bessere will und das Bessere ist und sich absetzt von Radikalisten und Extremisten; als kurze Zeit später die Studentenrevolte versickerte, erschien sogleich die Schickeria wieder auf der öffentlichen Bühne, den Niedergang der Studentenbewegung als eigenen Sieg und eigene Bewährung zu feiern.
Man hatte überlebt und durfte wieder öffentlich diskutieren, dekorieren, spekulieren, denn man war der Herrschaft gut dafür, daß die Freiheit zu reden die Freiheit zu handeln vollauf ersetzte und verdrängte. Wo sie antraten, die hohen hehren Namen und Mannen des flinken Wortes, hatte die Industrie ihre Ruhe und Sicherheit.
Die ganze Kulturscheiße versammelt. Die Luft dampft wie Sonnenwärme über frischen Pferdeäpfeln. Aus der Ferne dröhnt irgendein Krieg herüber.
Diese Intellektuellen gleichen sich ihrem Marktwert an — ein

jeder sein leibgewordener Preis. In ihren mißtrauischen, mehr von der Last konsumierten Alkohols als von Gedankenarbeit gezeichneten Gesichtern lauern Angst und Argwohn, als wollten sie ihrem Manne signalisieren: Sei vorsichtig, gib Obacht, schenk dich nicht weg, verkauf dich gut und teuer und keinen Pfennig unter Tageskurs. So entsteht eine würdelose Würdenhaftigkeit, eine Steifheit des Betragens, das keins ist; weniger aufrichtige Herzlichkeit habe ich noch nirgendwo erlebt. Mag sein, ich vermißte gerade in dieser Umgebung etwas von der derben Aufrichtigkeit und Deutlichkeit proletarischen Umgangs, mag sein, nein gewiß war es so, daß ich in der Gesellschaft dieser Kultivierten dem Vorhandensein versteckter, gleichwohl tiefer Feindschaft nicht gewachsen war, eben weil ich mich anfangs von den äußeren Umgangsformen der Freundlichkeit hatte einlullen lassen, mag sein, ich entsetzte mich vor meinen eigenen Wahrnehmungen und den Aggressionen, die sie in mir auslösten und mobilisierten. Vielleicht war ich meiner selbst nicht sicher genug, mich mit vollem Bewußtsein und Willen zu erinnern, doch in mir war etwas, das sich stellvertretend erinnerte, und ohne daß ich es wollte, nahm ich jetzt eine Haltung ein, die ich fortan stets einnehmen sollte beim Umgang mit diesen westbourgeoisen Literaten — ich konterte durch Rückfall in frühere Verteidigungshaltungen, benahm mich einfach so geradeheraus und unverstellt offen wie vordem in Fabriken, Werkstätten, Lagern. Es war keineswegs so, daß ich mich dabei rein vernunftmäßig entschieden hätte oder entschiede und für eine größere Wahrhaftigkeit optierte, welches Verdienst mir nicht zukommt, es war vielmehr so, daß ich mich auf die mir eigene, mir jedenfalls näherstehende Eigentümlichkeit zurückzog. Ich kam mir reichlich komisch vor, wenn ich das Versteckspiel des konventionellen Umgangs, wie er unter diesen Intellektuellen und Bürgern üblich ist, mitmachen sollte. Mag sein, einige Male tat ich so, man muß diese Dinge schließlich kennenlernen, wofür hat man seine Neugier, aber mir fehlte der lange Atem, die große Geduld. Es kam wohl zu einem Bla-Bla, auch beleidigte ich die Gesellschaft durch absolut unpassende Nebenbemerkungen oder nachhaltiges Schweigen (Herr Zwerenz, was sagen Sie zu ... die Kameras schnurren, das Mikro saugt an deinen Lippen ... Herr Zwerenz, wenn Sie darauf antworten möchten ... Nein? ... Wenden wir uns Herrn X zu ...) oder übte mich im Weggehen, welche Kunst ich inzwischen zu derartiger Vollkommenheit entwickelte, daß ich sie nicht mehr anzuwenden brauche, ich besuche gar nicht mehr die öffentlichen Festivitäten.

Das wird als Provokation, Überheblichkeit und Arroganz und was weiß ich angekreidet. Vielleicht ist es das und noch anderes, jedenfalls steckt darin, mindestens zum Großteil, Enttäuschung und Müdigkeit. Warum soll es kein Anrecht auf Müdigkeit geben.

Die deutsche bourgeoisie Gesellschaft ist zu dumm, zu ernst, zu steif und oberflächlich, als daß sie die Provokation verwinden könnte, eben deshalb erfand sie ja das ganze System prämierter Scheinprovokationen, und, vielleicht, ebendeshalb wird dieses Buch so und nicht anders geschrieben: Tausend Seiten wie ein Schlag in die Fresse. Denn der Gewalttätigkeit habe ich abgeschrieben.

All das sage ich, ohne wissen zu können, ob ich recht habe; alles was ich weiß, ist lediglich dies: mir ist so, als sagte ich die Wahrheit, die *meine* Wahrheit ist, nichts an diesen Worten läuft meinen Erfahrungen und dem Gefühl der inneren Stimmigkeit zuwider; nein, ich behaupte nicht, die objektive Wahrheit auszusprechen, ich behaupte lediglich, daß meine Worte genau meinem inneren Zustand entsprechen. In dem Moment, da ich die Worte dachte, sagte, niederschrieb, war nichts als meine Erfahrung in ihnen, sie sind die Gefäße unbedingter Aufrichtigkeit und der optimalen Anstrengung, darin nicht nachzulassen.

Die Intelligentsia — was hatte ich bloß verbrochen, daß ich unter diese Leute fallen mußte. Mein Groll gegen die Leipziger Parteiausschlußkommissionsgreise wächst und wächst. Sie haben mich abgetrieben. Mein Leben: Sie haben mich gleich anfangs abtreiben wollen. Ich komme aus Versehen an. Die Großmutter, der dicke fröhliche Engel mit mächtigen Brüsten statt Flügeln. Die Mamm, die Altgute. Der Junge über die Regentonne gebeugt, man sammelt Wasser aus den Dachrinnen darin, ich will Wasser schöpfen, kippe kopfüber hinein, stehe unter Wasser auf den Händen, die Beine hoch, die Füße ragen aus der Tonne. Der Junge beginnt zu schlucken, zu schlucken. Der Großvater zieht mich aus der Tonne. Sie lassen das Wasser herauslaufen, halten mich kopfunten, schlagen den Widerspenstigen ins Leben zurück. Die einzige Erinnerung, die geblieben ist: Hatte das Faß aussaufen wollen, wo Wasser war, mußte Luft sein zum Atmen. Dann der Schlag gegen Gustav Krause, er hatte kommen müssen, wollte einer weiterleben. Im Krieg war ich ein guter Soldat, die schlechten trifft's zuerst. Wer desertieren will, muß gut schießen können. Im Lager, Winter 44/45 Minsk, den Verwundeten fressen Maden den Eiter von den Wunden, in den Verbänden wimmeln Läuse und Wanzen. Verstopfungen, die Toten haben knochenharte Bäuche. Ich grub mir den Kot mit Finger und Löffelstiel aus dem After, das Blut vom Darm an den Fingerspitzen, der Kot zu klirrenden Stücken und Splittern gefroren. Mir wird klar, es ist vergeblich gewesen, ich werde draufgehen — kommt nicht ein Wunder. Das Wunder kommt, ich marschiere täglich im Kommando zur Schnapsfabrik. Man muß den Wundern nur weit genug entgegengehen, ich versorge den Schwarzmarkt mit Schnaps, bin ein reicher Gefangener, mäste mich, besteche Friseur und Lagerleitung, trage langes Haar und gute Kleider. Im Jahr drauf wieder ganz unten. Die Administration brennt, an dem Bau arbeiten wir seit Kriegsende. Er ist fertiggestellt, wird eingeweiht mit einem Freudenfeuer, in dem an die hundert hohe Funktionäre braten. Babschek, der Bessarabier, erzählt im Lagerlazarett davon, wo ich liege, die Schußwunde am Unterschenkel hat sich geöffnet, Babschek hat ein Stück Fleisch mitgebracht, das gebratene Fleisch legt er auf meine Bettdecke. Dreck mußt du schlucken! Das Fleisch duftet. Das Feuer ist an mehreren Stellen zugleich ausgebrochen. In allen Stockwerken brannte es, berichtet Babschek. Die Herren saßen im Kinosaal und weihten ein. Feierlichkeit hatte von ihnen Besitz ergriffen, sie schmorten an, da merkten sie erst, es brannte, und die Türen des Kinosaals waren von außen verschlossen. Danach fand man Plakate angeschlagen: DIE SCHWARZE HAND. Eine konterrevolutionäre Geheimorganisation. Oder waren es faschistische Kriegsgefangene gewesen? Das Stück Fleisch auf meinem Bett duftet köstlich. Man tischt gebratene Russen auf. Ich hab seit Wochen kein Fleisch zu sehen bekommen. Dreck mußt du fressen, willst du davonkommen. Was ist das für'n Fleisch, Babschek? Herrlich riechendes knuspriges Fleisch. Wunderbares Fleisch. Du wirst deine Zähne in das Fleisch schlagen, willst du davonkommen. Ich schlag die Zähne in das Fleisch. Ich ahne, was es auf sich hat mit dem Bratenstück. Dreck mußt du fressen, wenn du davonkommen willst. Ich werde mich nicht im Panzergraben vor der Stadt beerdigen lassen. Ich habe Rußland nicht im Kriege überstanden, es nach Kriegsende nicht zu überstehen. Fleisch mußt du bleiben, willst du entrinnen. Ich weiß, was es damit auf sich hat. Mich überrascht nicht, was über das Lager hereinbricht, die Verhaftungswelle, auch Babschek wird weggebracht, alle sind abtransportiert worden, die mit Knusper-Leichen Koch spielten. Den Leichen ganze Fleischbrocken herausgeschnitten. Im Lazarett liege ich, Eiter und Wasser produziert meine Wunde, weißt du, wie das Fleisch schmeckt, das dich rettet: Man handelt im Lager damit, die Razzien verfehlen ihr Ziel, man kauft und verkauft gebratenes Russenfleisch, tranchiert, man lebt und überlebt, zahlt und malmt, Blutwasser und Eiter treten aus meinem Bein, während ich schlinge: Schließe dich Wunde, schließe dich – wohin kann man den Menschen bringen, daran, an all das und das andere, das noch nicht geschrieben wurde, denke ich, wenn ich die Bürgerblätter lese und sehe, was die Bürgersöhne und Bürgerväterchen schreiben. Meist langweiliges dummes Zeug. Manchmal, wenn sie sich giften, wird's amüsant. Wie sie sich mühen, einem hinter den Rücken zu gelangen, das Messer dort zu landen – wie sie sich anschleichen, die süßen Heuchler, Giftmischer, mein Gott, der es dich nicht gibt, kannst du nicht wenigstens ein ganz klein bißchen existieren und eine Landschaft mit besseren Figuren schaffen? Nicht dieses halbgare Gesindel, mit Kälte im Herzen und Papier im Kopf, nicht diese Blindschleichen, die als Vipern auftreten, nicht diese Vipern, die als Blindschleichen erscheinen, nicht diese Ausverkaufsware einer gekränkten Menschheit, dieses Bürgertum, das nicht mehr richtig pissen und scheißen kann und nur noch schlingen und fressen, warum mußten wir auf den Hund einer Glamourwelt kommen, in der Flitter und Technik und Krebs regieren und der Heiland zu dem Symbol wurde, vor dem jeder anständige Mensch schleunigst davonlaufen muß, will er nicht napalmmitschuldig werden. Ah, diese Fressen, die sie Schnauze nennen. Die ewige Nazibiologie: Der Nazi sagt: Halt die Schnauze. Der Prolet sagt: Halt die Fresse. Der Nazi hat's mit den Tieren.

Bis hierher sind wir miteinander gekommen, und jetzt stellen Sie die unvermeidliche Frage an mich: Was tun? Ost und West, unten und oben, Kapitalismus und Sozialismus, Krieg und Frieden, was soll werden, wie soll man leben, wie sich entscheiden?

Diese Fragen sind berechtigt, berechtigt wie meine Weigerung, darauf zu antworten.

Denn ich muß gestehen: Ich bin unsicher wie Sie. Ich weiß keine sicheren Antworten, Lösungen. Ich stehe am Ende dieser Niederschrift mit leeren Händen vor Ihnen.

Oder scheint es mir nur so?

Wenn man den Menschen ihren Krieg fortnimmt, werden sie unzufrieden. Wenn man ihnen ihre Sorgen, ihren Kummer fortnimmt, werden sie unglücklich. Nimmt man ihnen ihre Feinde fort, erkranken sie. Wenn sie nicht mehr streiten, schlagen und Bösartigkeiten zufügen können, werden sie gleich seelenkrank.

Ich stelle mir das sechzehnte Jahrhundert vor, die damalige Armseligkeit, die Nicht-Entwicklung. Ich stelle mir die Zeit heute in drei- bis viertausend Jahren vor und denke von dort zurück in unser 20. Jahrhundert – wie blödsinnig wir sind, wie arm und borniert. Unser Zustand ist nichts gegenüber dem, was wir sein könnten.

Wir sollten radikal Schluß machen mit aller Vergangenheit. Schließen wir gleich zu Beginn die Lager und Gefängnisse, entlassen auch die schuldigsten Gefangenen, die Kriegsverbrecher, die deutschen eingeschlossen. Geben wir den entlassenen Häftlingen ein Stück Land, ein Australien, wo sie sich ansiedeln können.

Entlassen wir uns selbst aus aller Vergangenheit: Deutsche, ihr seid frei, frei, frei. Schluß mit der Heuchelei, Erpreßbarkeit, dem schlechten Gewissen, aus dem die Befreiung nicht kommen kann.

Ich möchte zu meinesgleichen sprechen. Gibt es das noch: Meinesgleichen? Arbeiter und Arbeiterkinder, aufgezogen in der Enge und unzufrieden damit? Unwillig, aufzusteigen ins fette Bürgertum? Unwillig auch, weiterzuvegetieren als gebeugte, gedrückte Wesen? Der aufrechte Gang — wer will ihn noch gehen?

Und die anderen in den Bürgerhäusern. Wenn die dicke Mam' schwärmt und der feiste Pap' arglos scharf lebt. Was ist mit dem aufrechten Gang in den Bürgerhäusern?

Lange Zeit schien es, als begnüge sich der verstorbene Vater mit seiner Abwesenheit. Auch hatte ich ihn so tief vergessen, daß er in der Erde verriegelt lag und nicht herauskonnte. Dann schickte Mama ein Bild. Es war ein ganz normales Grab, Steinfassung, paar Blumen und Ziergräser eingepflanzt, ich betrachtete es nicht näher, warf einen kurzen, zerstreuten Blick drauf, legte das Bild weg. Man hat immer sehr viel zu tun. In der Nacht erschien mir der Alte im Traum. Meine Mißachtung hatte ihn beleidigt. Er blies sich auf, wuchs groß und größer, war weit über mir droben, war groß und finster, roch stark und bitter, rauchte und hatte Geheimnisse.

Da er so vor mir stand, blieb kaum Platz im Zimmer. Der Vater, der laut und bestimmt sprach und von sehr undeutlichen Linien umgeben war, beugte sich herab und wurde in der Nähe noch größer und unheimlicher, roch noch bitterer, war wie immer ein Grund zum Fürchten, zum Mißtrauen, zum Argwohn. Während der Vater redete, verzog sich sein nahes und gleichwohl ungenaues, ungreifbares Gesicht.

Ich atmete auf. Seinen schweren Schritt auf der Treppe hörte ich noch im Erwachen; dachte: Seltsam, solche Holztreppen gab es nur damals daheim. Jetzt bewohnst du ein Haus mit Steinstufen, die kaum jemand benutzt.

Wer geht die Stufen hinab und macht solchen Lärm? Ich weiß nicht mehr. Ich weiß nur, er hat gesprochen. Obwohl ich die Worte vergaß, erinnerte ich ihren Sinn. Der Sinn dieser Worte erstaunt mich. Der Alte soll sich bedankt haben für die Folgsamkeit. Aber worin bin ich ihm gefolgt — habe ich nicht allen Gehorsam aufgekündigt und gegen seine Wünsche und Ratschläge gelebt?

Ich erinnere die alten, lang zurückliegenden väterlichen Ratschläge:

»Du kannst es zu was bringen, Junge ... Wenn du dich zusammennimmst und schön aufpaßt, wo der Weg hingeht, kannst du es sogar recht weit bringen ... Du kannst deinen Weg machen, Junge ... Sieh zu, daß aus dir was wird ... Mensch, bleib bloß nicht unten, stoß dich ab, schlag um dich, so sehr du kannst ...«
Er sagte viel, der väterliche Ratgeber, und vieles befolgte ich nicht, und manches, von dem ich meinte, ich befolgte es nicht, befolgte ich, ohne es zu wissen.
»Du hast eine sehr klare, helle Stimme ...«
Zum Kommandieren nutzte sie nicht, die Stimme, aber zum Reden und Überreden; was ist der Schriftsteller anderes als ein Überredenskünstler? Ich schlage mich mit den Vätern herum und bin abhängig von ihnen. Hand aufs Herz, wie willst du gegen sie wirken, wenn du doch auf die elende Gesellschaft, ihre beschissenen Einrichtungen angewiesen bist? Du kannst gegen sie schreiben, und wenn sie dich ignorieren, wird dich kein Mensch lesen und kein Mensch kennen. Also mußt du so schreiben, daß die alten Knacker und ihre verrückten Apparate dich zur Kenntnis nehmen, an dir nicht vorbeikommen. Soll ihre Galle hochschießen, sollen sie leberkrank schäumen, soll der Schreck sie aschfahl machen und ganze Gespenstergenerationen aus den Gräbern aufscheuchen; die alten zerfließenden Scheißkerle, sollen sie anmarschieren in unseren Angstträumen. Sollen sie. Sollen sie. Es kommt darauf an, sie immer und immer wieder zu beerdigen. Es kommt darauf an, sich nicht unterkriegen zu lassen. Uns sitzt der Schreck in den Knochen und Blut im Aug'. Wir stammen von Hiob ab. Gespenster haben uns gezeugt. Es gibt Bilder, die vererben sich an nachfolgende Generationen weiter und erscheinen ihnen im Traum; Mordtaten der Ahnen, Sterbeszenen der Väter; blutige Aquarelle. Ich reiße sie mittendurch.

Zweites Buch
Interview mit Hundertwasser

Mein Vater hatte sich schon vor seinem Tode gänzlich aus der Wirklichkeit zurückgezogen, was mir freilich erst auffiel, als er gestorben war und ich im Leichenwagen mit losfuhr, ihn heimzuholen, wobei ich seine Freundin kennenlernte, die ich anschließend nochmals aufsuchte, mit ihr den neuen Menschen zu zeugen, was wahrscheinlich mißlang.

Es kam nichts dabei heraus. Wo kommt was dabei heraus? Ich entwickle neuerdings eine seltsame Vorliebe fürs Bett. Mir ist, als stiege ich abends immer früher hinein und morgens immer später heraus. Manchmal ist mir, als verließe ich das Bett gar nicht mehr und träumte mein Leben nur noch. Die Erinnerungen, die uns beherrschen, machen keinen Unterschied zwischen Wachen und Schlafen. Ich weiß nicht, woher das kommt, aber ich habe das starke Bedürfnis, ganz aus mir herauszusteigen, alles abzustreifen, alles zurückzulassen: Herkunft, Klasse, das sogenannte Vaterland und alle anderen Überflüssigkeiten und Karikaturen. Eingesponnen sind wir, Papier voller Geschwätzigkeit umgibt uns, der Geist ist uns Feuilleton geworden, die Ahnen und Nachkommen sind es, die Lehrer bringen den Kindern in den Schulen nichts anderes bei. Irgendwohinein, ganz in die tiefste Tiefe hinein möchte ich emigrieren, wo kein Ton hinreicht, keine Nachricht anlangt, kein Skalpell eindringt.

Manchen Gefängnissen entrinnen wir überhaupt nicht. Sie halten uns von Anbeginn an gefangen: die Anziehungskraft, die die radikale Gräfin auf mich ausübte. Ich war geradezu verschossen in sie. Diese schöne heile Welt unserer Gefühle. Wer damit beginnt, sie zu analysieren, hat sie schon zerstört. Kein Zweifel, ich mochte die Dame. Kein Zweifel auch, ich mochte das blaue Blut der Dame. Der Adel bumst nicht anders als der Nichtadel. Die Unterschiede sind immer individuell, dennoch bereitete mir die Blaublütigkeit Zusatzfreuden. Irgendwo schlummerte ein Rest Boshaftigkeit in mir, war ein Bruchteil klassenhaften Unterlegenheitsgefühls vorhanden und ein Bedürfnis nach Aufrechnung. Der Mensch ist komisch in seinen Vorlieben und zu einem gut Teil vorbestimmt. Das Lied meiner Spermien war die Internationale. Zumindest hörte sich ihr Gesang so an. Nie nachlassende Leidenschaft, nie erlahmende Energie — ich trommelte diese Rhythmen der Gräfin zwischen die Schenkel, hundert neue Strophen erfindend;

es kam etwas in mir auf, das ich auch verspürte, las ich vom Ende der Pariser Kommune an der MAUER DER FÖDERIERTEN. Von dort war das Lied ausgegangen, ich sorgte dafür, daß es nach dort zurückkehrte; in der Liebe die Solidarität mit den gefallenen Genossen zu vollziehen, was wäre ihrer würdiger? Es galt die mörderische Eifersucht der Bourgeoisie auszuschalten. Es kam darauf an, die plebejische Rechnung aufzumachen. Ich skandierte die alten Trommelsprüche: »meine mutter hieß du/ und mein vater hieß he/ und als bette hatt'/ ich den weißen schnee ... ich strich durch den schatten/ ich murrte im wind/ ich zeugte der satten/ hungriges kind ...« Was war das? Wo war das? Das war im Keuchen der Gräfin, im Schlagen sonnengebräunter Schenkel, war in ihrem Atem, ihren Augen, Brüsten, war in ihrem samtenen Bauch. War ganz in ihr enthalten, war das, womit sie mich mitnahm, — bin ich ein Spätmerker, daß ich jetzt hier im absaufenden Nachtland VENEDIG erst spürte, es ging zu Ende mit uns, mit allem, ging zu Ende mit mir, vorbei die große Zeit des einzelnen Abenteuers, der ungehemmten Bewegungen, des Widerstands, Aufstands, wie war ich stolz gewesen auf meinen Freiraum, hatte ganz meinen Einfällen und Bedürfnissen gelebt, man weidet aber nicht ungestraft auf den Gründen der Oberklasse, besucht nicht ungestraft ihre Hochschulen, liest nicht ungestraft ihre Bücher, bedient sich nicht ungestraft ihrer Wissenschaften, Vorrechte, Gewohnheiten, Frauen. In winziger Dosis, kaum merklich, fließt ihr Gift in dich über, erfassen dich Lähmungen. Das hast du früher bei ihnen, den anderen, konstatiert, verabscheut, zugleich mit Lust vermerkt — das ist ihr Untergang, den sie kultivieren, die sausen ab. Wie denn, wenn es die Kraft des einzelnen überstiege, den Vater zu besiegen und außer dem einen eigenen noch die Väter aller anderen? Wie denn: ... ich trank aus den gossen/ ich haßte mich satt/ zum schlafgenossen/ ein maulbeerblatt/ ... ich wurde geboren mit/ händen die rot/ nun seid ihr verloren sie/ würgen euch tot/ ... ich wurde geboren mit/ händen die rot/ nun bin ich verloren sie/ würgen mich tot.

In dem Doppelzimmer, das die Gräfin für uns gemietet hat, wohne ich allein. Nach drei Tagen erhielt die Gräfin ein Telegramm, das sie ganz plötzlich wegrief. Sie hatte sich das Telegramm selbst geschickt, ich spielte ihr lustiges Stück mit. Warum das schöne Spiel verderben? Außerdem ist es nie gut, durchblicken zu lassen, man wisse Bescheid. Wer es durchblikken läßt, weiß schon viel weniger Bescheid. Und ich verstand das Mädchen gut genug. Drei Tage Leben zu zweit in einem gemeinsamen Zimmer überschritten ihre Möglichkeiten. Die Gräfin brauchte Abwechslung. Unter bestimmten Umständen konnte sie die treueste Frau sein. Wenn man auf ihre Hilfe angewiesen war und nicht mit ihr zusammenwohnte, sie jedoch mit einem anderen zusammenlebte. Die Gräfin gehörte zu den Frauen, die immer jemanden brauchen, dem sie eins auswischen können. Ist so ein Mann vorhanden, sucht die Dame gleich einen zweiten, zu dem sie flüchtet, dem sie hilft und mit dem es Spaß macht. Erst die Gewißheit, einem anderen Hörner aufzusetzen, entflammt sie wirklich. Diese Frauen sind nicht im eigentlichen Sinne polygam, sie sind im Gegenteil ganz auf die große einmalige Liebe aus, nur genügt diese ihnen, leben sie mit dem einen Manne zusammen, wiederum nicht.

Ich bin herausgefallen aus aller Politik.
Manchmal frage ich mich, wessen Landes Bürger ich eigentlich bin. Wohl keines Landes. Irgendwie aber steht diese DDR mir nahe. Sehr. Die sozialistische Gesellschaft arbeitet seit einem halben Jahrhundert an der Herausbildung und Erprobung gesellschaftlicher Steuerungsmechanismen, die zu erproben und herauszubilden die bürgerlichen Gesellschaften in Jahrhunderten nicht angefangen, deren Notwendigkeit sie noch nicht begriffen haben.
Die Misere des Sozialismus:
Er löst seine Versprechungen nicht ein. Seine Vorzüge als Kampfinstrument und Waffe im Klassenkampf verwandeln sich in Nachteile, haben die Waffen den Sieg erbracht. Der nun vorhandene Sozialismus ist der einer neuen Produktionsordnung. Man hat die Unterbauverhältnisse verändert, die private Aneignung gesellschaftlicher Produktion abgeschafft, neue Eigentumsverhältnisse verkündet, einen anderen Überbau errichtet. Das Resultat bleibt unbefriedigend, die Intellektuellen desengagieren sich, die Massen müssen immerzu diszipliniert werden und verlieren an Spontaneität, im Überbau macht Erstarrung sich bemerkbar, die Produktivität und Kreativität der Gesellschaft lassen sehr zu wünschen übrig. Es herrscht allgemeine unproduktive Antreiberei. Die Besten fallen der Resignation anheim. Sehnsüchtig erwarten wir die Heraufkunft des sozialistischen Landes, das uns eines anderen überzeugt.

Die Reise nach Venedig war für mich ein gefundenes Fressen. Ich hatte schon oft solche Möglichkeiten ausgeknobelt, war aber nie so richtig zu Rande gekommen mit meinen beabsichtigten Abenteuern.
Meist arrangiert man seine Reisen ganz schematisch, fährt auf Urlaub oder hat irgenwo in einer Stadt was zu tun, und danach ist die Zeit vorbei, die Sache erledigt, man fährt wieder heim. Den Auftrag, Hundertwasser zu interviewen, erschwin-

delte ich mir planvoll, das heißt, ich hatte von vornherein die Absicht, die Auftraggeber schlicht übers Ohr zu hauen, mit ihrem Geld wegzufahren, den Vorschuß, den sie mir aushändigen würden, zu verbrauchen und hernach das Wiederkommen zu vergessen.

Ich beabsichtigte diesen kleinen, runden und freundlichen Betrug, obwohl ich mir eine Vierwocheneinlage von Venedig auch selbst hätte leisten können. Die Einnahmen aus meinen Büchern liefen weiter. Man konnte keine großen Sprünge damit machen, immerhin, zur Not ließ sich einige Zeit davon leben. Das aber war es eben nicht, was ich beabsichtigte. Ich wäre, auf eigene Kosten hingelangt, bald auf eigene Kosten zurückgekehrt. Nichts wäre anders geworden, nichts hätte sich geändert, es sollte sich aber etwas, sollte sich möglichst alles ändern. Mit anderen Worten, es mußte etwas geschehen, das mich dazu veranlaßte, am Canale Grande zu bleiben. Ich schloß also, in weiser Berechnung meines derzeitigen Seelenzustandes, einen Pakt mit meiner Bosheit. Mich verlangte danach, irgendwie zu beweisen, daß ich selbst nicht anders sei als die Menschen meiner tagtäglichen Umgebung, die Leute meines Berufes oder ähnlicher Berufe. Ich hatte das tiefe Bedürfnis, Quittungen auszustellen, exemplarische Tiefschläge auszuteilen, irgendwie mein bisher gelebtes Leben mit seinen Gewohnheiten und Bräuchen aufzusagen. Es mußte unbedingt Schluß sein mit allem, nicht zuletzt mit der ranzigen Schriftstellerei.

Schriftsteller – wenn ich diese hochtrabende Bezeichnung schon höre. Jede Pfeife nannte sich so. Wer nur wollte, kaufte sich eine Schreibmaschine, einen Lektor und den dazugehörigen Kritiker, dessen Kirchenlicht nun mal nicht entbehrt werden konnte, beim Ansturm auf die Höhen der Kultur.

Es kam noch dicker. Verhundertfachten sich die Schriftsteller in der Wirklichkeit, so schienen sie sich in ihren Produkten zu vertausendfachen. Ein wahrer Türkensturm von Schriftstellern brach über das Abendland herein. In den Romanen, Kino- und Fernsehfilmen traten die Herren massenhaft auf als pfeifenrauchende Lebemänner, gescheiterte Dichter, erfolgreiche Romanciers und wie auch immer; sie redeten alle in der gleichen dümmlichen Art, wurden von den gleichen abgebrauchten Schauspielern dargestellt und existierten in der gleichen Kunststoffwelt.

Solange ich als Schriftsteller gelebt hatte, und das waren inzwischen so an die zwanzig Jahre, war ich nicht einen einzigen Augenblick in Situationen gekommen, wie sie auf Leinwand und Bildschirm jetzt geschildert wurden. Nie hatte ich auch nur im geringsten mich verhalten wie eines dieser schreibenden Kunstgeschöpfe. Es war klar, im Zeitalter dieser Inflation hatte man nur auszuwandern, die Fahne einzuholen, das Segel zu streichen. Es gab nur noch die Welt solcher Schriftsteller, nicht mehr die Welt meines Lebens, also hatte ich abzutreten.

Freilich, das ist leicht gesagt. Wohin tritt man füglich ab? Aus Fleisch und Knochen herauszufallen hatte ich nicht die rechte Lust. Zwar war ich nicht prinzipiell gegen Selbstmord, doch kam es auf die Konstellation an. Vorläufig gedachte ich derlei absolute Rückzüge noch anderen zu überlassen. Brachte ich mich aber aus Gründen innerer Schicklichkeit nicht gleich um, so erhob sich die Frage, wie ich denn weiterexistieren sollte, gäbe ich meinen Brotberuf auf. Was anderes als schreiben konnte ich?

Das Leben der Schreiber wird jetzt immer erbärmlicher. Diese Botschaft kommt zu den Fenstern und Türen herein. Das sind Nachrichten! Was ist davon Wahrheit, was Fiebertraum? Ich bin beleidigt worden. In mir krümmen sich hundert Milliarden Nerven, die Zeit ist meinem Gehirn davongelaufen, Vergangenheit, Gegenwart und Zukunft haben eine einzige Dimension angenommen. Ich lebe gestern und heute, ich werde morgen heimkehren in die Fabriken, von denen ich gestern ausgegangen bin.

Fabriken, die syphilitischen Knoten der Gesellschaft, in der ihr Eiter produziert wird. Maschinen, die fruchtbaren Hoden Gottes, und wir aus ihnen heraus in die dampfenden Schöße. Vor lauter Lust und Lebensfreude holst du ein ums andere Mal tiefer Atem, die Luft fährt feurig in deine Schläuche. Hier wird die Zerstückelung hergestellt, der Zerfall, die fleißigen Völkerschaften Europas und Amerikas drehen sich selbst durch den Wolf. Wo bin ich? Im Rattenarsch. Den Darmtrakt entlangwälzende Befehle, faulige Gase, Verdauungsgifte. Im Taumel fortwährend im Quadrat sich vermehrender Produktionen klatscht mein Ausstoß aufs Förderband. Die Heldensagen des 20. Jahrhunderts heben an, die Schlagbäume an den Bewußtseinsgrenzen heben sich hoch, auf gehts in fremde Rattenreiche, neuen Kotnachschub zu holen. Was soll unsereins sich erregen? Er wird ausgetragen, aufgetragen, abgetragen. Verwandeln wir die Grausamkeit der unerkannten Lage in diejenige der Gewißheit. Im kalten Licht des Verstandes nehmen Tod und Liebe sich gleich aus. Die betörende Faszination erbitterter Gladiatorenkämpfe unterwirft uns. Wir wollen nicht davonlaufen, nicht schreien, nicht winseln, wir feiern die physische Allmacht. Unsere begeisterten Rülpser vereinigen sich unter den himmlischen Rauchschwaden der Industriekaffs mit den grauen Gebeten klappriger Vetteln in Krankenhäusern, Küchen und Kirchen. Laßt die letzte Libido krebskranker Mütter uns feiern. Unter den schlaffen faltigen Brüsten hervor dringen Gerüche Zehntausender stockiger Kartoffelsuppen. Das schreiende Etwas Mensch hat sich in Klassen unterteilt, die Messer walten ihres Amtes. An den Börsen zieht Sperma an im Preis, drei Megären in Krankenschwesterntracht klettern hoch zum Mond, ihm einen abzulutschen. Nichts ist ewiger als Fabrikkulisse. Denn ihr Material ist die Finsternis, die Ungestalt und die progressive Verblödung. Ich bin nicht borniert genug, mein Schicksal zu beklagen. Ich habe mich nicht abgefunden, doch weigere ich mich, auch nur einen Tropfen Blut oder Schweiß noch zu vergeuden. Diese Ordnung soll untergehen, ich will sie nicht mehr retten, nicht reformieren, nicht revolutionieren. Beantworten wir die Laszivität der Ausbeutung mit der Ausbeutung der Laszivität. Loben wir die Kraft, mit der es begann. Als er ihm stand, tastete die Hand der Gefährtin zum Gefährten. Das warf ihn auf den Rücken, spreizte seine Beine und schlängelte zwischendurch, sich und ihn erregend, mit ihren Lippen an ihm saugend. Gestatte bitte, daß ich dir einen abkaue. Er nickte abwesend, und als es soweit war, stach sie ihm den kleinen Finger spitz ins Afterloch, sie gurgelten und röchelten, ihr Keuchen und Lärmen übertönte das der Maschinen. Es beginnt mit der Manufaktur, setzt sich fort mit dem Kopf, wo die Intelligenz ihre Schöpfungen auskocht, denn der Geruch der Langeweile widert sie an. Schmerz ist unübersetzbar. Zwischen den Klassen die Grenzflüsse tief und gefährlich. Es ist nicht erlaubt, sich zu entfernen. Es ist nicht erlaubt, gänzlich vorhanden zu sein. Es ist überhaupt nichts erlaubt und alles vorgeschrieben. Er benimmt sich widerspenstig, der Häftling, die Zeichen seines Samens erfüllen ihn mit unheimlicher Freude. Die Überzeugung, siegen zu können, bereitet sich vor. Ich scheiße auf euch, eure Fabriken und Frauen. Ich werde mit Vergewaltigung antworten. Blei in die Fotzen eurer heißen Weiber. Feuer in die Säle eurer Fabriken. Auf den hohen Fabrikschloten, eure Töchter, sie schmähen euch, bevor sie wollüstig in die Tiefe sich stürzen. Selma, die Frau des Pastors, pflegte den Liebhaber auf den Arsch zu küssen, der Kirchenturm wuchs in die Höhe, und die Glocken begannen zu läuten. Ein Meer von roten Rosen entsproß den fiesen grauen Fabrikmauern, wohin man auch blickte in der Stadt, Blumen, nichts als Blumen leuchteten hervor, während Selma seine Blume liebkoste und die Beschwörungen ihrer überirdischen Geilheit in das elastische Fleisch seiner Backen biß. Du bist ein hartes, zähes Wesen, Mensch. Deine Stöße bleiben unvergessen wie deine Schläge und deine Feuer. Fantasien von schauerlicher Irre und Schönheit entstehen, jedes Wort ein fremdgearbeitetes, wohlgefügtes Verbrechen.

Während in der oberirdischen Sphäre die Kirchenglocken

transzendieren und in der Menschenwelt die blaugefrorenen Mäuler nicht weniger vergebliche Laute aussenden, widme ich mich den humanen Lastern der Unterwelt. Was nun? Ich soll mich rechtfertigen? Es ist nichts außer der einzigen Schönheit, die du dir eroberst gegen die Vorzüge, Vorschriften und Verfolgungen der anderen. Tausendundeine Nacht. Tausendundein Tag. Die guten Seiten der Unscheinbarkeit. Bin ich das Proletariat, grau, gebeugt, unscheinbar, nach Schweiß riechend, beauftrage ich jemanden brüderlich mit meiner Rache. Bald ist er bekannt geworden, heimlicher Träger unsichtbarer Siege und Auszeichnungen. Der Unterworfene führt eine blanke Waffe bei sich. Oh, nein, es ist nicht, was die blauen Blumen Liebe nennen, es ist, daß ich auf diese Weise sie umwerfe, und welche auch immer, sie schlucken die Beleidigungen, die ich ihnen zufüge, voll hitziger Demut und Anfeuerung. Was tun? Viereinhalb Jahrzehnte Versuche, alles zu ändern und nun Rückkehr zur Jugend. Ihr ändert nichts. Und ich will nichts mehr ändern, verzichte darauf, mein ganzes Leben lang hinter euch dreinzulaufen und euch zum Besseren zu überreden. Von jetzt an habe ich damit zu tun, meine Erinnerungen auszuladen. Ich sehe graue Menschen mit riesigen Geschlechtsorganen. Ich sehe sie, wie ich sie erinnere: blind, unwissend, brutal und jeder Zärtlichkeit so fremd, daß ich sie nicht schuldig bleiben darf.

Da mir die große Emigration aus der Schriftstellerei nicht gelingen wollte, liebäugelte ich mit der kleinen kurzen und kürzesten — dem Journalismus.

Hatte ich nicht von jeher nebenbei journalistisch gearbeitet und in trüben Zeiten die Kasse aufgebessert? Zwar verhielten sich die Figuren in diesem Beruf nicht eben besser, doch war das Milieu nüchterner, sachlicher, überschaubarer. Man brauchte an den Lügen nicht zu ersticken, konnte sie auskotzen, was dem seelischen Haushalt mit einem lebensbestärkenden Effekt zugute kam. Zwar konnte man den Journalismus in diesen Zeiten auch nicht mehr als anständiges Geschäft definieren, der freien Schriftstellerei gegenüber war er aber eine geradezu sittliche Betätigung.

Soweit in meinen Überlegungen, begann ich das Terrain ein wenig zu sondieren und erkannte bald, ich hätte als Journalist die Chancen, nicht nur genug Geld zu verdienen, sondern mehr als genug. Eine solche Erkenntnis haut einen natürlich schlicht um. Man liegt auf dem Kreuz und schreit.

Man nimmt unwillkürlich an, das Umsatteln bringe jede Menge Schwierigkeiten mit sich, interessante Probleme, mache Dampf im alten Kessel, doch statt der neuen Welt voller Abenteuer stellt sich bald die alte Scheiße wieder ein. Warum aber soll man dann erst umsatteln? Warum das eine aufgeben, das andere tun und sich nicht im geringsten von der Stelle bewegen dabei?

Plötzlich wußte ich, was zu tun wäre: Verdinge dich als Journalist, dachte ich mir, hole dir einen Auftrag, der möglichst mit einer Reise gekoppelt ist, einer recht weiten Reise, bitte sehr, auf dem Dampfer fährst du dann ab und bleibst die Wiederkehr schuldig.

Was die weite Reise betrifft, ließ ich meine Hoffnung ziemlich ausschweifen; dachte an andere Erdteile, an Mexiko, Feuerland, Indonesien oder sonstwas, wobei das Sonstwas mir noch viel lieber gewesen wäre als die bekannteren Landstriche. Pustekuchen. Als ich in der Redaktion, wo man sich für mich interessierte, erschien, rückten sie mit der venezianischen Lappalien-Reise heraus.

Ich reagierte unlustvoll. Kein Zweifel, ich war bitter enttäuscht. Und wie! Der fragliche Wundertyp von Chefredakteur, der mir die Sache offerierte, schien zu wittern, was ich eigentlich bezweckte. Jedenfalls traute er mir nicht und war ums Verrecken nicht dazu zu bewegen, mehr Kilometer in mich zu investieren. Wir stritten eifrig, und je mehr wir stritten, desto verbissener beharrte jeder auf seinem Standpunkt.

Ich goß den Rest aus der Kaffeetasse auf den teppichbelegten Boden, schmetterte die Tasse zur Seite, wo die Wand die Zerstörung des Porzellans besorgte, griff eine Handvoll Besucherzigaretten und verließ die Redaktion wortlos.

Als ich in den Lift stieg, war ich mörderisch entschlossen, nicht nach Venedig zu fahren. Als ich den Lift fünf Etagen tiefer verließ, war ich fest entschlossen, am nächsten Tag mein Mittagessen in Venedig einzunehmen.

Ich kehrte nach oben zurück.

Ich bitte Sie höflichst, mein Benehmen zu entschuldigen! sagte ich zu dem sanft äugenden Chefredaktionstyp.

Sie fahren also?

Morgen früh!

Er schaltete unverschämt schnell.

Morgen früh erst? Warum nicht gestern früh?

Er öffnete sich den Hemdkragen und zerrte seinen Krawattenstrick zur Seite. Über der Stadt strahlte eine unwahrscheinliche Föhnsonne. Am liebsten wäre der Mann statt meiner nach Venedig abgehauen. Da er mir aber die Reise so lange eingeredet hatte und sich nun dummerweise als Sieger fühlen durfte, war es ihm verbaut, auf meinen plötzlichen Sinneswandel nicht einzugehen. Mein Nachgeben war sein Sieg. Wer wird seinen Sieg verschenken?

Ich fuhr los. Doch der Elende hatte meinen Vorschuß um die Hälfte gekürzt. Immerhin würde ich ihn auch um die restlichen tausend Mark behacken. Rache muß sein im Geschäft; ich war wütend entschlossen, Hundertwasser, wenn ich ihm trotz aller Vorsichtsmaßnahmen in Venedig zufällig irgendwo begegnen sollte, zu ignorieren. Es mußte ein vorsätzlicher, handfester Beschiß sein, mit dem ich meine neue Laufbahn begann. Leider gelang mir in der Eile, das bedauerte ich von Herzen, kein richtiger Millionenschwindel. Die wirklich gravierenden Summen sind für die schreibende Zunft eben nicht zu erreichen, dazu muß man sich in den Villen der Verlags- und Zeitungsbesitzer bewegen, oder noch besser der Aktionäre. Da ich zu diesen Kreisen keinen Zugang hatte und ihn mir auf die schnelle auch nicht verschaffen konnte, nahm ich mit dem lächerlichen Tausender vorlieb, mich damit tröstend, es käme sowieso mehr auf den symbolischen Akt als auf die Höhe der Summe an, mit der ich meinen hübschen Betrug begann. Schließlich kann man sich nicht in Wirklichkeit von seiner Vergangenheit und Gegenwart, von der Rolle, die man spielt, befreien; es bleiben immer die symbolischen Akte: Händewaschen – seht, wie unschuldig ich bin, ich, der windige Arbeiter und Arbeitersohn aus dem dreckigen Sachsen, der vielverhauene Kupferschmied aus der allerletzten Werkstatt im längstvergessenen Kaff an der verstunkenen Pleiße, ich, der ich ausgezogen war meinem Herrn Vater zuliebe, der Sohn sollt's zu etwas bringen, hab ich's also zu etwas gebracht? Was aber klingt in die Worte hinein, treibt in die Lektüre von Büchern, von deren Existenz wir nicht träumten im Untergrund der bürgerlichen Ordnung, was läßt nicht vergessen und nichts vergessen, flüstert Bedenken ein, die keinen zureichenden Grund zu haben scheinen – vom Kupferschmied zum Silbenstecher, du arrivierter Arbeiter, du? Ein Gefühl wie Schmutz, das wäscht kein Bad dir ab, und stellst du dreimal täglich dich unter die Brause. Dem entkommst du nicht, dem Verdacht, daß dein Leben irgendwie mißraten sei, irgendwie, Mann, das Irgendwie bleibt und das Schmutzgefühl, der fade Geschmack von Verrat auf der Zunge, wer aber wen? Aufkündigung von Solidarität – wer kündigte wem auf? Arriviert – angekommen, wo angekommen und wie denn angekommen? Und wirklich angekommen? Dann hast du das VORWÄRTS-Schiff bestiegen, das HOFFNUNGS-Boot, das ein Stück trug; nicht weit genug. Das zahlst du denen heim, mit lustigen Sarkasmen und blutwallenden Wutanfällen. Die Gesellen am Amboß setzten die Flaschen an die Lippen, ballten die Faust, nicht die vom Parteiabzeichen. Ist die fehlgeballte Faust. Da bleibt nun nichts, da tauche unter im Schmutzwasser der Pleiße, des Rheins, der Adria oder wo sonst, schwimm ab, Genosse, die Internationale des Proletariats ist zur Internationale von Autokäufern arriviert. Der Denker altert in Tübingen. Es bleiben zwei Kategorien: die objektiv-reale Möglichkeit und die subjektiv-reale Unmöglichkeit.

Die Bezeichnung Schriftsteller läßt mich zögern, weshalb ich viel Zeit auf die Darlegung verschwende, der Beruf sei etwas gänzlich Normales und Alltägliches und von anderen Berufen nicht im geringsten unterschieden. Die Schriftstellerei ist tatsächlich keine Kunst, eher schon sollte man sie als zeitgemäße Variante des früheren Soldatenhandwerks verstehen. Kein Krieg nämlich ist härter, verbissener und blutiger als der von Schriftstellern geführte. Das ist auch der eigentliche Grund, weshalb ich meine, man könne diesen Beruf nicht erlernen wie einen x-beliebigen anderen. Die vielen Diskussionen übers Schreiben, über Literatur und Ästhetik sind Ablenkungsmanöver. Es geht aber nicht um Schreibformen, um Stil und ähnliche Kindermärchen, es geht um nichts anderes als den gnadenlosen Kampf der Klassen, der Menschengruppen also, die sich gegenüberstehen und um die Neuverteilung von Besitz, Macht und Lust streiten. Davon hat einer keine Ahnung, ist er neu hinzugekommen. Davon kann sich einer erst einen Begriff machen, wenn er lange und schmerzhaft genug das Opfer gewesen ist. Ich will nicht sagen, daß ich ein guter Schriftsteller im Sinne der herrschenden Ordnung bin, ich will das nicht sagen, weil es mich nicht interessiert und kein Problem für mich darstellt. Nicht um gut oder schlecht dreht es sich, sondern um wirkungsvoll oder wirkungslos. Kommst du von unten und willst nicht abfallen, wirst du auf tausendfache Weise zur Wirkungslosigkeit verurteilt werden. Dann nimm also dein Herz in beide Hände und finde die Techniken des Widerstands, der dir möglich ist.

Das ist kein Buch über die alte abgestandene Schnapsflaschenmenge Generationskonflikt, diese nach jedem Gebrauch sich neu materialisierende Kateridee, die überflüssig ist in der Zeit allgemeiner Trunkenheit. Was braucht's der Stimulanzien, wenn jeder am Morgen mit den gleichen völkerverbindenden Kopfschmerzen aufwacht? Auch zwei gleichgeborene Zwillingsbrüder können durch Jahrhunderte voneinander getrennt sein oder Vater und Sohn, Mutter und Tochter im gleichen Zeitverständnis leben.

Das bürgerliche Literatur-Urteil ist immer ein Vor-Urteil, wird es doch aus dem Vergleich mit traditionellen, jedenfalls bereits vorhandenen Formen gewonnen, das sozialistische dagegen aus der Relevanz seiner ästhetischen Bezüge zur Revolution. Das sozialistische, sage ich, aber was ist das?

Bürgerliche Kritik: eine Jury von Kretins. Die Ästhetik der Revolution besteht im Aufsuchen von Formen, innerhalb deren die Abschaffung der Klassen in der Gesellschaft und die Ab-

schaffung des Egoismus in den Menschen zur Lust werden. Aber wo gibt es das? Warum gebt ihr Zensurverteiler nicht Antwort auf unsere Fragen?
Man muß seine Freunde ebenso besiegen wie seine Feinde. Schon wenn man nur seine Feinde zu besiegen hätte und niemanden sonst, wäre es schlimm genug. Es kommt noch schlimmer. Die guten jungen und linken Sozialisten mit ihren humanistischen Sprüchen! Dem Leistungsprinzip und der Feindschaft entkommen! Sich der Warengesellschaft ebenso entziehen wie den Kriegen. Entzieht euch, und schon haben sie euch untergekriegt. Das ist es ja, entweder sie setzen sich zur Wehr und werden ebenso wie die anderen, die sie bekämpfen, oder sie spielen das liebe friedfertige Jesulein, dafür kommen sie ans Kreuz. Was können wir tun?

Nach Venedig zu flüchten, weil man von Deutschland die Nase gestrichen voll hat, ist ebenfalls eine völlig idiotische Lösung. Allenfalls ginge das noch im Winter, wenn Venedig leerfriert. Im Sommer hat es wenig Sinn, denn Deutschland ist zur Urlaubszeit überall.
Man könnte, wollte man wirklich weggehen, nach Afrika, Südamerika oder Australien ausrücken, nur sollte man sich nicht einbilden, unsere Probleme lösten sich mit der Zunahme an Distanz. Entfernungen leisten längst nicht mehr, was sie einst leisteten, heute spielt es keine Rolle, geht einer nach Italien oder Australien ins Abseits, man wird hier wie dort eingeholt.
Genau das sind meine Überlegungen, während ich die Tage in meinem Hotelzimmer liege und mir Mühe gebe, für die nächsten fünf Jahre auf Vorrat zu schlafen. Ich schlafe mich müde, erwache vor Müdigkeit und habe die größte Eile, aus lauter Enttäuschung und Trostlosigkeit wieder einzuschlafen.
In den wenigen Pausen, die ich klar bei Gedanken bin, gebe ich mich den sorgfältigsten Überlegungen hin, die bestimmt sind, mich mit einigermaßen vertretbaren Gründen zu versehen, denn wir mögen manchen Tag auf Brot und Wein verzichten können, zur Not, auf gute Gründe verzichten wollen wir nicht.
Glücklicherweise lebt Venedig, obzwar es eine sterbende, untergehende Stadt ist, wie alle wissen, noch bedeutend kräftiger als jene anderen Städte, die keine Ahnung von ihrem bevorstehenden Untergang haben. In Venedig macht der morgige Exitus niemandem zu schaffen. Man hat sich daran gewöhnt. Gewöhnung aber ist Versöhnung. Man wird zwar absaufen, doch mit Gelassenheit, und außerdem sind bis dahin noch einige Geschäfte zu erledigen. Die Fremden wollen düpiert werden. Wer die Lagunenstadt verläßt, noch einen Dollar oder

eine Mark unversehrt in der Tasche tragend, ist zweifellos ein Betrüger. Man muß ihn aufspüren und strafen, und man spürt ihn auf und straft ihn durch Wegnahme seiner letzten Valuta.

Das Ausplündern von Fremden und Urlaubern ist inzwischen zur allgemeinen, völkerverbindenden Sitte geworden, und weil die Venezianer darin vorangehen, können sie auf ihr Pioniertum mit Recht stolz sein. Nirgendwo geschieht die Plünderei so offen und guten Gewissens, so frank und frei und selbstverständlich. Das macht es einem beinahe angenehm, ausgeplündert und betrogen zu werden. Man empfindet den Betrug, der an einem verübt wird, als Wohltat, die man nicht missen möchte.

Venedig hat noch andere Stärken. Lebt man heute in Paris, London, Rom oder sonstigen Kapitalen, ist es unvermeidlich, mit allerhand berühmten Persönlichkeiten der Zeitgeschichte zusammenzutreffen. Was immer man unternimmt, den Vezieren des Zeitalters ist schwerlich auszuweichen. Die Atmosphäre der geistigen Kloake überwölbt das Stadtgebiet wie der göttliche Himmel die Städte des Mittelalters. Du wirst, ob du willst oder nicht, und besonders, wenn du nicht willst, vereinnahmt.

Venedig dagegen fiel, indem es sein eigenes Museum und sein eigener Friedhof wurde, aus der bürgerlichen Kultur heraus. Hier geschieht nichts Neues mehr, die Kultur-Löwen traben zur kurzen Stippvisite an, die politischen Menschen-Verächter, die die Geschicke der Völker leiten, lassen sich in der Lagunenstadt kaum blicken, jedenfalls hat man sie nicht länger als wenige Tage zu ertragen, und was will unsereins schon mehr als die Garantie der Abwesenheit aller jener, deren Nähe einem völlig unerträglich geworden ist?

Im frischen Seewind an der Küste spazierengehen. Den lästigen Geruch eines mißliebigen Menschen unvermittelt dem Meer überantworten. Warum kann ich es nicht lassen, unliebenswürdige Reden zu führen? Nein, ich polemisiere nicht, dazu sind die Gegenstände zu mindergewichtig geworden, doch möchte ich wenigstens noch meine Meinung äußern dürfen. Wo ginge das besser als hier an der Küste? Es geht nur noch hier.

Ein schönes Gefühl, in Venedig zu wohnen, besonders im Herbst, wenn der Winter heraufzieht und die Stadt sich Tag für Tag mehr leert.

Welch große Hoffnung! Viele Monate liegen vor einem! Monate mit Kälte, Schnee, mit leeren, hallenden Gassen, streunenden Hunden und Katzen, mit Husten, Heiserkeit, früher Dunkelheit und spätem Morgengruß.

Die Häuser verfallen, Salzwassergeschwader dringen vor,

Mauergestein zersetzend, in den Hotels gehen die müden Kellner zur Ruhe, kaum daß sich der letzte Gast eine Kugel in den Schädel jagte. Jalousien rasseln, Türen fallen knarrend ins Schloß. Der eisige Wind peitscht Regenströme übers Pflaster. Die Heerscharen der Möwen übernehmen die Herrschaft, beflissen unterstützt von den graufelligen, blitzgeschwinden Ratten. Die Huren der Stadt gönnen sich einen tiefen, einsamen Winterschlaf; ihr dröhnendes Schnarchen klingt wie ferner Geschützdonner. Eine Armee wird besiegt. Die Sieger haben ihre Niederlagen noch vor sich. Ich schleppe einen Rucksack voller Erfahrungen durch mein Leben. So hat Europa seine zweitausendjährige Kulturgeschichte auf dem Buckel. Ich kann nur fluchen unter der Last. Das Abendland aber singt, dichtet und betet, während es schleppt. Während es uns schleppen läßt, mich schleppen läßt, mich und uns und uns und mich.

Die Gräfin packt meine Sachen. Zwei Wochen Jesolo-Ferien stehen bevor. Unter dem luftigen Seidenstoff die frischen Beinmuskeln.
Wir werden unsere Jesolostudien treiben.
Diese Sorte Studien helfen im Nebeneffekt aus allerlei Verlegenheiten heraus. Feiern wir die Überfahrt von Alt-Venedig nach Neu-Jesolo. Schlagen dem alten rülpsenden Gottstehunsbeieuropa seine traurige Gegenwart um die abstehenden Eselsohren. Lassen keine Gelegenheit aus zum Jubel des Abschiednehmens und Ankommens.
Sonne auf Leiber platzend, Dröhnen aufs Schädeldach. Camus fällt mir ein, war er es nicht, der sagte, es gäbe nur zwei Auswege für den Menschen – entweder Selbstmord oder Auflehnung? Das hieße, wer die Auflehnung schuldig zu bleiben gedenkt, muß sich wenigstens umbringen. Kein Wolkenfetzchen über unsern Häuptern. Der Flucht in den Schatten ziehen wir unsere Faulheit vor. Wie schnell man sich einordnet. Mir ist völlig gleichgültig, wie meine Pelle aussieht, weiß oder braun oder gerötet. Eigentlich stelle ich die Bequemlichkeit über die Unbequemlichkeit. Ich müßte im Schatten der Hotelterrasse liegen und brate in der Sonne wie die anderen. Wir schwitzen, schweigen, rösten. Wer am kilometerlangen Strand weiß, daß er eigentlich verpflichtet wäre, sich umzubringen? Sich längst hätte umbringen müssen? Sie bringen sich nicht um, lehnen sich nicht auf, leben glücklich. Brave Welt! Schöne Welt! Unschuldige Bürgerwelt! Sie verbrauchen Öle und Sprays, gute Gewissen und gutes Geld.
Von Venedig nach hier ein Katzensprung. Wer hätte das gedacht! Ich habe es früher nicht gewußt und bin noch immer erstaunt, der unwahrscheinlichen Geografie wegen. Für meine

Begriffe lagen Venedig und Lido di Jesolo ganze Welten auseinander. Irrtum. Das geht über Punta Sabbioni mit einem netten Schiffchen in unglaublicher Kürze, liegt auf einer halbwegs vernünftigen Karte keinen Fingerbreit auseinander und in der Wirklichkeit nicht viel mehr. Das gehört zusammen.
Ich fordere diese Anordnung nicht heraus, korrigiere mein Innenleben, die Seelenlandschaft, auch wenn's nicht leichtfällt. Zwischen Venedig und Lido di Jesolo müßte, sagt mein Innenleben zu mir, Österreich liegen mit dem Brenner auf der einen und, meinetwegen, Kufstein auf der anderen Seite. So war das seit Jahrtausenden. Deutschland und Italien stießen nicht zusammen. Jetzt haben sie die Hotelstadt Lido di Jesolo errichtet, ein Stück Deutschland an der Grenze von Venedig. Diese klugen Nachkommen der Dogenhäuptlinge! Legen sich Farmen an vor den Toren der Stadt. Farmen, wo das kostbarste Tier gehalten, gezüchtet, dressiert wird, das die Welt kennt: das Geldausgebetier.
Nach dem Hotelfrühstück mit Brötchen und Café latte fädeln sich die Blechkarossen, ums Vielfache angewachsen an Tagen ohne blauen Himmel, ein auf der Straße nach Punta Sabbioni, wo dann die Eingeborenen winkend am Wegrand stehen, Tausende von Fahrzeugen mit den Kennzeichen M und HH und H und BN und dergleichen parken, macht hundert Lire, blechnah beieinander, kaum, daß die Insassen sich durch die Tür quetschen können; das Fährschiff sinkt unter der Fracht immer tiefer ins Wasser, macht -zig Lire die Überfahrt, man tuckert noch den Lido von Venedig an, dann rüber zur Stadt. Und von der Stadt zurück nach Jesolo. Und von Jesolo, ab Hafen Punta Sabbione wieder nach Venedig.
Der Betrieb zwischen Jesolo und Venedig gleicht dem zwischen Deutschland und Jesolo. Es treibt die Guten in Massen in den Süden. Das ist in der Geschichte begründet, wie wir wissen, und beginnt schon bei den alten Germanen.
Während ich, am Strand liegend, darüber nachdachte, erlitt ich einen Rückfall. Längst überwunden geglaubte Gefühle kamen auf und ergriffen Besitz von mir. Warum gelingt es nicht, die Vergangenheit abzutöten, die Herkunft zu überwinden? Weshalb kehren die altmodischen, nicht nur unbrauchbaren, sondern geradezu selbstmörderischen Emotionen wieder? Was ging mich an, was um mich geschah oder überhaupt irgendwo geschah oder sich vorbereitete zu geschehen? Der andere – was kümmerte er mich? Gar nichts ging er mich an. Nichts hatte mich etwas anzugehen, ich wußte das ganz genau und brachte dennoch nicht fertig, mich danach zu richten. Schäm dich! rief ich mir innerlich zu. Hör auf, dich um anderer Leute Glück und Unglück zu kümmern. Mitleid ist eine Krankheit der Seele, die Seele aber gibt es nicht. Also kann es auch kein

Mitleid geben. Was war das – was soll das? Worte, nichts als Worte. Sie änderten nichts.

Die Gräfin liebt das Maximalisieren. Auch dies ein Teil ihrer großartigen Unruhe. Ich bin überzeugt, ein Schriftsteller kann mit dieser Lawine nicht auskommen, er kann von ihr nur begraben werden. Vielleicht kann überhaupt niemand mit der Gräfin zusammenleben, ein Schriftsteller aber noch weniger als jeder andere, denn ein Schreibknecht ist einfach nicht in der Lage, seine gesamte Vitalität und Fantasie in einen Frauenkörper zu investieren. Wovon soll er dann bei der Arbeit zehren? Mit der Gräfin in ewige Umarmungen verstrickt zu sein, verschafft höchste Wonnen, daran ist kein Zweifel, für den Autor allerdings soll die Beschreibung der höchsten Wonnen zur höchsten Wonne werden; die Gräfin gestattete das nicht. In ihren Händen zerschmolz einem die Arbeitsenergie. Man kam bei ihr einfach unter die Räder und nie wieder auf die Beine, fand morgens kaum aus dem Bett, schlurfte auf zitternden Beinen zum Bad und zurück und hatte bald nicht mehr genug Kraft zum Essen und Trinken. Die Gräfin als Besucherin war eine Attraktion; als Frau, mit der man zusammenlebte, war sie glatter Mord.

Was in Venedig geschehen ist, geschieht, geschehen wird, was sich in meinem Kopf und Bauch abspielt, was in meinem Schreibtisch liegt, ich jage es durch die Tasten. Man kann nicht immer so weiterleben, als sei man aus Papier. Die richtigen Bücher nutzen Druckerschwärze nicht nur zur Mitteilung. Die richtigen Bücher sind mehr als Papier und Druckerschwärze. Dieses Buch und die Bilder, nach denen alle gieren, sind einander Todfeinde. Bilder beschreiben Zustände, Bilder illustrieren Zustände und verlängern sie damit; je genauer sie die Zustände illustrieren, desto unwiderruflicher verlängern sie sie. Nicht die Beschreibung aber ist wichtig, sondern das Schreiben. Nicht zu beschreiben habe ich meine Zustände, sondern indem und während dies alles mit mir geschieht, schreibe ich: Ich schreibe, während ich ins Weltall hinauskatapultiert werde, ich schreibe, während ich esse, Schmerzen empfinde, mich verändere, ich schreibe, während ich explodiere, Lust verteile, empfange, die Situationen, in die ich gerate, teilen sich nicht abbildlich mit, sie teilen sich durch das Medium meines Schreibens mit, aber ich beschreibe nicht, sondern ich schreibe und sterbe, sterbe und schreibe. Ich schreibe, also bin ich.
Die Welt – eine einzige Höhle voller Bilder. Das Zeitalter der Alphabeten ins vorangegangene Zeitalter der Analphabeten verwandelt. Wir haben das Wort so spitz zugeschliffen, daß wir euch durchbohren könnten mit nichts als scharfen Worten,

wäret ihr noch zugänglich. Ihr flüchtet in die Bilder. Mischen wir Gift unter die Bilder. Lassen sie explodieren, eure lieben Bilderchen. Machen wir Geschosse daraus, bevor die Müdigkeit der Bilder auf uns übergreift.
Wenn einer aus einer Arbeiterfamilie stammt, wird er in der bürgerlichen Gesellschaft an Bewußtlosigkeit untergehen oder nie ganz heimisch werden. Wenn einer selbst Arbeiter gewesen ist und darüber nachzudenken beginnt, wird er das nie vergessen können. Die Gesellschaft ist derart eingerichtet, daß er täglich daran erinnert wird.
Wie dem Arbeiter in der Bürgerwelt, so ergeht es dem Wortschriftsteller in der Bilderwelt.
Feindschaften, akkumuliert.

Die Gräfin ist zurückgekommen. Sie tritt ins Zimmer, holt mir den Engel aus der Hose und beginnt ihn mit der Zungenspitze gefühlvoll zu vergrößern. Gleich breitet er seine Schwingen aus. Ich gebe zu, in dieser Hinsicht ergänzen wir beide uns wunderbar. Die Gräfin ist durch ihre Vorfahren bis ins Blut hinein belastet. Weil sie davon loskommen will, kniet sie gern vor einem Manne nieder und lutscht ihm ganz romantisch einen ab. Sie ist eine der Frauen, die das nicht nur dem Manne zu Gefallen tun. Die Gräfin näßt vor Vergnügen, während sie einen hochholt. Umgekehrt habe ich viel davon, das geht noch über den Spaß hinaus, den alle Männer dabei haben.
Was Schriftsteller sich alles einfallen ließen, ihre Vorlieben zu umschreiben. In unserer zweitausendjährigen Kulturgeschichte durfte man seine besten Momente meist nicht ungeniert und unumwunden schildern. Charles Baudelaire erntete mit vergifteten Gänseblümchen gerichtliche Berühmheit.
Die Gräfin also ist wiedergekommen, steht splitternackt vor dem Spiegel, schlüpft in eine Neuerwerbung von kaum noch sichtbarem Bikini und entläuft, spitze Jubelschreie ausstoßend, ins Meer. Dann aufs Bett hingegossen bietet sie ihre gebräunte Haut den Blicken dar, wer im Zimmer ist, bekommt zumindest Herzklopfen. Die Gräfin ist, hat sie sich ausgezogen, durch und durch Hexe. Der Prototyp der Hexe. Flammen laufen ihr ums Haupt, züngeln aus ihrem Mund hervor, in ihrem Bauch ist, wer wollte daran zweifeln, ein Flammenwerfer untergebracht, der aus dem Schoß hervorbricht, man wird in Sekundenschnelle erfaßt und versengt und hört sich hilflos schreien. Die Gräfin, auf dem Rücken liegend, nimmt unwillkürlich die Arme hoch. In den Achselhöhlen flammt rötlicher Flaum. Die Gräfin rasiert sich dort nicht. Nur die Scham schabt sie sich unerbittlich alle vier Wochen mit einem scharfen, breiten Rasiermesser ab. Das Haar jedoch, von männlicher Kraft, wächst ungestüm nach. Drei bis vier Tage nach der Rasur fühlt

sich's an wie'n Stoppelbart. Dann ist das Haar schon über Stoppellänge gesprossen, wird weich, lockt und ringelt sich.
Die Gräfin, ausgestreckt in Rückenlage, hat den Schoß leicht erhöht. Es ist immer, als habe man ihr ein Kissen unter den Po gestopft; sie liegt aber auf ihren herrlichen hohen Backen, die sind Kissen genug, den Schoß vorzurecken und aufzutürmen. Von der Seite geht der Blick auf das sprießende Lockenhaar, das den vorspringenden Venushügel krönt. Als hätten sie ihr Geschlecht aufgetragen, aufgeschnallt, sehen sich Frauen von der Seite her an. Ich finde diese Ordnung reizvoll. Der Schlitz ist inmitten einer achtungsvollen Erhöhung angebracht; er sitzt auf einem Thron, von dem aus sich wahrlich regieren läßt.

Hier im Hotelzimmer liegend bin ich mir gewiß, ich ging an die Universität, ja ich wurde Schriftsteller, damit ich in immer neue, mir noch unbekannte Räume träte und die alte Situation vorfände. Welches Gebäude, welchen Raum ich auch aufsuchte, stets erwartete ich eine Neuheit und den bereiten Spott der Anwesenden. Ihm zu begegnen, mich nicht überraschen und demütigen zu lassen, war bei all dem nicht meine direkte Absicht, aber der tieferliegende Wunsch, der eigentliche Antriebsgrund.
Jetzt, da ich dies durchmache, finde ich es tief deprimierend. Da hat man sich für einen Kämpfer gehalten, für einen Mann, der den Dingen stets auf den Grund ging, der aus Neugier zum Detektiv der Wahrheit wurde, da hat man sich in sozialen Theorien und Kriegen versucht — warum soll das Proletariat nicht aufstiegsfähig sein, kann man es am eigenen Exempel beweisen? Die Fähigkeit des Denkens, Analysierens, Formulierens und zielbewußten Handelns — indem ich sie demonstrierte, glaubte ich die Möglichkeiten meiner Klasse zu demonstrieren, und nun entdecke ich, ich selbst arbeitete, dachte, analysierte, formulierte wenig zielbewußt und vielmehr von dumpfen Zwängen und psychologischen Mechanismen angetrieben.
Vielleicht muß das alles so sein, und sicher fände ich selbst auch genügend hinreichende Erklärungen dafür, gäbe ich mir Mühe. Das aber ist es. Ich habe keine Lust mehr dazu, mir diese ausreichende Mühe zu geben. Weshalb sollte ich auch? Mein Leben unterschied sich von den Mollusken. Ich verachtete das troglodytische Dahindämmern und verstand den Sozialismus als eine Kraft, den Menschen herauszureißen und zu sich selbst zu bringen. Ich habe provoziert, keine Tat ausgelassen, für mich war das Leben die ständige Suche nach der Aktion, ich habe den persönlichen Widerstand für das Notwendigste und Wichtigste im einzelnen Leben gehalten — was

kann mich also mehr niederschmettern als die Einsicht, nur aus psychischer Notdurft gehandelt zu haben? Diese demobilisierenden Beleuchtungsvorgänge!
Du nimmst eine Lampe, leuchtest dein Inneres aus und brichst zusammen vor dem Bild, das sich dir grausam enthüllt.

Sie ist achtundzwanzig, verheiratet, aus Köln-Kalk. Der Mann liege von Sonnenaufgang bis Sonnenuntergang im Sand, und nachts sei er müde. Man merkt ihr an, sie sagt die Wahrheit. Gleich nach dem Mittagessen kommt sie mit dem roten Fordsiebzehnemm angekurvt. Wir fahren seitab in die Zypressen. Es ist das Tedeum nach Maß, im Elysium solcher Liebe könnte man Unsterblichkeit erlangen. Die Einfälle häuften sich, das heiße Luder wurde von Kopf bis Fuß zur fröhlichsten Möse, die einer finden kann. Sie ließ sich nicht beschlafen, sie beschlief einen, als hätte sie seit Urzeiten nichts zwischen die Schenkel gekriegt. Dazu jubelte sie in den höchsten Tönen, man konnte meinen, die Frau sei unter der Haut orchestriert.
Mitten in dem Crescendo gedachte ich voll plötzlicher ausbrechender Hochachtung des abgewirtschafteten Gatten am Strand, der seiner Wiederinstandsetzung wohl aus guten Gründen bedurfte. Mit solch einem Orkan verheiratet zu sein, verschafft dem lieben Ehemann eine Kette von lauter aneinandergereihten Höhepunkten. Wahrscheinlich hatte sie ihn abgenutzt wie einen Radiergummi. Mein Verständnis für den Abwesenden nahm geradezu plastische Formen an. Ich gewahrte den Ehegatten körperlich, sah seine abgewetzte, durchgescheuerte Haut, die von Liebkosungen angeschwollenen Lippen, den gehetzten Blick des Opfers kurz vor dem tödlichen Schuß. Die Wahrnehmung der Leiden meines Genossen trieb ungeahnte Ausbrüche blutrünstiger Wildheit aus mir hervor. Ich erstaunte über nichts mehr als über mich selbst. Unser Gang artete in einen regelrechten, nein regellosen, regelwidrigen Krieg aus, der Zweikampf nahm atavistische Formen an, wir stritten Brust an Brust, stürzten übereinander, untereinander, begann zu spucken, zu kratzen, zu schlagen, zu kauen, hatten irgendwelche Gegenstände zwischen den Zähnen, spürten Schmerzen und keine Schmerzen, stöhnten und schrien, trieben dem anderen das Knie in den Leib, kurz, jeder versuchte die wirkungsvollste Befriedigungsaktion zu landen und erntete dasselbe. Ich spuckte gerade ein Haarbüschel aus, als meine jubilierende Geliebte den possierlichsten Kopfstand absolvierte, sich kunstvoll zweimal überschlug und mit der Stirn gegen die Wagentür schmetterte, woraufhin sie, letzte Lustschreie loslassend, unter das Auto gekrümmt liegenblieb.
Stille wie vor Erschaffung der Welt. Die Erschlaffung des Menschen. Zypressen stehen schreckensstarr.

Ins bravbürgerliche Leben zurückgekehrt trieben wir noch etwas Konversation, wischten uns gegenseitig das Blut von Nase und Lippen, zählten genüßlich die Bißwunden und schnurrten hotelwärts, nicht ohne Verabredung für den Abend.
Die Gräfin äußerte Erstaunen: sie kannte meine grundsätzliche Abneigung gegenüber allen Gewaltanwendungslüsten. Hat es dich erwischt? Sie lächelte maliziös. Ich packte meine Luftmatratze, marschierte am Strand bis zum Ende der Hotelklötze und entschlief. Beim Abendessen fraß ich fürchterlich, von der Gräfin mit verständnisvollen Vorschlägen versehen.
Der Abend enttäuschte. Die abendliche Gefährtin glich keine zehn Minuten der Mittagshetäre. Kaum hatten wir begonnen, schlang sie die Arme um meinen Hals und flüsterte baren Blödsinn. Anfangs dachte ich, sie wollte Witze reißen und hielt mit. Wir spielten von Herzen kommende, zu Herzen gehende Liebesszenen. Als sie schön erschauerte, beendete das den Ausstoß romantischer Verbalien noch immer nicht. Man kam sich richtig verkommen vor mit all dem: DU LIEBST MICH DOCH EIN BISSCHEN? ICH JEDENFALLS WERDE DICH NIE VERGESSEN. VERACHTEST DU MICH AUCH NICHT, WIRST DU BEI DEN ZYPRESSEN IMMER AN MICH DENKEN? Als ich immer wieder IMMER hörte, trollte ich mich. Hundert Meter entfernt hörte ich sie noch immer dauernd IMMER quengeln.
In dieser Nacht schlief ich kaum, war heiser, bekam Fieber und böse Schmerzen im Geläute. Wie meist in prekären Situationen tritt zum physischen Unwohlsein noch die Seelenpein. Die Gräfin, konsequent, hielt mir ein Mikro hin, das Bandgerät lief, ich hatte den fälligen Bericht zu liefern. Nun will ich nicht undankbar sein. Wer wüßte nicht, wie schwierig es ist, verlorene Stunden und Gelegenheiten hinterher noch zu retten — nur die Methoden verbaler Instrumentierung gestatten das. Auch ist kein Leib so weit zugrunde gerichtet, als daß er nicht elysische Transgressionen hervorbrächte:
... Sie war hochgradig pervers sie sagte liebst du mich sie sagte ich liebe dich sie fickte unmäßig schlecht sie sagte ich kann nur richtig wenn ich liebe sie sagte ich liebe dich nicht sie sagte nun mach schon sie sagte wenn du mich liebtest liebte ich dich auch ich sagte ach leck mich sie tat es sie spuckte sagte schade daß wir uns nicht lieben sie war pervers hochgradig pervers es machte keinen Spaß mit ihr schade daß es keinen Spaß machte mit ihr sie hatte eine viel zu große Möse man mußte sich soviel alte Liebe um den Schwanz wickeln sonst fand man kein Land bei ihr weil sie auf Liebe aus war vielleicht daß ihr Loch ... ihr ohne Liebe schade mit dem Mund war sie etwas besser aber ihre stumpfen Zähne und die Zunge rauh wie bei Löwen ...

Das Leben, das die Menschen verläßt, zieht ein in euch, die Bilder. Ihr seid das letzte Bewegliche, das letzte Leben. Vor euch sitzen die vormaligen Menschen. Starr, röchelnd, verstummend, unbewegt. Schmerz ist nicht mittelbar.
Ich suchte euch, meinen Feinden, zu entkommen.
Man muß sich diesen Schmerzen und Erstarrungen entziehen.
Bewegen! Auf und Nieder! Hierhin! Dorthin! Menschen! Menschen! Menschen! In fremde Bezirke, Städte, Klassen einbrechen! Auf und ab und auf und ab! Überlisten! Brachial angehen! Von hinterrücks anschleichen! Immer Wechsel der Methoden, Taktiken, Strategien! Einen Überschuß von lebendiger Bewegung produzieren und aussenden und den fremden Menschen verleihen, die im Banne der Bilder stehen und zur Reglosigkeit erstarren vor den Bildapparaten.
Mit den Menschen gegen die Bilder! Gegen euch, ihr Bilder!
Schafft das Fernsehen ab!
Führt das Leben ein!
Ich bin für die absolute Monarchie: Die Sprache auf den Thron!

Wie kommt es, daß ich bei den frühen Chaplin-Filmen nie an die tödlichen Bilderfolgen der Kino- und Fernsehindustrie denken muß? Seine frühen Filme sind Balladen. Man kann sie in wenige Worte und Sätze packen, weiterdenken, einwirken lassen. »Das Drehbuch reflektiert die Situation. Der Film empfindet sie, von den Reflexionen des Buches ausgehend, neu.« (Kill Petrow)
Bei ihnen war das noch so.
Kill Petrow: »Das Bild, wie ich es anstrebe, löst den Vorgang aus seinen historischen Bezügen und verwandelt diese in Intensität. Der Schock des Bildes ist die Verneinung von Historie und Logik. Der Schock als gewaltiger Stoß nach vorn. Die Autarkie des Bildes, die wir verteidigen, müssen wir erst noch gewinnen. Wir verteidigen sie, weil wir sie sonst nicht gewinnen können.«
Das ist vorbei. Nichts mehr zu gewinnen. Alles verloren. Die Autarkie der Bilder emanierte zur Autarkie der Bewußtlosigkeit. Die Filme entsprechen der Sprachlosigkeit der Sprache. Die Autoren, die etwas mitzuteilen haben, sind unter die Räder der Literatur gekommen wie Chaplin unter die Räder der Filmindustrie. Aus. Vorbei. Überholt. Plattgewalzt. Überflüssig. Wir werden beseitigt wie die alten Leute in den Städten von der Kraftfahrzeugindustrie Massenproduktion.

Zu lernen, wie man eine Frau beschläft, daß es ein Glück ist? Und die Bauernjungen schauen es den Säuen ab. Und die

Stadtkinder machen es den Hunden nach. Und die Schlagersänger mit den rosa Gesichtern stehen vor den Kirchentüren? Warum bekommen Oberpriester violette Gesichter. Ich sitze mit Dame Suse im Lido-Hotel. Dame Suse, die Experimentierdame. Denn die Erforschung der Gegebenheiten setzt Gespräche voraus. Man erfährt nie genug. Später wird die Gräfin Dame Suse filmen. Dame Suse hat die Vorsuppe schon hinter sich, greift unter dem Tisch an mein Glied und ruft: Gelobt sei, was hart macht. Inzwischen sind wir uns schlüssig geworden. Heute soll's was Appetitliches sein. Fressen wir also, warum denn und warum nicht, die Stadt Venedig auf. Der Cameriere stammt aus Mailand, das heißt, er begreift schnell. Kurze Zeit später mit dröhnender Stimme und tiefer Verbeugung: Die Stadt ist serviert!

Ohne Schrecksekunde beginnen wir Venedig aufzuessen. Ein paar aalglatte Schwarzröcke versuchen noch geschwind von der Gabel zu springen. Nichts schöner als ein rechter Weltuntergang. Dame Suse hält die Schwarzröcke für Schnecken schaufelt sie sich geschickt zwischen die Lippen. Rot glänzt es auf. Die Metaphysik ist für Verdauung gerade gut genug.

Dame Suse, lebenskundlich vorgebildet, hat dreizehn Semester Soziologie studiert in Frankfurt. Während der Semesterferien wuchs sie untenrum zu, in den Semestern kam es zu neuen Ausgrabungen. Dame Suse zu mir zwischen Messer und Gabel hindurch:

Die Potenz des Bürgertums hat sich auf die Warenproduktion verlagert. Der Same fließt massenhaft aus den Maschinen.

Sie meinen, der Bürger läßt das von der Technik für sich erledigen?

Die Natur ist verrückt, sagt Dame Suse selbstbewußt.

Wissen Sie, daß die Vorhaut eines Mannes mehr über seinen Charakter aussagt als etwa die Handlinien oder die Stirn? fragt Dame Suse. Sie wirft mir einen langen prüfenden Blick zu. Ich liebe schöne, ehrliche, sanfte Vorhäute, können Sie das verstehen?

Ja.

Ich möchte einen Mantel ganz aus zarten Vorhäuten! Sie gerät ins Schwärmen.

Im Lido-Hotel bei Venedig wohnend, mit dem Kopf in München, Rom, Paris, Berlin, London, Frankfurt, Köln, mit dem Schwanz in Dame Suse, der Gräfin leichtfüßige Kunstfertigkeit obendrein.

Der Entromantisierung des Fleisches folgt die Entliterarisierung des Romans. (Ausspruch des Kernphysikers Prof. Berhan bei Beobachtung der Szenerie eines dörflichen Ententeiches.)

Liege aufgebahrt. Liege in mir gestorben. Hab einen Beinturm über mir. Hab eine Pestfahne über mir. Hab alle Uhren angehalten im Haus. Bin ein Zeitloser Regloser Lebloser am Galgen. Bin Krähenfraß. Bin Krähenklage. Bin Krähenschwärze. Bin die Krähenballade. Bin die krähenschwarze rabenschwarze klagende Cholera.

Habe mein Bettlaken genommen. Habe mein Bettlaken genommen und an die Wand gespannt. Habe ein schwarzes Insekt auf mein Bettlaken gemalt. Habe meinen Namen drunter geschrieben. Hab das Lakeninsekt in die Ausstellung getragen. Hab es verkauft. Hab das schwarze Insekt verkauft. Hab das Geld genommen. Bin zum Pestarzt gegangen. Hab mich zwanzigmal spritzen lassen. Hab mich zwanzigmal in den Arsch stechen lassen. Hab mich behandeln lassen. Hab meinen Namen eintragen lassen in die Gesundheitsliste. Hab meinen schwarzen Leib verkauft. Hab meinen geschwärzten Leib versilbert auf dem Kunstmarkt. Hab mich zwanzigmal gewaschen. Hab mich in die Badewanne gelegt. Hab mich abgekratzt. Hab mich blutig gereinigt. Hab mich chemisch gereinigt. Hab mich mit Pilzen gereinigt. Hab mich mit Schmerzen gereinigt. Hab frische Hemden gekauft. Hab frische Laken gekauft. Hab die Fenster aufgerissen. Hab zwei Quadratmeter frische Haut gekauft. Hab zwei Quadratmeter frische Haut angezogen. Hab mein junges Gesicht aus dem Schrank genommen. Hab meine guten Gedanken aus dem Schrank genommen. Meine Sonntagsgedanken. Hab meine Cholera in die Toilette gestopft. Hab meine schwarze Haut im Garten vergraben. Hab meine schwarzen Träume chemisch reinigen lassen. Hab meine schwarzen Schrecken zum Arzt getragen. Hab meine schwarzen Schrecken zwanzigmal in den Arsch stechen lassen. Hab meine schwarzen Träumen die Diagnose stellen lassen: Haben bei Europas Huren gelegen. Haben angesteckt sich. Hab meine schwarzen Schrecken gehißt.

Der inneren Seelenreinigung folgt das Sinnenfest. Aufsteigender Appetit auf Mösenfleisch, was den Turm in die Höhe treibt. Der Augenblick verlangt das Blutopfer der Einsamkeit. Der Fortschritt der Menschheit ist mit Schlachthäusern markiert. Geilheit, Jugend-, Alterssünde. Bedenkenlosigkeiten der Muskulatur. Prophetie der Eingeweide. Später Bericht von der Hotelbesitzerin, die kleine versteinte Männer als Anhänger mit sich herumträgt: Die Sekunde, Klarheit des Augenblicks, wenn die Grenzen fallen, Wände weichen, die Welt die Unermeßlichkeit eines Schwanzes einnimmt, dem das Loch seine Absolution erteilt. Sekunde der Wahrheit, ein Kosmos entsteht unter begeisterten Explosionen. SIE stimmt den hohen Choral der tausend Heerscharen an, die Erde bebt. ER ist zurückverwandelt in heiße Lavaströme: Der hochherzige, hoch-

wirkliche Marquis de Sade: Mit meinem Sperma ersticken die Feuer des Ätna.
Das Buch ein Orgasmus; biologisch sichere Entladung von Haß und/oder Liebe, je nach Sprachweise. Besiegelung und/oder Katastrophe. Resultat von Reibungen: Reibungsresultate.
Dame Suse, Hand an den Schwellkörpern: der lügt nicht.

Ich mag das Unbedingte an dir, das zwischen den Schenkeln dir sitzt und wenn du Lust hast an allen Stellen deines Leibes, der süß ist und den ich aufnehme, du Flüssige, mit meinen Lippen und allem was ich habe. Ich mag das Bittere an dir, den herben Geruch hinter deinen Ohren, in deiner Armbeuge, wo der Schweiß salzige Spuren zeichnet, das Haarigherbe deiner Scham und das herbe Glacis deiner unteren Lippen. Ich mag die Maske deiner Lust mit dem perlenden Schweiß auf der Stirn und den aufgepeitschten Mundwinkeln, dem sich öffnenden Mund und der im Glutstrom unserer Geilheit brennenden Zunge, diesem steifen Penis, den du mir zwischen die Zähne legst, meinem Biß zum Opfer. Ich mag die Unbedingtheit deiner Ekstasen und die harte Hingabe deiner Brüste, deren runde Marken im Brand erglühen. Ich mag die Feuchtigkeit, die sich abstößt von deinem Fleische, ihm entrinnt, die quellende Liebesgabe, in die wir uns teilen, in die wir uns werfen, aller Entfremdungen ledig. Ich mag die Bögen deiner Backen, dein Arsch entzückt mich, entlassen bin ich ins Reich deiner Raserei, die nichts enthält außer Glückseligkeit, Aufrichtigkeit, Einheit. Ich mag den Damm des Fleisches zwischen deinen zwei Unergründlichkeiten, mag dein Stoßen nach vorn, wenn ich vor dir liege, und dein Stoßen nach hinten, wenn ich hinter dir liege, ich mag die befeuernde Schnelligkeit deiner Rhythmen, über die du nicht mehr gebietest, wenn sie erst über dich gebieten, ich mag dein Stöhnen, wenn ich dich nehme, beutle, hacke, ficke, vögle, bumse, belege, mause, stoße und du mich. Ich mag dich über meinen Strang stülpen, dich aufsetzen dem, der mir am nächsten steht, als Hut übern Kopf und tiefer. Ich mag es, das In-dich-Pusten, daß dir kein Lichtlein ausgeht, aber zwölfe angehn, ich mag dich kauen wie du mich und schmecken und blasen und trommeln. Ich mag dich, wenn du vor mir liegst ausgestreckt, die Finger am Flinken, bis es dir ist, als wäre ich *er* zur Gänze und die Maske dir über die Wangen schnellt, denn du kommst, und ich sehe dich kommen und sehe deine Flüssigkeit um deinen emsigen Liebesfinger und sehe deine schnappenden Schenkel und deine stumm schreienden offenen Lippen, die nach dem Samen verlangen, ich mag deinen fordernden Blick, deine vom Kommen noch matten, verdunkelten Augen, deine geschwungenen Wimpern, die züngelnde Verlangen-Zunge, mag deine Hände an mir, meinen hartgezuckten Nüssen, die Falten aufblätternd, den Stamm hoch, dies ist die samtene Verlockung einer Eichel, die ich dir schenke, wenn du sie magst wie ich sie mag, die du haben kannst für diese Zeit und jene, wenn du sie annimmst und einträgst in die Finsternis des Gebiets, das ich kenne und nicht kenne, aus dem ich gekommen bin, in das ich eingehen will, wann immer ich kann, und du willst, daß ich es tue. Ich mag die Gestalt deiner Leidenschaft, wenn du mir vorspielst, was ich mit dir spiele, was du mit dem oder jenem spielst, dich zu erfreuen und ihn und mich, ich mag die Erkundung der fremden Rhythmen und der bekannten, an denen ich nicht teilhabe, die Augen ausgenommen, die teilhaben daran und an dir und an ihm und an dem, was euch erfreut und mich und euch verbindet und mich mit euch. Ich mag die Köstlichkeiten der Einfälle, die euch kommen und auszeichnen, wann wäret ihr, wann wären wir schöpferischer, liebevoller, ungefährlicher, menschlicher, wann? Ich mag die Bescheidenheit deiner Ansprüche und ihre Unbescheidenheit, den köstlichen Mut deiner dir gehörenden Liebeslust und das stolze Aufsteifen deiner Brüste, deren Bolzen sich spannen. Ich mag das Klaffen deiner Wunde und das Öffnen deiner Märchengebiete. Ich mag den Dschungel deiner Fantasien, dem du anheimfällst. Ich mag deine offensichtliche unerschrockene unverleugnete Freude, denn der Leib, den du wahrnimmst, wird zerfallen sein, wenn die Rhythmen noch weiterschwingen. Ich mag die Demutsgebärden deiner Müdigkeit und der meinen und anderen, ich mag das Schauspiel der springenden Brunnen, die wir einander öffnen, ich mag meinen Schwanz in deinen Händen und meine Hand zwischen deinen Schenkeln, wenn wir im Wagen sitzen nebeneinander und die Fahrt begonnen haben, ich mag das Grinsen des Augenblicks, wenn wir gemeinsam ihn vernichten, ich mag die Einfälle, die wir im Alter, falls es erreichbar sein sollte, erinnern werden, ich mag dir zusehen, wie es dich unter den Zuckungen deiner Lust begräbt, wenn der andere dich sticht und dein Blick sich verschleiert und dein Blick aufreißt und dein Blick mich streift und dein Blick versinkt und der andere dich holt, Herr, du hast eine Seele zwischen den Beinen, nichts ist unsichtbar, alles überirdisch und der Tau deiner Fotze der Nektar der Unvergänglichkeit . . .

Die Hotelleitung besteht aus drei Damen. Die zwei jungen praktizieren die typisch italienische Mischung von erotischer Aufreizung und katholischer Wohlanständigkeit. Sie sprechen recht gut Deutsch, lächeln vielversprechend und erröten bis unter den Haaransatz bei der geringsten Andeutung des Unterleibs. Die eine heißt Savretta, was, soviel ich weiß, gar kein richtiger Name ist, wenigstens kein gewöhnlicher und gängiger, sondern die fantastische Erfindung elterlicher Einzelgänger. Savretta hat ihr Deutsch in Basel gelernt und redet demgemäß Basler Dytsch, eine Abart menschlicher Sprache. Sie hat einen Schlafzimmerblick, der einem unwillkürlich in die Hose dringt. Dem Blick nach zu urteilen ist Savretta im Bett die wahre Meisterin. Auch der Blick, mit dem sie einem auf die Lippen starrt, hat es in sich. Allerdings trifft man Savretta nie allein. Entweder man ist selbst in Begleitung oder sie ist es. Meist steht sie in der Rezeption, Clivia neben sich. Clivia spricht nicht ganz so gut Deutsch wie Savretta. Dafür redet sie schneller, aufs possierlichste untermischt mit italienischen Worten. Clivia ist bei Tisch für die Getränke verantwortlich. Sie muß den Gästen, die aqua minerale bestellen, beibringen, daß es hier im Haus nicht die relativ billigen großen Flaschen gibt, sondern nur die kleinen und infolgedessen weniger preiswerten.

Savretta Samtauge-Schlafzimmerblick betritt vor uns den Lift. Dame Suse stellt sich neben Savretta und sieht aus, als wolle sie ein Gespräch beginnen. Ich drücke den fünften Stock, die Tür schiebt zu. Lächelnd hebt Dame Suse den Arm, als suche sie irgendwo Halt, und greift Savretta an die schwarze Seidenbluse. Die zupackende Hand wölbt sich um einen stattlich-festen Savrettabusen. Die andere Halbkugel gewinnt im Aufwärtsgang des Lifts an Schwerkraft und verschiebt ihre liebe Last nach unten. Teile des Schwergewichts nehmen von meinem Pimmel Besitz. Wie Blei hängt er, schwerer und schwerer werdend mit jedem errungenen Stockwerk.

Im 5. Stock angelangt sind Dame Suse und ich von einer ungemein elektrisierenden Geilheit angefüllt. Die Geilheit sitzt prall und fest in uns drin und wird nur noch durch die sieben Häute zusammengehalten. Ohne die Häute müßten wir zerspringen. Ich sichere die Tür und drücke wieder Erdgeschoß. Savretta verzichtet auf ihr Basler Dytsch. Ihre hinter dem Seidenstoff immer deutlicher werdenden Brüste schweben dem sinkenden Lift nun in kleinen Abständen hinterdrein. Dame Suse hat Savrettas Bluse aufgeknöpft. Wir langen unten an. Ich verklemme die Tür und drücke die 5; wie wir abstoßen, feiert Dame Suse delikate Befreiung des Savrettaschen Brustfleisches, zwei vollendete Fleischkonstruktionen mit braunrötlichen, sich hervorbewegenden, aus Riesenscheiben heraustretenden Brustwarzen starren mir entgegen; Dame Suses Hände sind löblich daruntergewölbt, Savrettas Gesicht zeigt madonnenhafte Ruhe, nur die roten Flecken stören, die Linke der Italienerin ist an Dame Suses Brust gekrallt, der rechte Arm, bis zum Ellbogen sichtbar, verschwindet unter dem schwarzen Rock, wo sich Savrettas Hand im trägen, genüßlichen Rhythmus bewegt; die Liebliche feiert sich selbst.

Wir können schließlich nicht in alle Ewigkeit rauf- und runterfahren, sage ich.

Dame Suse, ziemlich in Rage, meint, Savrettas Zimmer liege oben in den Mansarden, übers Dach erreichbar. Im sechsten Stock angekommen, lasse ich die Lifttür frei. Der Hotelkorridor liegt leer. Dame Suse, eine Hand immer an Savrettas freiem Bietzfleisch, schiebt die Reglose aus dem Lift. Wir nehmen sie zwischen uns, steigen die Treppen hoch zum Dach und treten hinaus. Im Gehen hat Savretta noch immer eine Hand an ihrer Fut.

Ich glaube, die ist schon ganz hin, sagt Dame Suse schweratmend, und ihre Brust hinter dem Stretchfrottee hat sich deutlich vergrößert.

Savretta weist mit dem Kopf nach einer Tür in den aufs Dach aufgesetzten Mansarden. Wir treten ein. Die Jalousien sind heruntergelassen. Ich hebe sie etwas an, daß Licht herein kann. Dame Suse und Savretta stehen Brust an Brust gleich neben der Tür. Savretta mit dem Rücken gegen die Wand gelehnt.

Dame Suse zieht der Italienerin die Bluse aus, mit wenigen energischen Bewegungen hat sie sich selbst das Kleid aufgeknöpft und über die Schultern heruntergestreift.

Die beiden Frauen haben etwa die gleiche Größe. Dame Suse bringt ihre Brustwarzen in Stellung, daß sie genau an die der Italienerin stoßen.

Die roten Flecken im Gesicht der Italienerin glühen. Dame Suse nimmt sachte Savrettas Hand und legt sie sich an. Die Hand krault kennerisch weiter. Dame Suse seufzt zufrieden und reibt zärtlich Savrettas Knospe. Das Keuchen der beiden schwillt an wie die vier aufeinandergepreßten Brüste. Jetzt beginnen die Leiber zu schwingen, ausgehend von zwei lieblichen Fingertanzmeistern ergreift der Rhythmus das Paar. Immer wuchtiger und genauer, ich kann die Szene nicht mehr unbeteiligt verfolgen.

Von dem heftig wippenden Susepopo den Rock hochzuheben fällt leichter als das Ausziehen des Gespinstes, das Dame Suse darunter trägt. Savretta hat ihre Hand vorn drin, von unten hineingeschoben, wie ich den Slip hinten herunterziehen will, spürt Savretta vorn nur die Kraft, die ihre Hand von der zukkenden Suse entfernen will.

Ich bin aber in einer Verfassung, die keine längeren Zweikämpfe duldet. Das Stückchen Stoff ist endlich irgendwo drunten zwischen Dame Suses Knien und Knöcheln entschwunden, Savrettas Hand wieder an den Quell zurückgekehrt, von hinten lange ich zu, ziehe Saft von Dame Suses heißer zuckender Spalte zu mir, das andere Ziel zu befeuchten und dringe ein mit einem schmerzlichen Lustschrei, den wahrscheinlich Dame

Suse ausstößt, denn mir bleibt weder Kraft noch Zeit für Worte oder Laute, ich versammle gerade alles, was ich bin, verspüre durch dünne Wände hindurch Savrettas Finger im Vordereingang, nehme Verbindung auf mit Savrettas Erschütterungen, zweifellos ist mir aufgegeben, die beiden vor mir stehenden Mädchen an die Wand zu nageln.
Savretta fällt in sich zusammen. Die Niedergestürzte tragen Dame Suse und ich aufs Bett, nicht ohne sie endlich anständig zu entkleiden.
Dame Suse mit einem Blick auf meinen rotblauschillernden Schwellbengel: Halten Sie's noch aus?
Ich muß jetzt —
Na schön, seh ich ein. Und wen?
Savretta ist immer noch weggetreten. Die Augen geschlossen. Das Madonnengesicht unterm schwarzen Haar eine einzige Röte. Schwerer Atem.
Wir denken schon, sie ist gestorben, da langt sie sich geruhsam an die Möse.
Die ist geiler als wir zwei zusammen, ruft Dame Suse empört, schwingt sich daneben aufs Bett, breitet die Beine, schaufelt mit den Händen Luft in sich hinein: Los! Los! In der Eile ramme ich den Schweif zu heftig in Dame Suse, wir schreien beide auf, es brennt mir wie Feuer, die Wände hatten sich verengt, der kräftige Stoß riß mir die Vorhaut am Schaft zurück, das Brennen ging unversehens in drängendes Jucken über, ich verlangsame die Gangart etwas. Ist es gut so? Ja, jetzt wird es gut, ja oh — Gewurl und Gewuchel unter Gekeuch. Ich ringe mir einige Ruhe ab und halte die Augen geschlossen. Nicht lange kann ich das noch anhalten; wie ich die Augen öffne, hat Dame Suse ein liebreizendes Rundgesicht bekommen.
Langsam begreife ich, wir sind umarrangiert. Savretta liegt quer im Bett, das schwarze Dreieck mit dem Zuckerspalt auf Dame Suses Gesicht gedrückt, die schmatzt in Savretta, kaut Klitoris, während ich Savrettas Arschbacken anbeiße und an Erasmus von Rotterdam denke.
Durch den Dammgang hindurch verständige ich mich mit Dame Suse: Ist es gut so? — Ah, so, sehr gut — jetzt zu, immer zu ah — Indessen Dame Suse unser italienisches Empfangsmädchen kitzeklitzeleerleckt, schießt eine Ladung in Dame Suses Zieldreieck, und aus dem Geheimgang dringt Dame Suses Gestammel: Ah ist das gerammelt . . . gut . . . fick mich . . . fick mich weiter . . . hör bloß nicht auf zu ficken . . .
Weil man nichts übertreiben soll, lege ich eine Spanne der Andacht ein. Wir ruhten, ich Bauch an Bauch auf Dame Suse, zwischen unseren Köpfen Savrettas Untergestell, und bedachten die nächste Konstellation. Offenbar waren alle zu den gleichen Entschlüssen gekommen. Dame Suse und Savretta blieben un-

verändert liegen. Ich erhob mich auf die Knie und drehte mich um neunzig Grad, daß ich genau auf Savrettas Rücken und wie diese quer zum Bett zu liegen kam. Unter Savrettas Pobacken hin langte mein Schwanz zur Vordergegend durch, wo ihn Dame Suses Hand empfing, an Savrettas nassen Schamlippen rieb, einige schnelle Fingermassagen anstellte und statt in Savrettas Möse erst noch in Dame Suses Rosenmund hievte.
Das Kreisen der Zunge um die Eichel und das Saugen animierten mich so, daß ich ohne zu wollen gleich wieder zuzustoßen begann. Dame Suse hielt eine Zeitlang mit, wobei sie sich dicht an Savrettas Loch aufzuhalten wußte, denn ich gewahrte den Übergang von Dame Suses Lippen zu Savrettas Süßfut gar nicht, mit einem Male vögelte ich kräftig die Italienerin, und Dame Suses Lippen umschlangen meinen Sack, bis hoch zum Übergang, die Eier hingen in Dame Suses atemwarmes, speichelgepolstertes Oberloch; während mir der Schwanz auf Meterlänge auszuwachsen schien und ich mit Savretta ein durch Rhythmen gekennzeichnetes Ziel verfolgte, beteiligte sich nun Dame Suse immerzu an unserer Hetzjagd, aber mit leichter Verzögerung, denn wenn ich zustieß, wollten die lustigen Bälle erst zurückbleiben, um dann, vom Stoß beschleunigt, vorzuschnellen, welche mechanischen Bewegungen durch Dame Suses Lippen-und-Zungen-Kunst zurückgehalten wurden, was ihnen zweifellos etwas von ihrer Heftigkeit nahm, an Lustgenuß aber hinzugewann, denn es erhöht, wie ich dabei erstmals empfand, den Taumeltanz der Geilheit ungemein, hat man seinen Schwanz in einer feinen Fotze stekken, während Sack und Klöten zwischen den Lippen einer zweiten Frau wohlversorgt sind.
In der Folgezeit brachten wir's auf mancherlei lustigen Gang. Savrettas Sprachlosigkeit beim Lieben hatte einleuchtende Gründe: Italienisch wußte sie sich nicht auszudrücken, war streng erzogen und wenn schon mit den entsprechenden Taten, nie mit den betreffenden Benennungen bekannt geworden. In Basel dann, wo sie mit ihren Eltern längere Zeit lebte, war sie von tüchtigen Schweizer Jungmannen wohl ausreichend gebeutelt, nicht aber sprachlich mitgenommen worden. Auch die späteren Erfahrungen im Hotelgewerbe, meist unter Mädchen, überwanden die Benennungsschwierigkeiten nicht. Kurz und gut: Savretta vögelte hinreißend, aber sie kannte kein einziges Fickverb, weder in Italienisch noch in Deutsch.
Das änderte sich im Lauf unserer Bekanntschaft bald. Die anfängliche Starre und Passivität Savrettas verloren sich mit ihrer sprachlichen Unwissenheit.
Dame Suse gab Savretta zusätzlich zu den Übungen Ausdrucksunterricht. Mühelos erlernte Savretta jetzt, anhand

praktischer Beispiele, die erlesensten Schweinereien des Kulturkreises.
Sie kam, mitten im langweiligen Vormittag, an den Strand, stieß einen sanft mit dem Fuß an und flüsterte:
Komm, laß uns vögeln gehen.
Nach dem Mittagessen, man wartete am Lift, verließ Savretta die Rezeption und griff einem an die Hose:
Komm ficken!
Während Savretta ansonst Schwyzer Deutsch sprach, brachte sie die prächtigen unanständigen Wendungen im reinsten Hochdeutsch vor. Zur Abwechslung übten wir mit ihr bayerische Ausdrücke.

Klempp ist der Typ des Intellektuellen, der daheim gegen einen Ort wie Lido di Jesolo vom Leder zieht und dann herkommt. Ich hab ihn sofort ausgemacht, als ich ihn mit seiner Frau sah. So was teilt sich der umgebenden Luft wie Kuhmist mit.
Sie sitzen am übernächsten Tisch direkt beim Fenster zum Strand. Klempp mit dem Rücken zum Wasser und Blick auf unseren Tisch. Er schaut allerdings nie her. Er guckt überhaupt nicht auf. Hebt den Blick nur bis zum Teller seiner Frau. Vergewissert sich, ob sie ihm noch gegenübersitze. Hat immer Angst, sie könne nicht mehr vorhanden sein.
Klempp ist groß und massig. Viel aufgeschwemmtes bleiches Fleisch. Nach einer Woche in der Adria-Sonne noch immer so bleich wie am Anfang. Augenscheinlich übersieht ihn die Sonne, nimmt ihn einfach nicht wahr, schlägt einen Bogen um ihn. Dabei reibt er seinen umfänglichen Wanst dauernd mit Sonnenöl ein. Wann immer man ihn am Strand erblickt, ist er damit beschäftigt, sich Öl auf die Haut zu schmieren, beugt sich vor und zurück, betrachtet seine Beine, seinen Bauch, reicht seiner Frau die Plastikflasche, damit er auf dem Rücken eingeölt werde.
Ein Wort genügt, Klempp anzustechen. Solche Typen laufen gleich aus wie angebohrte Weinfässer. Wir tranken an der Bar. Er Aperitif. Ich meinen Vino rosso. Da gab er gleich alles an. Arbeitet als Redakteur beim Bayerischen Rundfunk. Ich verstand nicht genau, in welcher Position, obwohl er es mir genau erklärte. Bei solchen Leuten ist alles kompliziert, selbst das Schneuzen.
Er hockt auf dem hohen Stuhl, starrt auf die Zitronenscheibe in seinem Campari und schnurrt seinen Lebenslauf herunter. Er ist so weitreichend interessant, daß ich immerzu weghöre. Selbst als er über seinen Job im Funk berichtet, höre ich weg, obwohl mich das eher anginge. Zwischendurch stellt Klempp Fragen. Ob ich den kenne oder jenen. Ob ich ihm beipflichte.

Dann blickt er mit einem Ruck zur Seite, sieht mich argwöhnisch an und fragt:

Haben Sie studiert? Ja? Ach ja, Sie haben studiert, was?

Auf diese Frage will er ebensowenig eine Antwort wie auf die anderen. Doch der Argwohn, mit dem diese Frage von ihm gestellt wird, hat schon metaphysische Qualitäten.

Bis zum Abend habe ich Klempp in- und auswendig kennengelernt. Und noch einige wichtige Persönlichkeiten dazu. Leute aus dem Funkhaus. Leute aus dem Schwabinger Sektiererklub, in dem Klempp verkehrt. Ein paar Playboys, mit denen er ebenfalls bekannt ist, wohl um sich von den Schwabinger Linkssektierern zu erholen. Oder auch umgekehrt. Was will das schon besagen. Mit Burda-Anhang scheint er auch Kontakt zu haben. Der Sohn des Großverlegers geistert durch seine Schwafeleien.

Man muß sich an diese Leute halten, sagt Klempp. Die Söhne von Großkapitalisten sind beeinflußbar. Man muß mit ihnen diskutieren, mit ihnen saufen und sich mit ihnen duzen, da ist noch was zu erreichen. Eine Zeitung herausbringen mit dem Geld dieser Kontotiger! Anders ist nichts zu machen! Die Linke hat nur kleine Zeitschriften! Darin schreibt ein Linker für den anderen! Da bleibt man fein unter sich! Geschlossene Gesellschaft! Alles wird hochgestochen formuliert! Ästhetik! Moderne! Avantgardismus! Dabei onaniert jeder so vor sich hin. Linke Onanierer sind das, jawohl! Man muß aber heraus aus dem engen Kreis. Das Tollste wäre eine linke BILD-Zeitung. Na meinethalben nicht mit den gleichen Methoden. Aber eben ein Blatt für die Massen. Für Millionen. Dazu braucht man Geld. Ich meine, man muß Schluß machen mit dem high brow. Früher hab ich auch gedichtet. Lyriker — ja da staunen Sie, was? Ich war ein Lyriker. Kennen Sie nicht meinen Namen? Nein? Ich war ein ziemlich bekannter Lyriker. Die Kritiker fragen mich noch immer ganz erstaunt, warum ich denn aufgehört hätte zu dichten. Als ob da noch ein Sinn wäre! Gedichte! Ha! Schluß mit der Literatur! Schluß mit dem Jahrmarkt der Eitelkeiten! Schreiben ist eine konterrevolutionäre Tätigkeit. Ausgenommen allein das Schreiben revolutionärer Flugschriften! Und eine linke BILD-Zeitung wäre nichts anderes als ein riesiges revolutionäres Flugblatt! Man muß sich den wirklichen Interessen der Massen zuwenden! Realismus! Soziale Fragen auf den Tisch! Keinen individuellen Klimbim! Sind Sie nicht auch dieser Meinung? Ja? Nein? So antworten Sie doch! Oder antworten Sie nicht. Wir haben ja Ferien! Wir liegen auf der faulen Haut! Wir machen uns einen Jux. Die ganze Woche lang. Oder zwei Wochen. Oder drei. Dann kommt ein Jahr Arbeit, dann wieder ein paar Juxwochen. Ja so ist das! Oder nehmen wir unsere jungen Erzähler. Was die

erzählen, erzählt sich von selbst. Man braucht in diese Bücher nicht mehr reinzusehen. Genügt völlig, die Kritiken zu lesen. Meist handelt sich's um zwei Männer mit ganz einfältigen Namen. Bix und Bax oder Tapf und Topf. Tapf bewohnt ein Haus und benimmt sich etwas seltsam. Nun tritt Topf auf, betritt ebenfalls das Haus und benimmt sich seltsam. Zugegeben, trotz beider Seltsamkeiten leben sie bisher noch in einer wirklich realen Welt. Indem beide im selben Haus wohnen, vereinen sich ihre Seltsamkeiten. Die Kritik definiert dann ungefähr so: »Die Genauigkeit der Schilderung schlägt an diesem Punkt um ins Irreale . . .« So oder so ähnlich steht's dann in der Kritik. Man braucht schließlich diese Erzählungen nicht mehr zu lesen, man kann auch auf die Kritiken verzichten. Sterile Namen, sterile Personen. Keine Handlung, keine Atmosphäre, keine Psychologie, keine Soziologie, keine Politik, keine neuen Tatsachen oder Erkenntnisse, keine sprachlichen Abenteuer, kein Witz, kein nix-und-garnix!
Er wirft mir einen triumphierenden Blick zu.
Hab ich recht?
Ich weiß nicht. Möglicherweise haben Sie recht. Mit ziemlicher Sicherheit haben Sie recht!
Er bestellt noch einen Campari bitter und sieht sehr zufrieden aus. Das dauert nicht lange.
Sie meinen wohl, ich dürfe nicht recht haben – nur weil ich es bin, der solche Meinungen vertritt? Geben Sie es doch zu, wenn ein anderer so redete, wären Sie gleich einverstanden.
Mag sein.
Also haben Sie was gegen mich?
Ich weiß nicht.
Ich hab nichts gegen ihn, zumindest im Moment nicht, weil mich der Inhalt seiner Rede noch beschäftigt. Jedenfalls bin ich, in dieser Stimmung, bereit, ihn gänzlich objektiv zu beurteilen. Gerade dies macht er einem unmöglich. Sein Argwohn sitzt einfach zu tief. Immerzu meint er, die anderen wollten ihn nicht anerkennen, seien ihm feindlich gesinnt. Und indem er sich diesen Verdacht jederzeit anmerken läßt, bringt er seinen Gesprächspartner beharrlich dahin, daß er ihn wirklich nicht mehr riechen kann, und dann erfährt er triumphierend: Man mag ihn wirklich nicht – und dies erst befriedigt ihn vollständig. Er war isoliert, gehaßt, ausgestoßen! Warum? Weil er zu jener winzigen Elite der unbedingt aufrechten, der absoluten Wahrheitssucher zählte.
Ich weiß, warum Sie mich nicht mögen! sagte Klempp, und wenn jemals ein Satz tief ehrlich war, so dieser echt Klemppsche Satz, der zugleich das Klemppsche Schicksal enthält: So und nicht anders tritt Klempp der Welt gegenüber: als Wahrheitsprinzip, als Personifizierung des Aufrichtigen, Guten,

Schönen. Das hält, auf die Dauer, niemand aus, das bringt einen zum Gurgeln.

Nicht immer bedient sich Savretta der neuerlernten Worte, fällt manchmal ganz ausdrücklich ins alte Schweigen zurück. Das schmale Kabinett hinter der Rezeption nennen wir Fickzimmer. In der Tür, hinter einer Säule in Deckung, lauert Savretta. Steigt jemand von uns aus dem Lift oder will, von draußen kommend, mit dem Lift hochfahren, taucht das Mädchen plötzlich auf, eine Brust entblößt.
Ist man in Gesellschaft von Fremden, erscheint Savretta züchtig bekleidet und bittet, zur Erledigung einer geschäftlichen Angelegenheit, ins Kabinett.
Im Kabinett bleibt sie stehen, wendet sich um, schlägt den Rock hoch, zeigt die dreieckige graue Maus. Unterkleidung trägt sie nicht mehr. In dem Moment, da der Rock aufgehoben wird, fährt die andere Hand an die Fut und beginnt herumzufingern. Dazu stöhnt Savretta und beobachtet aus samtglänzenden Augen die Wirkung. Es bleibt einem nichts anderes übrig, als die Gute umzuwerfen und auf dem Teppich zu vögeln. Meist stellt sich Clivia dazu als Publikum ein. Das erstemal, als Clivia zufällig eintrat, fiel sie ohnmächtig zu Boden. Inzwischen hat sie sich die Ohnmachten abgewöhnt. Zwischen dem Wunsch nach Besinnungslosigkeit und aktiver Teilnahme schwankend wahrt Clivia die unsichere Mitte. Sobald man Savretta in der Mangel hat, ist Clivia auf gespenstische Weise ebenfalls erschienen, keucht aus offenem Munde, rollt mit den großen Kulleraugen und onaniert sich mit heftigen kurzen Bewegungen den Saft aus dem Spalt.
Clivias Möse und Schamhaare sind braunrot. Steckt man ihr zwei Finger hinein, das Loch aufspreizend, setzt die Braunröte sich auch nach innen fort. Wahrscheinlich haben alle ihre Innereien dieselbe Farbe. Manchmal, an den Vormittagen, bleibt Clivia mit dem Rücken zur Tür des Kabinetts stehen. Die Sonne fällt durchs Fenster genau auf die grazilen Bernsteinschenkel. Sonne und aus Clivias Loch hervorquellender Geilsaft verbinden sich zu sprühlichternden Perlen. Welche Wunder in Clivias braunroter Tropfsteinhöhle. Mit dem Pimmel dieses Loch verstopfen, hieße ein optisches Kunstwerk zerstören. Besser, man vögelt die ewiggeile Savretta und steigert das Fest der Sinne durch Clivias Grottenvorführung.

Das pornografische Moment spitzt den Sachverhalt zu. Auch ist die Darstellung ungewohnt. Im Krimi wird die Sache goutiert, in der Pornografie empört sie. Das hat auch sein Gutes. Man kann Empörung stimulieren.
Pornografie grenzt die Bereiche des Schmerzes und Todes ein.

Indem das Ungeheuerliche gedacht wird, gerät es in die notwendige Diesseitigkeit, wird vielleicht beeinflußbar. Wir begegnen den Signalen unseres Untergangs.
Halten wir hier ein, bleiben stehen, blicken zurück. Sie sind in der Ferne gar nicht mehr zu sehen, die netten Hygieneprediger. Die Sexualität der industriellen Desinfektion, des lieblichen Dufts, der werbekräftigen Leibesentspannung hat ihre Meriten. Die Pornografie der Grausamkeit stößt in gänzlich andere Bereiche, in parteipolitisch oder kriminalpolitisch verbotene Zonen vor. Man begreift, weshalb; hier wird das Schicksal der menschlichen Gesellschaften ebenso entschieden wie in den ökonomischen Basis-Strukturen. Pornografie rührt an die Wurzeln der Klassengesellschaft, beeinträchtigt sie, verweist über den bürgerlichen Horizont hinaus, muß also vom Bürgertum entweder abgewehrt oder in Besitz genommen werden.
Untersuchen müßte man, inwieweit die herkömmliche Belletristik Sklavensprache, deren Theorie und Rezensionswesen dazugehörige Ideologie ist. Etwa die Unterscheidungen verschiedener ICHs, das autobiografisch direkte Ich, das Ich einer vom Autor erfundenen Gestalt und die daraus resultierende ewige Rätselei, wieviel Autobiografie, also Authenzität einem jeweiligen Ich zukomme. Wie denn, wenn der Autor sein erfundenes Ich hauptsächlich vorführte, weil er sein eigenes nicht zu bekennen wagte? Gustave Flaubert, auf seine Heldin Madame Bovary hin gefragt, antwortete entwaffnend: Madame Bovary, das bin ich.
Vielleicht ist die bürgerliche Belletristik in der Wolle gefärbte Verkleidung, sind die gesellschaftlichen Zwänge primär bestimmend auch darin, daß der Roman als Fictions Genre entstand, mit all seinen Personen und Darlegungstechniken?
Die wahre Literaturgeschichte bestünde dann in der Durchbrechung dieser Konvention, im Ablegen der Maskeraden oder auch Durchstoßen der Masken. Unter den Verhüllungen wird erst die nackte Wirklichkeit sichtbar. Henry Miller fand mit der Autobiografie also ganz anderes als die bloße Person. Indem alle Belletristik, ihre apologetische Ästhetik einbeschlossen, als Technik von Sklavensprachen dechiffriert wird, gewinnt Literatur eine neue Dimension. Die Masken sind ab, nun gehören die stinkenden Lumpen der alten Verhüllungen verbrannt, der Leib leuchtet auf in all seinen Scheußlichkeiten, Schönheiten und beider Steigerungen, von denen die bürgerliche Idylle nichts ahnte.

Venedig, im Juli 71

Brief an die Deutsche Bücherei zu Leipzig

»Mein Vater starb an einem Freitagmorgen am Osttor des großen Synthese-Werks Böhlen im Angesicht der Arbeiterklasse. Ich fuhr im Leichenwagen los, den Toten heimzuholen, aber sie hatten ihn schon nach Leipzig gebracht und aufgeschnitten. Man will wissen, woran die Toten gestorben sind, wenn sie gestorben sind.
Das erstemal, als ich nach Leipzig kam, war ich ein Arbeiter, der seinen Vater heimholte. Das zweitemal kam ich als Student in diese Stadt. Fünf Jahre später, als ich Leipzig verlassen mußte, war ich ein Schriftsteller, den die Zeitungen beschimpften und bedrohten. Seither geht's mir im Westen so.
Ich habe in Leipzig studiert, meine ersten Bücher geschrieben, geheiratet, ein Kind gezeugt und den Philosophen Ernst Bloch kennengelernt. Immer wenn ich an der Pathologie vorüberging, sagte ich zu dem ausgeschlachteten toten Vater: Du bist schuld daran, daß ich unter die Intellektuellen gefallen bin!
Vom Kupferschmied zum Silbenstecher: Mein Vater war ein Arbeiter. Ich bin ein Schriftsteller geworden, der Wert darauf legt, nichts anderes zu sein als das, was er gewesen ist: Arbeiter. Das ist ein frommer Wunsch. In Wirklichkeit bin ich nicht unter den Arbeitern und nicht unter den Bürgern zu Hause. Aber das steht euch allen bevor: Zwischenkläßler, Menschen mit Kopf *und* Bauch, das eine wie andere umfassend, nicht nur Haß: auch Liebe, nicht nur Ost: auch West, nicht nur Arbeiterklasse: auch Bürgertum, nicht nur Ideologie: auch Individuum, nicht nur Lösung der eigenen Probleme: auch die der anderen und anders. Seit anderthalb Jahrzehnten darf ich nicht nach Leipzig, aber die Deutsche Bücherei in Leipzig verlangt fortwährend, ich solle meine Bücher hinschicken. Wozu? Sie zu verstecken im Giftschrank? Ich ersuche euch, Genossen, beim Buchstaben Z, wo meine Karteikarte liegt und meine Bücher angezeigt werden, neben dem Verschlußsachen-Vermerk diesen meinen Brief zur öffentlichen Einsicht unterzubringen. Darf der Leser meine Bücher schon nicht einsehen, soll er wenigstens meine in einigen wichtigen Punkten zusammengefaßte Meinung zur Kenntnis nehmen dürfen. Sie lautet:
In der Literatur ist heute die kritische Notierung wichtig, auch und gerade hinsichtlich der sozialistischen Kräfte, die der Ermunterung durch neue Sensibilität und Fantasie, neue Ehrlich-

keit und Selbstkritik bedürfen. Gerade dies ist der kommunistischen Linken von ihrer eigenen verbürokratisierten Leitung untersagt. So gerät die sozialistische Selbstkritik der Literatur ständig in Gefahr, als bürgerliche Klassenkritik mißverstanden und verfolgt zu werden. Eine unmögliche Situation und sehr zum Schaden der sozialistischen Entwicklung.

Die bürgerlichen Rückfälle, die sich im Prager Frühling 1968 zeigten, hatten unter anderem auch ein Element innersozialistischen Mangels zur Grundlage und Ursache. Sozialismus setzt Abwehr voraus, aber die harte Abwehrhaltung bedarf andererseits der Befreiung und Stimulierung des sozialen Sinns und aller humanen Tendenzen der Selbstbestimmung und Selbstbetätigung. Beschneidet die sozialistische Administration die Selbstbetätigung der Individuen, produziert sie überschüssige Abwehr und antisozialistische Haltungen. Der konterrevolutionären Bereitschaft, die von den kommunistischen Parteiführern konstatiert und beklagt wird, geht die konterrevolutionäre, diktatorisch-überschüssige Fremdbestimmung durch die Partei voraus wie die Ursache den Folgen.

Zweifellos hat diese Erscheinung auch Gründe, die in der Theorie des Marxismus, genauer in dessen mangelnder Differenziertheit liegen.

Möglicherweise kann die Differenzierung nur im bürgerlichen Westen geleistet werden, und zwar als Öffnung des Marxismus für die Individuen, als Einbau persönlicher Befreiungsrechte in die Theorie. Welche inneren Widerstände dabei zu überwinden sind, zeigen unsere eigenen Erfahrungen zur Genüge. Denn die Neue Linke im Westen ist vor den Verhärtungen und Verkrustungen keineswegs sicher. Ich frage mich, ob etwas, das ich tue, das mich erfreut und befreit, denn auch tatsächlich erlaubt sei für einen Sozialisten — in solchen Zwängen tritt die verinnerlichte Dogmatisierung des Marxismus in seinen Genossen selbst konterrevolutionär als Widerstand gegen die Befreiung zur Lust auf. Sozialisten, die innerlich, aber dermaßen noch kleinbürgerliche, ja spießige »Sittlichkeit« hegen, wandeln sich, in Machtstellungen gelangt, unverzüglich zu bürgerlichen Zensur- und Bedrückungsinstanzen. Auf diese Weise gibt es nur zu viele nominelle Sozialisten, die es lediglich äußerlich sind, Schale über dem Kern. An die Macht gekommen, sprengt der bürgerliche Kern die sozialistische Schale, und unter dem Namen des Sozialismus tritt die alte Menschenfeindlichkeit und Verdrossenheit, die bürgerliche Gefährlichkeit und Bösartigkeit wieder hervor.

Was ist dagegen zu tun?

Eine Möglichkeit: Unbekümmert vorangehen, Schneisen schlagen ins Dickicht und demonstrieren, daß die Befreiung der Individualität, die Ermöglichung der Individualität die

wirkliche und eigentliche Aufgabe des Sozialismus ist. Bleibt dieser so augenscheinlich wie heute zurück, ist seine gänzlich falsche Kollektivierung mit allen Mitteln zu diskreditieren, denn die Gefahr sozialistischer Rückfälle in imperiale Kriegspolitik (Sowjetunion — China), die Gefahr der Einmündung des Sozialismus in eine bürokratische Endphase ist ebenso gegeben und erschreckend wie die der kapitalistischen Endphase.
Möglicherweise leistet die Literatur im Klassenkampf keine guten Dienste mehr. Ihre Wirkungsmöglichkeiten lagen in Zeiten des Anfangs. Möglicherweise ist die literarische Front weiter nach vorn verlegt worden. Nun heißt es, die bürgerlichen Reste im Sozialismus denunzieren und den Sozialismus öffnen. Was die sozialistische Bürokratie dabei als konterrevolutionär denunziert, ist das genaue Gegenteil: verbale Ankündigung revolutionär-sozialistischer Weiterentwicklung. Vorausgesetzt bleibt, daß die Autoren sich von allen bürgerlichen Verführungen freihalten. Man kann den Sozialismus nicht als Agent imperialistischer Organisationen vermenschlichen und stimulieren.
Die neue sozialistische Literatur wird also von zwei Bürokratien angegriffen und verfolgt werden — von der bürgerlichen ebenso wie von der sozialistischen. Das erklärt, weshalb revolutionäre Schriftsteller in kommunistischen Lagern *und* bürgerlichen Gefängnissen einsitzen. Sie sind die wahren Märtyrer unserer Zukunft. Siegen die Gefängnisverwaltungen, werden wir keine Zukunft mehr haben können.« G. Z.

Unser Bedürfnis nach Sarkasmus ist zunehmend. Unser Bedürfnis nach Emotionen, die mit unseren niederschmetternden Einsichten übereinstimmen, ist zunehmend. Unsere Ängste, tief in den Bäuchen nistend, sind zunehmend: Unser Abscheu, unser Haß, unsere Gelassenheit; unser Bedürfnis nach genauen Worten, die unseren Haß und unsere Gelassenheit ausdrücken; unser Bedürfnis nach Ehrlichkeit und Wahrhaftigkeit, unser Bedürfnis nach Ruhe, unsere Melancholie, unsere Dekadenz, unsere unerschütterliche Erschütterung sind zunehmend, unsere Abkehr, unser Ekel, unsere Weigerung; unsere Fähigkeit der Artikulation, unsere schlimmen Ahnungen, unsere Verdrossenheit, unser Bedürfnis nach Brüderlichkeit, unsere Feindseligkeit, unsere Erbitterung ... Unser Tod nimmt zu.
Wir erkennen uns an bestimmten Worten, Fügungen, Unterlassungen, Abneigungen. Wir leiden an den gleichen Träumen.
Wir haben eine Welt hinter uns und eine Welt gegen uns und eine Welt in uns. Wir kennen einander nicht, doch wir erkennen einander. Wir erkennen einander mindestens an den glei-

chen Vermummungen. Wir haben unsere Zeichen. Unsere verbindenden Schwächen und Niederlagen. Jeder von uns hofft, mit einem treffenden Sarkasmus die Welt aus dem Feuer reißen zu können.

Dame Suse: Nichts schöner als dies, ich bin dafür, es in Badewannen zu tun, in Wärme, seinen Samen spült liebevoll der Duschstrahl von meinen Lippen, voriges Jahr waren wir auch in Venedig, der Markusplatz ist überschwemmt, es ist Herbst, komm jetz leck ich dich, sagt er, ich bin gern in Venedig, erneuernd den Blick in Europas schönstes Wohnzimmer, wenn's nicht zu warm ist und nicht zu kalt. Ich lecke ganz Venedig frisch und lustig, du mußt wissen, warum du dir einen gefallen läßt, ohne ihm eins in die Fresse zu geben, wir hatten kein Bad im Hotelzimmer, ich ficke gern, am liebsten ficke ich in der Badewanne, den spülen wir von der Haut, hauen stundenlang ihm in die Fresse, ich hab kein großes Gefühl dabei, wenn ich auffahre und abfahre, zwischen die Lippen zwischen Gaumen unter die Zunge, wenn ich ihm meinen Mund laß, aber er hat das gern und wird wild wie beim ersten Mal, es ist auch weil ich ihn anlege, wenn es vorbei ist mit Venedig und weil wir ihm nicht ewig in die Fresse hauen wollen, Hemingway, ja, alter Mann, hat in der Gondel, die schwingenden Bewegungen der Gondel auf dem Wasser verschaffen alten Männern Gefühle von Jugend, aber einen gondelt keiner, ich lege ihn an, und er leckt meinen Knopf, bis ich aus mir hervorfahre und über den Himmeln hin explodiere, ein Stern, den's zerreißt und der in den letzten Momenten seinen Schweif ergreift, ich halt seinen aufgetürmten, aufgesteilten, heißen, harten Schweif in Händen, springe auseinander, lebe allein auf der Welt in der Badewanne mit seinem Schweif in Händen und keinem der in die Fresse gehauen werden muß, und während ich zum hundertsten Male über den Himmel hin explodiere, schnellt seine lange gesteifte Zunge an meinem Knopf vorbei in das, was er Fotze nennt, denn wir denken nicht an und überhaupt nicht an und nicht an Nixon und nicht an Mao und Christuskrustiscristifix, obgleich es sich auch machen läßt mit Worten . . .

Warum schrieben die Klassiker des Marxismus nicht über die Gefahr der vorzeitigen Totenstarre? Man sollte an den Parteihochschulen einen Lehrstuhl dafür einrichten. Ich gebe zu, für Marx und Engels war das kein Problem. Für Lenin erst in den beiden letzten Lebensjahren. Kurz vor dem Ableben irrte er nachts durch den Kreml, halbgelähmt, vom Schlag getroffen im Sprachzentrum, lallend, auf der Flucht vor der hereinbrechenden Starre. Stalin, seit Mitte der dreißiger Jahre in Todes-

starre. Der Sozialismus in zwei Phasen. a) die lebendige Revolution, b) Verfestigung und Erstarrung. Die Führer mit ihren eigenartig verzögerten Bewegungen, in Reglosigkeit untergehenden Gesichtern. Endlich die Worte, nichts als Wiederholungen, nichts als Mitteilungen von gestern, wo liegt das Depot für Phrasen?
Vielleicht hilft's, beginnt jeder, der die ersten Erstarrungsanzeichen bei sich bemerkt, dagegen anzudenken? Gegengift entwickeln, Genossen!

Nie mehr werde ich die Stadt verlassen. Soviel ist sicher. Man muß konsequent sein können, König Ludwig XV. von Frankreich pflegte Erdbeeren mit Schlagsahne von den Brüsten seiner Favoritin zu löffeln, Rasputin schlug den russischen Prinzessinnen ein rohes Ei in die Nabelmulde und prophezeite daraus die Zukunft, berichten Zeitgenossen und Historiker und scheuen die Wahrheit, die tiefer liegt; Liebhaber von Format waren zu allen Zeiten einfallsreicher, als die Historiografen zu berichten wagen, wagten, wagen werden. Berichterstatter berichten nichts als sich selbst. Venedigreisende bereisen nichts als die eigene Gegend. Ihr werdet nicht in Jesolo und nicht in Venedig die erwünschten Sauereien finden, ich habe sie alle mitgenommen. Ihr müßt schon EURE eignen veranstalten. Nun mal lustig los und blank durch die Stadt. Ungeschützt den Feinden die Flanken geboten! Die sanfte Glocke deines Arsches, Geliebte, das friedliche, erhebende Schamlippenschmatzen einer weißen Möse, in die ein schwarzer Schwanz eindringt. Vor lauter himmlischen Gedanken und guten Vorsätzen küssen wir, in Venedig gelandet, den geheiligten Boden; nieder also auf die Knie, IHR Gottlosen, die Wampe geknickt, das Kreuz gebogen, den Schädel, die Stirn in die alteuropäische Hundekacke gedrückt, es lebe das Geschrei der Gondolieri, das Zeitalter der Technik und Vernunft, die Epoche des Schweißes, der Amerikas Witwen in Bächen von flappenden, wammenden Bäuchen rinnt in die historischen Kanäle der Lagunenstadt – heilig dein Unrat, Königin, heilig dein Badewasser, die Ströme deiner Tränen und Ekstasen, die Duftwasser deiner Innereien, die Spur deiner Liebesmühen, hoch das Bein, Julia, ein Alfa Romeo läßt das Fleisch erzittern, verleibe dir ein die hundertfünfzig Pferdestärken eines breitschultrigen venezianischen Jungen. Es lohnt noch zu leben. Manchmal sehe ich mich von meinen Nachkommen umstellt. Es sind schmale lange Wesen, die aus fernen, seltsam kleinen runden Köpfen von oben auf mich herabblicken; gutmütige, nicht sehr interessierte Wesen, die aus irgendeinem Grunde von mir Kunde bekommen haben und, statt über mich hinwegzusteigen, innehalten, die Schultern vorwerfen, den Oberkörper sanft beugen, die grauen Augen mit leichtem Staunen auf mich heften und fragen:

Was ist mit dir, Vater?

In meiner Winzigkeit, mich auf die Zehen stellend, richte ich mich auf und dröhne eifrig zu ihnen hinauf. Ich rede sehr deutlich und ziemlich lange, wobei ich mich wirklich anstrenge und tief Luft hole, damit meine Stimme auch genügend laut werde. So predige und donnre ich, sie aber scheinen mich nicht zu verstehen, verharren eine Weile in ihrer Stellung, die runden bläßlichen Gesichter mit den spitzen weißen Nasen zu mir herabgeneigt; dann richten sie sich auf, schütteln die Schultern und gehen weiter, als gäbe es mich gar nicht.

Ich finde zurück in die Wirklichkeit der Stadt Venedig. Ein Gammler mit nacktem Oberkörper treibt würdig an uns vorbei, direkt in einen Pulk von Nonnen geführter Mädchen. Die Mädchen kichern. Aufgeregt schwimmen die Nonnen durch die Schar. Das überlange Zottelhaar des Gammlers leuchtet rot. Der Junge schwenkt zur Seite, wirft Hemd und Jacke von der Schulter und beginnt sich zu waschen. Neben dem Brunnen sitzen drei Gammler. Sie haben die Morgenwäsche schon hinter sich. Letzte Wassertropfen verdampfen auf ihrer Haut. Die Italienerinnen bleiben stehen, wurzeln an. Die Nonnen hetzen von einer zur anderen und schubsen sie weiter. Die frischgewaschenen Gammler strecken den Nonnen die Zunge heraus. Sie strengen sich nicht sonderlich an dabei. Mehr eine Pflichtübung. Eine Taube fliegt über den Brunnen und setzt dem sich Gesicht und Brust abreibenden Jungen etwas zwischen die Schulterblätter. An der Anlegestelle hat eins der Straßenbahnschiffe festgemacht. Ströme aussteigender Passagiere ergießen sich über den Kai. Mit schrillen Rufen treiben die Nonnen ihre widerstrebenden Schützlinge aufs Schiff. Die Gammler brechen lange Stangen weißen leuchtenden Brotes und beginnen zu kauen. Der farbige Vogelklecks sitzt dem Jungen auf dem Rücken und läuft gemächlich nach unten. Zwei Schritte vom Brunnen zurücktretend richtet der Gammler sich auf, breitet die Arme und atmet tief, dann schlüpft er, samt Taubenscheiße, mit beinahe eleganten Bewegungen ins Hemd und sitzt Sekunden später kauend neben den anderen. Sie malmen und machen gemütvolle Bemerkungen über die vorbeitrottenden Touristen.

Ich gehe an der Gruppe vorüber und beneide die Jungen. Es ist kein kostenloser Neid. Er gleicht eher dem Blick des Gefangenen durch Gitter und Stacheldraht hinaus auf die Freien. Man muß zwischen alten Heiligtümern und jungen Göttern unterscheiden können. Venedig gehört den reichen Vetteln, den dummen, vor Bosheit kranken Politikern und bezahlten

Denkmalswächtern. Venedig gehört den Ratten, den durchreisenden Millionären, der eindringenden Adria. Venedig, das Reich der Fäulnis. Der Fäulnis gehört die Zukunft, also ist Venedig das Reich der Zukunft. Ich durchstreife die Gassen und stehe gegen Mittag auf dem Markusplatz. Wie alle Wege nach Rom führen, führen alle Gassen Venedigs zum Markusplatz. Man braucht den Namen nur auszusprechen, schon erwärmen sich die Herzen, und auf den Friedhöfen der fünf Kontinente beginnt das große Erzählen. Jeder Leichenteil hat sein besonderes Abenteuer. Jeder abgefaulte Arsch schwärmt romantisch von den schönen Markusplatzstühlen, wo man sich teure Schwielen ansaß. Die Träume der Menschen klingen weiter, zerrissene Gitarrensaiten. In der Fäulnis schwingt die Melodie nach. Kein besserer Resonanzboden als ein schönes, steinumfriedetes Bürgergrab.
Meine Träume laufen in verschieden schnellen Übersetzungen. Alle Personen bewegen sich verlangsamt, haben schwere Gewichte bergauf zu schleppen, kommen gegen Traumende kaum noch vom Fleck. Ich bewege die Beine, setze die Füße vor und bleibe auf der Stelle stehen. Zweifellos habe ich es weit gebracht, doch werden wir es weiter nicht bringen. Wir haben zu viel keuchen müssen, zu oft und zu tief uns bücken und beugen müssen. Durch zuviel Staub kriechen müssen. Das sind wir, die Haut abgeschürft, die Lungen voll Ruß und Blei, Gift in den Därmen, das Gehirn verkalkt, die blutigen Gewichte des Besitzes an unseren Gliedern. Das sind wir, können nicht sterben und nicht leben.

Nimm ein großes Stück Papier. Vielleicht die weiße Rückseite eines Posters. Schreib deinen Namen in die Mitte. Beginne rund um deinen Namen die Namen derer zu notieren, mit denen du in einer bestimmten Beziehung stehst. Werden es innerhalb dreißig Minuten mehr als hundert Namen, hast du ein gutes Gedächtnis, von zweihundert Namen an kannst du dich den intelligenten Menschen zurechnen. Nun nimm einen Rotstift und verbinde die Namen derer, die du magst, mit dem eigenen. Jetzt verbinde die Namen der Leute, die du nicht magst, durch einen schwarzen Strich mit deinem Namen. Zähle die roten und die schwarzen Linien gesondert. Was überwiegt?
Überlege, weshalb das eine oder andere überwiegt.
Ich habe das unterhaltsame Spiel bei einem jungen Paar in Jesolo kennengelernt. Ich kam in zwei Stunden auf mehr als tausend Namen. Als die roten und schwarzen Linien einzuzeichnen waren, wußte ich nicht weiter. Mein Vorrat an Feindschaft und Freundschaft ist verbraucht, hohe Zeit, Konsequenzen zu ziehen. Wir sind viele, die nicht mehr benötigt werden.

Ich begreife, weshalb die Gestalten, von denen ich träume, sich immer langsamer bewegen.
Manche Szenen steigern ihre Wahrhaftigkeit im Grade ihrer Unwirklichkeit. Man muß sich ihnen nur ehrlich genug hingeben. Auf diesem Terrain ist nicht mehr zwischen Film und Traum zu unterscheiden. Es gibt zu viele glattgeschorene Sätze, zu viele glattgeschorene Träume, Filme, Wunschbilder, Schreckensbilder. Du mußt dich öffnen bis zur letzten Konsequenz. Die italienische Landschaft steigert unsere Möglichkeiten der Intensivierung. Öffne deine unterdrückten Bezirke. Die diesjährige Olympiade findet im Kriegsverbrechergefängnis Berlin-Spandau statt. Heß als Schiedsrichter. Calley (USA) als Linienrichter. Der sowjetische Linienrichter wird noch benannt. Wer erhält den ersten Preis im Menschenschlachten. Beim Einmarsch die deutsche Mannschaft an der Spitze, Rekordhalter. Um den zweiten Platz, wir haben würdige Nachfolger, streiten USA und SU. Wo bleibt die Individualität? Der Humanismus. Beim Mittagsspaziergang auf dem Markusplatz treffe ich alles, was Rang und Namen hat:

Augstein, Ehmke, Gehlen, Nannen, Strauß, Sybille, Harald Jung, Klaus Antes, Galland, Böll, Hundertwasser, Coco, Flick, Finck, Grass, Schlamm, Leo Bauer, meinen Schonbezügeverkäufer, Springer, Schmeling, von Studnitz, Jens, Ulbricht, Wehner, Gabriele Henkell, Frau Martens, Martin Morlock, Otto Köhler, Höllerer, Schiller, Max von der Grün, Peter Grubbe, Wilhelm von Homburg, Leni Riefenstahl, Harry Jantze, Herrn Meister, Ingelore Kuhner, Hans Dieter Schmidt, Gerhard Schmid, Hans-Jürgen Schmitt, Gerhard Reitschert, Frau Schmidt, Antje Schmidt, Amendt, Ulrich Enzensberger, die Witwe Ohnesorgs, Arnfried Astel, Baranowsky, Giordano, Halberstadt, Frau Herbener, Arnold, Suse, Gräfin, Kurt und Liesl, Baselitz, ein Geheimagent, noch ein Geheimagent, und noch ein Geheimagent, Herbert Schön, Henner Voss, Fried, Kalow der Schornsteinfeger, Peter Alexander, Gonski, Männer (Grubenentleerung), Hundertwasser, Werner Schreib, Mückenberger, Abendroth, Heydorn, Niemöller, Pless, Lamprecht, Vukić, Hamm, Drogist Gutzeit, Schuller, Ruge, Scholz, Grießel, Rühle, Spittmann, Wiegenstein, Reinisch, Ahlsen, Metzger, Besser, Rau, Johnen, Hugo Ernst Käufer, Stefen, Tack, Kühn, Steffen, Hans Sadowsky, Loest, Becher, Bender, Dr. Nö, Hey, Degenhart, Süverkrüp, Neuss, Prof. Bonatz, Voigt (mit Kamera), Brückner, Beitlich, v. Johnston, Else, Birgit, Höke, Chefportier Schmitz, Altena, Mansch, Tsakiridis, Seifer, Casanova, Karl Stülpner, Rosa Luxemburg, Honecker & Stoph, 12 Geheimdienstler Ost, 12 Geheimdienstler West, Otto John, Hans Detlev Becker, Heinz Höhne, Ehmke, Wollweber, H. H. Holz, Greno, Georg von Holtzbrinck, Kaiser Joachim, Barzel, Kurras, Mahler, Meinhof, Vogel, Thilo Koch, Roehl, Habe, Hicks, Rosy Rosy, Sperr, Höfer, Millowitsch, Minouch, Seeler, Teufel, Karajan, Maschke, Hans A. Nikel, Robert Neumann, Unseld, Jokostra, Bachmann Ingeborg, Heintje, Mama, Skorzeny, Desch, Karl Korn, Ferency, Grzimek, Porst, Ahlers, Isabella, Bahnhofsbesitzer von Rolandseck, Kiesinger, Klarsfeld, Bahr, Uhse, Rohlinger, Christa Ruppel, Lehrer Wutzler, Karsten Voigt, Karsten Peters, Otto Gmelin, Paul Wühr, Herrn Volland, Otto Strasser, Frl. Müller, Backert W. G. Pinkall, Brenner, Gerhard Ludwig, Backert Elke, Hanns Werner Schwarze, Peter Weiss, Karl Heinz Roth, Schenkelberg, Simmel, Reinbacher, Ruttmann, Tremper, Voss, Wondratschek, Zill Edith, Nina Grunenberg, Ljuben Dilov, J. M. Schmitz, Weyrauch, Brühne, Schwenger, Dwenger, Herrschaft, Jungk, Kluncker, Schmitt-Herzing, Bornemann, Anja Silja, Hölters, Boenner, Carmen-Renate Koeper, Petrović, Plat, Lukács, Leier, Robinson, Marx, Zehrer, Schwejk, Silbermann, van Spall, Weber Hermann, Eulenspiegel, Vischer Antoinette, Wolfmann, Janduda, Stefan, Figgen, Gümpel, Reginald Rudorf, Derrik Leo, Rehn, Kanto, Catharina, Ingrid, Ingrid, Jens Hagen, Broder, Barbara Bronnen, Dieter E. Zimmer, Manfred Grunert, R. W. Leonard, Frau Oettel, Gerold, K.-H. Flach, Onkel Otto, Daniel, Vogel Manfred, Kromschröder, Knorr, Knesebeck, Pillau, Falckenberg, Krahl, Karasek, Hochhuth, F. J. Strauß, Golo Mann, Härtling, Halswick, Lütge, 2 x Marcuse, Mendelssohn, Jutta Schwarz, Neuss, Noever, Mitscherlich, Kesten, Kästner, Monat-Jaesrich, Montanus, Sven von Graul, Johannes Gross, Hellmuth Klein, Gielow, Frerichs, Gorsen, BVG, Bilke, Hiller, Willi Heinrich, Hannover, Hüsch, Berndt, Hielscher Almuth, Heiland, Peter W. Jannsen, Krüger Bum und Horst, Kofler, Kutter, Kreuder, Kramberg, Gerstner, Brakemeier, Brandt Heinz, Brandenburg Inge, Fritz Bauer, Dedecius, Kolbe, Deschner, Dollinger, Domin, Hilde Spiel, Danco, Diener, Dahmen, Bogdan, Einsele, Engelmann, Englert, Fabri, Flechtheim, Carola Stern, Karola Bloch, Wanda Pampuch, Maihofer, Lattmann, Kristl, Kirst, Friedmann, Kalow, Nussbaum, Hans Bertram Bock, Just, Zöger, Ute Erb, Schölmerich, Renate Witt, Ernest J. Salter, Bortfeldt, Barbara, Dieter Thoma, Humbert Finck, Fricke, Herhaus, Gregor-Dellin, Guttmann Rolf, Arno Klönne, Mechtel, Eilers, Tito, Schwab-Felisch, Ramseger, Rotzoll, Schnurre, Busse, Becker, Sander, Brecht, Körner Wolfgang, Becher, Müthel, Ponn, Sperber, Manès, Vadim Glowna, Lippmann Heinz, Schallück, Milger, Michael, Michaelis, Wiegenstein, Schuller, Herbst, Rolf Pohle, Fiore, Fritz Sternberg, Wicher RA., Weitert, Raddatz, Harich, Schöfer, Schroers, Anneliese Ruppel, Strittmatter, Gehringer und Glupp, Gleumes,

Mascha, Marianne und Ilse Koch, Babette Gross, Buber-Neumann, Tilly Wedekind, Uta Richter, Engels, Stinshoff, May Karl, Rübezahl, Max Hölz, Robin Hood, Klüter, Streit, Koestler, Wellershoff, Balthasar Berg, Niklas von Fritzen, den Eremiten, Hülsmans, Christa Appelt, Johnen, Abel York, Margot Trooger, Elisabeth Flickenschildt, Frau Felix, Koeper, Koeppen, Max Schmeling, Zech, Dutschke, Rosenthal, Schönherr & Bach, Kallendresser, Gaus, Bingel, Richard Jaeger, Henry Jaeger, Hans Jäger, Hannsernst Jäger, Fabian, Haffner, Möller, Vetter, Luft, Dönhoff, Deiseroth Ellen, von Opel, Bloch, Rühmann, Neven-DuMont, Bienek, Schröder Jörg, Melzer Abraham, Leonhard Wolfgang, Susanne, Brandt Willy, Jürgens Udo, meinen Schornsteinfegermeister, Blessing Lap, Best Otto F., Siegfried Einstein, Tissi, Ozco Herbst, Wolff Gebrüder, Reiferscheidt, Benseler, Hering, Sperling, Fried, Rauter, Kuhlenkampff, Linnemann, Schreiner Hölz, Schmidt, Befehlshaber, Metzgermeister Gnann, Scheel, Charles Wilp, Zahnarzt Gassner, Reinhold.

Weitere Kolonnen für die Namen derer, die der Gerechtigkeit halber hinzugefügt werden müssen (vom Leser auszufüllen):

....

....

....

....

....

....

....

....

....

....

....

....

....

Venedig, eine vorzügliche Stadt für die Emigration? Lebte es sich hier nicht besser und freier als in anderen Emigrationsorten? Als deutscher Schriftsteller wäre man einiger Sorgen ledig. Die Sprache zum Beispiel, ohne die es nun einmal nicht gehen will. In Venedig braucht man nicht zu verzichten auf die liebliche Muttersprache. Die Kellner verstehen Deutsch. Die Verkäufer. Notfalls kann man auf der Straße Touristen ansprechen oder sich beim Mittagessen neben einen setzen. Auch deutsche Zeitungen sind vorhanden, ein ganz vorzügliches Mittel gegen Heimweh. Ein Blick in die entsprechenden Blätter heilt auf Wochen und Monate.
Ich beschließe, mich in Venedig niederzulassen. Nirgendwo gäbe es einen besseren Ort, eine vorzüglichere Stadt. Sogar das Meer ist mit von der Partie und umgibt die Insel als Schutzwall. Das Meer ist der Zaun um die Stadt. So was verleiht Sicherheit. Außerdem blicke ich gern auf weite Wasserflächen. Das beruhigt ungemein. Allerdings ist Lagunenwasser nicht Meerwasser. Überdies besitzt die Stadt keine Kanalisation. Sie läßt alles unter sich. Die Kanäle dienen zugleich als Abwasserkanäle, Kanalisationssysteme. Das ist einfach und nicht unbedingt hygienisch. Aber ist die Luft, die wir atmen, vielleicht hygienischer? Wenn ich daran denke, was man in München, Frankfurt und Köln alles einatmet! Dagegen ist die Luft in Venedig geradezu aseptisch. Keine Fabriken! Keine Autos! Außerdem beabsichtige ich nicht, im Canale Grande zu baden. Man kann dazu mit dem Schiff weiter rausfahren.
Kein Zweifel, ich werde mich hier in der Stadt niederlassen, nicht über die Alpen zurückkehren. Ich werde hier abwarten. Zwanzig Jahre nach dem letzten Krieg halten es die Deutschen ohne neuen Krieg nicht mehr aus. Zwanzig Jahre nach dem letzten Krieg werden sie eine neue Niederlage brauchen. Ich werde in Venedig bleiben und von außen zusehen. Es wird sicher ein großartiges Schauspiel geben. Ein Theaterstück ersten Ranges. Eine Weltpremiere. Galavorstellung. Die Akteure sind bereits angetreten. Die Proben begannen schon kurz nach dem letzten Krieg. Ein eminent fleißiges Volk, diese Deutschen! Nach dem Ersten Weltkrieg probten sie gleich unverdrossen für den Zweiten weiter. Nach dem Zweiten lag das Theater in Trümmern. Man mußte die Bühne erst wieder freischaufeln. Das dauerte einige Jährchen. Echte Kunstleidenschaft jedoch ruht nicht. Noch waren nicht alle Theaterspieler heimgekehrt, da begannen die ersten schon mit dem Dritten Kriegstheaterstück. Dem Mimen flicht die Nachwelt keine Kränze. Unsere großen Mimen flechten ihre Kränze selber. Gewehre, wem Gewehre gebühren. Bomben ins Parkett. Napalm auf die Bühne. Und echt muß es sein! Echt, echt, echt!

Ich habe als Partisan gelebt, Möglichkeiten des Partisanendaseins erforscht. Noch heute liegen in meinen Schubladen Manuskripte mit Anweisungen fürs Partisanenleben, Überlegungen, wie man am besten zur Revolution kommen könne. Ich habe Taktiken entworfen und Strategien, vergangene Revolutionen untersucht, zukünftige geplant, Geschichte, Soziologie, Ökonomie und Politik geochst, die Psychologie immer für wichtiger und die Literaturwissenschaft samt ihrer Gegenstände für weniger wichtig gehalten. Ich habe Lehren niedergeschrieben fürs Leben, fürs Kämpfen, für den Rückzug, den Vorstoß. Lehren für die Nacht und für den Tag. Lehren für Väter und Söhne und Mütter und Töchter. Lehren für Kleintierhalter und Flüchtlinge, für Juden und Professoren. Ich habe Lehren entworfen fürs Beschlafen einer Frau.
Das ist vorbei. Ich habe mich nun entschlossen, hierzubleiben. Ich werde nicht nach Deutschland zurückkehren und mich hier nicht gänzlich einfügen. Ich werde, als Deutscher in Venedig, meinen eigenen Staat bilden. Ein Ein-Mann-Staatswesen. Ich werde keine Regierung brauchen und keine Verwaltung, kein Militär, keinen Richter, keine Polizei. Ich werde auf Untergebene verzichten. Da ich weder gewählt werden noch wählen will, brauche ich keine Politik. Steuern werde ich weder erheben noch zahlen müssen. Möglicherweise wird Venedig von mir welche verlangen. Aber ich werde mir alle Mühe geben, sie zu bescheißen. Mit Befriedigung erfüllt mich besonders der Gedanke, die Steuern Deutschland vorzuenthalten.
Möglicherweise werde ich einen Botschafter ernennen, ich werde mich, wie Oskar Maria Graf vorschlug, selbst ernennen und als Botschafter meines Landes bei hochoffiziellen Veranstaltungen des Stadtstaates teilhaben. Ich werde mir eine bunte Fantasieuniform schneidern lassen. Auch eine Fahne und einige Dutzend Orden empfehlen sich. Und einen Adler werde ich entwerfen als Wappen. Überhaupt das Wappen! Eine Taube machte sich besser als ein Adler. Man muß immer mit der Zeit gehen. Eine blaue Taube, ein Glas Pleißenwasser und ein lustiger Penis! Während ich über den Entwurf des Wappens nachdenke, bekomme ich Lust auf eine Frau. Es müßte aber nichts mit Liebe zu tun haben. Wo nimmt man in diesem verrückten Kaff ganz schnell eine Distanz haltende Nutte her? Hier gibt's nur riesige Hotels, vollgestopft mit Ehepaaren aus Deutschland, England, Belgien, Holland, ein paar Dänen und Belgier dazwischen, auch einige Italiener wohl. Mamas meistens, mit vermummten, gegen Sonnenstrahlen abgedichteten, ewigschreienden Bambini. Zwar fände sich bei einigem Suchen eine ganze Anzahl, die sich stoßen lassen würden, und mit Begeisterung, aber da müßte man erst vorarbeiten, und dann in Liebe machen und sich wie ein Pfau aufführen; wonach mir

ist, hat damit nichts zu tun. Ich will so schnell wie möglich so einfach wie möglich meinen Schwanz in eine Fotze stecken. Und zwar in eine unbekannte Fotze. Eine gänzlich unbekannte! Das ist wegen der Überraschungen; die wenigsten Männer wissen, daß es dabei Überraschungen gibt. Fotzen sind wie Wohnungen. Wie Wohnungseinrichtungen. Es gibt geräumige Wohnungen und kleine; gut ausgestattete und vernachlässigte. Es gibt Fünfzimmerwohnungen und sparsame Einraum-Appartements. Im Moment ist mir nach einem netten Appartement zumute. Eine der lieben kleinen Gelegenheiten, wo es gemütlich ist und man sich gleich zu Hause fühlt. Wo einen die Wände wohlig umschließen und man die Außenwelt ganz vergessen kann. Solche Appartements sind mit Teppichen belegt. Auch die Wände machen einen äußerst weichen Eindruck, sie sind gänzlich mit samtener Vaginahaut bespannt. Hier läßt sich's leben! Hier läßt sich's wohl sein! Man wirft einen Blick aus dem Fenster, einen Blick ins Hinterstübchen, geht kurz ins Bad und glotzt in den Spiegel. Was mich betrifft, so ziehe ich diese Appartements in gewissem Sinne vor. Allerdings sind die großen Wohnungen auch nicht ohne. Die anspruchsvollen Vielzimmergebilde, wo man sich verläuft und nicht mehr herausfindet. Nach dem einen Zimmer ein zweites und nach diesem ein drittes, dazu diverse Nebenräume, Abstellräume, Gastzimmer, Balkone, Terrassen, Dielen. Außerdem Einbauschränke in der Größe weiterer Zimmer, du öffnest die Tür, willst deine Hose reinhängen und stehst vor einem Saal. Du beginnst in dem Schrank herumzuspazieren und entdeckst die Ausmaße der Dortmunder Westfalenhalle. Du gerätst in ferne, exotische Gebiete, die auf keiner Landkarte verzeichnet sind. Du findest dich im Bad wieder, steigst eine Leiter hoch und drüben hinab und stehst in der Ostsee. Nichts als Wasser! Kein Ufer in Sicht. Bernsteinleuchten vom Meeresgrund herauf. Du begreifst, es ist nicht die Ostsee. Es ist die Badewanne. Du hast Mühe, der Badewanne zu entrinnen. Aber du mußt ihr entrinnen, denn dich drückt es. Weit drüben am andern Ende des Badezimmers siehst du das Sitzbecken glänzen. Es ist natürlich aus Porzellan. Und überdies vergoldet. Du nimmst das am Fuße der Badewanne lehnende Fahrrad und strampelst quer durchs Zimmer zur Toilette. Unterwegs befallen dich beträchtliche Zweifel, ob du das noch schaffst. Aber du schaffst es gerade noch, erklimmst an der vergoldeten Leiter das Sitzbecken und läßt dich nieder. Es wird ein großartiger Schiß. Ein Paradeschiß. Ein Festschiß. Drüben am andern Ende schimmert die Ostsee, die keine Ostsee ist, sondern die Badewanne. Oh, es gibt großartig eingerichtete Fotzen, so richtige Wohnfotzen, Komfortfotzen mit Wasserspülung, Fernseher und Plattenspieler. Natürlich sind diese Prachtstücke der Oberklasse vorbehalten. Den Besitzenden. Wer über Fabriken verfügt, verfügt auch über Komfortfotzen. Großgrundbesitzer sind meist zugleich Großfotzenbesitzer. Man muß sich schon was leisten können, bevor man sich so was leisten kann. Das hat freilich auch seine Nachteile. Erst hast du gute Zähne und nichts zu kauen, und im Alter könntest du vieles kauen und hast keine Zähne mehr, sagte Claude Tillier. Was machen die alten Knacker mit den vielen jungen Fotzen? frag ich mich. Sie können höchstens einen Finger reinstecken oder ihren großen Zeh! Oder sie stopfen die Löcher mit Bananen. Zum Glück ist das nicht mein Kummer.

Mein Kummer: Er hielt nichts mehr von Kommunen. Warum sollten, kamen zwei nicht miteinander aus, mehrere miteinander auskommen können? Orgien: Er fand wenig Geschmack daran, kam mit mehreren Frauen vielleicht noch zu Rande, mit mehreren Männern nicht. Das macht, Frauen konnten sich in der Liebe verändern, nicht die Männer. Genaugenommen hätte er nur befreundete Männer dabei haben wollen.

Woher aber Freunde nehmen? Er war zu alt dazu, seine besten Freunde kannte er nicht persönlich, man hielt briefliche Distanz zueinander, mit einigen anderen hatte sich der beinahe freundschaftliche Austausch im Gespräch ergeben, beide Seiten gingen nicht weiter, die Risiken schreckten. Man darf ihn auch nicht entschuldigen; er lebte in einer Welt von Feinden, indem er das wußte, machte er auch jene zu Feinden, die keine sein wollten. Distanzüberwindung wurde von ihm selbst verunmöglicht, als Erklärung, nicht Entschuldigung bleibt der Sachverhalt summierter Erfahrung. Die Seele, nicht der feine, überirdische Stoff, an den die Veteranen glaubten, funktioniert mit Gedächtnis. Alte Seelenwunden schmerzen länger als körperliche. Er mochte keine Drogen, fühlte sich bereits von zu vielen Dingen abhängig, wollte deren Zahl nicht noch vermehren.

Der tödliche Kummer: Seine Sympathie für die Jugend. Seine Bewunderung. Ihr Mut imponierte ihm. Ihre Opfergänge stimmten ihn melancholisch. Ihre Hysterie, die sie das Richtige mit den jeweils falschen Mitteln tun ließ, stieß ihn zurück in die Isolierung, aus der den Verlorenen zu befreien die junge Revolution Möglichkeiten böte. Nein, es war ewig die gleiche verhaßte Landschaft, von der man ausging, aber in verschiedene Richtungen, je weiter man gelangte, desto einsamer und verdrossener ging man seines Weges. Im Grunde grollte er den Jungen, denn sie hinderten ihn daran, das alte Land ganz undifferenziert zu hassen. Jetzt mußte man die Jungen beinahe ausnehmen, vieles an ihnen achten, loben, ja bewundern, verdammt, dann erst durfte der Hohn wieder voll im Akkord einsetzen: Den Sozialismus wollt IHR? Nun denn mal tüchtig voran. Drei Sozialisten beisammen sind drei verschiedene Meinungen beisammen, drei Streithähne beisammen, drei Fraktionen beisammen, drei Parteien beisammen, drei Gegner beisammen, drei Feinde beisammen, SOLIDARITÄT IST DER NATÜRLICHE HASS DES MENSCHEN AUF DEN MENSCHEN. Nicht daß er an die Natürlichkeit, Ewigkeit, Übersinnlichkeit von Feindschaften glaubte, aber daß die ersten Vorzeichen die neue Revolution nicht als erneuerte Revolution auswiesen, machte ihn mißtrauisch; er erwartete die Fortsetzung revolutionärer Niederlagen, sah unrichtige Methoden, falsche Taktiken, verkehrte Strategien. Die neue Revolution kam aus Büchern und Bäuchen statt aus Hirnen und Hoden. Hatte er anfangs die sinnliche Buntheit begrüßt, das Langhaar, exotische Kleidung der neuen Genossen, kotzte ihn bald an, daß sie so genügsam waren, exotische Haartracht und Kleidung schon als Realisation des neuen ANDEREN zu werten. Jetzt stellte er sich die neuen Revolutionäre im anderen Typus vor. Nicht gerade gekämmt, aus dem Ei gepellt, aber funktionell, weniger abhebend, abschreckend, mehr ihren Zwecken entsprechend WAS SEID IHR ANDERES ALS BÜRGERSCHRECKSGENOSSEN, das galt es zu ändern, er hätte gern mitverändert, daß man so wenig zielbewußt arbeitete, schreckte ihn ab, vielleicht zum letzten Male; er fühlte sich nicht zu alt fürs Leben, aber zu alt fürs vergebliche Revolutionieren, er begann um seine Zeit, die verbleibenden Jahre zu bangen, wollte nicht bis ans Ende Taktiker bleiben, wollte endlich seine unbeschönigten Analysen, Eingeständnisse, absoluten Bücher vorzeigen, die Scheiße nicht auf Verwertbarkeit untersuchen, die Scheiße als Scheiße vorführen und SCHEISSE nennen: DEN KRIEG UMTAUFEN IN SOZIALISMUS, DANN WIRD ER BESTIMMT KOMMEN DER SOZIALISMUS! Er verwandelte sich aus Enttäuschungen darüber, daß der Sozialismus nicht kam, in einen Höhnenden. Aber sein Hohn enthielt die Erwartung, widerlegt zu werden, ja provozierte nichts als Anlässe zur Widerlegung, auch besaß er kein Eigentum über Schlafmatratze, Schreibmaschine und Fortbewegungsgerät hinaus, ihn kettete nichts Bürgerliches, er bezeifelte den Sozialismus lediglich aus Gründen des Nichtvorhandenseins, es gab diesen Sozialismus nicht, und es gab keine einschlagbaren einleuchtenden Wege zu ihm. In der revolutionären Jugend wirkte das Bedürfnis nach und die Lust am Sozialismus, jedoch keine Realisation. Diese jungen Sozialisten realisieren nur ihre eigenen Niederlagen. Sein Bedürfnis an romantischen Dramen war aber längst gestillt. Die Dürftigkeit des Aufbruchs durchschaut zu haben, nötigte ihn zum Büchnerschen Weg: Man wurde Mediziner, diagnostizierte kühl, auch wenn die Infek-

tion innen unaufhaltsam das eigene Ende produzierte. Dann wollte man wenigstens illusionslos sterben.
Zerfall der Revolution. Die Alten denken sie nicht mehr. Die Revolutionäre vergessen sie. Die Intellektuellen singen nachts bei Wein und Bier die halbverdrängten Lieder. Die Jungen lesen Bücher und revolutionieren ihre Schwierigkeiten, bis die Frauen und Mädchen entmutigt das Küchenleben revolutionieren. Von nun an gibt's Mittagessen aus der Konserve.
Es ist eine finstere Zeit, da die Dichter dichten für die Literatur und die Kritiker reden für dieselbe Literatur. Und es ist eine Literatur, der keiner glaubt. Aber es werden Honorare gezahlt. Es ist eine finstere Zeit, da Unbekannte hocken in Möbelbuden und mit bösen Manuskripten die Schränke und Laden anfüllen. Aber es wird Makulatur gedruckt. Es ist eine finstere Zeit, da die Dichter dichten und die Denker denken. Aber es darf nichts geändert werden. Aber es werden Preise verteilt: Unbekannter Räsoneur 1933 im Jahre des Heils.
Wer seine Ästhetik vor seinen Werken fertigt, ist voreilig. Wer seine Ästhetik aus abgeschlossenen Werken abstrahiert, ist zu gemächlich gewesen. Seit die Geisteswissenschaft in den Dienst des Staates gestellt wurde, ist sie Zensur. Unterscheiden wir zwischen der posthumen und der prophylaktischen Zensur. Die Staaten gebären Schriftsteller, deren Kreativität gleich Null und deren einzige Leidenschaft die immerwährende Selbstzensur ist. Ich erkenne allein die Ästhetik der Beiläufigkeit an. Wenige nebensächliche Sätze, bescheiden beiseite. Nur das eine Promille, die raren Aufmerksamkeiten sollen stutzen. Die kleinen versteckten Botschaften sind die einzigen revolutionären Lehren, die wir noch vermitteln können im Zeitalter der allmächtigen Geheimdienste, das Intimität nicht mehr erlaubt. Erfinden, erzählen, berichten wir Geschichten, in deren Fugen sich spurenhaft auffindbar versteckt, was nicht gesagt werden kann. Befriedigen wir das Bedürfnis der Masse nach dem Skandalon und das der Zensoren nach dem Ungesagten, ohne es dabei zu belassen.
Mensch: Dies hier ist eine Selbstdarstellung, wie sie mir rücksichtsloser nicht möglich wäre. Auf nichts anderes als darauf kam es an — mich selbst ohne Scham, Selbstmitleid, verschwiegene Bezirke auszudrücken. Die Technik der Niederschrift völlig den Notwendigkeiten der Selbstanalyse unterworfen: Viereinhalb Jahrzehnte eines Lebens werden damit begraben. Hernach kann ich vielleicht noch erfinden, wünschen, fantasieren, fremde Menschen und Gegenstände beschreiben, Tagebücher vorlegen, ich werde mich aber selbst nie mehr mit der Konsequenz dieses Buches ausdrücken können, denn es gibt nur *eine* Quintessenz.

Ich will nicht sagen, daß mein Leben, wie ich es gelebt habe, gut und richtig gewesen ist.
Im übrigen ist jetzt der Augenblick gekommen, eine Verbeugung vor uns selbst zu machen. Wir sind besser als unser Ruf. So kurz vor dem Ende sollten wir Deutschland und den Deutschen Gerechtigkeit widerfahren lassen. Die Deutschen haben ihre größten Irrtümer, Dummheiten und Verbrechen hinter sich gebracht. Die Niederlage hat uns nicht geläutert, doch hat sie uns aufgestört. Etwas in uns ist anders geworden. Den USA-Bürgern und den Sowjets steht unsere Erfahrung noch bevor.
Ich aber bin nachhaltig unfähig, an den Parteischulen der DDR Vorlesungen über sozialistische Disziplinen zu halten. Ich bin unfähig, für die Bürgerzeitungen der BRD Leitartikel über kapitalistisches Wohlverhalten zu schreiben. Ich verweigere das eine und das andere und zu jedem auch die Alternative. Vereinigt euch oder vereinigt euch nicht. Bekriegt euch oder bekriegt euch nicht. Diese vor Langeweile klirrende Langeweile, nur seitab in Venedig zu ertragen. In die nervösen Schwankungen des Erdbodens einen sinnlichen Rhythmus bringen.

Fiore mit seinen drei Koffern ist in Venedig. Seine Zeitung hat ihn hergeschickt wegen der Biennale. Sicher ist sicher. Man weiß nie. Ich treffe Fiore auf dem Bahnhof. Fiore verläßt das Gebäude und blinzelt träge in die Nachmittagssonne. Eine Portion grünes Pistazieneis hält er in der Hand, eine zweite, Gelati nuce, schiebt er sich lutschend-beißend in den Mund, die dritte, rosa Fruchteis, hängt ihm an der hellblauen Krawatte. So natürlich verschmutzt fühlt Fiore sich am wohlsten.
Studenten, sagt Fiore, wollen die Biennale stürmen. Die Studenten sind das einzig reaktionäre Element der westlichen Welt. Man muß ihnen einen Denkzettel verpassen. Haben Sie den letzten Habermas gelesen? Er meint den Vorabdruck aus einem der 26 Habermas-Bücher, die Suhrkamp mit zunehmender Geschwindigkeit und Eile druckte, seit Habermas zur Pflichtlektüre des Bürgertums gehört. Konsequenterweise bringt Fiore im Feuilleton seiner Zeitung jeweils seitenlange Vorabdrucke. Solange Habermas als radikaler Linker galt, kannten ihn die Zeitungsleser nicht, es gab ihn nicht für sie, weil Fiore ihn nicht akzeptierte. Dann bekam Habermas auf dem hannoverschen Treffen, als der erschossene Ohnesorg beigesetzt wurde, Streit mit Dutschke und sprach, zur Bestätigung Schlamms, von »Linksfaschisten«. Seither beschwören alle Rechtsfaschisten die Gefahr des Linksfaschismus. Habermas, feuilletonfein, hat Hochkonjunktur.

Wie viele Krawatten haben Sie im Koffer, Fiore? Ein Dutzend!
Er bleibt mit einem Ruck stehen und sieht mich argwöhnisch an.

Beim Jahreskongreß des bundesdeutschen PEN-Zentrums, während ich mich im Atelier der lustigen Malergruppe Bärwald bemühte, den würzigen Riesling, den man ausschenkte, nach Kräften zu dezimieren, kam Fiore wie üblich ins Ästhetisieren und geriet mit einem sonnengebräunten Herrn aneinander. Der Herr war wirklich eine männliche Schönheit, ihn anzusehen einfach Zucker. Er trug sich nach der letzten Mode und gab die unwahrscheinlichsten Dummheiten über Literatur von sich. Ich weiß nicht, ob er über andere Dinge ebenso unzutreffend reden konnte, aber was er in der kurzen Zeit bei Tisch verlauten ließ, war unvorstellbar.
Fiore, rechthaberisch und seit Jahrzehnten gewohnt, das erste und letzte Wort zu haben, reagierte zunehmend gereizt. Der Schönling behauptete anfangs, Grassens erstes Theaterstück sei ein dramatisiertes Kapitel der Blechtrommel. Dann korrigierte er, nein, nicht die Blechtrommel, vielmehr Katz und Maus. Anschließend räumte er ein, er könne sich irren, Grass habe ein Kapitel aus den Hundejahren zum Vorwurf für sein erstes Theaterstück genommen. So von einem Irrtum zum nächsten gejagt, geriet der stolze Schönling in furchtbare Verwirrung und Fiore in Wut. Ich trank den Riesling und leerte, die Aufmerksamkeit der Runde galt den beiden Streithähnen, die Gläser der anderen am Tisch mit. Hoch die Verwirrten und Enthaltsamen. Eine Zeitlang erwog ich, dem Schönling beizupflichten. Da die anderen zur Galerie gehörten, also bildende Künstler waren und nie ein Buch zur Hand nahmen, konnten sie nicht eingreifen, was die Gelegenheit bot, Fiore die furchtbarste Wunde seines Lebens zu schlagen, sähe er sich doch vor aller Öffentlichkeit frappanten Nicht-Wissens gerade auf seinem Fachgebiet, der Literatur, überführt. Seine Niederlage verschlimmerte noch, daß er dabei genau wußte, mit seiner Meinung recht zu haben. Dies eben, im Recht zu sein, es aber offensichtlich und deutlich nicht zu bekommen, sondern als Irrender, ja Unwissender dazustehen, dies müßte den Rechthaber zerschmettern.
Während ich solche Pläne erwog, hatte sich Fiores Lage verschlechtert. Er geriet vor Erregung ins Stottern, was den Spott der ganzen Tischrunde weckte. Fiore, von den Alpen bis zur Nord- und Ostsee als absolute literaturkritische Instanz geltend und in seiner Redaktion behandelt mit Ehrfurcht und jeder Menge Vorrechten, konnte es schlicht nicht ertragen, auf Widerspruch zu stoßen.

Der Schönling verfocht seinen Unsinn mit solcher Arroganz, daß er mir meinen edlen Vorsatz, ihm beizuspringen, austrieb. Ich brachte es einfach nicht fertig, den Dummkopf zu unterstützen. Zwar hatte ich es noch vor, als ich zu sprechen anfing, doch sagte ich, wider meinen Willen, genau das Gegenteil:
Mein Herr, Sie behaupten jetzt seit einer geschlagenen Stunde nicht nur jeweils genau das Falsche, Sie behaupten es zu Ihrem Unglück auch noch gegenüber einem Manne namens Fiore, und da Sie offensichtlich nicht wissen, wer FIORE ist, will ich es Ihnen verraten: der bekannteste, berühmteste, bestbezahlteste Literaturkritiker des Sprachbereichs. Der Weltmeister unserer Provinz!
Weshalb ich nicht nur gegen meine eigene Intention verstieß, sondern den selbstherrlichen Fiore noch in seinem strotzenden Stolze bestärkte, weiß ich selbst nicht. Wahrscheinlich folgte ich darin einem geheimnisvollen Teil meines Willens und Wissens, wonach es jemandem, der sich dauernd selbst überhebe, nur noch mehr schaden könne, bestätigte man ihn in seiner Schwäche.
Auf meine Eröffnung folgte die jähe Verwandlung der Kontrahenten. Der Schönling erblaßte und verließ den Tisch. Fiore warf mir einen dankbaren Blick zu und ging auf wie ein Pfannkuchen.
Meine Intervention hatte noch weitere Folgen. In der Freude des Sieges schüttete Fiore sich ein Glas Wein über die gepunktete Krawatte. Wir fuhren ins Hotel, wo Fiore die Krawatte gegen eine frische mit Cambridgestreifen wechselte. Dann ging es in ein altes Lokal, von dem die Maler behaupteten, man müsse es unbedingt kennenlernen.
Ungeheure Enge herrschte. Endlich fanden wir eine Lücke, wurden auf harte Holzbänke gepreßt und bekamen Bier vorgesetzt in mächtigen Krügen. Fiore hatte es sich nicht nehmen lassen, neben mir zu bleiben. Jemand langte über den Tisch, warf einen der großen Bierkrüge um und Fiore und mir über die Hosen. Vier Hosenbeine schlossen sich kalt, naß und eng ums Fleisch.
Fiore erhob sich und erklärte mit weinerlicher Stimme:
Nun müssen wir schon wieder ins Hotel!
Aus dem Gedränge tauchte der Schönling auf und bot an, Fiore mit seinem Wagen wegzubringen. Von mir sprach er nicht. Fiore nickte, erhob sich, ging einen Schritt und erstarrte.
Meine Notizen! Meine Papiere!
Fiore ist der Vielschreiber unter den Kritikern. Er schreibt nicht ausführlich nieder, macht sich nur Notizen, anhand deren er seine ungeheuren Artikelausstöße in die Redaktion durchtelefoniert. Auf diese seine Gabe, mittels weniger Stich-

worte perfekt aus dem Stegreif zu formulieren, ist er unsäglich stolz, sie macht einen Teil seines Ruhms aus.
Jetzt waren die Notizen von der PEN-Tagung verschwunden, eine Tragödie bereitete sich, wie wir verstanden, vor, es galt, sie abzuwenden.
Der Kritiker und sein Schönling entschwanden.
Am nächsten Morgen im Hotel. Über Nacht hat die Kavallerie von der Stadt Besitz ergriffen. Im Frühstücksraum dominieren Reiter und Reiterinnen. Wohin man auch blickt, Reitstiefel, Reithosen, Reitermützen. Die Damen fallen durch ausladende Busen auf. Nirgendwo ist mir bisher so deutlich geworden, daß Reiten bei Damen die Oberweite üppig fördert. Jedenfalls umgibt mich ein aufgebauschtes Amazonenheer, man bekommt ganz eindeutige Anwandlungen, während die Augen nach einem freien Sitzplatz spähen.
Zu dieser Stunde scheint keines der PEN-Greislein sein Frühstück einzunehmen. Nirgends entdecke ich Dichter, sie haben das Feld der Reiterei überlassen.
Wenn ich sage, man sieht keinen einzigen PEN-Bruder — so muß ich das berichtigen, ich sitze kaum, da belebt Fiore die Szene. Er ist noch ziemlich im Tran, die Lider hängen schwer und geschwollen über den rotentzündeten Augen, das Haar drängt wirr und unordentlich in die Stirn, beim Gehen schmeißt Fiore die Beine noch ruckhafter und unkontrollierter als sonst. Der seltsame Gang, charakteristisch für ihn, hat sich durch Zunahme des Unkontrollierten verstärkt.
Fiore, obwohl er die Augen kaum aufbekommt, entdeckt mich und nimmt am Tisch Platz. Er bestellt, überfliegt das mitgebrachte Exemplar seiner Zeitung, macht mich stolz auf einen Habermas-Vorabdruck aufmerksam und beginnt in schleppender Art von den Abenteuern der Nacht zu berichten.
Ich erfahre, der Schönling, einer der reichsten Industriellen, stößt in der Stadt nie auf Widerspruch, was er auch literarisch behaupten mag, und wenn er Bölls Werke Ziesel zuschreibt oder als Verfasser des Kapitals Karl May ausgibt.
Das habe er Fiore eingestanden: Wissen Sie, soll er schwärmerisch zu Fiore geäußert haben, Sie sind der erste, der mir einmal die Wahrheit gesagt, mir ganz schön Bescheid gegeben hat.
Fiore, auf der Suche nach den verlorenen Notizen, ließ sich vom gebräunten Industriellen alle Stationen, die wir am Abend durchlaufen hatten, zurückkutschieren. Dem Chauffeur aus Neigung soll's nie genug gewesen sein — Ich könnte Sie jetzt bis nach Hamburg fahren, habe er gesagt, erzählt Fiore am Frühstückstisch, lächelt mich aus entzündeten, verquollenen Augen an, nimmt eine gehörige Portion weiches Eis auf den Löffel und klebt es sich schwungvoll mitten auf die grobgewirkte reinseidne Krawatte.

Ist das Mache? Teil seiner Imagepflege? Am Morgen tritt Fiore proper gekleidet an, sein Anzug ist frisch und sauber. Am Abend erkennt man Jacke, Hose, Oberhemd nicht wieder unter der Last der Flecke und Knitter.

Fiore braucht ein Dutzend Anzüge, Hemden und Krawatten für jede Reise. Fiore, mit seiner Eisportion auf dem Schlips, sucht in Venedig das Hotel auf, inzwischen hat eine Möwe Dreck auf seinem linken Revers abgeladen.

Gibt es Leute, die Schmutz anziehen? Fiore mit seinen drei berstenden Koffern in Venedig: Wird die Stadt ihn aushalten? Wer gibt mir die Sprachgewalt, die klaffende Differenz zu schildern, die das Wesen Fiores von seinen Äußerlichkeiten trennt? Nie geriet ein Mensch derart zwischen die eigene Spannweite. Kein äußerlicher Zufall, kein Mißgeschick oder Ungeschick und nicht aller Schmutz der Welt reichten aus, die Entfernung darzustellen, die den kreatürlichen Fiore von seinen phänomenalen Kulturwirkungen und kreativen Leistungen trennt. Was ich zu beschreiben vermag, ist die bloße Gegenwärtigkeit der Person, deren Wirkungen alle Beschreibbarkeit transzendieren. So will ich mich denn bemühen, wenigstens einen matten Eindruck von jenem anderen Fiore, seinem anderen und höheren Wirkungskreise zu geben — Kultur ist immer die Kraft zur Synthese, die Zusammenschau und der Zusammenbau auseinandertreibender Teile. Hier bewährte sich Fiores eigentliches Genie; denn da er selbst von einer ungeheuerlichen inneren Spannweite lebte, vermochte er seinen Geist in ungeahnte Dimensionen auszubreiten und selbst solche Gegensätzlichkeiten noch zu umschlingen, von denen man annahm, sie seien einander Feuer und Wasser.

Komischerweise fühle ich mich viel besser als früher, bin ruhiger, stimme mit mir selbst überein. Keine Spannungen, kaum noch Probleme, das Leben fließt recht angenehm dahin. Man muß sich in seinen Krisen nur richtig einzurichten wissen. Warum soll sie was Schlechtes sein, die Krise, dankbar nehme ich sie an. Die Krankheit, der wir uns ausliefern, ist kein eingebildetes Leiden von der Art, wie man sie den Intellektuellen nachsagt. Ich bin kein Intellektueller, bin nur empfindlich in ihre Nähe geraten und habe den Typus studieren können. Nicht die intellektuelle Arbeit beschädigt den Menschen, daß er zu kränkeln anfängt. Wenn ich mich selbst bis auf den letzten Grund erforsche, muß ich zugeben, ich habe, alles in allem, Wissenschaft und Theorie als Steigerung der Existenz erfahren. Warum soll ich das leugnen. Aus dem Kuchen, der für die Oberklasse gebacken wird, habe ich mir ein gehöriges Stück herausgeschnitten. Die Bildung ist Teil ihrer Drohgebärde,

mit der sie nach unten weisen, Furcht zu erregen. O nein, Bildung und Intellektualisierung machen den Menschen nicht krank. Der Zuwachs an Schärfe hebt den Kopf über andere Köpfe hinaus, und wenn niemand sonst, so hätte mir das Exempel Ernst Bloch bewiesen, daß ein scharfer ausgebildeter Intellekt nicht zwangsläufig zu einem ausgebeuteten, abgeschlafften Leib führen muß. Mag sein, das war die letzte Renaissancegestalt des Abendlandes, das Riesenhafte seiner Möglichkeiten, mag sein, das geht dahin ohne Folgen und Nachfolger, mag sein, aber dies eben ist ganz ungeniert zu feiern: im Übergang vom 19. zum 20. Jahrhundert und noch ins 21. vorwärtsweisend hat einer den lebenslangen Kniefall aufgekündigt, den aufrechten Gang gewagt.
Keine Frömmelei mehr, kein Gang in die Westkirchen, Ostkirchen, Kapitalkirchen, Ideologiekirchen. Hoch den Dickschädel mit Inhalt, und was den Bauch betrifft, so bekommen dem die Kirchen nicht besser. Also sammle sie ein, Gedächtnis, die Szenen: Alfred Kantorowicz mit gefesselten Händen in Marseille, mit vor Empörung versagender Stimme in Ostberlin, mit vor Zorn bebender Stimme in Bayern; Günter Zehm, der sich weigert, Liebe anzunehmen, Sympathie und Brüderlichkeit; Dutschke, am Boden im Blute liegend; Wolfgang Harich, entnervt vor Gericht; Teufel, der bayerischen Justiz anheimgefallen, die Unbestimmtheit als Tatbestandsmerkmal wertet; Mustafa, den Weg Solschenizyns gehend, der ungangbar ist in München; Cohn-Bendit, vom Knüppel getroffen, Polizeihände an der Gurgel, sie schleppen ihn fort; wollen wir alle die Gepeinigten, Beleidigten, Gedemütigten auftreten lassen?
Sie sind auf der Flucht. Denke nur einen guten Gedanken, wage eine einzige gute Tat, schon mußt du fliehen. Die rachsüchtigen Kollektive speien unter heftigen Zuckungen und donnernden Verwünschungen Vorgesetzte aus, dazu bestimmt, dir die Sehnen in den Kniekehlen durchzuschneiden und die Achillesfersen; dann packen sie dir alle verfügbaren Steine auf die Schultern und peitschen dich. Gelingt es einem, dem für ihn zuständigen Kollektiv zu entrinnen, schickt es Scharfrichter aus. Trotzki, nach Mexiko geflüchtet und scharf bewacht, wurde der Schädel mit einem Eispickel zertrümmert. Der es tat, hatte Trotzkis Achillessehne sorgsam ausgekundschaftet und freigelegt; als Freund und Kampfgenosse nahte der Mörder. Daraus zogen alle modernen Kollektive ihre Lehren. Du mußt wissen, unter denen, die dich umgeben und die Freundesrolle spielen, sind immer welche, die ausgeschickt wurden vom rächenden Kollektiv. Waffen halten sie bereit. Ist die Zeit gekommen, werden sie zuschlagen.
Wer sich nur ein einziges Mal getrennt hat im Leben von einem der herrschenden Kollektive, der wird lebenslänglich zu den

Verfolgten zählen. Jeder Aufruhr ist ein Sieg der unterdrückten Kreatur, jeder Widerstandsakt eine Korrektur der offiziellen Moral, von unten kommen und sich zur Wehr setzen heißt aber künftig von allen Hunden gehetzt werden: In der Wahl ihrer Rache sind die Altersheime einfallsreich, und der Große Eifersüchtige Vater wird zum Genie: Was tun?
Die Zeit ist vorbei, da man von außen vereinzelt dagegen ankämpfen könnte. Es geht nur anders. Drinnen bleiben: Oder eben hineingehen. Von innen heraus wirken. Die Deckung nicht vernachlässigen, die Mimikry, die Maske; die Sklavensprache sprechen lernen, mit ätzenden Worten versetzen, zersetzen. Überhaupt die Worte – die Worte – die unheimliche Weltmacht der Worte – du weißt, mit ihnen verbündet wirst du überall allein sein, einer, den nichts erwartet als kalte Feindschaft, wo immer er lebe; da hilft keine Empörung, damit mußt du dich abfinden, das ist nüchtern einzukalkulieren – ganz nüchtern –.
Er hieß Lehmann. War achtzehn Jahre alt. Seinen Vornamen habe ich vergessen, vielleicht nie gewußt. Er war unscheinbar, unauffällig, der Kompaniefeldwebel hakte ihn wortlos ab; wir lagen in Cassino. Wochen vorher, irgendwo in Süditalien, hatte er sich selbst sein Urteil gefällt. Wir hoben Schützenlöcher aus. Der Sanitäter ging an uns vorbei. Neben mir hieb einer den Spaten ins Erdreich und richtete sich auf.
»Der macht's nicht mehr lange!« Er wies auf den sich entfernenden Sani. Während wir weitergruben, erfuhr ich Näheres: Unter schwerem Granatbeschuß hatte der Zug eine Berghöhe erklimmen müssen.
Lehmann: »Ich war MG-Schütze 2, das MG trug Tittel. Wir kamen mit dem schweren Zeug nicht recht voran, hingen zurück, dann erwischte es Tittel. Ich übernahm das MG, der Sani kümmerte sich um den Verwundeten. Die Luft war voll Rauch, man konnte nur wenige Meter weit sehen. Ich sah es auch nicht, aber ich hörte den Schrei. Es war Tittel, und so schreit kein Mensch, der noch Boden unter sich fühlt. Ich bin zurückgeklettert, der Sani war nicht mehr da, Tittel auch nicht. Später hab ich den Sani getroffen und nach Tittel gefragt. Sei nichts mehr zu machen gewesen.«
»Vielleicht stimmt das?«
»Er hat ihn den Abhang hinabgeworfen. Wollte sich die Mühe sparen, ihn hochzuschleppen. Hat ihn einfach absausen lassen.«
Der Sani wurde an einem Morgen in seinem Bunker gefunden, von Spatenhieben zugerichtet, kaum noch kenntlich. Als der achtzehnjährige Lehmann, der dem Sani gefolgt war, ein ständiger Schatten, Rache für Tittel genommen hatte, muß ihm sein eigenes Leben wertlos geworden sein. Er setzte sich

den Kugeln aus und überlebte den Sani nur um wenige Tage.
Meine Generation der heute Vierzig- bis Fünfzigjährigen ist voll solcher Erinnerungen. Es kommt darauf an, ob einer wie jener Sani ist oder wie jener unscheinbare junge Mann mit dem Nullachtfünfzehn-Namen Lehmann. Cohn-Bendit, als er vor der Paulskirche über die Sperre setzend von Knüppeln getroffen und von Händen gewürgt wurde, ließ in meinem Gedächtnis den Rächer von Cassino auferstehen. Es rettet uns kein höh're Wesen, kein Gott, kein Kaiser, kein Tribun. Hat einer sich erst entschlossen, kein Unrecht mehr widerstandslos und schweigend hinzunehmen, beginnt er zu spüren, wie der Tod in ihm ansetzt. Bald wird er erobert sein.

Am nächsten Tag. Studenten nehmen die Biennale. Fiore protestiert. Die Studenten verstehen nicht, was Fiore will. Polizisten stürmen heran, schlagen Studenten nieder, schlagen Besucher nieder, schlagen Fiore nieder. Fiore versucht zu erklären, er sei gegen die Studenten und für den Staat. Gleich bekommt er eins mit dem Knüppel drauf. Auch Sympathie ist polizeiwidrig.
Am Abend, die Stirn schillert blaugrüngelb, die Braue überm rechten Auge ist aufgeplatzt, rötliches Fleisch lugt neugierig hervor, an diesem Abend will Fiore in den Puff.
Der Puff hat von vorn das Aussehen eines normalen italienischen Cafés. Im hinteren Raum halten drei Nutten hof, sehr jung und ungeheuer fett. Statt der Köpfe sitzen ihnen große feiste Legehennen auf dem Hals. Man unterscheidet ganz deutlich den roten Kamm, die rollenden Äuglein, gelben Klauen, angeschmutzten federgepolsterten Arschlöcher, aus denen die Eierchen purzeln.
Mit den krummen Schnäbeln hacken die drei Nutten eifrig auf jeden ankommenden Gast ein. Fiore picken sie gleich nußgroße Fleischstücke aus der geprügelten schillernden Stirn. Ein riesiger schwarzgekleideter Hahn tritt flügelschlagend, krähend auf Fiore zu und hackt ihm vorn in die Hose.
Millionenfache Abenteuer hängen bunt in der Luft und teilen ihre Energien mit. Fiore beginnt zu jubeln. Es behagt ihm ganz ungeheuer. Die Töne, die er ausstößt, kommen mir bekannt vor. Später fällt mir ein, es sind die Töne, in denen Fiore sonst Bayreuther Wagneraufführungen bespricht. Ja, Fiore ist begeisterter Bayreuther. Es geht die Sage, Fiore habe nachts die Leiche Richard Wagners aus dem Grab geholt und halte sie daheim unter seinem Bett versteckt. Nacht für Nacht mache er Mund-zu-Mund-Beatmung. Man kann Fiore ruhigen Gewissens alles zutrauen. Und mehr als das. Fiore zählt zu den deutschen Größen, deren Ausmaße verinnerlicht sind, so daß sie

niemand übertrifft in diesen Dimensionen. Inzwischen füllt sich das Innere des Puffs, mehrere braune und schwarze Hühner scharren zwischen den Tischen herum. Die weißen Legehühner sind eng um ihren Mittelpunkt gruppiert, das Opfer. Ihr Hahn verhandelt wegen des Preises. Fiore möchte jetzt eigentlich ein Lied singen, doch die Hühner wollen gehackt werden, und der Hahn hat den Preis auch schon hoch genug hinaufgeschraubt.

Jetzt erkenne ich den Hahn. Er war früher Kulturattaché bei der Vichy-Regierung. Immer wenn Hitler in Rußland eine Niederlage erlitten hatte, wurde der deutsche Kulturattaché zu Pétain bestellt. Man erinnert sich, »Marschall Putain« (*putain*, französisch Hure) nannte ihn sein Volk. Der Kulturattaché brachte das Symphonieorchester der Botschaft mit, steckte Pétain seinen ungemein langen, gelben, kühngebogenen Schnabel in den Arsch, und das Orchester intonierte Richard Wagner, mit Betonung der Paukenschläge. Manchmal, besonders in den letzten Kriegsmonaten, sparte man die Partien zwischen den Paukenschlägen weitgehend ein und schlug nur noch die Pauke. Pétain, den geilen Schnabel des reichsdeutschen Kulturattachés tief im Darm, begann mit den Armen zu flattern und berichtete von seinen Siegen im Ersten Weltkrieg. Dabei schlug der ausgepichte Attaché seinerseits mit den Flügeln mächtig um Pétain herum und holte ihm vorn einen runter. In Vichy, dem Provinznest, war man soviel Weitläufigkeit nicht gewohnt und erzählte sich die wüstesten Geschichten hinter vorgehaltener Hand. In Wirklichkeit geschah tatsächlich nichts Perverses. In den Hauptstädten der Welt wäre davon kein Aufhebens gemacht worden. Dort kratzen jeden Tag eine Menge Botschafter und Attachés den Ministern und Staatssekretären des Gastlandes im Darm herum, nur spielt man, aus Gründen des guten Geschmacks, nicht Richard Wagner dazu.
Die Deutschen sind von jeher Chauvinisten. Vor allen Dingen wissen wir jetzt, weshalb unser Auswärtiges Amt auch nach 1945 traditionsbewußt für den höheren diplomatischen Dienst Herren mit langen braungelben Schnäbeln bevorzugt. Sie sind es von Anbeginn gewöhnt, in der tiefsten Scheiße herumzustochern und kennen sich aus in speziellen Kulturfragen. Vichy zum Beispiel ist die Station, von der aus einer ohne größere Umwege direkt nach Bonn gelangte.

Was die Vorgänge in Venedig betrifft, so entwickelten sich im Hinterzimmer des Cafés Bilder ungeahnter Schönheit. Der schwarze Hahn, vor Fiore aufgerichtet, erreichte Ausmaße, wie man sie keinem italienischen Hahn zutrauen würde. Fiore animierte das wunderschöne Tier zu immensen Leistungen, so daß dessen Fleisch immer mehr hervorschwoll: der Urstrom der Dinge. Auch entfernte man einige Tarnungen und stieß die Fenster weit auf. Das adriatische Licht schoß in mächtigen Strömen herein, prächtige Widerspiegelungen der umgebenden Bauwerke mit sich führend. Farbstöße zuckten nieder. Grelle Dämpfe erhoben sich vom Boden, verwandelt in Klangorgien. Mehrere symphonische Orchester tauchten aus der Erinnerung auf, zogen vorüber, ungeheure Mengen von Nebelschwaden hinter sich lassend, die unverzüglich durchsichtig wurden, Heiligenscheine in Massenfabrikation, jeder der Anwesenden erstand einen. So erblickten wir einander. Der Hahn hatte jetzt Fiores Größe erreicht, stand mit mächtigem Flügelschlag vor ihm, unverwandt in seine Augen starrend. Kein Zweifel, sie waren voneinander fasziniert, einer des anderen Fest und Wonne; wer auf dieser Welt darf von Schönheit sprechen, hat er nicht gelernt, was wirklich sie sein kann?

Ich liege in meinem Hotelbett und lese Werner Hofmann über Hundertwasser und betrachte Hundertwassers Bilder und erlebe den Rausch der Glückseligkeit. Wenige Fantasien sind geblieben, von Chaplin bis Hundertwasser, die das Leben ertragen lehren:

TIER AUF FÜSSEN
DAS ENDE DER GRIECHEN – DIE OST- UND WEST-GOTEN
SCHIFFBRUCH – DER UNTERGANG VENEDIGS
DER HIMMEL DER FRISÖRE
SONNENUNTERGANG
KONRAD BAYERS TOD – HANA NO HANA – DIE NASENBLUME
KRANKES FENSTER
DAS ENDE GRIECHENLANDS
BLUT-GARTEN – HÄUSER MIT GELBEM RAUCH
VIELE DURCHSICHTIGE KÖPFE
DIE INVASIONEN
DER GARTEN DER GLÜCKLICHEN TOTEN
MAGISCHER WÜRFEL
KOPF MIT WEISSEN FENSTERN
EIN STÜCK DEUTSCHER ERDE
DIE INSEL
DER GELBE FLUSS – DIE SCHÖNE ZUNGENSPITZE
DAS ICH WEISS ES NOCH NICHT
SCHWARZES BEGRABENES AUGE

Liegenbleiben im venezianischen Hotelbett. Blick durchs GOLDENE FENSTER: DER GARTEN DER GLÜCKLICHEN TOTEN. Hundertwassers Gräber aus der Vogelperspektive. Grüne Gesichter und nach innen führende, abbrechende Spiralen. HUNDERTWASSER IST ALS MALER DER SPIRALE BEKANNTGEWORDEN. Verengt sich die Spirale nach innen, verengt sich der Raum bis zum Ende. Erweitert sich die Spirale, führt sie nach außen als EINE DISPOSITION DIE VON GEGENSÄTZEN LEBT ALSO SPANNUNGEN IN SICH TRÄGT. Ich war gestern im Lido-Hotel Savretta im Kabinett vögeln. ES IST DAS BESTREBEN DER WELT EINE HANDLUNGSSPUR AUFZUPRÄGEN. Ihr Loch kochte. Ich tummelte mich im Süßwasserbassin. Es sind zu viele Ehepaare und matte Krümel im Hotel. EIN MITTEILUNGSDRANG KANN DIE VERSCHIEDENSTEN FORMEN ANNEHMEN UND VIELFACH IN DIE SCHAUSTELLUNG ÜBERGEHEN. Das Venezianische an Savretta ist die Ungeniertheit, mit der sie nun vögelt. DER EINE TÄTOWIERT SICH SEINE WUNSCHBILDER AUF DEN LEIB, DER ANDERE VERÖFFENTLICHT

SICH INDEM ER ALLE SEINE GEGENSTÄNDE MIT SEINEM NAMEN VERSIEHT. HUNDERTWASSERS EXPERIMENT EINEN RAUM DER HAMBURGER KUNSTHOCHSCHULE MIT EINER SPIRALE ZU VERSEHEN GEHÖRT HIERHER. Savrettas kapriziöse Fickkunst macht vor nichts mehr halt. DER SCHÖPFERISCHE AKT ALS SELBSTBESTÄTIGUNG UND SELBSTBETÄTIGUNG: DIE WELT GEHÖRT MIR SOWEIT MEIN schwanz REICHT. HUNDERTWASSER MÖCHTE DEM KLEINVIEH DEN WEG AUS DER KOPPEL ZEIGEN. ER PROKLAMIERT: ALLES WAS IN DIE REICHWEITE SEINES PINSELS GERÄT WIRD FARBIG VERÄNDERT. Es lohnt sich, Savretta zu besteigen. Die Unkosten sind gering. Ein Nichtbesitzer muß auf die geringe Höhe von Unkosten Rücksicht nehmen. Die Kunst ist um so größer. Also ist die Fahrt zum Lido-Hotel ein heiliges Ritual der Vorbereitung. Man fährt leichtgestimmt zurück. Das Leben in Venedig ist ein ständiges Fest. DIE FORMALE ENTSPRECHUNG DIESES MITTEILUNGSDRANGES IST DIE SPIRALE. IN IHR STECKT AUCH DAS MOTIV DES IMMERWÄHRENDEN HANDELNS DER MANISCHEN PAUSENLOSIGKEIT DENN DIE SICH ÖFFNENDE SPIRALE KOMMT NIE ZU ENDE: INDEM SIE SICH ÖFFNET UND NEUES TERRAIN GEWINNT, UMKREIST SIE DOCH UNUNTERBROCHEN SICH SELBST BEÄUGT IHRE VERGANGENHEIT KANN SICH AUS DEM SELBSTGESPRÄCH NICHT LOSREISSEN UND DARF ES NICHT DENN SONST VERLÖRE SIE JA GERADE IHRE EIGENART. Ich erinnere JEDE NEUE KREISBEWEGUNG mich an eine schöne Dreiergruppe SCHMIEGT SICH IN EIGENTÜMLICHER SELBSTVERLIEBTHEIT AN DIE IHR VORANGEGANGENE Savretta kam zu uns ins Zimmer, als die Gräfin mir zu Füßen saß, das Gesicht mir zugewandt, meine Stange zwischen den Lippen SO WIRD DIE SPIRALE ZUR ANSCHAULICHEN METAPHER DES NARZISS Savretta ohne ein Wort zu sagen glitt hinter meinem Rücken unter den Stuhl durch die Stuhlbeine hindurch zwischen die geöffneten Schenkel der Gräfin und begann zu schlecken IM GEGENSINN GELESEN BEDEUTET DIE SPIRALE ALLMÄHLICHE VERENGUNG ZUSAMMENZIEHUNG RÜCKZUG AUF EINE KERNZONE DIE LANGSAM EINGEKREIST UND EINGESPONNEN WIRD GLEICHSAM EIN KOKONGEWEBE. Es wäre wünschenswert jemand zeichnete eine Dreiergruppe. A auf dem Stuhle sitzend, B zu seinen Schenkeln, C liegend die Basis für B und A sowie den Stuhl. DAS IST DIE ANDERE FRAGILE SEITE DES NARZISS: SEINE WELTFLUCHT WELTFURCHT EXTREME VERLETZ- UND REIZBARKEIT SEINER PSYCHISCHEN KONSTITUTION. Die Erschütterungen, die Savretta aus der Gräfin herausschleckte, teilten sich über Lippen und Zunge der Gräfin meinem Geilhans mit, der sie ausdrücklich bejahte, subkutan den Gehirnzellen zusignalisierte. EINGESPRENGT IN DIESEN FORMENRHYTHMUS SIND NÄMLICH ZAHLREICHE BIZARRERIEN UND EXTRAVAGANZEN ALSO ÜBERRASCHUNGSMOTIVE DIE DIE SPIRALBEWEGUNG HEMMEN UMLENKEN ZU SCHWELLUNGEN STAUEN ODER MIT ÄTZENDEM EIGENSINN PERFORIEREN. Man kann aber die Positionen auch wechseln, variieren, also A anstelle von C, C anstelle von B, B anstelle von C undsoweiter undsoanders und soandersherum. Denn wir haben, indem wir Savretta vögelten, eine pralle venezianische Fantasie angestochen und zum Auslaufen gebracht. SO ENTSTEHEN FARBIGE ENTZÜNDUNGS- UND VERGIFTUNGSVORGÄNGE VON HOHEM REIZ BEI DENEN NICHT DEUTLICH ZU MACHEN IST WO DIE VERLETZUNG IN DIE BEFRUCHTUNG ÜBERGEHT UND UMGEKEHRT. Ich habe bei 48 aufgehört, die Möglichkeiten zu notieren, welche sich ergaben aus Savretta, der Gräfin, Dame Suse und mir. MAN KÖNNTE DIESE PROZESSE ALS VERANSCHAULICHUNGEN EINER EROTISCHEN ALCHIMIE BEZEICHNEN. WIR ERKENNEN NUN DIE SPIRALE ALS DAS SUBTILE INSTRUMENT EINES FORMWILLENS DER MIT ÜBERRASCHUNGSREICHER STETIGKEIT ALLES SICH BUCHSTÄBLICH EINZUVERLEIBEN VERMAG WIR WERDEN ZU ZEUGEN VIELSCHICHTIGER INNENLEIBSKONSTELLATIONEN DAS RAFFINIERTE BERÜHRT SICH MIT PRIMITIVISMEN DORT IST ALLES VERZWEIGUNG UND SYMBIOSE GEISTREICHE VERWANDLUNG GEMISCHT MIT NAIVEM ERSTAUNEN ASPEKT DER MASKIERUNG VERBERGUNG UND DEMASKIERUNG HINGABE EINVERLEIBUNG AUSVERLEIBUNG (WERNER HOFMANN ÜBER HUNDERTWASSER IN: LETZTE VERSUCHE DIE MENSCHLICHE GEILHEIT ZU PREISEN BEVOR MAN SIE AMERIKANISCH STERILISIERT). Auch nachts kam Savretta sooft sie es einrichten konnte auf Besuch, und manchmal unpassend, man war müde, sie legte sich zwischen uns, Kopf zu Füßen, küßte der Gräfin die Blume oder Dame Suse oder nahm meinen erschöpften, müden, erschlafften Klitz vor. Sie verstand es vorzüglich, mit der Zungenspitze im Beatrhythmus anzuklopfen. Ich kann der flotten Adriatin wirklich nur das allerbeste Zeugnis ausstellen. Einmal erweckt baute sie das langweilige Lido-Hotel ins herrlichste Freudenhaus um. Jedenfalls sollten wir solcher Künstlerinnen gedenken; falls wirklich das amerikanische Zeitalter auch im alten wurmstichigen Europa anbricht, wird man jeden von uns in ein Stück Seife verwandeln und jeglichen Schwanz, der ein Freudenfest

feiern will, erst antiseptisch einsprayen, daß ihm das Blut in den Adern vereist.
Savretta, aus Wut, weil ich schlief, einschlief mit ihr dran, biß zu: Am Morgen fand ich den Abdruck ihrer spitzen Zähne in der Eichel: einen blauvioletten Ring: Eine um den Fleischkranz sich schlingende Spirale: ZEICHEN DER UNENDLICHKEIT: DIE FORMALE ENTSPRECHUNG DIESES EXPANSIVEN MITTEILUNGSDRANGES IST DIE SPIRALE: IN IHR STECKT AUCH DAS MOTIV DER MANISCHEN PAUSENLOSIGKEIT.

Was mich in Venedig betroffen macht, ist der Verlust der Distanz. Jahrhunderte verringern sich zu Millimetern. Der Dogenpalast und die Krokohandtasche einer Frau. San Marco als Platz der Ewigkeit und die Lebensspanne einer Taube. Die Figur des trunkenen Noah und mein Mittagsapéritif. Heiliger Napoleon, Casanova, Tizian, Marco Polo, Wagner, Byron, Hemingway. Heiliger Sonnenuntergang Venedigs. Überhaupt, wie bewunderte man früher diese Sonnenuntergänge, erwartete sie, beschrieb sie, malte sie, fotografierte sie, bereitete sich einen langen Tag vor auf den köstlichen Moment. Wie arm sind sie früher drangewesen, hatten pro Tag nur einen einzigen Sonnenuntergang. Wie langsamlebig sie gewesen ist, die alte Zeit, das alte Venedig. Sonnenuntergang in Venedig. Venedig Sonnenuntergang.
Wann möchten Sie geweckt werden?
Nie und zu keiner Stunde.
Portier notiert: Den Herrn von Zimmer 7 abtransportieren zur Friedhofsinsel
Termin: Zeitende
Ein Sachse in Venedig, befragt, wie die Stadt ihm gefalle:
Venedig gefällt mir gut.
Wie gut?
Beinahe so gut wie Dresden.
Ein Venezianer in Dresden: Die Stadt erinnert mich an Venedig.
???
Licht! Elbe! Canale Grande! Kirchen! Paläste! Himmel! Gemälde! Museen! Die Toten! Die Gondel zur Friedhofsinsel! Nein, Venedig ist keine Allegorie! Nein, Dresden ist keine Allegorie! Untergehende Städte sind keine Allegorien! Täglich ab Venedig Hauptbahnhof 13 Uhr 35, München an Hauptbahnhof 22 Uhr 08.
Aufwachen am späten Morgen. Kurz vor Mittag ansteigende Hitze. Von fern Wellenschlag. Stimmengewirr des Rialto. Frühstück. Gang nach Zeitungen, Fiores Blatt eben frisch eingetroffen aus dem Norden. Der Norden der Süden der Nörd-

licheren. Fiores langlanger Riemen über Venedig, die Biennale, die lustigen Vorgänge im Hühnerpuff. Exakte Schilderungen. Fiore, die weißen Riesenhennen, der prächtige schwarze Hahn als Kulturattaché. Nichts ausgelassen von Fiore. Heute morgen wissen alle Leser des Blattes dort oben im Norden Bescheid über die gestrige Premiere hier in Venedigs Hühnerparadies. Biennalerummel. Stürmende Studenten. Protzende Bullen. Tüchtiger Schreiber dieser Fiorefiorefiore. Macht sich paar Notizen, spricht lange perfekte Berichte in die Maschinen. Die alte unvergängliche Schönheit des Abendlandes, in seinen Zeitungen ersteht täglich sie neu. Du große blutende Wunde Unvergänglichkeit. Maria hat ihre Regel. Venedig besteht zur Hälfte aus Türkei. Die andere Hälfte sind Knochen und Asche. Was blieb denen anderes übrig, als ihre Malariasumpfmückenwüste zu verlassen, eine Welt zu erobern? Europäische Vesper. Ginge Venedig nicht unter, könnte man von hier aus die Welt noch einmal begründen. Ich hatte immer den Wunsch, in München zu frühstücken und in Venedig das Mittagsmahl einzunehmen. Ich fasse Fiore und stecke ihn mir als Blume ins Knopfloch. Alle Weiber nehmen Reißaus. Die Männer verwandeln sich in Hähne, die Jungfrauen in weiße Hennen. Sie stöhnen entsetzlich. Wir entfernen das Heftpflaster, schon beginnen sie mit Eierlegen. Es sind große bunte Eier aus Muranoglas. Die Touristen schleppen sie eifrig in alle Kontinente. In jedem Ei schläft ein kleiner Liebergott. Er gerät steuerfrei über die Grenzen. Irgendwo angekommen schlüpft er aus und befruchtet die gesamte Nachbarschaft, mit Lichtgeschwindigkeit Nachkommen über die Länder verbreitend. Wohin wir auch blicken – Kirchen, nichts als Kirchen. Und schon beginnen die Aufstände. Kreuz gegen Kreuz. Über Kreuz. Mit dem Kreuz. Auf dem Kreuz. Kreuzzug. Kreuzigung. Kreuzkapelle. Kreuzweg. Kreuziget ihn. Die Kirchtürme zeigen an, die Männer liegen unten. Die Wolken, weiblich, senken ihre Bäuche nieder über die Kirchtürme. Vereinigt euch. Kreuzigt euch. Die schöne Regelmäßigkeit der Jahreszeiten. Die Wechselschritte von Ebbe und Flut. Die Schönheit früher Verfolgungen. Der Hund Nero, Wölfe in die Arena hetzend. Gleich beginnen die Tiere den aufgestellten Opfern die Geschlechtsteile abzufressen. Einzug der Moral. Anfang des Zölibats.

Ich fühle, wie unter meinen Füßen Bewegung entsteht. Der Damm zum Festland bricht. Uralten mächtigen Strömungen anheimgegeben, treibt Venedig hinaus aufs Meer. Die Inspiration seiner Geschichte hat es zu neuem Leben erweckt. Seiner Museen und der ewigen Ströme herbeikeuchender Kulturvetteln müde, entschließen wir uns, die Dardanellen, die Straße von Messina und die von Gibraltar ein wenig zu begatten. Manchmal zeichnen wir eine breite Spur roten Blutes hinter

uns. Dann hat Mutter Venedig ihre Regel. Manchmal richten wir unsere hundertfünfzig Kirchtürme auf irgendeins der vorüberziehenden Länder und schießen einen hinüber. Dann ist Venedig willens, erneut Vater zu werden. Vergessen wir nicht, ob Mutter oder Vater, immer sind wir geheiligt, ein Gedicht aus Zoten und Sehnsucht und abends die Zähne geputzt; es gehört sich nicht, Fleischreste dazwischen zu haben. Was ist geblieben am tausendjährigen Ankerplatz der nördlichen Adria? Bauen sie Venedig täuschend ähnlich eilends nach? Wir jetzt schwimmen gerade an Australien vorbei, wo die Känguruhs vor Freude bis an die Grenze des blauen Himmels hüpfen und eine vorüberschießende Rakete in Verwirrung bringen, daß sie Richtung Venus davonzieht. Ich erkenne in diesem himmlischen Augenblick, daß die Weltmeere Gottes Pisse sind und die Kontinente Gottes erstarrte Scheiße.
Ich erkenne in diesem Augenblick, mir ist gelungen, mein Leben zu verinnerlichen, meine Aktivität zu vergeistigen, meine Wünsche und Ziele in Traumstoff zu verwandeln. Ich liege seit Wochen, seit der Rückkehr von Jesolo nach Venedig in diesem Hotelbett. Nichts sonst als das erste und letzte Bedürfnis nötigen mich noch aufzustehen, den Gang zum Bad, den Gang zur Tür zu tun. Man versorgt mich mit Nahrung. Ich versorge mich mit Schlingen, Schlucken, Ausscheiden. In mir spielt die Vergangenheit ihr Spiel mit verteilten Rollen. Die Gestalten derer, denen ich draußen vor der Erstarrung begegnet bin, besuchen mich, ihre Abschiedsvorstellungen zu geben an der Matratzengruft. Sanft schlagen die Abwässer des Kanals gegen die Grundmauern des Hotelbaus. Wir sind das, was den Untergang zur Zukunft erhebt. Vorüber ist die Zeit der Wirrnisse und Aufstände. Am Morgen nach der letzten Nacht mit Fiore, dem nordischen Kulturgenie, vermißte ich das Bekenntnis des Begleiters. Solange ich zurückdenken konnte, war er morgens vor mir erwacht und begrüßte meine Sinne mit Ungestüm. Wann immer ich dem Schlaf entkam, er war schon vorher entkommen. Wo immer ich mich befand, er befand sich bereits im ausgebreiteten optimistischen Zustand, und seine pulsenden Energien teilten sich zur Gänze mit, Kopf und Bauch bis in die allerletzten Partikeln durchdringend. Jetzt jedoch fühlte ich mich, mitten durchgeschnitten, in der Verfassung jener Spielkartenfiguren, die nur zur Hälfte vorhanden sind und in die Hälfte der anderen Figur münden; zweimal das Halbe ergibt kein Ganzes, dient einem Spiel, auf das ich keinen Einfluß habe. Was ist geschehen? Habe ich mich an die Hinnahme von Beleidigungen gewöhnt? Es ist gleichgültig, was ist. Es ist endlich erreicht, ich meistere die Schmerzen, die mir zugefügt werden, und existiere in gelassener Weisheit dahin, ein Kopf voller Nutzlosigkeit und Langeweile, ein Leib, von seinem Arsche

getrennt, der irgendwo untergekommen ist, eine absolute, in Ewigkeit vom Computer gesteuerte Exkrementiermaschine. Was tut's? Die Niederlage ist der Sieg des Lebens. Selbst das größte Bild, das erfunden wurde, von den einen Gott, den anderen Revolution genannt, behauptet dasselbe: Am Anfang schuf Gott Himmel und Erde ... hernach existiert er weiter in Impotenz, angefüllt mit nichts als Kot, ganz wie die großen Revolutionen. Ich weigere mich, diesem Prinzip noch einen Tropfen Blut, Schweiß oder Sperma zu opfern. Ich weigere mich, wieder und wieder den großen Gesang anzustimmen, ich argwöhne, meine leblose Hülle, dieser unbestimmt dumpfe Leib, werde sich erheben und losstampfen, sei's auch nur aus alter Gewohnheit; ja die zündenden Rhythmen der alten Weltverbesserungsmärsche bleiben zu fürchten. Schon mancher Traum geriet unter den Marschtritt aufrührerischer Bataillone, schon vieler Völker Schlaf kam unters Kreuz. Ich aber bin endlich angelangt. Nie ruhte ich so in mir selbst, ganz die satte, gleichförmige Stille der Zufriedenheit. Am Fußende des Bettes ruht mein Gast, die venezianische Katze Maria Stuart. Wenn ich schlafe, rückt sie hoch zum Kopfende, denn der Schlafende garantiert die Sicherheit, die ein Wachender nicht bietet: Erfahrungen, die man gemacht hat, gerinnen zu Substanz. Ich schließe, mit einer unendlich scheinenden, alle meine Kräfte und Energien, alle Erfahrungen und Kenntnisse umfassenden und einschließenden Anstrengung die Augen. Das aufmerksame kleine Tier nimmt seinen Platz ein; sein warmer Lebenshauch trifft gegen die Haut meiner Wangen. Jetzt mißtraut es mir nicht, dem Abgeschlossenen, Schlafenden, Erstarrten. Ich verstehe, meine Entelechie ist gelungen. Tiefe wohlige Befriedigung verspürend, dämmere ich dahin, keines Menschen Wolf, keines Wolfes Jäger und Mensch.